MARTINIQUE,
TERRE AMÉRINDIENNE

Sidestone Press

Martinique,
terre amérindienne
une approche pluridisciplinaire

Sous la direction de
Benoît Bérard

Published by Sidestone Press, Leiden
www.sidestone.com

ISBN 978-90-8890-158-4

Photograph cover: © Raphael Chay | Dreamstime.com
Cover design: K. Wentink, Sidestone Press
Lay-out: P.C. van Woerdekom, Sidestone Press

La publication de cet ouvrage a été financée grâce au soutien du Ministère de la Culture, Direction de Affaires Culturelles de Martinique

Table des matières

Préface

Pendant dix ans, le Service Régional de l'Archéologie de la Direction Régionale des Affaires Culturelles a soutenu financièrement et participé au projet collectif de recherche « le Néolithique de la Martinique dans son contexte antillais ».

Ce programme, dirigé d'abord par Jean-Pierre Giraud, alors conservateur régional de l'archéologie de la Martinique, puis par Benoît Bérard, a fédéré de 1995 à 2005, l'ensemble des chercheurs et étudiants travaillant en archéologie précolombienne en Martinique, permettant ainsi de rassembler des moyens humains, de multiplier les opérations de terrain et de confronter les réflexions.

Les résultats scientifiques obtenus dans ce cadre ont déjà donné lieu à de nombreuses publications scientifiques de haut niveau. Ils ont aussi permis d'établir une bibliographie très complète de l'archéologie des Antilles qui est disponible sur Internet à l'adresse www.ouacabou.org.

Le projet collectif de recherche a permis le renouvellement des connaissances et de nombreuses avancées pour caractériser plus précisément les faciès céramiques précolombiens qui se sont succédés sur l'île, préciser la chronologie de l'occupation amérindienne, mieux définir les modes de vie des anciens amérindiens, saisir leur relation aux divers milieux naturels insulaires et mieux comprendre l'insertion de la Martinique amérindienne dans l'archipel des Antilles. Ce sont ces nouveaux acquis de l'archéologie qui ont été présentés à l'occasion du séminaire « Martinique, terre amérindienne » qui s'est tenu à Fort-de-France les 8 et 9 mai 2007 et qui sont aujourd'hui publiés dans le présent ouvrage.

Le socle de connaissances acquises au cours du projet collectif est une excellente base pour le développement de nouvelles recherches qui s'attachent toujours à affiner notre compréhension des sociétés précolombiennes de la Martinique et plus largement des Petites Antilles.

Henri Marchesi
Conservateur régional de l'archéologie de la Martinique

Le Mot du Président de l'Association « Ouacabou »

L'association « Ouacabou », à la fois soutien des chercheurs et diffuseur auprès du public des savoirs produits par ces derniers, a été heureuse d'accueillir le public martiniquais les 8 et 9 mai 2007 pour deux journées consacrées aux premiers occupants de notre île.

Le séminaire « Martinique : terre amérindienne » a constitué un double retour sur le passé, bien entendu, un retour sur le passé amérindien de notre île et plus largement de l'archipel antillais, mais aussi un retour sur l'histoire des conceptions liées à l'étude de ce passé. De la même façon, cet ouvrage constitue une double promesse d'avenir. Il marque tout d'abord un nouveau temps de la recherche archéologique caractérisé par le développement d'une approche pluridisciplinaire, qui seule peut nous permettre de rendre compte de la complexité des sociétés amérindiennes antillaises. Ensuite, cet ouvrage veut être, par la diffusion à un large public d'une connaissance en phase avec les dernières avancées de la recherche, le point de départ d'un renouveau des liens qui doivent exister entre les scientifiques et la population. Le renforcement de ce lien est un des éléments qui nous permettront d'intégrer le passé amérindien de nos territoires à notre patrimoine commun. C'est pour répondre à cet objectif que nous avons décidé de publier rapidement un ouvrage reprenant l'ensemble des communications qui ont été présentées au cours du séminaire.

En cela, ce volume nous semblent répondre à une demande réelle marquée par un intérêt collectif grandissant. Un intérêt grandissant visible dans la multiplication, en Martinique, des projets concernant les Amérindiens, un intérêt qu'ont bien compris nos partenaires : le Conseil Général de la Martinique, l'Université des Antilles et de la Guyane et la DRAC Martinique. C'est aussi grâce à eux que cet ouvrage existe, qu'ils en soient remerciés.

Il ne nous reste plus maintenant qu'à espérer que notre travail corresponde à vos attentes.

Bérard Benoit
Président de l'association «OUACABOU»

Le Mot du Conservateur

Le musée d'archéologie précolombienne et de préhistoire conserve et diffuse depuis les années 70, le patrimoine le plus ancien de la Martinique. C'est notre histoire amérindienne vieille d'environ 4000 ans qui est proposée aux visiteurs à travers environ 2000 objets. Le musée possède ainsi la collection la plus riche et la plus diversifiée des Petites Antilles, notamment pour la période du Ier au VIIième ap. J.-C. Cette collection archéologique a été enrichie d'objets ethnographiques de Dominique et de Guyane et d'un ensemble d'orfèvrerie préhistorique de Colombie. Cet apport a été voulu pour mieux centrer le musée sur l'homme amérindien.

Cet objectif guide la nouvelle équipe du musée depuis une quinzaine d'années et l'amène à faire de ses conférences et séminaires les supports d'une réflexion plurielle sur notre « peuple premier ». Le produit de cette nouvelle dynamique a été en 2004 la publication d'un ouvrage de référence: « Les Civilisations Amérindiennes des Petites Antilles » réédité en 2008.

C'est cette approche pluridisciplinaire que nous développons depuis, par notre mission de médiatisation de ce monde amérindien (visites commentées – expositions – conférences – jeux – valise pédagogique – publications etc....).

Cette analyse systémique de l'homme amérindien nous a guidé dans la conception et la rédaction de notre Projet Scientifique et Culturel pour la création prochaine du Musée des Civilisations Amérindiennes des Petites Antilles (MUCAPA). Nous avons été pour cela accompagné d'un comité scientifique pluriel : Benoît BERARD (archéologue), Héliane HAUSTANT (historienne, professeur du service éducatif), Philippe JOSEPH (botaniste), Olivier KAYSER (Archéologue), Thierry L'ETANG (anthropologue), Jean-Pierre SAINTON (historien) – Le Directeur Régional des Affaires Culturelles.

C'est donc, avec enthousiasme que l'équipe du musée a pris part à la réalisation de ce séminaire international «Martinique, terre amérindienne», en mai 2007.

Nous sommes très intéressés par les résultats des travaux des chercheurs qui présentent les nouvelles données proposées par l'archéologie, tant dans le cadre de la chronologie culturelle que dans le cadre de l'environnement, et qui tentent, par l'étude des échanges, de donner une vision archipélique de notre « peuple premier ».

Nous souhaitons que ces travaux aujourd'hui, proposés au public le plus large, puissent contribuer à une meilleure connaissance de notre passé et de nous- mêmes.

Cécile Celma
Conservateur en chef
Musée départemental d'archéologie précolombienne, Martinique

Introduction

Chronologie des occupations précolombiennes de la Martinique

Par Jean-Pierre Giraud

L'objectif du projet collectif de recherche « le Néolithique de la Martinique dans le contexte antillais », créé en 1995, était de doter la Martinique d'un cadre chronologique, culturel et environnemental pour les civilisations qui se sont développées sur son sol avant les premiers contacts avec les Européens. Aussi, le problème de la datation des sites précolombiens et de leur désignation chrono-culturelle a été une préoccupation prioritaire.

1 Une classification traditionnelle

Déjà, en 1992, François Rodriguez-Loubet, dans un article paru dans la revue Caribena[1], a fait une tentative pour proposer une classification des cultures antillaise spécifique au domaine insulaire renouvelant les approches traditionnelles des chercheurs américains, tout en restant lié aux classifications en vigueur de l'archéologie des Amériques. Cependant, cette nouvelle nomenclature, en partie originale, ne correspondant pas aux pratiques de la communauté des archéologues de la Caraïbe, n'a pas véritablement fait école. A ce moment, persistait de façon très prégnante, dans la « société civile », c'est-à-dire aussi bien dans le large public que chez les érudits ou les enseignants en histoire et géographie, une nomenclature traditionnelle, empreinte de conceptions très traditionnelles et en discordance avec la réalité archéologique et historique telle que la décrivait la communauté archéologique internationale. La classification traditionnelle des cultures précolombiennes trouve son origine dans les écrits des pionniers de l'archéologie des Antilles française, progressivement fixée en Martinique à la suite des articles et ouvrages produits en 1935 à l'occasion de la célébration du troisième centenaire de la colonisation.

Ces classifications et dénominations reposent à l'époque sur un fond historiographique commun à la Guadeloupe et à la Martinique et puisent leurs sources dans les textes des chroniqueurs. Elles ont été élaborées à partir de leur lecture attentive mais où était absente une véritable critique historique. Les premières démarches archéologiques – dont il n'est pas le lieu ici de critiquer la pertinence méthodologique – vont s'attacher à rattacher tel type d'outil ou de mobilier aux différentes vagues de peuplement inférées de l'interprétation des textes de chroniqueurs.

---

1 Pour une approche spécifique de l'archéologie des Antilles, dans le cadre de la zone caribéenne, Caribena, 2, 1992, p. 105-125.

Un des aspects les plus surprenants dans la démarche des historiens et des premiers archéologues est leur ambition d'interpréter l'histoire globale et intégrale du peuplement à partir de légendes fondatrices recueillies par les chroniqueurs auprès des indigènes, plus de 150 ans après le début de leurs contacts avec les populations européennes. Ils ne tiennent pas compte de l'état d'asservissement et d'acculturation déjà bien établi de ces populations victimes d'un stress culturel dont on a du mal à percevoir l'ampleur. Et même si la mémoire des peuples sans écriture, et donc « sans histoire », est plus longue que celle des peuples de l'histoire, il était quand même illusoire d'accorder une crédibilité aveugle sur une histoire longue de plus de 20 siècles – on le constatera plus tard, dans les années 1960, avec le résultat des premières datations radiocarbones.

En 1937, Jean-Baptiste Delawarde publiait le premier, dans son étude consacrée aux sites de l'Anse Belleville, au Prêcheur, et du Marigot, un essai de chronologie. A partir de la présence à l'Anse Belleville de deux types de poteries « de qualité et apparemment, d'origine différente », il distinguait deux cultures. Un des deux types (celui « des plus belles pièces de l'Anse Belleville ») trouvait son équivalent au Marigot où il était différencié de poteries moins fines associées à un matériel lithique (haches amygdaloïdes) relevant d'un troisième ensemble. Il pouvait ainsi conclure à l'existence de trois cultures différentes à la Martinique. En s'inspirant du Manuel d'Archéologie américaine de Henri Beuchat (1912), seul livre, à l'époque, rédigé en français à présenter une synthèse des connaissances sur les populations précolombiennes et abordant les Antilles, il les qualifiait ainsi :

- d'abord une première population d'origine ou d'influence Guetares, peuple originaire d'Amérique centrale – plus précisément du Costa-Rica – dont les techniques auraient été apparentés à celle du groupe ethnique des Chibchas ;
- leur auraient succédé les Arawaks ou Taïnos, « conquérants et ... destructeurs d'une civilisation supérieure à la leur » ;
- les Antilles auraient, enfin, été envahies par les Caraïbes dont la culture était encore plus médiocre.

> *« Ces deux peuples seraient originaires du bassin de l'Amazone et leurs conquêtes successives auraient été la cause d'une décadence croissante. Sans doute trouverait-on chez les Taïnos, surtout dans le travail de la pierre, une imitation assez habile, quoique non égalée, des techniques de leurs prédécesseurs. Quant aux Caraïbes, ils auraient achevé le retour à la barbarie en ramenant tout à leur niveau ».*

Le discours de Jean-Baptiste Delawarde s'inscrit ainsi dans la tradition d'interprétation des écrits des chroniqueurs, français principalement, qui véhiculent un « discours des origines » qui font des populations présentes dans le sud de l'archipel antillais, au moment des contacts avec les européens, des « caraïbes » qui venaient, dans un temps historique indéfinissable de « conquérir » les îles. Ils y auraient remplacé un peuplement précédant – les Arawaks – dont ils avaient éliminé la population mâle tout en « asservissant » la population féminine. C'est ainsi que s'expliquerait la « diglossie » observée par les premiers chroniqueurs qui distinguent un langage des hommes – issu de leur langue d'origine, continentale et apparentée au groupe linguistique caraïbe – et un langage des femmes hérité des populations précédentes, transmis de mère en filles, et appartenant au groupe des langues arawak. La réalité linguistique se révèle à la lumière des études les plus récentes plus complexe : à l'analyse, la langue « caraïbe » recueillie notamment par le Père Breton dans son dictionnaire Caraïbe Français, paru en 1665, appartient par son vocabulaire et sa structure au groupe de langue arawak, renvoyant à d'autres interprétations le phénomène de diglossie. Comme l'explique André Delpuech (2001, p. 50), « cette différenciation traduit les divisions internes de la société et la complexité des rapports entre les sexes... Lors de leurs nombreux contacts, au cours d'échanges ou de guerres avec les groupes kalinas du continent, le vocabulaire des hommes a incorporé des mots caribes, créant un langage mixte, un pidgin, à la fois outil de communication pour les transactions interethniques et marqueur de prestige et de différence entre les sexes »[2].

		Arawak	**Karib**
Site archéologique		Gisement situés généralement sur un plateau dominant la mer. Quelques rares coquillages, jamais d'amas coquilliers	Gisements situés aussi bien dans la plaine que sur un plateau. Amas coquilliers énormes, sauf exception
Céramiques	Technique de fabrication	Par trois pans soudés	Par colombins
	Forme des vases	Très variée ; jamais de tripode. Facture soignée	Assez grossière dans l'ensemble,mais sujette à des originalités inattendues. Quelques tripodes
	Gravure	Très fine et relativement fréquente. Quand elle est employée seule dans la décoration, elle est incisée le plus souvent après séchage	Généralement assez grossière. Presque toujours incisée avant le séchage de la pièce
	Peinture	*Faciès Sainte-Marie* (Marigot) : assez commune, soignée, toujours mate *Faciès Vivé* : plus fréquente, aspect vernissée	Assez grossière et relativement rare
	Modelage	Fréquent, très soigné et très original. Figurines humaines masquées. Animaux au naturel	Beaucoup moins fréquent et plus grossier. Figurines humaines et animales généralement au naturel
	Objets divers	Fusaïoles	Fusaïoles, disques, statuettes
Objets en pierre	Haches en pierre polie	Frustes, uniquement amygdaloïdes	Très sooignées, amygdaloïdes ou à gorge
	Autres outils	Éclats de jaspes non retouchés. Herminettes	Éclats de jaspes non retouchés ; herminettes, casses-tête ; pilons ; pierre en demi-lune, à trois pointes
	Objets d'ornementation	Exceptionnels	Rares pendentifs
	Cupules et roches gravées	Néant	Toujours en groupe, soigneusement creusées et polies
Objets en os		Exceptionnels	Sculptures exceptionnelles. Rares pendentifs
Objets en coquille	Outils	Néant	Haches très communes taillées dans *Strombus gigas*. Ciseaux rares taillés dans *Cassis sp.*
	Objets d'ornementation	Néant	Pendentifs et plaques gravés, taillés principalement dans *Strombus gigas* ; petits coquillages percés

Tableau 1 : Tableau récapitulatif des caractéristiques propres aux civilisations précolombiennes des Petites Antilles d'après R. Pinchon, 1952.

2 Dans son ouvrage de 1992, Gérard Lafleur adopte déjà cette interprétation (p.12-13).

On a bien affaire à une « histoire » qui oppose « Nobles sauvages » et « brutes violentes » comme le résume Samuel W. Wilson (Delpuech et Hofman, 2004, p. 269). A la suite de J.-B. Delawarde, on interprétera désormais les ensembles céramiques les plus frustes comme appartenant aux « brutales » populations caraïbes, réservant les sites à composantes plus élaborées et décorées aux aimables Arawaks.

Dans sa thèse de géographie sur la Martinique, publiée en 1949, Eugène Revert conteste les distinctions effectuées par Delawarde et conclut une étude sommaire du matériel de l'Anse Belleville (reprise des travaux de Reichlen et Barret, 1940) par ces mots : « un point semblait acquis. Il avait été impossible de discerner avec certitude des traces de civilisations différentes. Nulle part il n'y avait eu de couches archéologiques distinctes et côte à côte ou pèle-mêle s'étaient rencontrés éclats ou plats de pierre, haches, poteries fines et grossières »(p. 207). De même, après avoir commenté des fouilles faites à Sainte-Marie, il conclut : « Comme au Prêcheur aucun ordre apparent n'a pu être distingué dans les objets trouvés. Il a été impossible une fois de plus d'y reconnaître les traces certaines de civilisations différentes ».

Pour résoudre la contradiction entre l'existence de deux civilisations distinctes (arawak et caraïbe) rapportée par les chroniqueurs et ce manque de différence dans les couches, il consacre un paragraphe à la transmission par les femmes d'anciennes traditions : « Il est loisible d'admettre qu'une partie tout au moins de la civilisation arawak a pu se conserver par l'intermédiaire de ces femmes (captives des caraïbes) : on comprendrait du coup la raison pour laquelle aucune solution de continuité ne se marque dans le matériel archéologique » (p. 210).

Dans la continuité de ses prédécesseurs, Robert Pinchon propose, dans son ouvrage de synthèse de 1952, après 7 ans de fouilles en Martinique, une division en « deux civilisations différentes et correspondant d'une façon typique aux deux peuplements successifs arawak et Karib ». Sa position s'appuie sur la reconnaissance de différences dans la technologie de fabrication des céramiques (technique « à trois pans soudés » et technique au colombin), les types de décors et les choix d'emplacements des habitats. Cette position est schématisée dans un tableau récapitulatif final (cf. Tableau 1).

2 La rupture : Irving Rouse

Cette chronologie sera fortement contestée au 1er Congrès international des archéologues de la Caraïbe qui se tient à Fort-de-France en 1961, par Irving Rouse et William G. Haag qui remettent en cause la distinction entre technique au colombin et « à trois pans soudés ». Irving Rouse évoque la difficulté de distinguer les deux techniques et la présence aux Grandes Antilles, en particulier à Porto Rico de la technique au colombin dans tous les niveaux alors que les Caraïbes n'y ont jamais habité. Rouse propose alors un tableau général pour les Antilles et le Venezuela qu'il élabore depuis la fin des années 1930 dans le cadre de sa thèse sur Haïti publiée en 1939. Il a construit, avec José Cruxent, une sériation des cultures précolombiennes de l'aire caraïbe, appuyée sur les classifications et chronologies en vigueur en Amérique du Sud et Centrale, dont cependant il se démarque pour les adapter à la chronologie « raccourcie » des Antilles et ses spécificités (Tableau

2). Cette classification est hiérarchisée. Au niveau le plus large, il définit quatre « âges » (lithique, archaïque, céramique et historique) qui couvrent la totalité de l'archéologie antillaise des origines à l'époque contemporaine. La définition de ces âges repose uniquement sur des arguments technologiques. Il a en effet renoncé à considérer qu'il y avait une corrélation terme à terme entre les stades reconnus dans l'évolution de la technologie et celle des modes de subsistance ou de l'économie comme par exemple entre l'apparition de l'utilisation de la céramique et celle de

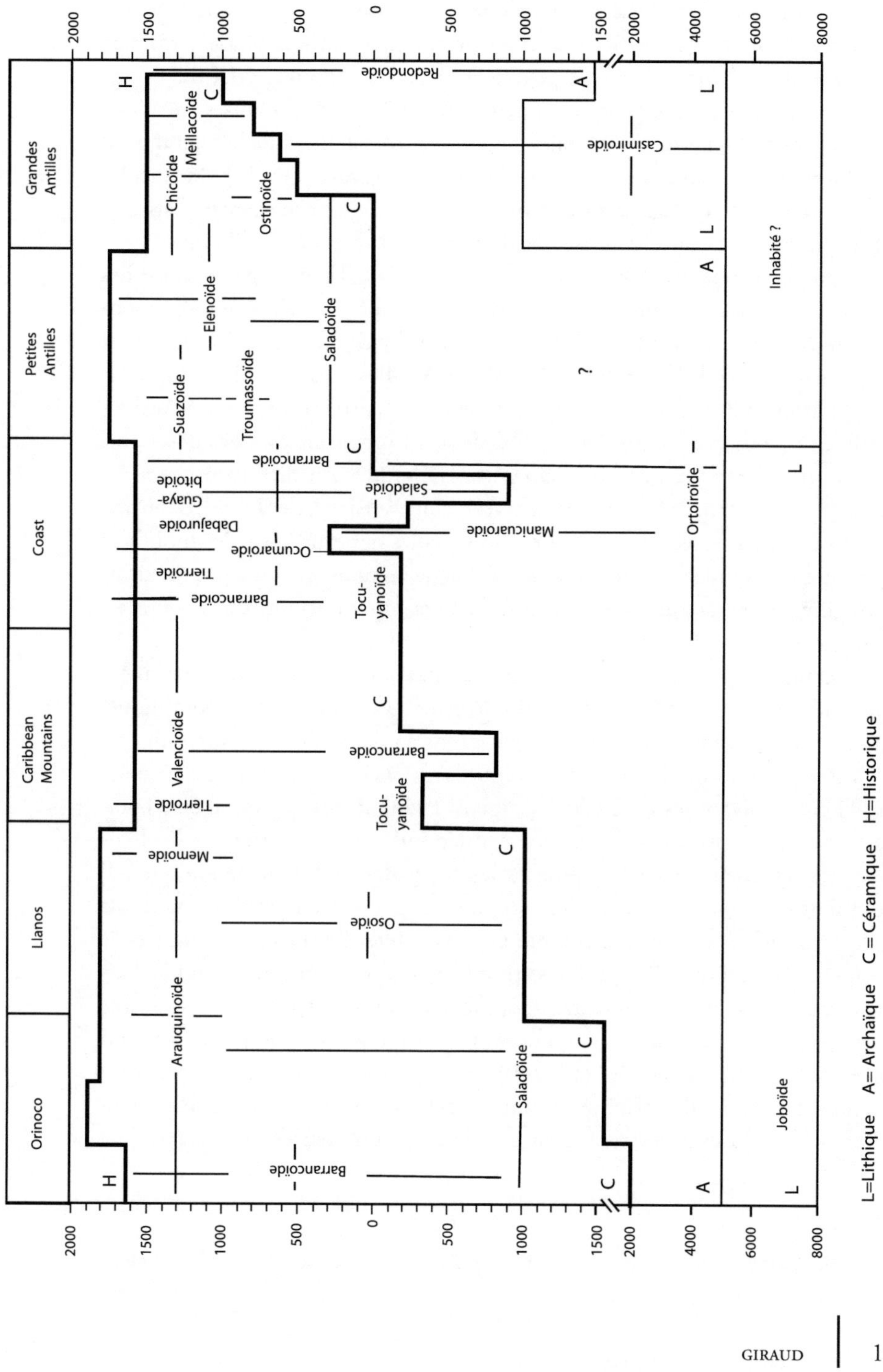

Tableau 2 : Chronologie des cultures du Vénézuela et des Antilles d'après Cruxent et Rouse 1958/1959.

l'agriculture ou de l'horticulture. Il se heurtait aux mêmes difficultés que les archéologues de l'Ancien Monde dans la définition des critères qui marquent l'apparition du Néolithique : aussi bien dans les aires méso-américaine que centre-andine en Amérique du sud, la domestication des plantes ou des animaux, tout comme la sédentarisation précèdent la diffusion de la céramique. Les cultures qui, en Amazonie brésilienne, sont les foyers les plus anciens d'invention de la céramique, à la fin du VIème millénaire avant notre ère, ont des économies de prédations (Lavallée, 2005).

L'âge lithique est caractérisé par l'utilisation d'outils de pierre taillée et une économie de chasse et de cueillette. Il n'est présent que dans sa phase terminale dans les Grandes Antilles, ainsi que peut-être, dans l'île de Long Island au large d'Antigua. Cette répartition évoque un peuplement direct des Grandes Antilles à partir peut-être de l'Amérique Centrale, mais plus probablement de la région nord caraïbe du continent sud-américain. Un peuplement à travers les Petites Antilles est jusqu'à présent considéré comme improbable. Cet âge s'achève avec l'apparition de la pierre polie qui caractérise, partout en Amérique, l'âge archaïque.

Cette âge archaïque est attesté dans les Grandes Antilles et la partie nord des Petites Antilles, jusque, au sud, au moins la Guadeloupe. Sa présence reste hypothétique en Martinique avec les site de Boutbois et du Goudinot au Carbet. Il est absent dans tous le sud de l'archipel des Petites Antilles. Les hypothèses de peuplement sont encore discutées. Un développement à partir des Grandes Antilles est possible : on observe – dans l'état actuel de nos connaissances – des dates plus récentes à fur et à mesure que l'on s'éloigne des Grandes Antilles en progressant vers le sud. Cependant, un peuplement archaïque à partir de Trinidad où ces cultures sont bien attestées n'est pas à exclure. Seules des études sur les mobiliers lithiques ou sur coquilles – concernant aussi bien la technologie que, pour le lithique, l'origine des matériaux – permettront de déterminer l'origine de ces cultures archaïques.

L'âge céramique – caractérisé par l'apparition des poteries – marque la première occupation assurée de tout le sud des Petites Antilles, de Trinidad à la Dominique. Il prend fin avec l'apparition des objets européens au début de l'âge historique.

A l'intérieur du cadre de ces « âges », dont les bornes, en chronologie absolue, sont différentes suivant les aires géographiques, Irving Rouse regroupe en « complexes » – terme emprunté à l'archéologie Paléo-indienne – les sites archéologiques d'après les assemblages lithiques ou les styles des mobiliers céramiques. Il utilise d'abord le concept de « modes » définis comme des ensembles d'attributs affectant les artéfacts plutôt que comme des ensembles d'artéfacts. Chaque style ou « complexe » est ainsi défini par des assemblages regroupant un ensemble d'attributs caractérisant le mobilier céramique (formes, décors, technique). Il donne à ces complexes – ou « cultures » – le nom d'un site typique, éponyme, recevant le suffixe -an. La forte proximité et la mise en séquence de plusieurs de ces complexes, dont on reconnaît l'origine commune, débouchent sur leur regroupement en « séries »[3]. Les complexes seront en conséquence ultérieurement, à partir de

3 Ces séries portent le nom d'un des complexes qui les constituent doté du suffixe -oïde.

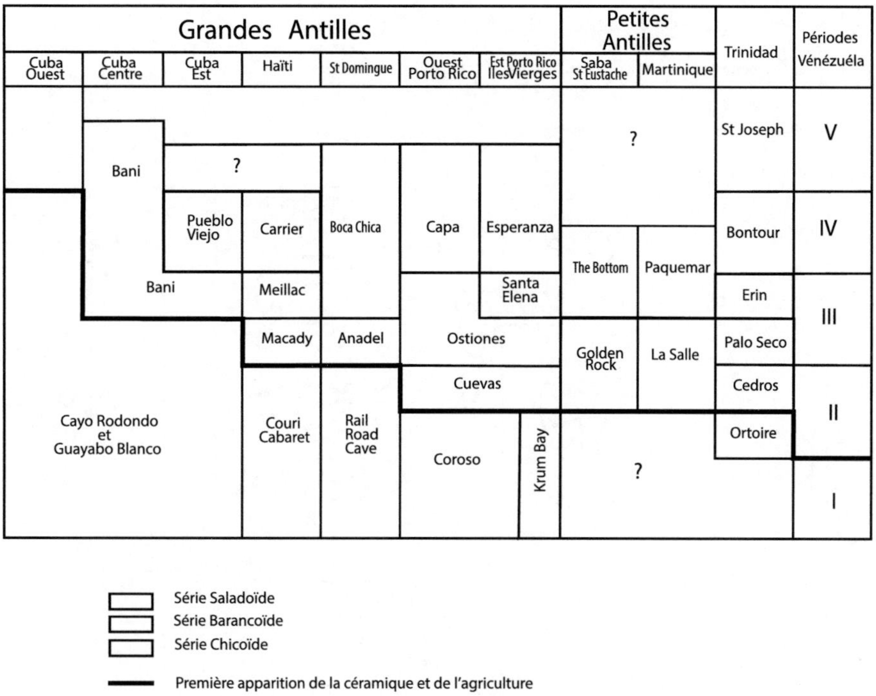

Tableau 3 : Chronologie relatives des Antilles d'après Cruxent et Rouse 1958/1959.

Période	Site Référence	Site Martiniquais	Date
Caraïbes (?)	Suazey (Grenade)	Paquemar	1200-1650 après J.C.
Saladoïde terminal	Caliviny (Grenade)	La Capot	800-1200 après J.C.
Saladoïde modifié	Simon (Grenade)	Diamant	300-800 après J.C.
Saladoïde Insulaire	Pearls (Grenade)	Diamant	0-300 après J.C.

Figure 1 : Tableau synthétique de la chronologie de Mattioni et Bullen (1970).

1992 qualifiés de « sous-series[4] », définis comme une « (sub)division d'une série, consistant en unités géographiques, chronologique et culturelles plus petites qui partagent un ancêtre commun ».

En Martinique, Irving Rouse distingue seulement deux grands ensembles, le premier regroupant les gisements du type de celui de La Salle, se rattachant aux séries Saladoïdes, et les gisements du type de Paquemar (cf. Tableau 3).

Au même moment Mario Mattioni, conservateur du Musée archéologique de Fort de France et premier directeur des Antiquité de Martinique et Ripley P. Bullen, chercheur au Florida Museum of Natural History, proposent dans les actes du 3ème congrès international d'études des civilisations précolombiennes des petites Antilles un tableau chronologique pour les Petites Antilles où ils introdui-

4 En anglais « sub-series ». Cette taxonomie a été introduite dans les Caraïbes dans les années 1980 par l'archéologue américain Gary S. Vescelius.

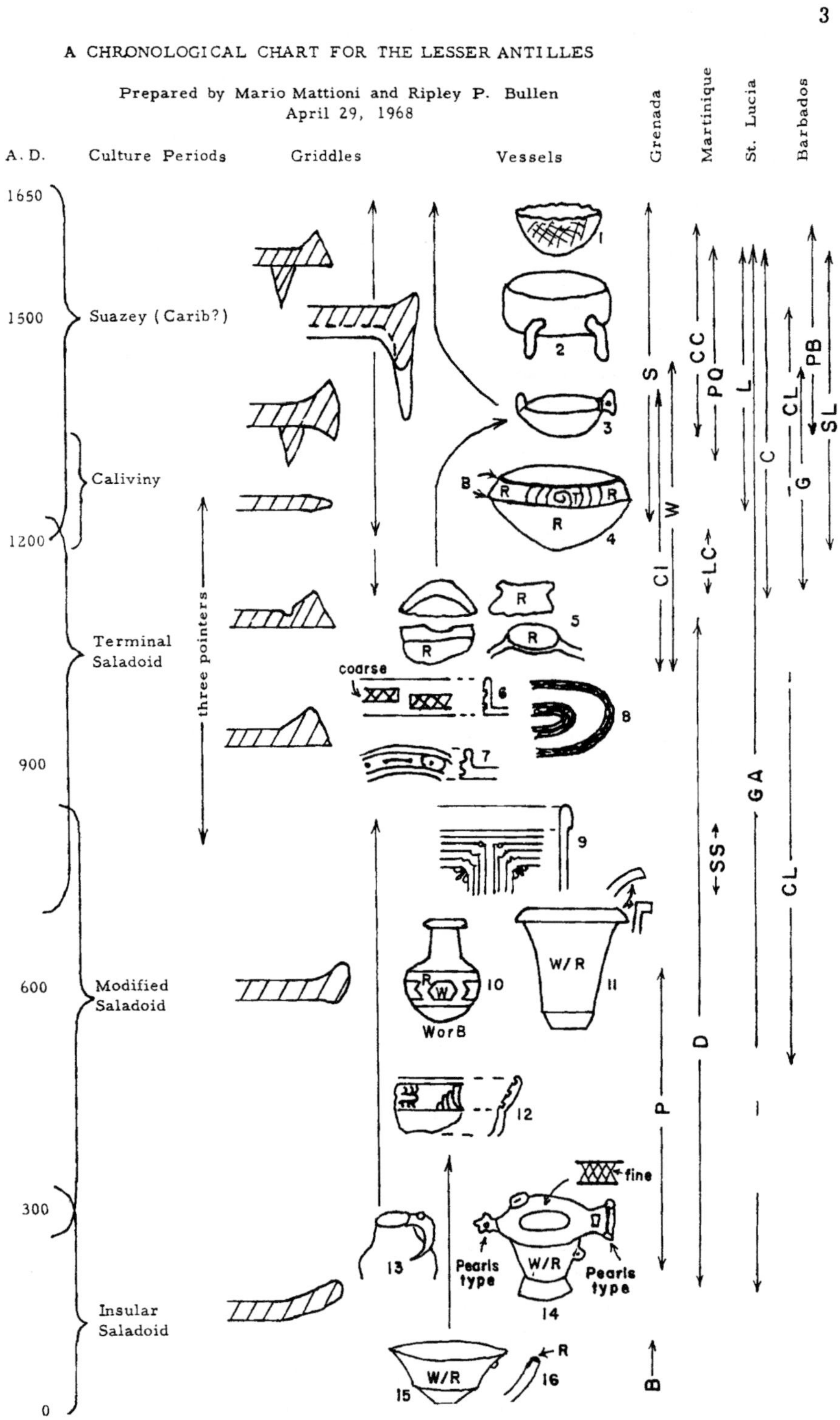

Tableau 4 : Tableau chronologique des Petites Antilles de Mattioni et Bullen 1970.

sent le terme de Saladoïde utilisé par Irving Rouse et José Cruxent pour définir les cultures du Venezuela.

Dans le tableau chronologique est inséré un certain nombre de formes ou de décors caractéristiques de chacune des périodes (cf. Tableau 4 et figure 1).

3 L'adaptation du modèle à la Martinique

Il appartient à Louis Allaire, chercheur canadien disciple de Irving Rouse à l'université de Yale, d'effectuer l'indispensable travail d'intégration des séries martiniquaise à la chronologie d'Irving Rouse. Dans son ouvrage fondateur « Vers une préhistoire des Petites Antilles » paru en 1973, il propose une chronologie comportant 4 périodes définies sur les bases des différences stylistiques de la céramique et sur des datations au carbone 14 qui sont alors devenues plus nombreuses. Ces ensembles chronologiques sont définis comme « des périodes établies d'après des méthodes de datations regroupant dans le temps des particularités perceptibles au niveau des ensembles géographiques et culturels » (p. 9) (cf. Tableau 5 et figure 2). Dans sa thèse soutenue en 1977, il explicite la liaison de filiation entre les cultures saladoïde et post-saladoïde, fixant la chronologie et la typologie des ensembles troumassoïde et suazoïde. C'est lui qui écarte l'hypothèse de l'identification de la culture suazoïde et des populations caraïbes, ne lisant aucun indice « d'invasion barbare » dans les séries identifiées en Martinique.

Poursuivant leurs recherches, en 1985, Irving Rouse, Louis Allaire et Arie Boomert révisent quelque peu leur chronologie afin de mieux s'intégrer dans les schémas régionaux élaborés par Irving Rouse. La période céramique est divisée en 3 : période ancienne, moyenne et récente.

- La période ancienne ou période saladoïde peut être subdivisée en deux : une période ancienne qualifiée souvent de saladoïde de type Cédros[5] ou cédrosan saladoïde (1er siècle avant J.C.-350 après J.C.) avec comme gisement de référence en Martinique la couche inférieure de Vivé et une période saladoïde à influence barrancoïde (350-650 après J.C.), dont le gisement de référence est celui de la plage Dizac au Diamant.

Période	Complexe	Site de Référence	Date
IV	Caliviny	Macabou I	950-1200 après J.C.
	Suazey	Macabou II	1200-1500 après J.C.
III	Saladoïde	Paquemar	650-950 après J.C.
II	Saladoïde	Diamant	350-650 après J.C.
I	Saladoïde	Vivé	0-350 après J.C.

Figure 2 : Tableau synthétique de la chronologie de Louis Allaire (1973).

5 Le site de Cedros est situé sur l'île de Trnidad.

	Porto Rico Oriental	Iles Vierges	Saba St Eustache	St Kitts	Antigua	Guadeloupe Marie-Galante	Dominique	Martinique	Ste Lucie	St Vincent	Grenadines	Grenade	Barbade	Trinidad	
période historique	Tainos							Caraïbes historiques		Caraïbes noirs			?	Arawaks	période historique
1500	Esperanza (Ch)	Magens C					(Big Bay)	Macabou II	Fannis (F)*			Suazey (F)*	Peak Bay (F)		1500
1400						Morel IV (F)									1400
1300											(présent) (F)			Bontour (G)	1300
1200							(Toulaman)	Macabou I (C)				Caliviny (C)			1200
1100									(présent) (C)		(Banana Bay)*				1100
1000	Santa Elena (se)														1000
900		Magens B	The Bottom	Sugar Factory	Mill Reef										900
800	Ostiones (O)	Magens A				Morel III		Paquemar (S)	Troumassée B (S)*		(présent) (S)	Salt Pond (S)			800
700														Erin (B)	700
600															600
500	Cuevas (S)	Coral Supérieur (S)	Golden Rock (S)		(présent)	Morel II (S)		Diamant (S)*	Troumassée A (S)*		(présent) (S)				500
400							Vielle Case (S)						Chancery Lane (S)*		400
300												Pearls (S)		Palo Seco (S)*	300
200	Hacienda Grande (S)*	Coral Inférieur (S)		Cayon (S)		Morel I (S)		Vivé (S)*			(présent) (S)	Black Point (S)			200
100															100
0															0
100	Loiza Cave (A)													Cedros (S)*	100
200		Krum Bay (A)*			Salt Lagoon (?)(A)			(INHABITE)							200
300														Ortoire (A)*	300

Tableau 5 : Chronologie des Petites Antilles d'après Allaire 1973.

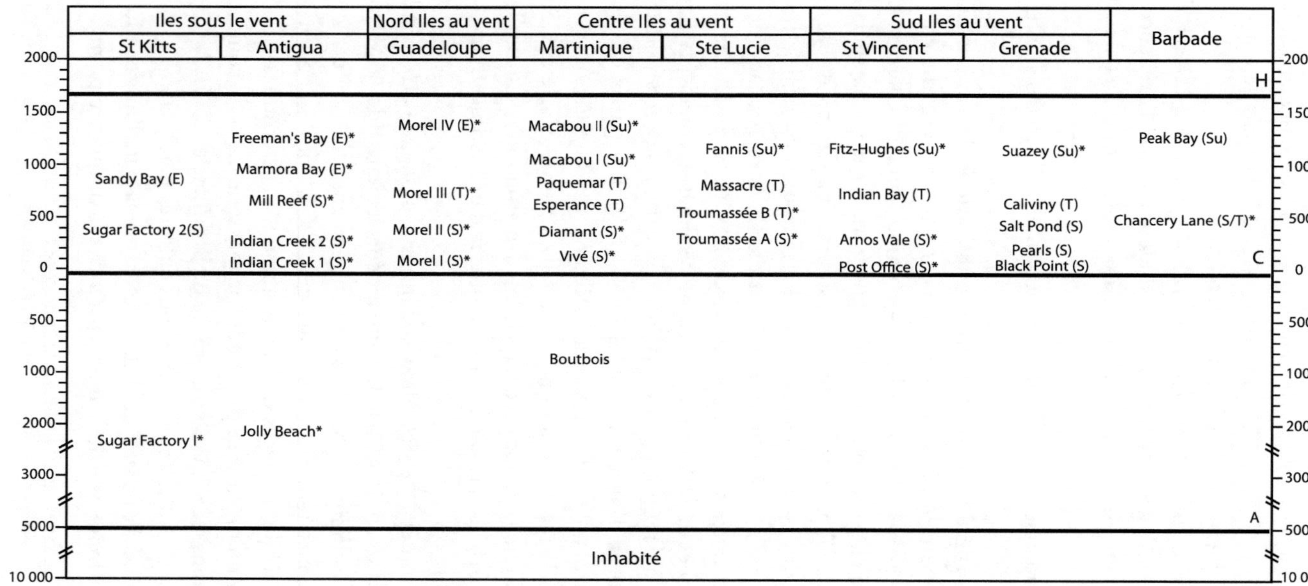

Tableau 6 : Chronologie des Petites Antilles d'après Rouse, Allaire, Boomert 1985.

- La période moyenne avec des séries qualifiées de Troumassoïdes est représentée en Martinique par des gisements comme l'Espérance et Paquemar (650-950/1000 après J.C.)[6]. Ce stade peut-être mis en parallèle avec la culture Elenoïde de Puerto Rico et des Iles Vierges.
- La période récente livre des restes appartenant à des séries Suazoïdes. Les travaux de Louis Allaire en Martinique ont fait apparaître l'existence d'au moins trois phases au sein de cette période (site de Macabou I et de Macabou II) (1000-1500 après J.C.).

C'est cette chronologie qui est le plus couramment utilisée dans les études régionales (cf. Tableau 6).

Cependant, malgré les interventions et publications de Louis Allaire, certains archéologues des Antilles françaises continuent à poursuivre une voie autonome. En Martinique, Jacques Petitjean-Roget – comme Édouard Clerc en Guadeloupe – emploient une classification culturelle mixte, mettant en parallèle les appellations arawak et caraïbe, les noms des séries définies par Irving Rouse et des cultures définies à partir des mobiliers archéologiques recueillies sur des sites éponymes (Vivé, Diamant, etc...). Rares sont les utilisations des termes saladoïde ou suazoïde dans les Antilles françaises, les appellations style Vivé, style Diamant, d'après les sites emblématiques de la Martinique seront systématiquement privilégiées. De la même manière, la dénomination « style Morel » est employée en Guadeloupe.

Jacques Petitjean Roget propose en 1968 et 1970 à partir de ses recherches sur le site du Diamant et sur des vestiges découverts à Grande Anse au Lorrain, à Fond Brûlé dans la même commune, à La Salle à Sainte-Marie et à Paquemar au Vauclin, une chronologie locale comprenant trois périodes culturelles intitulées Horizon I, II et III. Il s'appuie sur les premières dates radiocarbone obtenues en Martinique (figure 3).

Mario Mattioni et Maurice Nicolas dans leur ouvrage l'art précolombien de la Martinique édité en 1972 par le Musée départemental de la Martinique évoquent les Caraïbes indigènes témoins de l'entrée dans l'histoire de la Martinique. Cependant, ils constatent que « l'histoire de ces Caraïbes – et a fortiori celle de leurs prédécesseurs, les Arawaks qu'ils ont quasiment exterminés – est restée pour nos chroniqueur un mystère impénétrable peuplé seulement de conjectures, hypothèses, suppositions, se disputant la palme de la fantaisie ».

Ils insistent sur les différences entre leurs cultures matérielles : « contrairement à la poterie caraïbe, la poterie arawak ne présente jamais l'uniformité ennuyeuse de la production fonctionnelle, en l'occurrence du simple récipient. ».

Horizon III	Caraïbe	Diamant III, Paquemar	900-période historique.
Horizon II	Arawak	Diamant II, Lorrain	300-800 après J.C.
Horizon I	Proto-Arawak	Fond Brûlé, La Salle	180-300 après J.C.

Figure 3 : Tableau synthétique de la chronologie de Jacques Petitjean Roget (1968-1970).

6 Il donne aussi aux céramiques de ce complexe, le nom de style de Caliviny – du nom d'un gisement représentatif de l'île de Grenade.

Dans les tableaux qu'ils présentent et dans la table des matières, ils mettent en parallèle plusieurs classifications montrant à la fois leur adhésion à la classification des cultures mise en place par les archéologues des Amériques et leur choix d'un système plus proche des conceptions traditionnelles :

Lithique	Archaïque	Structural	Classique	Post-classique
Paléo-indien	Méso-indien	Néo-indien		
Précéramique		Céramique		
		I	II	III
		1ère période arawak	2ème période arawak	Période caraïbe
			Diamant	Diamant
				Paquemar
		Fond Brûlé		
		Vivé	Vivé	

Figure 4 : Tableau chronologique de Mattioni et Nicolas (1972).

A leur suite, dans « Archéologie Martinique », ouvrage rédigé par la conservation du Musée départemental d'archéologie de 1991 et préfacé par Louis Mézin, on distingue quatre grandes périodes.

- La période précéramique qui voit des groupes de chasseurs-cueilleurs présents sur l'île vers 4000 avant notre ère[7].
- Après la migration saladoïde – le site de référence est celui de Cedros (vers 190 av. J.C.) – débute la période « Saladoïde insulaire » ou « première période Arawak »qui se développe localement jusqu'aux environs de 300 de notre ère.
- Vers 400 après J.C., on constate qu'une importante modification se produit dans le décor des céramiques de la Martinique : « la culture saladoïde atteint une nouvelle étape de son développement que l'on nomme « saladoïde modifié » ou « deuxième période arawak ».

  Vers 600 la période arawak atteint sa phase terminale. D'un point de vue archéologique cette courte période de contact est située entre les VIIème et VIIIème siècles est dénommé Horizon Caliviny, du nom de l'îlot Caliviny qui a donné son nom à « la culture qui a supplanté les Arawaks en Martinique ».
- Enfin, vers 1200 ou 1300 après J.C, est en place la période Caraïbe.

En 1992, François Rodriguez-Loubet publie un article dans lequel il conteste l'utilisation des appellations culturelles classiques faisant références à des noms de sites. Il préconise l'utilisation du terme Formatif (référence implicite au vocabulaire utilisé en Amérique Centrale et l'Amérique du Sud Andine) pour l'horizon où se constituent les premières cultures néolithiques antillaises (100 avant J.C.-

7 Cette datation reste conjecturale de l'aveu même des auteurs : « Certains indices archéologiques plus que des datations de vestiges font remonter la passé précolombien de la Martinique aux environ du troisième millénaire av. J.C. ».

300 après J.C). Il suggère ensuite le terme de Caribéen pour le plein développement du néolithique antillais avec trois phase : Caribéen Ancien, 300-700 après J.C.; Caribéen Moyen, 700-900 après J.C.; Caribéen Final, 900-1500 après J.C. (cf. Tableau 7). Chacune des phases correspondrait à des stades de développement " économique " et socio-culturel différent.

En 1994, Cécile Celma, conservatrice du Musée départemental d'archéologie et de préhistoire de la Martinique, ne retiendra que la distinctions entre les Arawaks et les Caraïbes dans les textes de présentation de l'exposition « le Végétal dans la vie des Amérindiens ».

Durant les années 1990, Irving Rouse continue à conforter son système chronologique en introduisant, pour les Grandes Antilles et les îles Vierges, l'age formatif pour qualifier la culture Chican Ostionoide, précurseur des Taïnos

HORIZON		DATES	SITES	EVENEMENTS
		1900		**Exode amérindien**
HISTORIQUE				
		1500	Macabou (Martinique) Carrier (Haïti) Fannis (Ste-Lucie) Suazey (Barbade) Capa (Puerto Rico) Pueblo Viejo (Cuba)	1492 : Arrivée des Européens Vers 1350 : Arrivée de guerriers Caraïbes
	Final			
		900	Meillac (Haïti) Macady (ibid.) Boca Chica (Rép. Dom.) Ostiones (Puerto Rico) Little River (Jamaïque) White Marl (ibid.) Mayari (Cuba)	**Tradition Caribéenne insulaire (antillaise)**
CARIBEEN	Moyen			
		700	Diamant (Martinique) Cuevas (Puerto Rico) Cayo Redondo (Cuba)	
	Ancien			
		300	Vivé (Martinique) Fond Brûlé (Ibid.) Krum Bay (Iles Vierges) Hacienda Grande (Puerto Rico) María La Cruz (ibid.)	
FORMATIF				
		100 av. J.C.	Couri (Haïti) Cabaret (ibid.) Guayabo Blanco (Cuba) Marbán (Rép. Dom.)	Vers 100 av. J.C. : **migration d'agriculteurs** Agriculture, villages, canots de haute-mer culture du manioc et du coton, tissage Pierre et coquillage polis
ARCHAIQUE				**Tradition de pêcheurs-cueilleurs**
		5000 av. J.C.		Pierre taillée et polie coquillage canots de haute-mer

Tableau 7 : Tableau chronologique des Antilles de Rodriguez-Loubet 1992.

Classiques où se développent une société hiérarchisée plus élaborée que dans le reste des Caraïbes. (Rouse, 1992). A la fin de cette décennie, le système chronologique semble bien établi. L'ensemble des archéologues s'accordent sur la partition en quatre âges (Lithique, Archaïque, Céramique et Historique – Lithic, Archaic, Ceramic and Historic ages) même si certains privilégient les appellations Paléo-indien, Méso-Indien et Néo-indien pour les trois premiers âges. Les sites de l'âge archaïque sont appelés par certains auteurs pré-céramiques (preceramic sites). Pour le sud de l'arc antillais, deux grandes séries sont reconnues à l'intérieur de l'âge céramique (Ceramic period ou Ceramic times) : la série saladoïde (comprenant les sous-séries Huécan et Cédrosan[8]) et la série Troumassoïde qui rassemble les complexes troumassan et suazan Troumassoïdes – cette série est parfois simplement dénommée post-Saldoïde. A l'intérieur du cedrosan Saladoïde, on distingue un cedrosan Saladoïde ancien (Early Cedrosan Saladoid) et un cedrosan Saladoïde récent (Late Cedrosan Saldoïd) dont le mobilier céramique a reçu des influences de la culture Barrancoïde – reconnue au Venezuela.

C'est cette classification qui est par exemple employée par André Delpuech dans son ouvrage « Guadeloupe amérindienne, guide archéologique la France » et dans les travaux universitaires récemment soutenus de Benoît Bérard, Sofia Marquet, Sandrine Grouard et Nathalie Serrand, Dominique Bonnissent (figure 5).

C'est elle qui désormais devrait être utilisée pour toute description des cultures archéologiques antérieures à la période historique[9]. Cette classification chronologique n'apporte pas de solution à la désignation des peuples amérindiens précédant la découverte des Antilles par Christophe Colomb. Tout au plus peut-on

Age ou grande période	Série / culture	Sous-série / subdivision de la culture	Datation
Histoire	Histoire		
Céramique (Néo-indien)	Troumassoïde	Suazan	1200-1500 de notre ère
	Troumassoïde	Troumassan	600/700 – 1200 de notre ère
	Saladoïde	Saladoïde récent cedrosan à influences Barrancoïdes	300/400 de notre ère - 600/700 de notre ère
		Saladoïde ancien cedrosan /Early cedrosan saladoïd	400 avant notre ère - 300/400 de notre ère
	Saladoïde huecan/ Huecoïde		400-300 avant notre ère - 100/200 de notre ère
Archaïque (Méso-indien) - Précéramique	Ortoiroïde		2500 – 500/400 avant notre ère

Figure 5 : Tableau synthétique de la chronologie actuelle (d'après Delpuech, 2001, Bérard 2004).

8 Un débat partage la communauté archéologique sur l'appartenance des groupes porteurs de la culture Huécan saladoïde (ou Huécoïde) présents de la Guadeloupe à Porto-Rico à la série Saldoïde.

9 Un exemple peut être trouvé dans l'ouvrage de Jean-Pierre Sainton, tableau 4, p. 61.

affirmer que ces populations ont une langue qui appartient au groupe des langues arawaks. Les qualificatifs arawaks et caraïbes ne devraient plus être employés pour les désigner en raison des confusions qu'ils introduisent. En ce qui concerne la désignation des populations amérindiennes postérieures au contact avec les européens, présentes dans les Petites Antilles, un consensus se fait jour pour privilégier les termes Kalinas voir Kal(l)inagos – termes qu'ils utilisaient pour se désigner eux-mêmes, selon Breton, préférables à leurs synonymes de Island caribes ou Caraïbes insulaires, pour lever l'ambiguïté du terme par rapport aux populations continentales de langues caraïbes[10]. Il faut enfin se résoudre à reconnaître, comme l'a écrit Irving Rouse en 1992 (p. 136) « que l'archéologie et l'ethnohistoire sont des disciplines séparées, traitant chacune de données qui leur sont propres avec des méthodes adaptées à ces données. Les résultats obtenus à partir d'un des types de données ne peut être utilisé pour le traitement des données de l'autre type de données. La recherche doit plutôt tirer des conclusions de chaque type de données, utilisant des méthodes appropriées à chacune d'entre elles et ensuite confronter ces conclusions. Si ces conclusions concordent, alors elles peuvent être considérées comme valides. Sinon, la recherche doit reprendre et retravailler séparément les données pour déterminer ce qui ne va pas ». C'est dans cette perspective que s'inscrivent les recherches actuelles menées dans les Petites Antilles.

---

10 On les appelle maintenant Kalina, Kari'na ou Kali'na.

1ère partie

Nouvelles données sur la chronologie culturelle de l'occupation amérindienne de la Martinique

Introduction

Par Benoît Bérard

L'archéologie précolombienne dans les Antilles est une science jeune. Nous venons de le voir (cf. chapitre précédent) la chronologie culturelle de l'occupation amérindienne de l'archipel est l'objet de recherches constantes et de révisions régulières. En Martinique, elle s'articule en six périodes regroupées en trois ages (Tableau 1). L'Age Archaïque (précéramique) bien documenté dans le nord des Petites Antilles, n'est marqué en Martinique que par les sites de Boutbois et du Godinot (Carbet) dont l'attribution chronologique reste douteuse. Vient ensuite l'Age Céramique qui peut être divisé en quatre périodes (le Céramique ancien, le Céramique moyen, le Céramique récent, et le Céramique final). En Martinique, elles correspondent respectivement aux cultures archéologiques appelées : Saladoïde cedrosan ancien, Saladoïde cedrosan moyen/récent, Troumassoïde troumassan et Troumassoïde suazan ou Suazoïde. Enfin, l'Age historique, correspondant à la période de contact entre les populations amérindiennes, européennes et africaines, clôt ce découpage chronologique. Aucun site archéologique amérindien datant de cette période n'a pour l'instant été identifié en Martinique.

Nous allons maintenant vous présenter des travaux réalisés en Martinique au cours de ces dernières années concernant les quatre périodes céramiques et la période de contact. La nature de ces travaux et notre de degré de connaissance concernant chacune de ces périodes sont très variables.

Le Céramique ancien correspondant à la culture saladoïde cedrosane ancienne est sans doute la période la mieux connue dans l'île du fait des importantes fouilles conduites par M. Mattioni dans les années 60 et 70 et des travaux que nous avons nous même conduits récemment. Le chapitre rédigé par Benoît Bérard présente donc une synthèse générale de nos connaissances concernant cette phase chronologique.

Notre connaissance du Saladoïde cedrosan moyen/récent (Céramique moyen) a surtout progressé au cours des dernières années grâce aux fouilles conduites par N. Vidal sur le site de la plage de Dizac (Diamant). Après une rapide présentation générale de la période, le chapitre rédigé par Agnès Berthé et Benoît Bérard s'attache principalement à la description de la production céramique de ces groupes amérindiens et à la comparaison de cette production avec celle de la période précédente.

Pendant longtemps la transition entre le Saladoïde cedrosan moyen/récent et le Troumassoïde troumassan a été décrite comme le moment de l'arrivée de nouvelles populations d'Amérique du sud, les Caraïbes, qui auraient remplacées par la violence les groupes présents précédemment, les Arawaks. Nous savons aujourd'hui que cela ne correspond à aucune réalité historique. L'article de Marjorie Hervé et

Nathalie Serrand concernant le site de l'Anse Céron (Prêcheur) nous montre le caractère progressif de cette transition ce qui démontre clairement qu'il s'agit d'un phénomène endogène.

Louis Allaire a conduit d'importantes recherches sur l'occupation précolombienne tardive de la Martinique dans les années 70 et 80. Dans son article, il nous propose une réflexion générale sur la période céramique finale et la transition entre celle-ci et la période de contact.

Enfin, l'incroyable histoire de Francisco Congo présentée ici par Thierry l'Etang est un exemple particulièrement éclairant des interactions qui ont pu exister entre les populations amérindiennes, européennes et africaines au début de la période coloniale alors que les lignes de démarcations ne sont pas encore clairement établies. C'est de ce creuset que sont issus les fondements des sociétés créoles contemporaines des Antilles.

<table>
<tr><th>Datations</th><th>Ages</th><th>Périodes</th><th>Cultures</th></tr>
<tr><td>XVIème-XVIIIème siècles</td><td>HISTORIQUE</td><td>Contact</td><td>Cayo</td></tr>
<tr><td>1000-contact ?</td><td rowspan="4">CERAMIQUE</td><td>Céramique final</td><td>Troumassoïde suazan ou Suazoïde</td></tr>
<tr><td>700-1000 ap. J.-C.</td><td>Céramique récent</td><td>Troumassoïde troumassan</td></tr>
<tr><td>350-700 ap. J.-C.</td><td>Céramique moyen</td><td>Saladoïde cedrosan moyen/récent</td></tr>
<tr><td>0-350 ap. J.-C.</td><td>Céramique ancien</td><td>Saladoïde cedrosan ancien</td></tr>
<tr><td>?</td><td>ARCHAÏQUE</td><td>?</td><td>?</td></tr>
</table>

Tableau 1 : Chronologie culturelle de l'occupation amérindienne de la Martinique.

L'OCCUPATION SALADOÏDE CEDROSANE ANCIENNE DE LA MARTINIQUE (0-350 AP. J.-C.)

Par Benoît Bérard

L'arrivée des cultures agro-céramistes dans les Antilles est liée à la migration dans l'archipel de populations originaires du bassin de l'Orénoque (Venezuela). Cette migration s'effectue durant la deuxième moitié du premier millénaire avant notre ère. Ces premières occupations agro-céramistes antillaises (Céramique ancien) sont regroupées par les archéologues au sein de deux ensembles culturels, le Saladoïde cedrosan ancien et le Saladoïde huecan. En Martinique, l'ensemble des sites céramiques anciens sont rattachées au Saladoïde cedrosan ancien. C'est un bilan des connaissances se rapportant à cet ensemble que nous nous proposons de présenter ici. Pour cela nous nous baserons sur un ensemble de données anciennes, principalement liées aux importantes fouilles conduites par M. Mattioni sur les sites de Fond-Brûlé et Vivé dans les années 60 et 70, ainsi que sur des informations plus récentes, issues de la fouille programmée du site de Vivé dirigée, entre 1996 et 2001, par J.-P. Giraud puis par l'auteur et des sondages que nous avons réalisés dans les sites de Moulin l'Etang et de Fond-Brûlé en 1999. Ces travaux ont fait l'objet en 2004 d'une publication monographique (Bérard, 2004), ce chapitre peut être considéré comme une synthèse de cet ouvrage qui était destiné à un public de spécialistes.

1 Une origine continentale ancienne

Les archéologues ont pu retracer sur près de 2000 ans les grandes lignes de l'histoire continentale des groupes saladoïdes. Ainsi, la culture saladoïde apparaît sur le continent, au niveau du cours moyen de l'Orénoque (Figure 1) vers 2000 avant notre ère (Roosevelt, 1981 ; Rouse, 1992). Le site caractéristique de cette période est le site de Ronquin (Venezuela) d'où l'appellation Saladoïde ronquinan utilisée pour nommer cette partie continentale de la culture saladoïde. Les villages saladoïdes ronquinans sont situés directement sur les rives du fleuve Orénoque, parfois même sur des terres devenant des îles au milieu du fleuve durant la saison humide. Le mode subsistance de ces groupes est caractérisé par la pratique de l'agriculture itinérante sur brûlis. Leur alimentation est dominée par la consommation du manioc qui est attestée par la présence dans les sites archéologiques de nombreuses platines destinées, entre autres, à la cuisson de la cassave ainsi que par de nombreux petits éclats de pierre taillée qui ont servi de dents de grages (râpes à manioc) (Vargas, 1981). On trouve aussi vraisemblablement dans leurs jardins

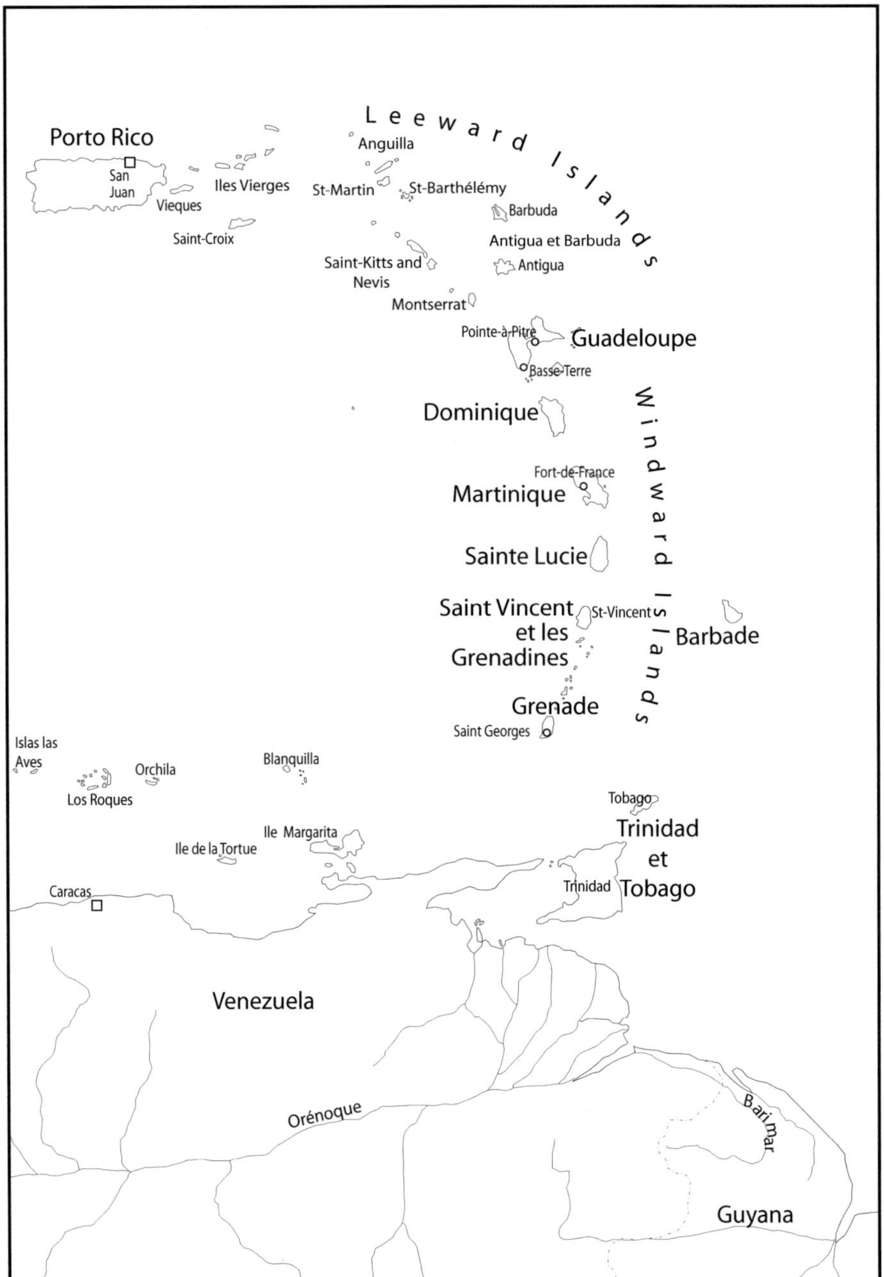

Figure 1 : Carte de l'aire saladoïde.

des tubercules (patates douces, couch-couch), du piment et de façon annexe du maïs (Boomert, 2000 ; Vargas, 1981). Leur régime alimentaire est complété grâce à l'exploitation de la forêt, tant pour la cueillette que pour la chasse, ainsi que par le produit de la pêche. Enfin, ces groupes possèdent un seul animal domestique, le chien.

La production céramique saladoïde ronquinane est d'abord caractérisée par sa qualité technique, elle est fine et bien cuite. Le dégraissant est constitué de sable (Cruxent et Rouse, 1958/59 ; Vargas, 1981). Les récipients sont montés selon la technique du colombin. En plus des platines, les formes les plus fréquentes sont les formes ouvertes de bols et de marmites. Le plus souvent carénés, ces vases ont un profil de cloche renversée. On rencontre aussi quelques formes fermées, principalement des bouteilles et des urnes. Cette céramique est caractérisée par l'abondance des décors (16% des tessons sont décorés) et la diversité des techniques utilisées (Vargas, 1981). Les décors les plus fréquents sont les bandes ou les motifs peints. Les couleurs utilisées sont par ordre de fréquence : le rouge, le blanc et le noir. Les éléments polychromes les plus caractéristiques sont des motifs peints en blanc sur rouge. Les décors modelés sont peu nombreux et correspondent essentiellement à des boutons. Les décors modelés et incisés sont eux plus développés. Ils correspondent à des motifs de boutons ponctués (papules) et aux adornos (il s'agit d'éléments de préhension biomorphes). Enfin, les motifs incisés les plus caractéristiques sont les motifs zonés-incisés, pointillés et zonés-pointillés. C'est cette production céramique si caractéristique qui a permis aux archéologues de suivre facilement la culture saladoïde depuis le cours moyen de l'Orénoque jusque dans les Antilles.

La première étape va consister vers 1000 avant notre ère en la diffusion de cette culture depuis le cours moyen de l'Orénoque jusqu'à la zone littorale où elle va occuper une bande allant du nord du plateau des Guyanes à l'île de Margarita en incluant Trinidad (Rouse et al., 1985). L'environnement de ces groupes n'étant plus forestier et fluvial mais côtier et maritime, leur mode de vie est différent de celui des Saladoïdes ronquinan. Pour cette raison, ils sont dénommés Saladoïdes cedrosans par les archéologues. Ce sont ces groupes saladoïdes cedrosans qui vont partir au cours de la deuxième moitié du premier millénaire avant notre ère à la conquête des Antilles (et donc de la Martinique). Dans un premier temps, ils s'étendront sur un espace allant du continent jusqu'à Porto Rico. Ils vont y introduire leur mode vie : agricole, céramiste et sédentaire, ainsi qu'un certain nombre d'espèces animales (opossum, agouti, chien, …) et végétales originaires du continent.

2 Paléo-géographie de l'occupation saladoïde cedrosane ancienne de la Martinique

2.1 La répartition des sites dans l'île

Alors que les migrants ont une île à peu près vierge de tout occupant à leur disposition, les sites saladoïdes cedrosans anciens martiniquais sont répartis sur quelques kilomètres, au pied de la Montagne Pelée, le long de la côte nord-est de l'île (Figure 2). Nous avons donc tenté de déterminer les raisons qui ont présidé au choix de ces lieux d'implantation. Pour cela nous avons analysé les caractéristiques bio-géographiques de ces différents sites. Ce qui se dégage de cette analyse c'est une forte impression d'homogénéité.

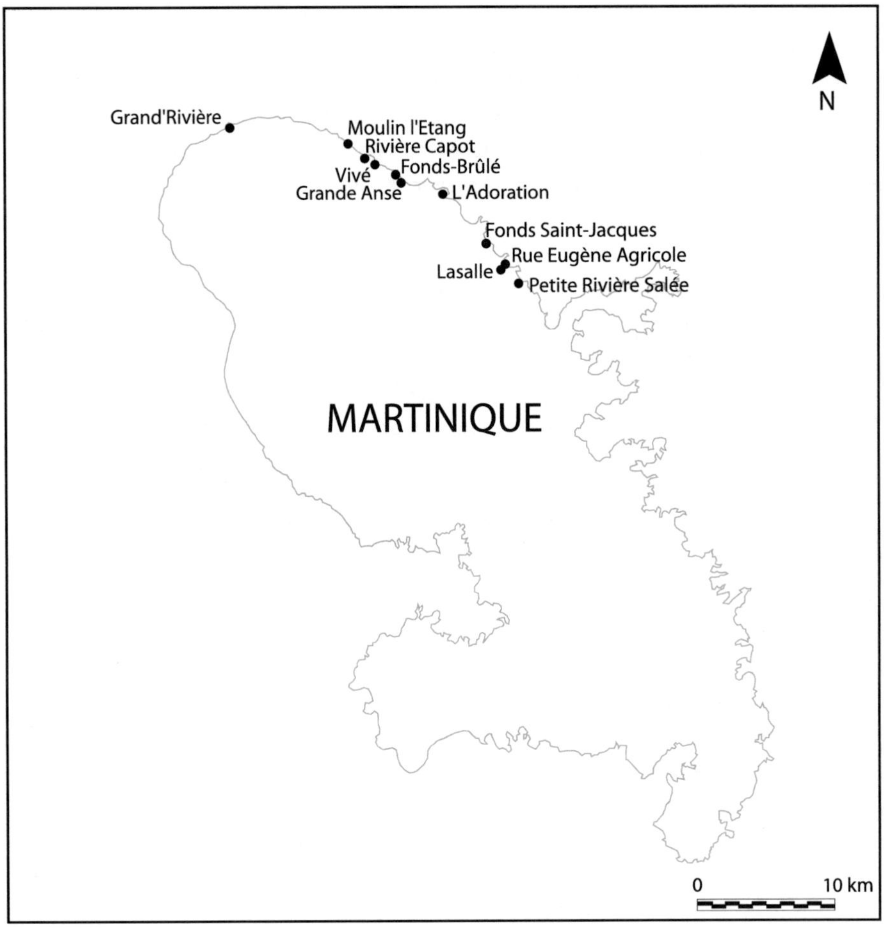

Figure 2 : Répartition des sites saladoïdes cedrosans anciens en Martinique.

Un premier ensemble de caractères définissant ces lieux d'implantation est certes lié à leur proximité géographique (nature des sols, nature du couvert végétal, conditions d'accès aux ressources lithiques, conditions d'accès à la mangrove). D'autres éléments viennent cependant renforcer l'impression de similitude qui se dégage de l'observation de cet ensemble (distance à l'eau douce, distance à la mer).

Cette constatation témoigne de la précision du concept d'espace naturel domestique chez ces groupes pionniers agro-céramistes. Un espace qui est caractérisé par de bonnes terres agricoles dont l'irrigation est assurée par une forte pluviométrie liée à la proximité des hauteurs, par un couvert végétal mésophile et la proximité de la grande forêt humide et enfin par la proximité de la mer et d'un cours d'eau pérenne. C'est dans cet espace que vont être introduites les espèces végétales et animales originaires du continent qui accompagnent les pionniers. Ce soin particulier des groupes saladoïdes cedrosans anciens lors du choix de leurs lieux d'installation doit vraisemblablement être mis en relation avec le fait que certaines îles de l'archipel (pour la plupart des îles basses et sèches) ne seront pas colonisées durant la période céramique ancienne.

2.2 L'organisation interne des villages

Les informations concernant l'organisation des villages installés dans ces lieux sont encore lacunaires (Figure 3). Nous pouvons juste noter qu'elles ne sont pas en contradiction avec le modèle du «concentric circular village» développé dans les Antilles à partir de l'étude de sites contemporains (Heckenberger et Petersen, 1998). De même nous ne possédons pas d'informations concernant le plan des habitations durant cette période.

Ces villages paraissent avoir été le cœur du système de gestion de l'espace insulaire mis en place par les groupes saladoïdes cedrosans anciens. En effet, aucun site spécialisé n'a pu, pour l'instant, leur être associé. Cette impression d'une forte centralisation des activités est confirmée par le mode d'introduction des matières premières lithiques qui arrivent brutes de débitage malgré leur origine parfois lointaine. Ainsi, si ces populations ont exploité la diversité des ressources disponibles dans l'île, la plus grande partie des chaînes opératoires de transformation et de consommation semble s'être déroulée dans l'enceinte même des villages.

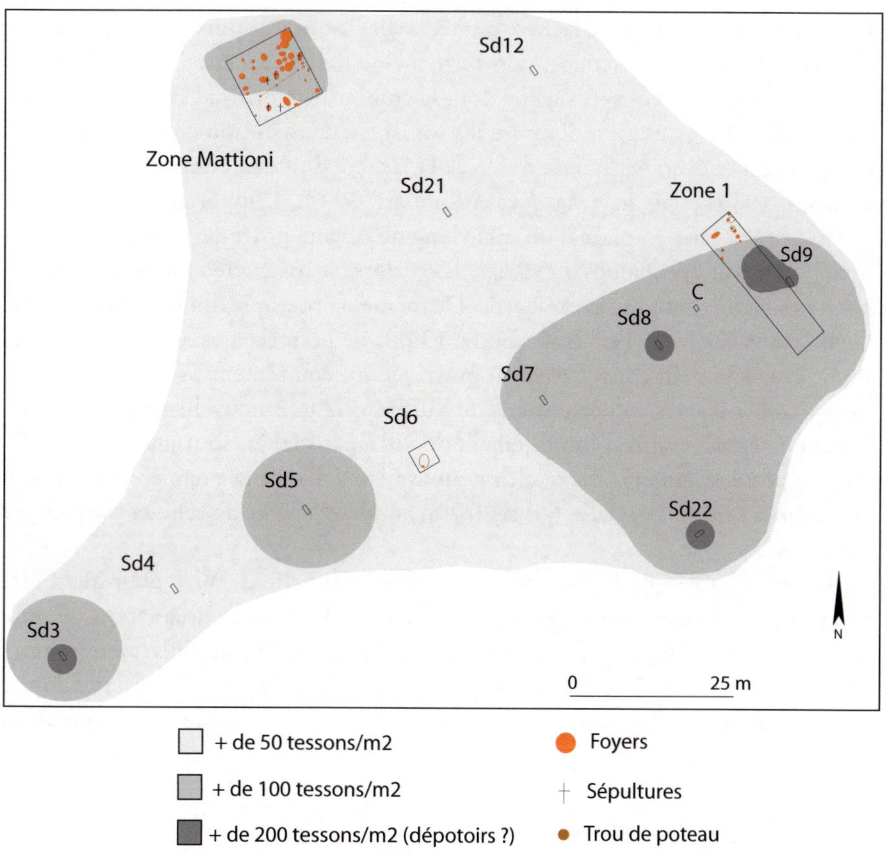

Figure 3 : Plan analytique du secteur ouest du site de Vivé.

2.3 Le système d'agriculture itinérante sur brûlis

Les sites céramiques anciens que nous avons fouillés (en particulier celui de Vivé) sont des sites à occupations multiples constitués par la superposition de plusieurs villages légèrement décalés dans le temps et l'espace. Cette réalité pourrait être la conséquence de la pratique de l'agriculture itinérante sur brûlis. L'agriculture itinérante sur brûlis est le mode de culture traditionnel des Amérindiens de la zone amazonienne et la pratique du brûlis a été observée dans les Petites Antilles par les chroniqueurs européens lors de leur arrivée (Du Tertre, 1667-1671).

Cette pratique très largement décrite débute par la réalisation d'un abattis. Les arbres coupés sont laissés sur place et après un temps nécessaire à leur séchage, le feu est mis à la parcelle. Le résidu cendreux issu de cet incendie va permettre une fertilisation des sols où sont effectuées les plantations (principalement le manioc dans le cas qui nous intéresse). Le manioc est une plante exigeante pour ce qui est de la qualité des sols. Il n'est exploité que pendant un an sur une parcelle donnée (P. Grenant, 1979 ; F. Grenand et Haxaire C., 1977 d'après Tardy, 1998 ; Tardy, 1998). Cela implique la réalisation selon un rythme annuel de nouveaux abattis et de nouveaux brûlis. Des espèces moins exigeantes (maïs, légumineuses) peuvent être cultivées pendant un an ou deux sur la parcelle ayant déjà donné du manioc. Cependant, une période de jachère est nécessaire avant que puisse être réalisée une nouvelle plantation de manioc dans cette même parcelle. Cette jachère permet la reconstitution d'un couvert végétal dont la combustion offrira l'engrais nécessaire à cette nouvelle plantation. Pour qu'il y ait une reconstitution complète ou quasi complète du couvert végétal, la durée de la jachère doit être comprise entre 40 (P. Grenant, 1979) et 50 ans (Mazoyer et Roudart, 1997). L'importance de la surface nécessaire à la mise en place d'un cycle long de jachère provoque donc un éloignement progressif des champs du village. Il est alors parfois préférable de déplacer les habitations près des nouveaux abattis. De même, la pratique d'une jachère courte, de 4 à 6 ans (Gely, 1984 d'après Tardy, 1998), ne permettant pas une reconstitution satisfaisante du couvert végétal provoque un épuisement progressif des sols, nécessitant à terme le déplacement du village vers une nouvelle zone forestière. Après un certain temps, l'emplacement du village initial est souvent réoccupé. En effet, il possède toujours les qualités qui avaient favorisé la première installation et certaines espèces végétales (arbres fruitiers) plantées lors de celle-ci sont encore présentes.

Il nous semble que les occupations multiples du site de Vivé pourraient être la conséquence de ce type d'agriculture forestière. Une des conséquences de cette pratique est de rendre difficile l'évaluation de l'intensité de l'occupation amérindienne de la Martinique durant cette phase. En effet, un nombre très limité de communautés villageoises peut être à l'origine de la totalité des occupations connues à ce jour.

3 Les pratiques alimentaires

Du fait d'importants problèmes de conservation (forte acidité des sédiments volcaniques), les sites saladoïdes cedrosans anciens martiniquais se prêtent particulièrement mal à l'étude des pratiques alimentaires. Pour ce qui est des végétaux, seule la consommation du manioc est attestée par des indices indirects (présence des platines, débitage de dents de grages à manioc). Les restes osseux et conchyliens ayant presque totalement disparus, nous ne pouvons que nous tourner vers des études extra-martiniquaises. Deux travaux sont particulièrement éclairants dans ce domaine (Grouard, 2001 ; Serrand, 2002). Ils illustrent clairement la diversité des ressources animales exploitées par ces populations (poissons, coquillages, crustacés, mammifères, reptiles, oiseaux), une diversité qui démontre la grande connaissance que possèdent déjà ces premiers groupes pionniers du milieu insulaire antillais. De plus, ils ont, nous l'avons déjà dit, enrichi cet écosystème par l'introduction d'espèces végétales et animales d'origine continentale.

4 La pensée métaphysique

En partie en raison des mêmes problèmes taphonomiques cités plus haut, les sites martiniquais ne sont pas de bons informateurs concernant les préoccupations métaphysiques de ces amérindiens. En effet, les pratiques funéraires constituent pour les archéologues une des principales sources d'informations dans ce domaine. Or, seules cinq sépultures, particulièrement mal conservées, ont été découvertes à Vivé par M. Mattioni (Mattioni, 1972a, 1972b, 1976b et 1979). Il faut y ajouter un crâne isolé découvert sur le niveau d'occupation. D'après l'auteur, il s'agirait de trois sépultures primaires et de deux sépultures secondaires. Pour les inhumations primaires, deux individus sont couchés sur le côté droit en position fléchie et le dernier est allongé sur le dos le visage tourné vers la gauche. Dans la première sépulture secondaire, les os ont été regroupés dans une fosse circulaire de 40 cm de diamètre. Les côtes de l'individu ont été regroupées à l'intérieur de la boîte crânienne. Dans la seconde, le corps semble être en position étendue sur le dos. Le maxillaire inférieur aurait été retiré et déposé entre les jambes de l'individu avec 5 perles en améthystes. De plus, un collier de perles a été découvert au niveau du maxillaire supérieur. Enfin, au-dessus de quatre de ces tombes un feu a été entretenu pendant un certain temps provoquant la rubéfaction du sédiment. M. Mattioni a rapproché cette constatation de différentes descriptions concernant les Caraïbes des Petites Antilles (Chevillard, 1973). Cependant, de façon générale, l'absence d'un anthropologue physique lors de la fouille, associée à la très mauvaise qualité de conservation des restes qui a rendu leur dégagement particulièrement difficile, nous incitent à considérer avec la plus grande prudence les interprétations que nous donne M. Mattioni de ces sépultures.

Les céramiques nous apportent aussi quelques informations concernant ces questions. En plus des interprétations religieuses possibles de la riche iconographie qu'elles portent (H. Petitjean Roget, 1975), nous avons pu au sein de la production céramique effectuer un regroupement à caractère symbolique. Les récipients appartenant à cet ensemble, caractérisés par des décors polychromes couvrants et portant des traces d'utilisation caractéristiques, pourraient avoir été utilisés dans le cadre de fêtes de boisson.

5 Les pratiques artisanales

Les restes artisanaux (déchets et produits) conservés dans les gisements que nous avons étudiés témoignent du travail de deux types de matières premières, la céramique et la pierre.

5.1 La production céramique

La production céramique saladoïde cedrosane ancienne est d'une grande qualité technique et montre une grande diversité, tant au niveau des décors qu'au niveau des formes. Cette diversité n'est pas la conséquence d'une liberté laissée à l'artisan mais au contraire le résultat de l'utilisation rigoureuse par celui-ci d'un système complexe et précis. Cette rigueur dans l'expression des standards culturels est visible dans l'organisation interne des décors, dans la relation étroite qui unit formes et décors et dans le degré de précision de la définition de certains types de vases. Elle est la marque du fort investissement culturel et social de ces groupes dans cette activité. C'est la compréhension de ce système que nous avons essayé d'atteindre à travers l'étude de plus de 8500 tessons et de 312 formes archéologiquement complètes provenant des sites de Vivé, Fond-Brûlé, Moulin l'Etang et Lasalle.

5.1.1 Les restes fragmentaires

Nous avons tout d'abord pu dégager un certain nombre de caractéristiques de l'analyse des restes fragmentaires. La base des céramiques est le plus souvent constituée par un fond plat. Moins de 20 % des éléments correspondent à des pieds hauts de type piédestal. Enfin, l'usage de supports excentrés est très exceptionnel (seulement 3 pièces pour l'ensemble des 3 séries). Les potiers saladoïdes cedrosans anciens installaient le plus souvent sur leurs récipients des éléments de préhension de type anse en D (environ 50 % des cas). Les oreilles, elles aussi fréquemment utilisées, sont moins nombreuses (un peu plus de 30 % des cas). Enfin, les tenons, plus rares, constituent moins de 20 % de l'échantillon. Dans les différentes séries que nous avons analysées, les fréquences des fragments de platines et de cylindres sont très comparables. Ainsi, entre 8 % et 12 % des vestiges céramiques correspondent à des éléments de platines à manioc. Les éléments de cylindres sont beaucoup moins nombreux. Ils représentent entre 1 % et 1,5 % des vestiges céramiques.

Le taux de décoration de la céramique saladoïde ancienne est particulièrement élevé, près de 40 % des restes sont décorés. Trois techniques décoratives ont été principalement utilisées par les potiers : la peinture, l'incision et le modelage. La gravure n'intervient que dans la réalisation des motifs zonés-incisés. La technique la plus fréquemment utilisée est la peinture. Elle entre dans la composition des décors de plus de 75 % des pièces ornées. L'incision intervient en second, elle a été utilisée sur environ 40 % des pièces décorées. Enfin, le modelage n'est utilisé que dans un peu plus de 10 % des cas. Une homogénéité certaine a été observée entre les différentes séries concernant ce classement des techniques décoratives en termes de fréquence. Cependant, il nous est apparu que les principes qui régissent l'organisation des décors portés par les céramiques saladoïdes cedrosanes anciennes allaient bien au-delà de cette première constatation.

Trois couleurs sont utilisées par les potiers : le rouge, le blanc et le noir. Leur utilisation est liée à une règle stricte. Les décors monochromes (entre 50 % et 65 % des éléments peints) sont toujours réalisés avec de la peinture rouge. Les décors bichromes (entre 25 % et 40 % des éléments peints) associent toujours la peinture blanche à la peinture rouge. Et, bien sur, les décors trichromes (entre 6 % et 10 % des éléments peints) sont constitués par l'association des trois couleurs présentées plus haut. La couleur noire n'intervient alors que sur la face interne de vases de façon couvrante ou pour souligner un motif incisé. Ainsi, la diversification et la complexification chromatique est toujours obtenue par l'ajout d'une nouvelle couleur à la couleur de base puis aux couleurs de base. Il s'agit là d'un système agglutinant.

De la même façon concernant les règles régissant l'association des techniques décoratives :

- La seule technique a être utilisée majoritairement de façon isolée est la peinture.
- L'incision est dans plus de la moitié des cas utilisée en association avec la peinture.
- Le modelage est quasi systématiquement associé à l'incision et souvent à de l'incision et de la peinture.
- Le modelage n'est quasiment jamais associé à la peinture sans la présence d'un motif incisé.

Ainsi, bien que la règle apparaisse ici moins stricte, il semble exister un rapport évident entre la façon dont les potiers gèrent l'association des techniques décoratives et celle dont ils gèrent l'association des couleurs. La technique de base paraît être la peinture. L'incision intervient elle aussi de façon isolée mais beaucoup plus rarement. Ensuite, quand deux techniques sont utilisées de façon conjointe, deux combinaisons sont possibles. La première associe la peinture et l'incision et la seconde l'incision et le modelage. Enfin, les motifs les plus complexes associent les trois techniques.

Que peut-on dire concernant la position des décors sur les récipients ? Les goulots, pièces peu nombreuses et liées à un type particulier de récipients, les bouteilles, sont les éléments les plus souvent décorés. Sinon les taux de décoration les plus élevés sont liés aux différentes additions portées par les poteries : préhensions, piédestaux et supports excentrés. Viennent seulement ensuite le bord, le corps et enfin les fonds plats. Par ailleurs, il existe une relation étroite entre les taux de décoration des différentes parties des vases et la complexité des décors qu'elles portent. Les éléments les plus souvent ornés portent aussi les décors les plus complexes, ceux associant le plus grand nombre de techniques. Ainsi, le corps des céramiques est généralement décoré juste par de la peinture, les bords par de l'incision (souvent associée à de la peinture) et les préhensions ont le plus fort taux de modelage. Il semble donc, là aussi exister une règle relativement précise concernant chaque type de décors et la position qu'il peut occuper sur le vase. Seuls les pieds hauts fréquemment décorés mais simplement par de la peinture se distinguent de cet ensemble. Au-delà de ce principe général, on peut observer que les motifs zonés-incisés sont très majoritairement situés sur le bord des récipients et sur les préhensions de type oreille. Enfin, si les platines ne sont que très exceptionnellement ornées, les cylindres le sont presque systématiquement par un décor associant peinture et incision. Cette différence doit vraisemblablement être mise en relation avec la fonction de ces objets. La platine est un récipient lié à la cuisson des aliments alors qu'une fonction rituelle a souvent été évoquée concernant les cylindres (Hagg, 1964).

5.1.2 Typologie des formes complètes et analyse fonctionnelle

Au sein de la collection unique de 312 formes archéologiquement complètes à notre disposition, nous avons pu distinguer 18 types de formes ouvertes et 17 types de formes fermées (Tableau 1) ce qui témoigne de la diversité morphologique de la production céramique saladoïde cedrosane ancienne.

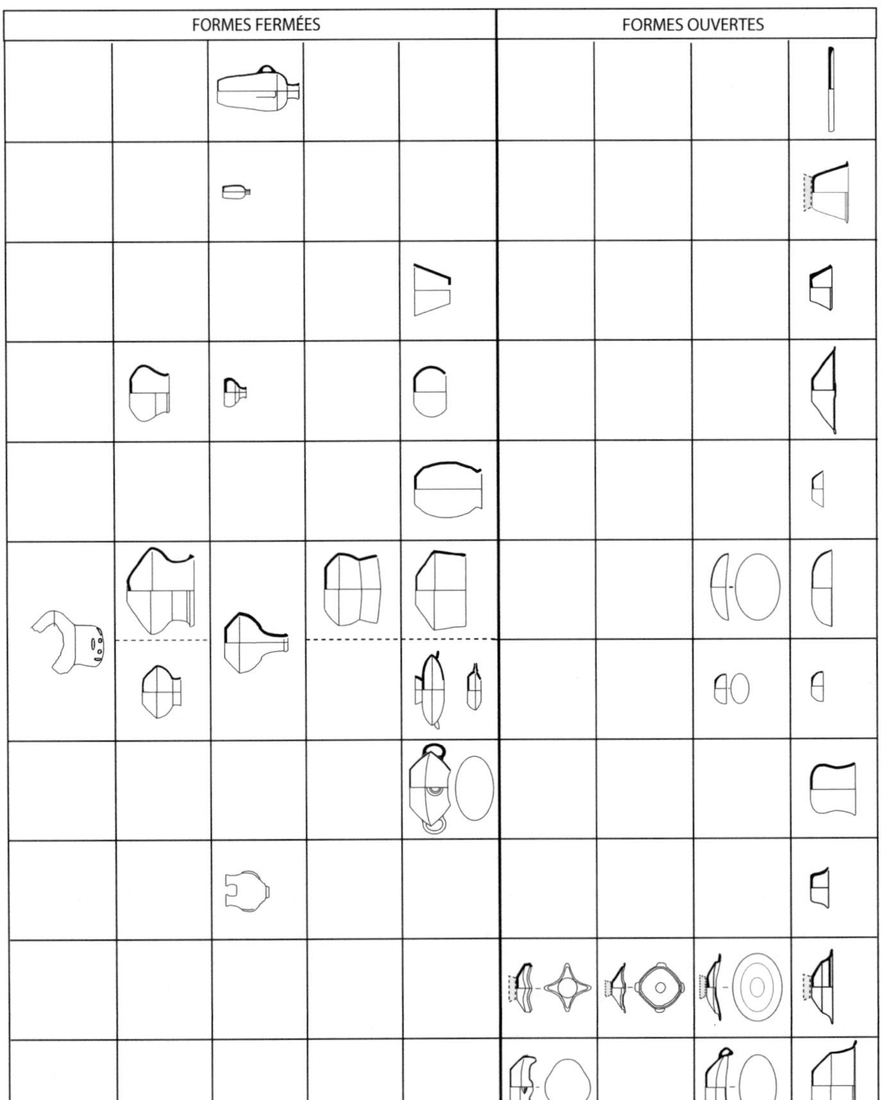

Tableau 1 : Les types morphologiques de la céramique saladoïde cedrosane ancienne.

Tableau 2 : Typologie morpho-décorative de la céramique saladoïde cedrosane ancienne.

Il nous a, de plus, paru parfois nécessaire de diviser certains de ces types morphologiques en fonction de caractères décoratifs. Nous avons ainsi abouti à la définition de 39 types morpho-décoratifs qui représentent la diversité de la production céramique saladoïde cedrosane ancienne (Tableau 2).

Nous avons ensuite tenté de déterminer qu'elle pouvait être la fonction de ces différents récipients. Pour cela nous avons pris en compte, les traces macroscopiques d'utilisation présentes sur les vases ainsi que leurs caractéristiques morphologiques (forme, volume, ouverture, etc…) et décoratives. Nous avons ainsi réparti ces vases en six catégories : les vases de transport et de stockage, les vases liés à la transformation à froid des aliments, les vases de cuisson, les vases de présentation, les récipients à décors polychrome couvrant et enfin les indéterminés (Tableau 3).

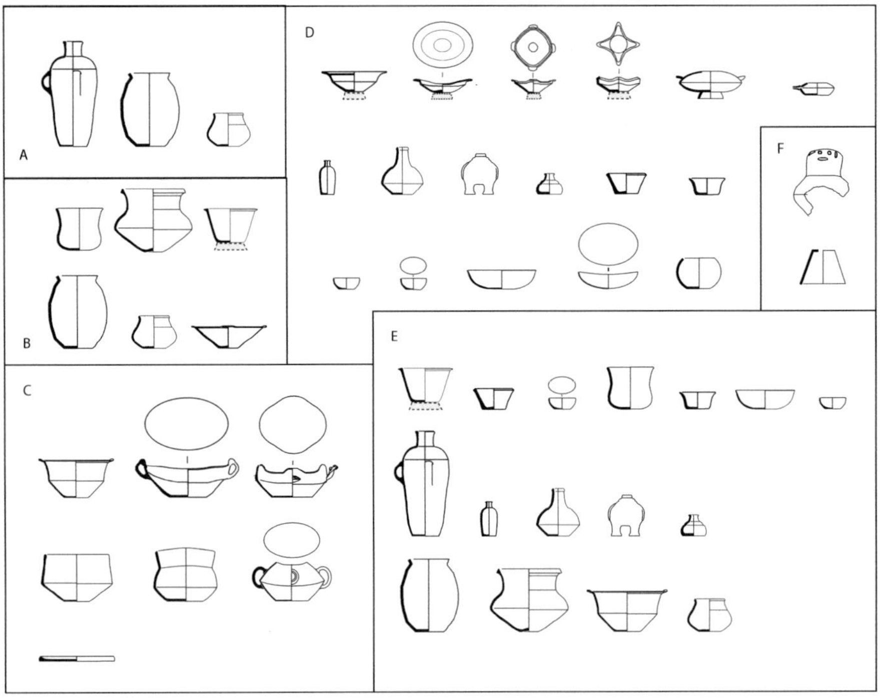

Tableau 3 : Classement des vases selon leur fonction supposée. A. Transport et stockage, B. Transformation à froid, C. Cuisson, D. Présentation, E. Vases polychromes, F. Indéterminés.

Ce travail de caractérisation de la céramique saladoïde cedrosane ancienne de Martinique sera prochainement complété par une analyse de la structure iconographique de la riche décoration présente sur ces pièces.

5.2 Le travail de la pierre

5.2.1 Les outils en pierre

En l'absence de métal, la pierre a été utilisée par les groupes céramiques anciens pour réaliser des outils de percussion (percuteurs, marteleurs, percuteurs/marteleurs, enclumes), des éléments de broyage et de polissage (polissoirs latéraux, meules/polissoirs) ou des outils tranchants (lames de haches et d'herminettes, éclats tranchants, dents de grages à manioc). Ces outils ont parfois été utilisés bruts ou parfois aménagés par débitage, bouchardage et/ou polissage. Concernant le débitage des roches siliceuses l'élément le plus caractéristique semble avoir été l'utilisation de la percussion sur enclume.

De façon générale, la réalisation et l'utilisation des outils en pierre semblent avoir fait l'objet d'un bien moindre investissement technique et symbolique que la production céramique. Ainsi, les chaînes opératoires de débitage, vouées à la production d'outils tranchants polyvalents et de dents de grages à manioc, sont essentiellement marquées par la simplicité et l'efficacité. De même, l'outillage non débité n'est pas porteur d'une forte identité culturelle. En dehors peut-être des lames de haches polies de section plano-convexe, toutes les pièces que nous avons pu analyser appartiennent à un fonds commun antillo-amazonien (Vacher, Jérémie et Briand (dir.), 1998).

5.2.2 Les éléments de parure

Les sites saladoïdes cedrosans anciens sont caractérisés par l'abondance des éléments de parure (Narganes Stordes, 1998 ; Watters et Scaglion, 1994). Ils sont essentiellement réalisés en pierre et coquillage. Toujours du fait de l'acidité du sédiment seuls les éléments en pierre ont été conservés dans les sites martiniquais. Ils sont caractérisés par la diversité des matières premières utilisées. Ainsi, douze types de matières premières ont pu être distinguées et certains éléments restent indéterminés.

D'autre part nous avons pu regrouper ces pièces au sein de six types morphologiques (perles biconiques, labrets, perles cylindriques, perles olivaires, perles discoïdes et pendentifs zoomorphes) (Figure 4). Une partie de ces perles a été produite sur place comme le prouve la présence dans les sites archéologiques de déchets de fabrication. Par contre, une grande partie des matières premières que nous avons pu déterminer est exogène. Comme nous le verrons ci-dessous elle témoigne de l'existence chez ces groupes de réseaux d'échanges à longue distance.

En conclusion, les éléments de parure semblent devoir être rapprochés de la production céramique pour la rigueur des principes qui régissent leur élaboration. Une rigueur visible dans la récurrence des thèmes iconographiques, dans l'enchaînement des étapes de leur fabrication et enfin dans l'étroite relation qui unit la forme des perles à leur matière première.

Figure 4 : Les différents types morphologiques d'éléments de parure. a. perle biconique, b. labret, c. perle cylindrique, d. perle olivaire, e. perle discoïde, f. perle zoomorphe.

6 Les relations inter-insulaires

L'origine des matières premières utilisées pour la réalisation des éléments de parure est un des indicateurs de l'existence d'importants réseaux d'échanges au sein de l'espace saladoïde et avec d'autres sphères culturelles (Figure 5). Ces échanges réguliers assurent la cohésion et l'homogénéité culturelle de l'ensemble des groupes saladoïdes cedrosans anciens répartis dans les Antilles. Une forte homogénéité culturelle dont nous avons cru déceler les signes partout où nous avons porté notre regard. Ainsi, si les références disponibles sont peu nombreuses certains caractères semblent communs à tous les lieux d'implantation de villages (proximité de hau-

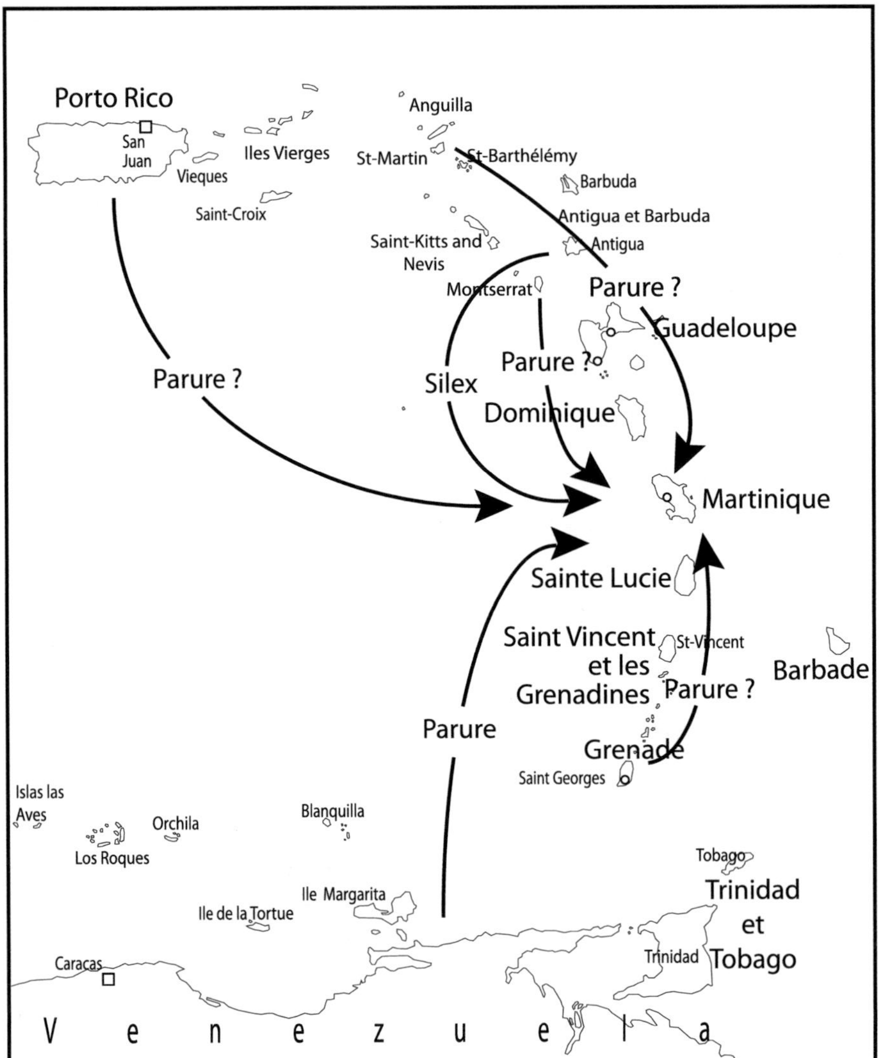

Figure 5 : Carte des échanges en direction de la Martinique durant le Saladoïde cedrosan ancien.

teurs, qualité des terres agricoles, proximité immédiate d'un cours d'eau). Il en est de même pour le mode d'organisation des villages, pour la production céramique, le débitage des roches siliceuses et la fabrication des éléments de parure.

Conclusion

Ce tour d'horizon des informations disponibles sur les groupes saladoïdes cedrosans anciens nous conduit à la conclusion suivante. Il s'agit de populations possédant une identité culturelle forte qui va parfaitement résister à la dispersion géographique résultant de leur occupation des Antilles. Une occupation qui s'appuie sur une bonne maîtrise du milieu marin et sur l'application de différents principes permettant la réunion de conditions de subsistance favorables (introduction d'espèces continentales, sélection rigoureuse des lieux d'implantation des villages). Par ailleurs, ces groupes sont caractérisés par l'énergie et la rigueur qu'ils mettent dans l'affirmation de leurs standards culturels (identité ethnique, conceptions spirituelles) au travers de leurs productions artisanales. On peut se demander si la mise en place d'une stratégie de subsistance précise et l'existence d'une identité culturelle forte dont la visibilité permanente est assurée par les objets de la vie quotidienne ne constituent pas le cadre et les conditions nécessaires au développement et à la réussite d'un projet pionnier. Ainsi, les problèmes d'ordre matériel seraient résolus par un système économique prédéterminé, sorte de «kit» constitué d'une conception très précise des qualités nécessaires à un lieux d'installation et d'un certain nombre de plantes et d'animaux. Les conditions nécessaires à la naissance d'une volonté d'expansion et à la gestion des inquiétudes d'ordre spirituel liées à sa réalisation ne pourraient, elles, être réunies sans l'existence d'un modèle social et culturel fort.

Cette réalité des premières occupations formatives de l'arc antillais semble avoir un certain écho dans d'autres phénomènes pionniers néolithiques. Ainsi, la répétition à l'identique du modèle de la maison danubienne dans une grande partie de l'Europe du Nord semble satisfaire ces deux exigences (mise en place de conditions de subsistance favorables et affirmation d'une identité culturelle). De même, la diffusion de la culture Lapita en Océanie, au sein d'un espace sans commune mesure avec les Antilles ou l'Europe du Nord, pourrait aussi montrer quelques similitudes. Il s'agit là d'une piste de recherche intéressante pouvant aboutir au développement d'un modèle concernant les conditions de développement et de réussite d'un phénomène pionnier agro-céramiste. Ce travail ne pourra être réalisé que par la conjonction des efforts de spécialistes d'origines diverses.

Le Diamant et l'occupation saladoïde cedrosane moyenne-récente de la Martinique (350-700 ap. J.-C.)[1]

Par Agnès Berthé et Benoît Bérard

Introduction

Différents évènements se déroulants à la fin du IVe et au début du Ve siècle de notre ère ont incité les archéologues à effectuer une coupure au sein du Saladoïde cedrosan. Cette coupure marque le passage de la phase ancienne à la phase moyenne/récente de cette culture. Elle correspond de ce fait à la transition entre, le Céramique ancien et le Céramique moyen (cf. introduction). Quels sont donc les éléments qui justifient cette coupure ?

Premièrement, une nouvelle tradition culturelle apparaît dans les Antilles : le Barrancoïde originaire du delta de l'Orénoque, elle se développe à Trinidad et de façon plus limitée à Tobago. Dans l'état actuel des connaissances, il est difficile de dire si ce phénomène est lié à une migration de populations ou simplement à une diffusion de la culture barrancoïde au sein de populations déjà en place et rattachées précédemment à l'ensemble saladoïde cedrosan.

Ensuite, on observe un certain nombre de changements importants dans la culture de groupes saladoïdes cedrosans. Ils concernent en partie le domaine symbolique. En effet, c'est vers le début du Vé siècle que l'on voit apparaître pour la première fois des «pierres à trois pointes» dans les sites antillais. De plus, certains indices, qui demandent à être confirmés, laissent à penser que c'est durant le Céramique moyen qu'aurait été réalisée une partie des pétroglyphes des Petites Antilles. Par ailleurs, on observe d'autres changements qui concernent aussi bien l'économie de ces groupes, leur mode gestion de l'espace que leurs traditions artisanales comme nous allons maintenant le voir. Pour cela nous nous attarderons tout particulièrement sur le site de Dizac au Diamant.

1 Localisation des sites saladoïdes cedrosans moyens/récents en Martinique

Une étude réalisée en 2001 par B. Bérard et N. Vidal (Bérard et Vidal, 2001) a permis de mettre en évidence les différences qui existent entre la localisation en Martinique des sites saladoïdes cedrosans anciens et celle des sites saladoïdes

---

1 Cet article s'appuie en partie sur des données inédites aimablement fournies par Nathalie Vidal qu'elle en soit ici remerciée.

moyens/récents. Ainsi, alors que durant le Céramique ancien les sites amérindiens étaient localisés dans une zone très limitées et présentaient des caractéristiques biogéographiques comparables (cf. chapitre précédent), durant le Céramique moyen les sites sont répartis dans l'ensemble de l'île (Figure 1). Cette large répartition géographique est la conséquence de différents phénomènes. Tout d'abord, on observe une augmentation importante du nombre de sites par rapport à la période précédente alors que la durée des deux périodes est relativement comparable (augmentation démographique des populations amérindiennes dans l'île ?). Ensuite, on voit apparaître à cette période des gisements archéologiques ne correspondant pas à des sites d'habitat. On a ainsi pu identifier des sites sur des îlets (Gros Ilet, Ilet Ste-Marie) ou des sites à vocation symbolique (Pétroglyphes de Montravail). Enfin, les sites d'habitat présentent des caractéristiques biogéographiques beaucoup plus variées que durant le Céramique ancien. Ces deux derniers éléments témoignent d'un changement net du mode de gestion de l'espace insulaire martiniquais par les populations amérindiennes.

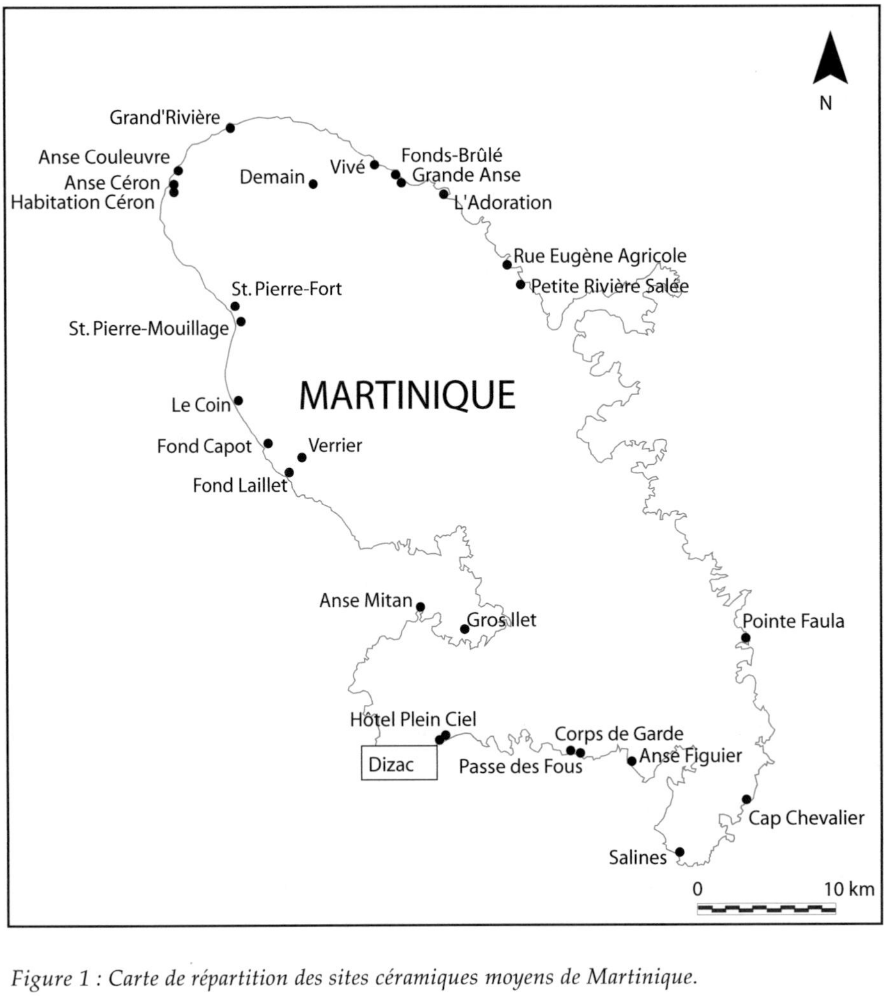

Figure 1 : Carte de répartition des sites céramiques moyens de Martinique.

Ces différents éléments identifiés en Martinique semblent se confirmer au niveau de l'archipel où l'on observe une augmentation générale du nombre des sites (Bradford, 2001 ; Curet, 2005), la colonisation d'un certain nombre d'îles basses délaissées par les groupes saladoïdes cedrosans ancien (Anguilla, Barbade), le développement des sites spécialisés et la diffusion de la culture saladoïde dans l'île d'Hispaniola.

2 Le site de Dizac, Diamant

Le site de Dizac est localisé dans le sud-ouest de l'île. Il se trouve sous ce qui constitue actuellement la plage de Dizac dans la commune du Diamant (Figure 2). Il a été découvert en 1962 par J. Petitjean Roget. Par la suite, de nombreux chercheurs y ont conduit des fouilles auxquelles il faut ajouter quelques travaux non autorisés (Tableau 1). De par l'ampleur de ces travaux de terrain et le nombre important de publications qui leur a fait suite (Duprat, 1974 ; Mattioni, 1968 ; J. Petitjean Roget, 1968a, 1968b, 1968c entre autres), le site de Dizac est aujourd'hui avec Trou Massé A à Ste Lucie (McKusick, 1964) le site de référence pour le Saladoïde cedrosan moyen/récent dans le sud des Petites Antilles.

Entre 1989 et 1992, une nouvelle fouille programmée de ce gisement a été conduite par N. Vidal. Cette opération a permis le dégagement d'une zone d'occupation de 50 m^2 ainsi que la réalisation de différents sondages et tranchées.

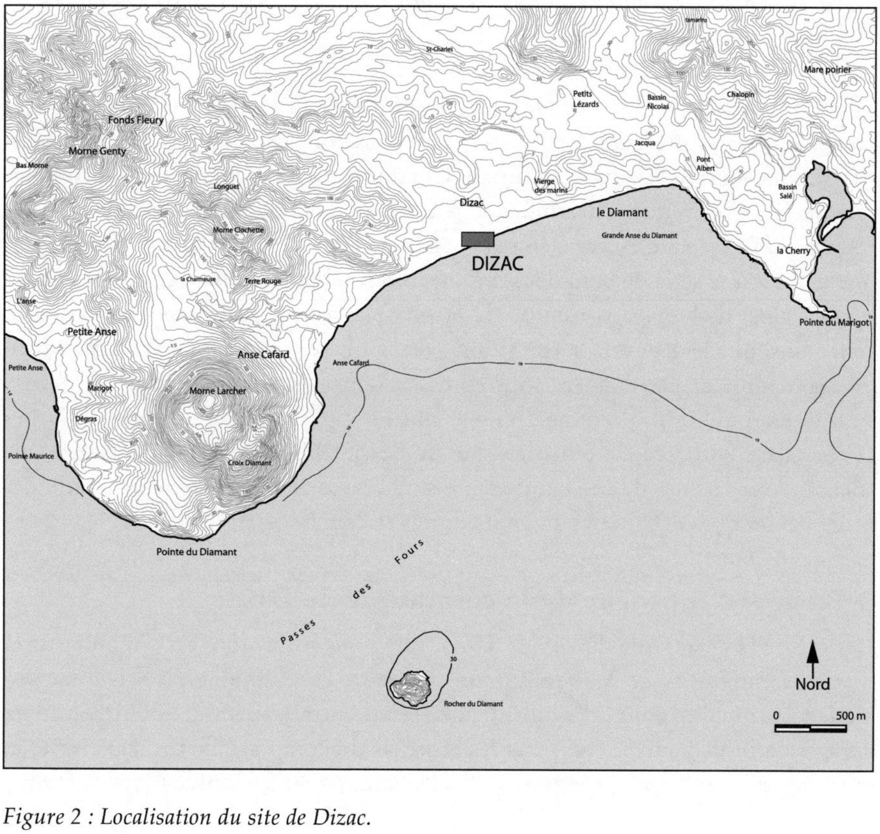

Figure 2 : Localisation du site de Dizac.

	Quantité de sondages	Surface fouillée	Volumes fouillés	Quantité de matériel récolté
M. Mattioni	**10 sondages** répartis en : 1/ 5 de 4x4 mètres 2/ 5 de 1x4 mètres	 1/ 5x16m^2 soit 80m^2 2/ 5x4m^2 soit 20m^2	 1/ 80m^{2}x1,40 m soit **112m^3** 2/ 20m^{2}x1,40 m soit **28m^3**	Non mentionné Non mentionné
J. Petitjean-Roget et H. Theuvenin	**1 sondage** (14x1 à 3 m)	24m^2	24m^{2}x1,30 m soit **31,2 m^3**	5108 unités
E. Clerc	**1 sondage** 1x3m	3m^2	non précisé	4 unités
F. Turcat	**1 sondage**	10m^2	10m^{2}x1,20 m soit **12 m^3**	1552 tessons de poterie
A. Nicolas	**3 sondages** répartis en : 1/ 4x7mètres 2/ 7x9 mètres 3/non mentionné	 1/ 28m^2 2/ 56m^2 3/ 70m^2	 1/ + 1m(non précisé) 2/ + 1m(non précisé) 3/ 70m2x1,20m = **84m^3**	 Non mentionné Non mentionné Non mentionné
H. Hayot	rapport non remis	rapport non remis	rapport non remis	rapport non remis
J-M. Sivirine	rapport non trouvé	rapport non trouvé	rapport non trouvé	rapport non trouvé
A. Fouqué	**2 sondages** répartis en : 1/ non mentionné 2/ 1x5mètres	1/ 11m^2 2/ 5m^2	1/ 11m^{2}x1,50m = **16,5m^3** 2/ 5m^{2}x1,25m = **6,25m^3**	1/ 34,917 kg 2/185,623 kg
L. Allaire	rapport non trouvé	rapport non trouvé	rapport non trouvé	rapport non trouvé
TOTAL	**+ de 18 sondages, tranchées, fouilles**	**+ de 294 m^2 fouillé**	**+ de 290 m^3 fouillé**	**non quantifiable**

Tableau 1 : Tableau de synthèse concernant les différentes fouilles légales effectuées sur le site du Diamant entre 1964 à 1980.

D'importantes collections céramiques, lithiques et fauniques ont ainsi pu être recueillies. Cette diversité des sources d'informations exploitables est unique en Martinique pour le Saladoïde cedrosan. Ces données ont, par ailleurs, été complétées par des prélèvements destinés à la réalisation d'étude paléo-environnementales. Enfin, l'ensemble de ces éléments bénéficie d'un excellent calage chronologique grâce à une série de cinq dates radiocarbones (Vidal, 2002). Le site de Dizac permet ainsi d'observer la totalité de la phase saladoïde cedrosane moyenne/récente ainsi que le début de la transition avec la phase troumassoïde troumassane.

L'ensemble de ces données sont en cours d'exploitation en vue de la réalisation d'une publication monographique pluridisciplinaire par l'équipe de Projet Collectif de Recherche «Le néolithique de la Martinique dans son contexte antillais». Pour la suite de ce chapitre, nous allons nous concentrer sur l'étude des restes céramiques découverts au cours de ces recherches.

3 Première approche de la céramique de Dizac

L'étude de la céramique du site de Dizac que nous présentons ici s'appuie sur la méthode employée par B. Bérard pour l'étude de la céramique du Saladoïde ancien, en particulier pour celle du site de Vivé au Lorrain (Bérard, 2004). Ce choix a été fait afin de pouvoir comparer les résultats du comptage de ces deux séries et ainsi caractériser le faciès céramique de l'occupation au Saladoïde moyen/récent.

3.1 Méthodologie

Cette étude ne s'intéresse qu'au comptage du matériel fragmentaire. L'étude des formes entières ne devrait intervenir que dans un second temps. Les résultats obtenus par cette étude devraient permettre d'alimenter le débat sur l'évolution de l'occupation saladoïde en Martinique.

Les tessons ont été observés afin de définir la nature du dégraissant, les techniques de montage des poteries et les techniques employées pour la décoration. Dans le souci de disposer d'un même instrument de travail pour comparer différentes séries du Saladoïde, le matériel céramique a été divisé en unités morphologiques. C'est-à-dire qu'un tesson a été classé selon sa position sur la poterie, même si ce dernier comportait plusieurs unités morphologiques. Ainsi, un tesson qui comporte une anse oreille, un bord et une panse donne trois unités morphologiques. Ces unités sont regroupées en 4 grandes catégories pour les récipients de forme indéterminée : les bords, les panses, les bases et fonds et les anses. A celles-ci s'ajoutent deux autres grandes catégories qui appartiennent à des types connus tels que les cylindres et les platines. Ces grandes catégories ont été subdivisées quand cela s'avérait nécessaire, par exemple, différents types de fonds ou de bases ont été rencontrées. Les anses en « D », anses oreilles et anses tenons ont été identifiées. Les premières sont : soit de section ronde, soit en ruban, soit verticales, soit horizontales. Ni cette distinction, ni leur position sur la poterie ne sera présentée dans cette première approche. Les bords quant à eux n'ont pas fait l'objet d'une typologie. Ils ont été rangés séparément afin d'être traités plus tard, lors de l'étude des formes entières. Avec cette méthode de comptage, la collection céramique s'analyse suivant le nombre réel de tessons (N.R.) et le nombre théorique d'unités morphologiques. Une fois que la place de chaque tesson a été déterminée sur la poterie, le décor est identifié pour chacune des unités. Cela permet de connaître la place des décors sur les poteries amérindiennes de cette période. C'est principalement sur ces derniers que s'appuie cette première analyse de la céramique de Dizac.

3.1.1 Les mesures

L'épaisseur

Les mesures d'un échantillon de 12% environ des tessons ont été prises afin de connaître l'épaisseur moyenne de ceux-ci. Pour cela, un m^2 a été choisi au hasard par décapage et tous les tessons de celui-ci ont été mesurés. L'épaisseur a été prise toujours au même endroit, et c'est la partie la plus épaisse de l'unité morphologique qui a été retenue.

Le poids

L'ensemble des tessons, de tous les décapages étudiés, a été pesé. Si un tesson devait contenir deux unités morphologiques telles que un bord et une panse, le poids a été pris pour l'ensemble, puis estimé à chacune des unités de forme.

3.1.2 Définition des techniques de décor

Les techniques de décor ont été relevées en fonction de leur présence/absence. C'est le geste technique qui a été identifié, et non l'organisation du décor ; par exemple, le décor « blanc sur rouge » a été compté en tant que tesson peint, bicolore ; « rouge et blanc ».

Les quatre grandes familles de techniques décoratives présentes au Saladoïde cedrosan ancien continuent de l'être au Saladoïde cedrosan moyen/récent. Il s'agit de la peinture, addition d'une couleur différente de la couleur de la pâte, appliquée localement ou de façon couvrante sur la poterie ; de l'incision, technique décorative réalisée à l'aide d'un outil dans la pâte molle, c'est-à-dire avant le séchage (les unités percées (moins de 5mm de diamètre) et les trouées (diamètre ≥ 5mm) sont incluses dans cette catégorie) ; la gravure, comparable à l'incision mais réalisée sur pâte sèche et enfin le modelage. Ce dernier correspond à deux techniques, parfois du pastillage, c'est-à-dire de la matière ajoutée, ou bien le travail de l'argile dans la masse pour lui donner une forme particulière (adornos). Plusieurs techniques peuvent être présentes sur une même unité morphologique mais jamais plus de trois ensembles.

3.1.3 Définition des couleurs répertoriées

Cinq couleurs ont été identifiées. Le rouge, le blanc, le noir, le bordeaux et l'orange. Ces deux dernières n'ont été comptées qu'en présence, sur le tesson, du rouge. Les variations du rouge sont très aléatoires et peuvent être le résultat de nombreux facteurs comme le mode de cuisson, la nature du substrat dans lequel le tesson est resté, etc... L'organisation du décor n'étant pas prise en compte dans cette étude, la couleur de la pâte volontairement laissée crue n'a pas été retenue comme décor.

3.2 Présentation du corpus

Les tessons ont été comptés par m^2 et par décapage afin de respecter la finesse de la méthode de fouille et par la suite, de restituer des données spatiales. Cependant, les tessons sont pris en considération dans leur ensemble, tous paramètres spatiaux et chronologiques confondus pour la présente étude. Les données générales recueillies par cette étude permettront de connaître les caractéristiques majeures permettant de définir la céramique de ce site.

Le matériel a été mis au jour de 1989 à 1992 par Nathalie Vidal et son équipe. L'aire de fouille était de 50m^2. Dix-huit décapages ont été réalisés, avec parfois plusieurs relevés pour un même décapage. Le marquage des tessons porte leurs coordonnées spatiales tridimensionnelles.

La présente étude concerne le matériel provenant des 15 premiers décapages ainsi que celui récolté dans les coupes stratigraphiques. Ni le décapage n°13 (incomplet au moment de l'étude), ni les trois derniers décapages n'ont pu être inclus dans cette étude faute de temps.

Du fait des perturbations importantes liées à la nature sableuse du sédiment, des tessons datés de la période historique ont été retrouvés jusqu'au 6ème décapage. Ces éléments n'apparaissent pas dans cette étude.

La céramique du site de Dizac est bien cuite. Les tessons friables sont peu fréquents. La couleur de la pâte est majoritairement marron-orangé, allant jusqu'au gris pour les cas de cuisson réductrice. La texture de la pâte est homogène excepté pour les platines et les cylindres pour lesquels les potiers ont utilisé un dégraissant est un peu plus grossier. L'épaisseur des tessons varie peu. Les récipients ayant une épaisseur de panse inférieure ou égale à 5 mm sont rares. Les poteries paraissent robustes.

De nombreuses traces attestent d'une confection des récipients avec la technique de montage dite « au colombin » (empreintes digitées, cassures à la jonction des colombins, etc.). L'utilisation de la technique de la plaque ou du moulage n'est pas exclue, au moins pour certains types de poteries comme les platines, mais reste à démontrer dans le cadre d'une réelle étude technologique de la série.

3.3 Analyse du corpus

Le Nombre Réel (N.R.) de tessons comptés est de 7362 ; ce qui représente 7421 unités morphologiques. Cette série est suffisamment importante pour permettre une étude statistique livrant des résultats représentatifs du faciès céramique analysé.

Le poids total des tessons issus de la fouille est de 250 kg ; le poids moyen par individu est de 33 gr. A cela, il faut ajouter 1824 tessons issus du tamisage qui ont été intégrés à cette étude. Ils représentent un poids total de 5 kg (poids moyen par individus, 3 gr). L'épaisseur a été mesurée sur 888 tessons soit 12,06% des tessons. En moyenne, pour toutes catégories morphologiques confondues, l'épaisseur des tessons est de 9 mm.

Les éléments décorés représentent 38% des unités morphologiques décrites, soit 2821 d'entre elles. Les données qui suivent sont exprimées en unités morphologiques sauf mention contraire.

3.3.1 Analyse morphologique (Tableau 2)

La série se divise en 359 fragments de platine (soit 4,84% divisés en 160 bords et 199 fonds), en 146 fragments de cylindres (soit 1,97% divisés en 83 extrémités et 63 panses). Ainsi, 6916 fragments proviennent de récipients indéterminés, soit 93,19% de l'ensemble, divisés en 1215 éléments de bords, 5287 panses, 228 fonds et bases et 186 préhensions[2].

Les fonds et bases se répartissent comme suit, 69,3% de fonds plats (158 pièces), 16,23% de fonds concaves (37 pièces), 0,44% de fonds convexes (1 pièce), 1,32% de supports excentrés (3 pièces), 10,96% de piédestaux (25 pièces) et 1,75% de bases annulaires. Les préhensions sont divisées en 43,55% d'anses en « D » soit 81 unités, 22,58% d'anses tenons soit 42 unités et 33,87% d'anses oreilles soit 63 unités.

6502 unités soit 87,62% du corpus sont des bords ou des panses de récipients.

---

2 L'ensemble de ces éléments seront repris après l'achèvement de l'étude typologique des formes complètes actuellement en cours.

	Morphologie	Total	% total
Récipients	Bords	1215	16.3724565422
	Anses	186	2.5064007546
	Panses	5287	71.2437676863
	Base & fonds	228	3.0723622153
Sous total		**6916**	**93.1949871985**
Platines	Bords	160	2.1560436599
	Fonds	199	2.681579302
Sous total		**359**	**4.8376229619**
Cylindres	Extrémités	83	1.1184476486
	Panses	63	0.8489421911
Sous total		**146**	**1.9673898396**
Total		**7421**	**100**

Tableau 2 : Répartition des unités de comptage en fonction de leur position sur les récipients.

3.3.2 Analyse des décors

Les éléments décorés représentent 38,01% de la série, soit 2821 pièces.

La peinture (Tableau 3)

La peinture est utilisée seule ou associée à d'autres techniques décoratives sur 2489 pièces soit 88,23% du total des éléments décorés. Elle est utilisée comme seule technique décorative pour 68,98% des unités peintes.

	Total d'U. Peintes	Rouge	Blanc	Noir	Bordeaux	Orange
Nombre	2489	2376	285	94	53	47
% des couleurs	100	95.46	11.45	3.78	2.13	1.89

Tableau 3 : Fréquence des différentes couleurs (monochromes et polychromes).

Les couleurs sont présentes sur les unités morphologiques de façon monochrome ou polychrome. La palette se compose de 5 couleurs : le rouge soit 95,46% des unités peintes (2376 unités), le blanc soit 11,46% (285 unités), le noir soit 3,78% (94 unités), le bordeaux soit 2,13% (53 unités) et l'orange soit 1,89% (47 unités). Le rouge est monochrome dans 85,65% des cas soit 2025 unités.

Les couleurs sont utilisées en association pour réaliser des motifs polychromes (Tableau 4). Les associations de couleur sont présentes dans la série sur 345 pièces soit 13,86% des éléments peints. Les associations se divisent en décors bichromes (324 pièces soit 93,91%), et en décors trichromes (21 pièces, soit 6,09%).

Le rouge est bichrome dans 13,47% des cas soit 320 unités. Le blanc est majoritairement bichrome (dans 77,19% des cas soit 220 unités) ; Comme le noir (61,7% soit 58 unités), le bordeaux (49,06% soit 26 pièces) et l'orange (51,06% soit 24 unités). Cependant, 36,17% des unités oranges (soit 17 pièces) sont trichromes. Les autres couleurs sont trichromes de façon marginale (moins de 7%) soit 0,88% pour le rouge (21 unités), 6,67% pour le blanc (19 unités), 3,19% pour le noir (3 unités) et 5,66% pour le bordeaux (3 unités). Les associations

		Nbr	%
Bichrome	Rouge-Blanc	217	62.9
	Rouge-Noir	54	15.65
	Rouge-Orange	24	6.96
	Rouge-Bordeaux	25	7.25
	Noir-Blanc	3	0.87
	Noir-Bordeaux	1	0.29
Trichrome	Rouge-Blanc-Orange	17	4.93
	Rouge-Blanc-Bordeaux	1	0.29
	Rouge-Blanc-Noir	1	0.29
	Rouge-Bordeaux-Noir	2	0.58
Total		345	100

Tableau 4 : Fréquence des différents types de décors polychromes.

de couleurs sont, pour la bichromie, le « rouge et blanc » (62,9%), le « rouge et noir » (15,65%), le « rouge et orange » (6,96%), le « rouge et bordeaux » (7,25%), le « noir et blanc » (3 unités soit 0,87%) et le « noir et bordeaux » (1 unité soit 0,29%) et pour la trichromie le « rouge-blanc-orange » (4,93%), le « rouge-blanc-bordeaux » (1 unité), le « rouge-blanc-noir » (1 unité) et le « rouge-bordeaux-noir » (2 unités soit 0,58%).

Le rouge est la couleur prépondérante. Elle apparaît sur la quasi-totalité du corpus peint exceptées 113 unités (4,54%) qui correspondent aux autres couleurs monochromes (109 pièces) et à deux associations : « noir et blanc » (3 pièces) et « noir-bordeaux » (1 pièce).

L'incision

L'incision est utilisée seule ou associée à d'autres techniques décoratives sur 1025 pièces soit 36,33% du total des éléments décorés. Elle est utilisée seule sur 280 pièces soit 27,32% des cas. Douze unités sont uniquement percées ou trouées, ce qui représentent 1,17% de cet ensemble.

Les unités incisées sont associées à d'autres techniques sur 733 pièces soit dans 71,51% des cas (voir détail des associations ci-dessous : Tableau 5). Ce corpus d'associations se divise en « incision + une technique » (700 pièces soit 95,5%) et en « incision + deux techniques » (33 pièces soit 4,5% des associations).

Les associations de techniques sont dans le cas « incision + une technique » : «incision et peinture » (688 pièces soit 93,86% des associations), « incision et gravure » (2 pièces soit 0,27%) ou « incision et modelage » (10 pièces soit 1,36%). Dans le cas « incision + 2 techniques » les associations de techniques sont : « incision-gravure-peinture » (1 cas soit 0,14%) ou « incision-modelage-peinture » (32 pièces soit 4,37%).

	Incisé	Perçé	Peint-inc.	Grav-inc.	Mod-inc.	Grav-Inc-Peint	Mod-Inc-Peint	Total
Nbr	280	12	688	2	10	1	32	1025
%	27.32	1.17	67.12	0.2	0.98	0.1	3.12	100

Tableau 5 : Fréquence des différentes modalités d'utilisation de l'incision.

La catégorie « incision et peinture » se compose d'unités monochromes (76,31%), bichromes (22,82%) et trichromes (0,87% soit 6 pièces). La fréquence des types de peinture est : 73,11% de rouge (503 pièces), 2,03% de bordeaux (14 pièces), moins de 1% pour l'orange (5 pièces), le noir (2 pièces) et le blanc (1 pièce) ; il y a 15,12% de « rouge et blanc » (104 pièces), 4,36% de « rouge et noir » (30 pièces), 2,33% de « rouge et bordeaux » (16 pièces), moins de 1% pour le « rouge et orange » (6 pièces) et le « noir et bordeaux » (1 pièce) ; de même pour le « rouge-blanc-orange » (5 pièces) et le « rouge-bordeaux-noir » (1 pièce).

L'incision intervient aussi en association avec du modelage uniquement (10 cas soit 1,36% des associations) ou avec du modelage et de la peinture (32 pièces soit 4,37%). Les types de peinture rencontrés alors sont le rouge monochrome dans 93,75% des cas (30 unités dont 6 adornos sur les 9 présents dans la collection), le « rouge et orange » et le « rouge-blanc-orange » représentant chacun 3,13% (soit 1 pièce dans les deux cas).

De façon exceptionnelle, l'incision peut être associée à de la gravure, soit seule (2 pièces), soit à la gravure et à la peinture (1 exemple).

Le modelage

Le modelage est utilisé seul ou associé à d'autres techniques (Tableau 6) sur 108 pièces soit 3,83% du corpus décoré.

Lorsqu'il est utilisé seul, sa fréquence est de 23,15% soit 25 unités. Sinon, il peut être associé à l'incision (10 unités soit 9,26%), à la peinture (41 unités soit 37,96%) ou au deux à la fois (32 unités soit 29,63%).

La catégorie « modelage et peinture » est composée de deux type décoratifs : le monochrome rouge (40 unités) et le bichrome « rouge et noir » (1 unité). L'association « modelage-incision-peinture » se compose de trois types décoratifs : le monochrome rouge (30 unités), le bichrome « rouge et orange » (1 unité) et le « rouge-blanc-orange » (1 unité).

	Modelage	Mod-Peint	Mod-inc	Mod-inc-peint	Total
Nbr	25	41	10	32	108
%	23.15	37.96	9.26	29.63	100

Tableau 6 : Fréquence des différentes modalités d'utilisation du modelage.

La gravure

La gravure est exceptionnelle. Seulement 16 unités la composent soit 0,57% du corpus décoré. Les fréquences ne sont pas significatives. Elles se divise en gravure uniquement (3 unités), « gravure et peinture » (10 unités dont 9 sont monochromes rouge et 1 est « rouge et orange »), « gravure-incision-peinture » (1 unité monochrome rouge) et en « gravure et incision » (2 unités).

En conclusion, la peinture est prépondérante dans la série céramique de Dizac. En effet, 60,86% d'unités décorées sont uniquement peintes et 51,47% le sont en rouge monochrome.

3.3.3 Analyse morpho-décorative (Tableau 7)

Les 2821 unités décorées se répartissent dans la série de la façon suivante : 95,68% sont des récipients indéterminés, soit 2699 unités correspondant à 24,14% de bords, 3,69% de préhensions, 65,4% de panses et 2,45% de fonds et bases ; 0,04% correspondent à une platine et 4,29% sont des cylindres. La fréquence des éléments décorés par unité morphologique est plus représentative. Ni le fond convexe, ni les bords de platines ne sont décorés. Les catégories : support excentré, base annulaire de récipient et fond de platine ne comptent, elles, qu'un seul élément orné.

Sinon, 39,03% des unités sont décorés. Elles se répartissent comme suit : 56,05% des bords, 55,91% des préhensions (soit 24,69% des anses en « D », 78,57% des anses tenon, 80,95% des anses oreille), 34,9% des panses, 30,26% des fonds et bases (soit 30,38% des fonds plats, 24,32% des fonds concaves et aucun des fonds convexes ; 33,33% des supports excentrés (1 unité), 40% des piédestaux et 25% des bases annulaire (1 unité) sont décorés. Pour les cylindres, la proportion d'éléments décorés est très importante : 82,88%, soit 77,11% des extrémités et 90,48% des panses.

La décomposition de ces éléments ornés en fonction des techniques décoratives utilisées (tableau 7) permet de mettre en évidence les règles régissant l'utilisation des différentes techniques décoratives sur chacune des parties des récipients.

		Décor	% décor	Sans decor	Tot	% tot dec
Bords		681	56.05	534	1215	24.14
Anses	En D	20	24.69	61	81	0.71
	Tenon	33	78.57	9	42	1.17
	Oreille	51	80.95	12	63	1.81
Panse		1845	34.9	3442	5287	65.4
Fond	Plat	48	30.38	110	158	1.7
	Concave	9	24.32	28	37	0.32
	Convexe	0	0	1	1	0
	Support excentré	1	33.33	2	3	0.04
	Piédestal	10	40	15	25	0.35
	Base annulaire	1	25	3	4	0.04
Platine	Bord	0	0	160	160	0
	Fond	1	0.5	198	199	0.04
Cylindre	Extrémité	64	77.11	19	83	2.27
	Panse	57	90.48	6	63	2.02
		2821		4600		100

Tableau 7 : Répartition des unités décorées.

Conclusion

Les informations présentées ici concernant la série céramique de Dizac doivent être considérées comme préliminaires. Il s'agira entre autres d'approfondir prochainement notre analyse par une étude des formes complètes reconstituées et par une analyse de l'évolution de cette production céramique au cours de l'occupation du site qui s'étend sur près de quatre siècles. Certains points issus de notre étude méritent cependant d'être soulignés, ils témoignent d'une évolution notable par rapport à la céramique saladoïde cedrosane ancienne.

Ainsi, le répertoire décoratif et morphologique apparaît plus riche qu'à la période précédente. C'est d'ailleurs cet élément qui a incité certains chercheurs à qualifier le Saladoïde cedrosan moyen/récent d' « Age Baroque » de la céramique antillaise. Cependant une observation plus attentive des données montre que ce riche répertoire est assez peu utilisé. La plupart des modes de décoration ne sont représentés que de façon anecdotique. Les pièces sont décorées de façon dominante par de la peinture rouge associée ou non à de l'incision (plus de 60% des éléments décorés), des motifs incisés (10%) et des motifs peints en rouge et blanc associés ou non à de l'incision (7,5 %). L'usage de la peinture noire et du modelage reste modéré et l'utilisation du bordeaux et de l'orange exceptionnelle. Ainsi, sur les 43 catégories décoratives que nous avons définies, 34 sont représentées par moins de 1% des éléments décorés.

Nous allons nous permettre d'avancer une hypothèse. Cette situation pourrait être liée, contrairement a ce que nous avons vu pour le céramique ancien (cf. chapitre précédent), à l'existence d'une norme relativement pauvre associée à l'existence d'une plus grande liberté laissée à l'artisan par rapport à cette norme. Cet assouplissement de la contrainte sociale et culturelle apparaît être une hypothèse d'autant plus séduisante qu'elle pourrait aussi expliquer ce que nous avons observé concernant le choix des lieux d'installation des villages, choix pour lequel aucune norme ne semble exister. Il serait tentant de voir là le signe de la sortie des groupes saladoïdes de la lourde logique pionnière qui marquait fortement la phase précédente. Des phénomènes comparables de sortie d'une logique pionnière agrocéramiste ont d'ailleurs été observés dans d'autres espaces.

L'occupation amérindienne du site de l'Anse Céron. Nouvelles données sur le début de la phase Troumassoïde en Martinique

Par Marjorie Hervé et Nathalie Serrand

1 Le site de l'Anse Céron : localisation et historique des interventions

Le site de l'Anse Céron est localisé sur la commune du Prêcheur, sur la côte nord Caraïbe entre les sites d'Anse Couleuvre et Anse Belleville (Figure 1). La zone est une petite plaine alluviale encadrée par des mornes, constituée de colluvions et de sédiments volcaniques apportés par la Rivière du Céron. La partie sud correspond aux terres de l'Habitation Céron, propriété de M. L. Marraud Desgrottes. La présence d'un site précolombien y a été signalée dès 1976 par H. Petitjean Roget (1976).

Une première intervention de fouille diagnostique fut menée sur ce site, en 1994, par P. Delhaye de l'Association pour les Fouilles Archéologiques Nationales (AFAN ; Delhaye 1995). Elle faisait suite à la découverte, par M. Marraud Desgrottes, de tessons amérindiens lors de l'aménagement de la portion nord par l'Office National des Forêts. Sept relevés de coupes réalisés dans le talus de la départementale 10 ont livré de la céramique et des éclats de galets et de jaspe attribués au saladoïde modifié entre les V et VIIIè siècles AD (Delhaye 1995 : 16).

Les quatre sondages implantés au nord étaient, eux, stériles mais ont révélé des séquences volcaniques contemporaines de l'occupation humaine comparables à celle décrite par le R.P. Delawarde sur le site de l'Anse Belleville (Figure 1), tout proche (Reichlen et Barret 1940). P. Delhaye décrit (1995 :16) « la succession, au-dessus du socle volcanique altéré, de deux couches de ponces beige claire et de cendres blanches parfois litées et séparées par une couche brune présentant une forte pédogenèse développée aux dépens de la couche de ponce inférieure. » Ces deux couches de ponces correspondent aux éruptions du complexe Pelée, P3 datée du 1er siècle avant notre ère et P1 datée du 14è siècle de notre ère environ (Bérard et al. 2003 ; Kieffer et al. ce volume). Elles encadrent un paléosol atteignant une épaisseur de 80 cm contenant du mobilier archéologique. La couche de ponce beige/jaune scellant le paléosol a, depuis, été repérée sur d'autres sites archéologiques de la zone nord Caraïbe, depuis l'Anse Couleuvre (Figure 1) jusqu'à l'Anse Belleville (Bérard 2004).

Figure 1 : Localisation du site de l'Anse Céron et des zones testées en 1994, 2001, 2002 et 2006.

En 2001, une autre intervention est menée pour la carte archéologique par N. Vidal du Service Régional d'Archéologie (SRA) et des étudiants de l'Université des Antilles et de la Guyane (Vidal 2001, 2002). Deux sondages de 2 m^2 sont implantés au sud de la zone déjà testée, sur le méplat à l'est de la départementale. L'un d'eux révèle la couche de ponce supérieure mais le niveau amérindien n'est pas atteint du fait de la mise au jour de vestiges correspondant sans doute au cimetière du XVIIIè siècle de la chapelle Céron (attestée par les historiens et aujourd'hui détruite). La présence de sépultures en bon état requérant l'intervention d'anthropologues qualifiés et un délai de fouilles plus important ont alors contraint l'interruption des fouilles.

En 2002, une autre opération programmée est menée par O. Kayser alors Conservateur au SRA Martinique (Kayser 2003). Dix sondages de 4 m^2 sont implantés sur le plateau qui borde, au sud, le lit majeur de la Rivière Céron. La stratigraphie générale est confirmée avec un niveau précolombien hétérogène ; il forme, à l'est, un niveau de sol en place avec un mobilier assez bien conservé tandis qu'à l'ouest, à 200 m du débouché de la vallée, le mobilier bien qu'abondant est en position secondaire (épandage ?) ; entre ces deux extrémités, il est fragmenté, souvent roulé et réparti de façon diffuse. Dans un sondage, les irrégularités de surface laissent envisager la présence d'une zone de culture. Hormis quelques éléments lithiques (manuports, éclats de roche volcanique et une hache polie brisée), la céramique domine ; elle est attribuée au Troumassoïde (Allaire 1977).

Enfin, en 1995, la tempête Maryline avait révélé, dans les berges de la rivière, une structure en creux au bord de la parcelle sondée en 2002. Devant le danger de destruction, le propriétaire, M. Marraud Desgrottes, en avait extrait une partie du matériel, surtout céramique, entre 1997 et 2001, tout en informant le SRA. Ce matériel, entreposé sur l'Habitation, a été étudié à partir de 2001 par Marjorie Hervé dans le cadre de son Master universitaire (Hervé 2006). Cette étude a permis d'établir un catalogue des formes complètes et des décors et une attribution à la transition entre le Saladoïde récent et le Troumassoïde ancien (cf. infra).

Les opérations antérieures à 2006 et la découverte de la structure ont donc attesté l'existence sur l'Anse Céron d'un gisement précolombien, discontinu du nord au sud, intercalé entre deux couches éruptives, schéma observé sur d'autres sites du nord Caraïbe dont l'Anse Couleuvre et l'Anse Belleville (Bérard 2002a, 2004). Ce niveau, peu altéré par les travaux agricoles restés limités, n'est attesté que dans la moitié nord de l'Anse en bordure de la départementale et sur le plateau au sud bordant les limites du lit majeur de la Rivière Céron où se situe la structure en creux. Sa présence n'est, pour l'instant, pas confirmée entre ces deux zones, sur le méplat qui borde la route et la plage à l'est. Le matériel céramique, en particulier l'assemblage issu de la structure en creux (Hervé 2006), place le site à la charnière entre le Saladoïde récent et le Troumassoïde ancien, entre les VI et VIIIè siècles de notre ère.

Restait la structure en creux, un des rares contexte fermé et riche exploitables du site. Depuis la tempête, elle était exposée en bord de berge, entamée en grande partie et sa fouille devenait nécessaire. Une intervention programmée a donc été menée fin 2006 (Serrand 2007) avec E. Eustache (INRAP) et l'aide bénévole ponctuelle d'A. Berthé, P. Deroze et M. Hervé.

2 La structure en creux : stratigraphie et matériel

Il a fallu d'abord élaguer le couvert végétal, notamment les épais massifs de bambous qui surplombaient la structure. Le tapis de racines a ensuite été décapé mécaniquement jusqu'au niveau de terre végétale par M. Marraud Desgrottes et le contexte rendu accessible à la fouille.

Néanmoins, le remplissage entamé de la fosse n'était que partiellement conservé en marches d'escalier. Seule la partie limitrophe présentait l'intégralité de sa hauteur alors que vers l'intérieur, ne subsistaient que quelques lambeaux du tiers inférieur. Ce tiers inférieur a été fouillé en premier afin de rétablir une coupe approximativement verticale de ce qui était préservé par sections rectilignes jointives, du nord à l'est. La fouille a ensuite été reprise à plat à partir de la portion supérieure et les sédiments tamisés sur mailles de 6 et 3 mm.

La portion supérieure jusqu'à l'ouverture de la structure a révélé six niveaux marqués par un léger pendage vers le nord-ouest, suivant l'écoulement des eaux en bords de berge (Figure 2) : le niveau moderne de terre végétale d'abord (US0) ; un niveau stérile de boues d'éruption du XXè siècle (US1) ; un niveau stérile de sables cendreux d'éruption de 1902 (US2) ; un niveau historique brun situé entre les XVIII et XIVè s., au mobilier peu abondant (US3) ; le niveau de ponces du XIVè s. ap. J.-C. (US4) ; et le premier niveau amérindien, brun marron avec des inclusions de ponce et un matériel erratique, de petite taille (US5). Sous ce niveau, plusieurs unités stratigraphiques mêlant argile, granulat, sables et ponces formaient des limites floues d'ouverture de la structure creusée dans les lits de ponce encaissants.

La fouille du remplissage de la structure a commencé à partir du niveau de fermeture le plus net (US8) qui a révélé une emprise réduite à deux poches séparées par un retour de ponce. De nombreux niveaux ont ensuite été dégagés (Figure 2), pour la plupart, liés à des épisodes naturels de comblement résultant de l'écoulement des sédiments de parois et de bords : ponces, sables de rivière, granulat, poches d'argile. Seuls deux niveaux nets de remplissage amérindien sont apparus (US15/16) : ils comprennent l'essentiel du matériel avec notamment une jatte quasi complète étalée en place et reflètent des épisodes de dépôt rapprochés dans le temps. Par contre, les niveaux de comblement final (US5/8), marqués par un moindre pendage et caractérisés par un matériel fragmenté, sans vaisselle entière, semblent correspondre à des phases de remplissage plus lent.

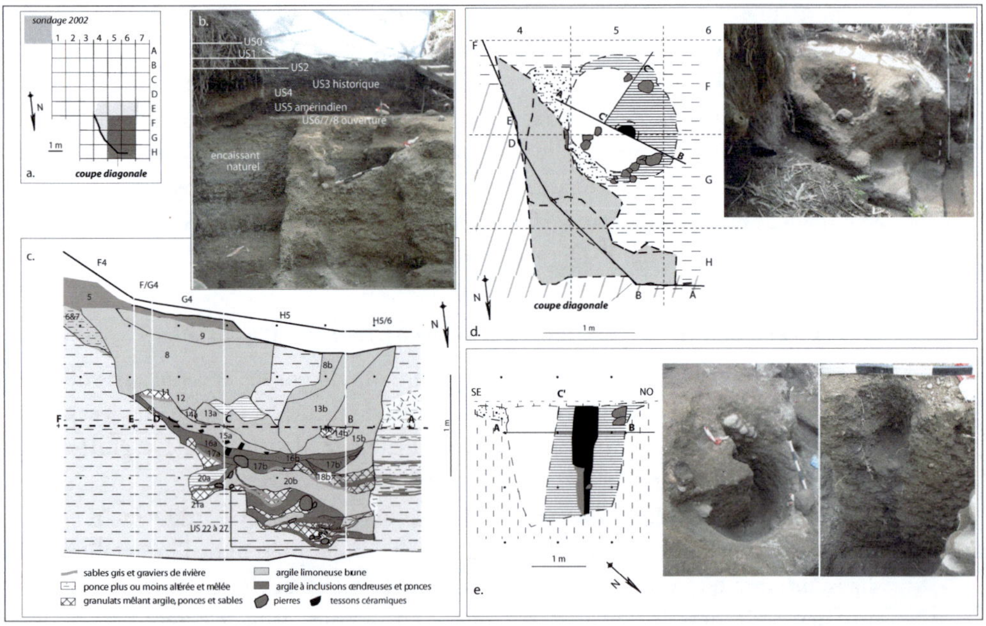

Figure 2 : a. Localisation de la zone de fouille 2006 ; b. stratigraphie de la portion supérieure à l'ouverture de la fosse ; c. stratigraphie du remplissage de la fosse selon sa coupe diagonale ; d. relevé en plan de la fosse et du trou de poteau adjacent ; e. coupe et photos du trou de poteau.

Une fois la fosse vidée, la fouille de l'US9, laissée en place précédemment car elle ne semblait pas appartenir à la fosse, a été reprise. Elle a révélé une fosse de calage de poteau (US19) et le négatif du poteau carbonisé sur place (Figure 2). Seul ce dernier a fourni du matériel avec 19 tessons. La fosse de calage a un diamètre de 1,3 mètre ; son fond n'a pu être atteint au-delà de 1,2 mètre. Le poteau a un diamètre de 30 cm sur les deux premiers tiers puis se réduit ; il est légèrement décentré et oblique. Des blocs de tailles variables constituaient des pierres de calage sur les pourtours. Le poteau a brûlé en place et a livré de nombreux charbons dont un a été prélevé pour datation via le programme Artemis et le S.R.A.

La fouille de 2006 n'est donc malheureusement intervenue que sur une infime portion de la fosse initiale, à savoir les épandanges de pente de bords. L'essentiel du matériel avait donc déjà été extrait de ce qui devait en être le cœur. Mais la fouille a révélé la succession intéressante du trou de poteau puis de la fosse.

Le mobilier extrait en 2006 comprend 64 éléments lithiques (Figure 3) et 768 tessons céramiques (Figure 4) ainsi que de rares pièces de corail, de faune et six éléments de métal et de verre postérieurs à la fosse. S'y ajoute le matériel de l'opération de 2002 (Kayser 2003) qui n'était ni trié ni analysé et des éléments tombés des coupes de la fosse à divers moments. Avec la « collection Desgrottes » étudiée par M. Hervé, les structures et leurs environs ont donc livré un ensemble important de près de 4000 artefacts. Néanmoins, les informations de provenance

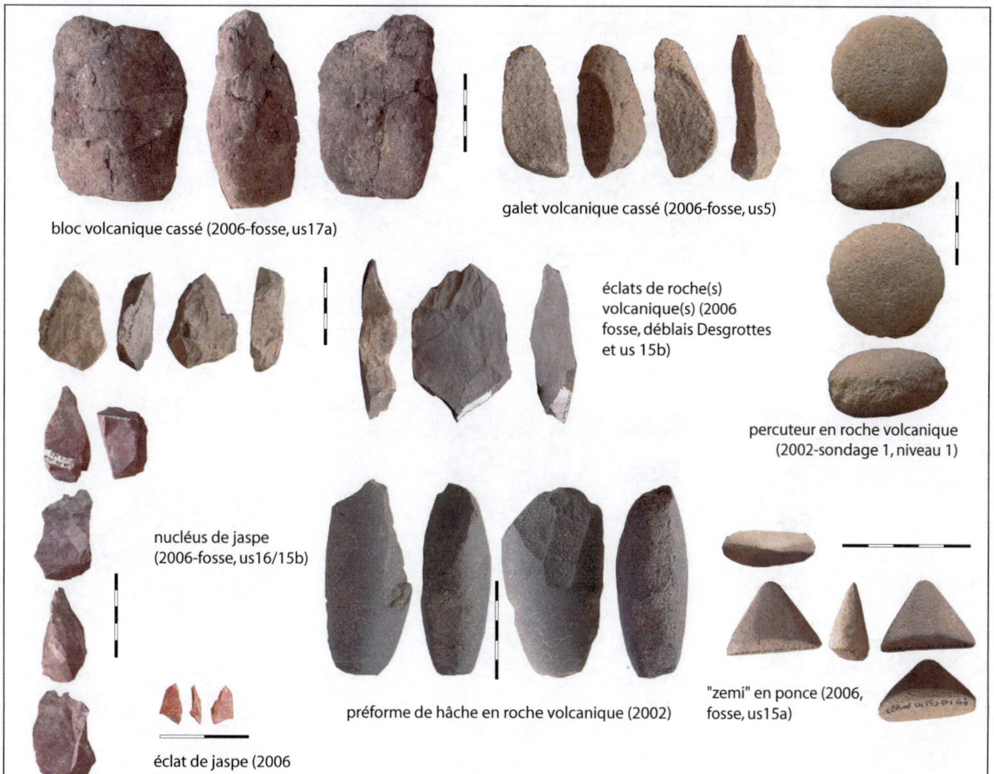

Figure 3 : Exemple de matériel lithique issu des opérations 2002 et 2006.

Figure 4 : Exemple de matériel céramique issu des opérations 2002 et 2006.

ne sont précises que pour un quart (21,6%). La céramique domine (97,4%) ; les éléments de faune sont rares et mal conservés hormis quelques pièces de tortue et de poisson.

Le matériel lithique (Figure 3) comprend surtout des roches volcaniques et des galets de rivière d'origines variées (92,5%) ; le jaspe est rare, le silex absent. Les éléments de débitage dominent (62,4%) mais avec peu de nucléus et d'éclats nets (8). Viennent ensuite les éléments de percussion (14%) incluant des galets peut-être utilisés comme percuteurs expédiants. Les enclumes et meules sont rares (n = 4) ainsi que les outils (n = 4) ; on ne compte qu'une hâche polie en lave trouvée en 2002 ; deux éclats d'outil(s) poli(s) dans le même matériau, provenant d'un éboulis de la fosse et un fragment distal d'outil en roche dense, venant du sondage 2. Enfin, la fosse a livré deux zemis en ponce : l'un, dans le remplissage profond de 2006 (US15) ; l'autre, dans la « collection Desgrottes ». A noter quelques blocs volcaniques non modifiés, exposés à la chaleur. Hormis quelques éclats et le nucléus, l'ensemble est donc dominé par des éléments peu investis du point de vue technologique.

L'assemblage céramique (Figure 4) extrait en 2002 et 2006 comprend, lui, 1341 tessons de taille variable, assez bien conservés. Les éléments de 2002 proviennent en majorité des sondages 1 et 2 (64%). Ceux de 2006 proviennent de la fosse mais pour beaucoup des déblais et éboulis (24,6%). Les autres sont issus surtout des niveaux supérieurs (US5-8 ; 57%) avec peu d'éléments dans les niveaux profonds (n = 120 ; 15,6%), qui sont toutefois les plus complets. Cet ensemble n'apporte pas d'information inédite en comparaison des résultats de M. Hervé (cf. infra) sur la « collection Desgrottes ». Les tessons diagnostiques et les formes sont cohérents avec cette dernière mais seules cinq des 14 formes ont été retrouvées en 2002 et 2006 puisque l'essentiel du matériel avait déjà été prélevé (« collection Desgrottes »). A noter la pièce cassée portant un modelage, trouvée dans le remplissage profond (US15/16 ; Figure 4), dont on ne connaît pas d'exemplaire similaire.

En revanche, la fouille de 2006 a montré que les grandes vaisselles complètes de la « collection Desgrottes » étaient sans doute concentrées dans peu de niveaux et que l'essentiel du matériel, cohérent hormis quelques éléments plus typiquement saladoïdes, reflète un ou deux épisodes de rejet massif de vaisselles entières. Le matériel des niveaux supérieurs (8-5) consiste, lui, en plus nombreux petits éléments de moindre poids (9 à 16 g contre plus de 26 g dans les US15, 16). Ceci témoigne, après une période d'ouverture et de comblement naturel de la fosse, d'un remplissage d'abord rapide avec un ensemble cohérent, suivi par un comblement final plus lent constitué d'éléments erratiques.

3 L'assemblage céramique de la structure en creux

Le matériel céramique extrait en 1997 par M. Marraud Desgrottes de la fosse exposée par la tempête Marylin en 1995 a été étudié dans le cadre d'un Master en Archéologie. Réalisé par M. Hervé, son principal but était l'identification culturelle et chronologique de la collection céramique. Pour pallier au manque de données de terrain, la céramique a été décrite de la façon la plus précise possible en constituant un catalogue des formes complètes et des décors.

Cet assemblage céramique ou « collection Desgrottes » se compose de 2440 tessons et de 14 formes complètes, subdivision conservée pour la réalisation de l'étude. Deux modèles de fiches ont été conçus : une fiche pour les formes complètes, l'autre pour les tessons qui n'ont pu être rattachés à une forme. Dans ces fiches, ont été compilés les critères qui paraissaient les plus utiles et les plus pertinents pour mener à bien l'étude du matériel. La fiche consacrée aux formes complètes s'articule autour de 4 pôles : la description globale de la forme ; la description morphologique ; la description technique ; et la description du décor (quand celui-ci existe sur l'élément à étudier).

La première partie de la fiche permet d'appréhender l'aspect global, le type de forme complète : simple ou composite, ouverte ou fermée. Ont ensuite été relevées les dimensions des formes : hauteur ; diamètre à l'ouverture ; diamètre maximal ; diamètre à la base et enfin, épaisseur et poids. Ces éléments permettent de déterminer la nature de la forme : bol, jatte ou platine par exemple.

La seconde partie s'attache à la description plus détaillée de chaque forme, chacune étant décomposée en unités morphologiques : la base, la partie médiane (la panse) et la partie supérieure (le col ou le bord) ; sans oublier les éléments additionnels de préhension/suspension quand ils sont présents.

La partie suivante concerne les critères relatifs aux différentes étapes de la fabrication de la céramique : l'étude des couleurs de surfaces et de la pâte ainsi que leurs aspects généraux renseignent sur le mode de fabrication, de cuisson et sur les finitions apportées à l'objet.

Enfin, le décor est décrit quand il est présent. Sont notés son emplacement sur la forme, la technique utilisée : incision, peinture, gravure ; ou modelage ; et les motifs représentés.

Comme il apparaît au travers de cette méthode, les formes complètes représentent la base de l'étude. Les tessons viennent en complément pour confirmer ou infirmer les observations établies sur les formes. Cependant, les critères retenus pour l'étude des tessons sont sensiblement les mêmes : description globale du tesson (sa nature ; son épaisseur) ; des surfaces (leur couleur ; leur traitement ; leur décor s'il existe) ; de la pâte avec essentiellement la couleur.

Une fois ces éléments enregistrés et combinés, un portrait de la «collection Desgrottes » a pu être établi. La collection présente d'emblée trois grandes caractéristiques : une grande simplicité de la céramique, une faible diversité de types et la quasi inexistence des décors.

Ainsi, la totalité des formes complètes consiste en formes ouvertes au profil simple (Figure 5). Les dimensions de ces formes et leur aspect global permettent de les classer dans plusieurs catégories et de mettre en évidence leurs natures. Ces « vases » sont des écuelles, des jattes, un vase support (ou cylindre), un bol, une coupelle, une platine (Figure 5). Les jattes sont au nombre de sept et représentent 50 % de la collection. La seconde catégorie la plus représentée est celle des écuelles avec un pourcentage de 21,4 %. Les autres catégories ne sont représentées que par un individu chacune. Ces formes se caractérisent par une hauteur moyenne de 10,7 cm. Le plus petit vase étant un bol : 3,5 cm de haut ; le plus haut, une jatte : 26 cm. Ces formes sont relativement épaisses avec une valeur moyenne de 8,6 mm. Quant au diamètre maximal, il correspond le plus souvent au diamè-

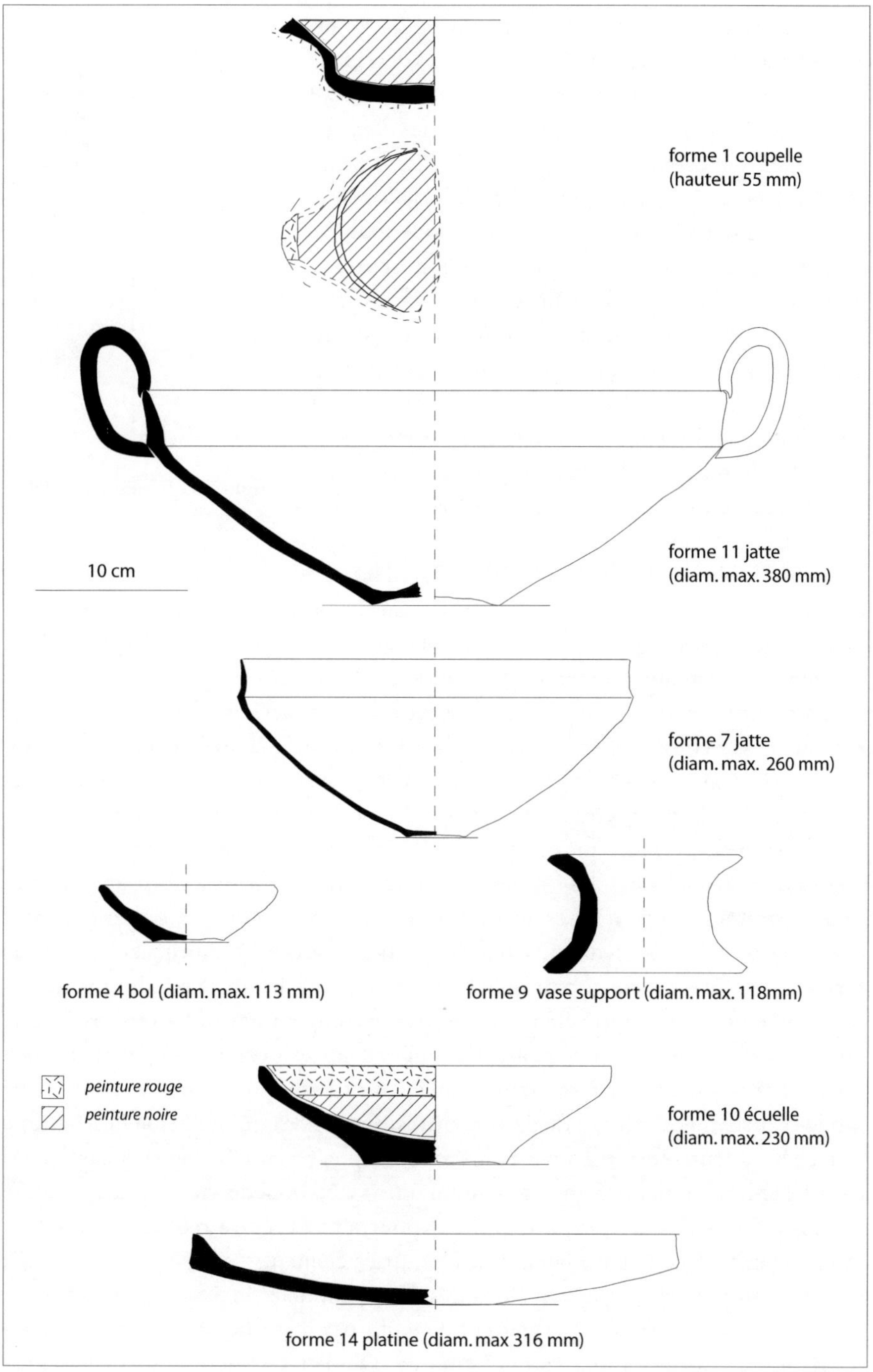

Figure 5 : Types de formes complètes : coupelle, jattes, bol, vase-support ou cylindre, écuelle, platine.

tre d'ouverture. La valeur moyenne est de 28,4 cm. Ces formes sont donc plutôt évasées. Les lèvres de ces formes sont essentiellement soit arrondies (42,9 %), soit aplaties (35,7 %). Enfin, le dernier élément important concernant la morphologie des formes est la présence d'éléments de préhension sur ces formes. Seules deux formes complètes en sont munies. Il s'agit d'une oreille (plus décorative qu'utilitaire) et d'une anse en ruban. Du côté des tessons, six éléments de préhension ont été décomptés : trois sont des poignées, deux des anses en ruban et une anse en bobine. Certains sont décorés, ce sont pour la plupart des oreilles. Enfin, pour finir avec les caractéristiques générales, la majorité des éléments de la « collection Desgrottes » est de couleur brun-rouge clair et brun-rouge. D'autre part, les formes complètes sont pour la plupart polies (71,43%) ou lissées (57,14%). Le grattage est lui sous représenté (14,29%). En dehors de ces grandes caractéristiques, il faut noter la présence de deux éléments distinctifs : une demi fusaïole et un élément apparenté à un embout inhalateur (Figure 6).

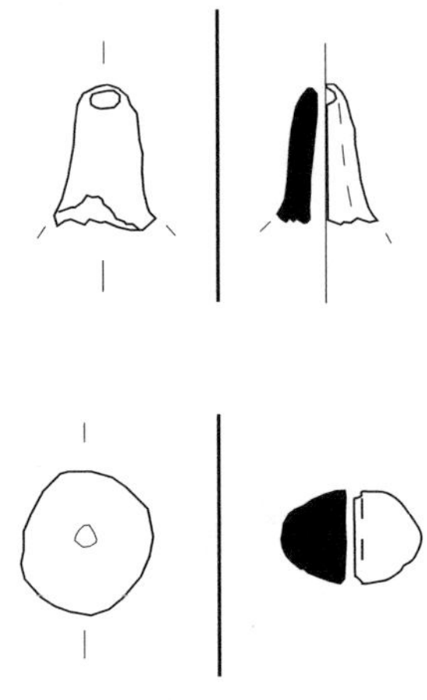

Figure 6 : Fusaïole et embout inhalateur.

La céramique de la « collection Desgrottes » se caractérise donc par sa grande simplicité. Ce constat est renforcé par la quasi inexistence des décors. Parmis les 14 formes complètes, seules trois sont décorées (Figure 7). Comme pour les types de formes, les décors présents varient peu. Les « vases » décorés le sont exclusivement à base de peinture rouge et noire. La seule variante réside dans l'emplacement de ces décors. Une des formes est peinte dans son intégralité (rouge à l'extérieur et noir à l'intérieur). Les autres formes sont soit décorées à l'intérieur (noir et rouge), soit à l'extérieur (uniquement rouge) (Figure 7). Ainsi, les décors des formes complètes ne consistent qu'en des surfaces ou de larges bandes peintes en rouge ou en noir. Les autre éléments décorés se trouvent parmi les tessons. Si certains sont de simples tessons peints en rouge, d'autres portent des décors un peu plus élaborés. En effet, dans certains cas, la peinture rouge est associée à des décors modelés incisés : c'est le cas de deux adornos (Figure 8a) qui ne peuvent hélas être rattachés à aucune forme. L'un est anthropomorphe (Figure 8a haut) et caractérisé par un faciès assimilable à une figure humaine (yeux, bouche, nez). L'autre (Figure 8a bas) est orné d'un motif zoomorphe et pourrait figurer un reptile ou un mammifère marin, peut être un lamantin. Les autres éléments sont décorés de motifs incisés rectilignes et parfois associés à des décors modelés incisés (Figure 8b)

Toutes ces observations permettent d'établir des hypothèses sur la ou les fonctions que pouvaient remplir cette céramique. D'une façon générale, la céramique se divise en deux classes : domestique et rituelle. Les éléments de la « collection Desgrottes » se répartissent dans ces deux classes. La céramique domestique semble avoir eu trois fonctions principales. La cuisson des aliments est attestée par la présence de platines et de traces de cuisson sur une des formes. Une autre forme porte des traces de corrosion sur sa face interne et pourrait avoir servi à la préparation d'aliments sans cuisson, notamment la préparation du Ouïcou. Enfin, le reste

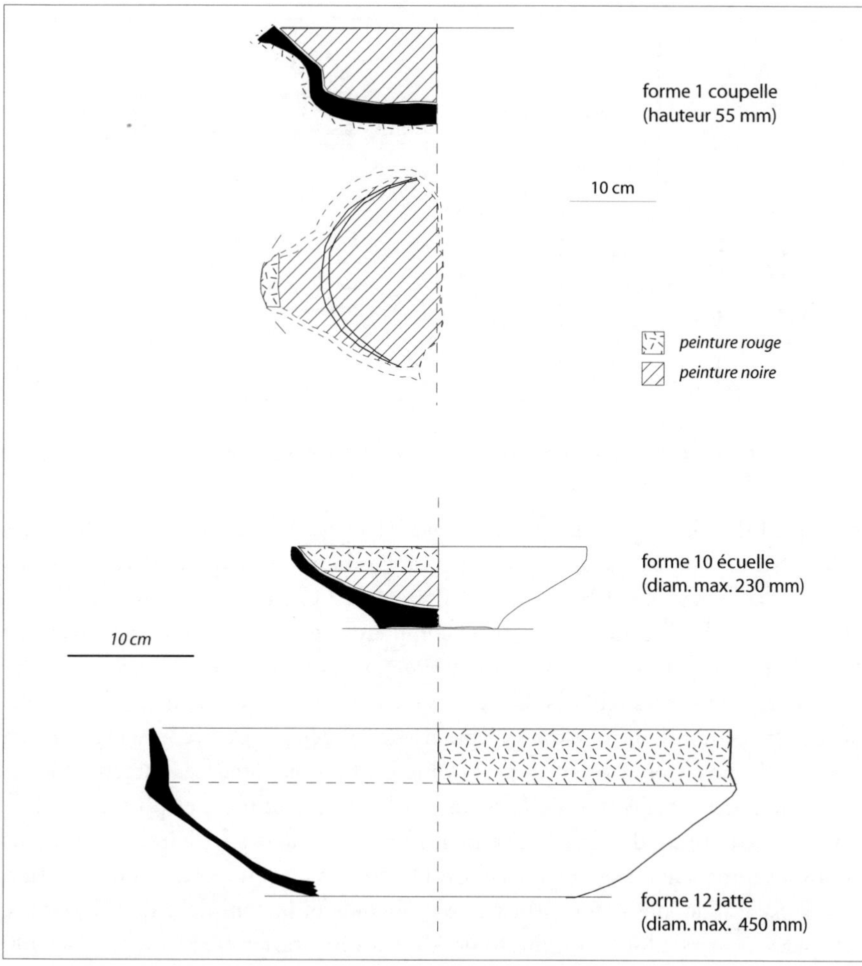

Figure 7 : Formes complètes décorées : coupelle, écuelle et jatte.

des formes complètes se rattache au service et à la consommation des aliments. Ces vases largement ouverts devaient faciliter l'accès à chacun pour le service. Enfin, la présence d'un fragment de fusaïole atteste de la pratique d'un artisanat textile. Parallèlement à cette céramique utilitaire, certains éléments peuvent être associés à une utilisation moins quotidienne. Les formes complètes décorées, les tessons décorés et l'objet apparenté à un « embout inhalateur » pourraient avoir eu une fonction rituelle. L'embout peut être associé à la consommation de tabac à des fins rituelles.

Tous ces éléments permettent donc d'esquisser le portrait de la « collection Desgrottes » puis d'identifier culturellement l'assemblage en le comparant aux séries céramiques déjà identifiées. Ainsi, l'essentiel des formes consiste en des vases utilitaires relativement épais (8,5 mm en moyenne), en majorité polis ou lissés avec quelques tessons portant des traces de grattage. Ces attributs permettent d'exclure l'appartenance à la période saladoïde ancienne caractérisée par une céramique d'une grande finesse et richement décorée et orientent vers la période sala-

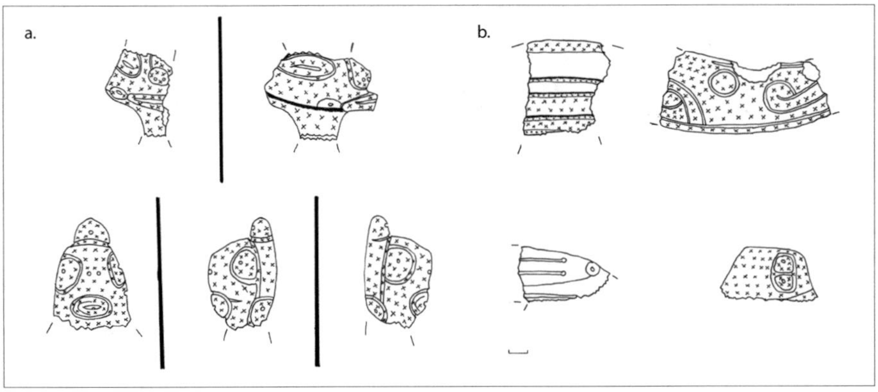

Figure 8 : a. Adornos anthropomorphe et zoomorphe ; b. Tessons décorés.

doïde modifiée ou la période post-saladoïde. La présence des jattes, des fusaïoles et des platines apodes permet d'avancer l'hypothèse de l'appartenance au complexe de Paquemar qui débuterait vers 750 après J.C (Allaire, 1977). Les décors précisent cette attribution. Les formes complètes décorées le sont exclusivement par de la peinture rouge et noire apposée en larges bandes ou en surface sur les faces internes et sur les rebords. Les autres éléments sont décorés de motifs incisés courbes et rectilignes et quelques éléments de modelage sont représentés sous la forme d'adornos. Ces derniers sont d'influence Barrancoïde. Ces caractéristiques rapprochent cette collection de la période saladoïde modifiée, et plus particulièrement du complexe de l'Espérance identifié par L. Allaire (Allaire 1977). Nous proposons donc d'associer la « collection Desgrottes » à une période de transition entre le Saladoïde modifié à influence barrancoïde et le complexe de l'Espérance de la phase post-saladoïde troumassoïde, c'est-à-dire vraisemblablement entre 500 et 750 après J.C.

Les assemblages céramiques de la « collection Desgrottes » et ceux issus des divers contextes de fouille en 2002 et 2006 sont cohérents du point de vue chronoculturel. Le matériel de la fosse et de ses environs qui se compose surtout de jattes ouvertes assez épaisses et de platines est donc en grande partie utilitaire et dénote d'une occupation relativement longue avec des activités domestiques et textiles entre autres. Il serait sans doute intéressant de confronter toutes les collections issues du site de l'Habitation Céron. Les remontages de pièces entières pourraient sans doute se multiplier.

4 Des données éparses sur une occupation importante

Ainsi, l'Anse Céron a connu une occupation amérindienne durant le saladoïde récent et le troumassoïde ancien, entre les VI et VIIIè siècles de notre ère. Elle est diffuse au nord, plus dense au sud sur le plateau bordant la rivière. La cohérence chrono-culturelle de ces deux zones suggère toutefois qu'elles pouvaient appartenir à une même implantation peut-être discontinue d'un point à l'autre, distants d'environ 800 m, avec des espaces à fonction précise ou mouvants dans le temps.

Ceux-ci ont pu constituer un établissement important dans un environnement, par ailleurs optimal, combinant la bordure littorale, la proximité d'une rivière et les riches pentes des mornes annonçant la Pelée.

Sur le plateau qui borde la rivière au sud, la forte concentration de matériel et la succession d'un large trou de poteau et d'une grande fosse suggèrent une occupation intense, reaménagée avec le temps, de nature domestique (habitat, structures d'artisanat, etc.) ou agricole.

Malheureusement, les données sur l'emplacement des dix sondages de 2002 sont vagues : cinq seulement ont été retrouvés lors du levé topographique de 2006, en noir sur la figure 2a, mais leur numérotation est incertaine et leurs données inexploitables.

En ce qui concerne la fosse, il en restait sans doute moins d'un tiers en 2006, correspondant surtout aux épandanges de pente de bords. Son emprise et sa configuration initiales par rapport aux berges demeurent inconnues ce qui ne permet pas d'affirmer qu'elle était totalement artificielle. On ne peut exclure qu'il y ait eu initialement plusieurs trous de poteaux dans cette zone (ayant peut-être laissé les cupules visibles sur le fond) et que, suite à des crues de rivière, les berges aient été en partie érodées créant une dépression ensuite surcreusée et utilisée pour le rejet de déchets.

Le mobilier recueilli renseigne néanmoins sur la nature de l'occupation du plateau voisin. Malgré un ensemble lithique dominé par des éléments peu investis qui suggèrent des activités peu élaborées, l'assemblage céramique traduit le rejet de vaisselles culinaires complètes et suggère plutôt une occupation domestique. L'existence antérieure d'un large trou de poteau confirme que ce type d'aménagement a existé à un moment donné, puis a été démantelé avec éventuelle réorientation peut-être liée à des événements particuliers (crue ?). La fosse aurait alors été mise à profit ou creusée, dans un premier temps sans dépôt régulier, puis pour le rejet concentré d'un ensemble de vaisselles peut-être liées à la structure domestique démantelée. Elle aurait ensuite continué à fonctionner pendant un certain temps avec des rejets plus sporadiques.

L'Anse Céron constitue donc sans doute un grand site d'habitat, occupé de manière assez dense qui, avec les sites proches d'Anse Belleville et Anse Couleuvre, pourrait compléter notre connaissance sur l'occupation céramique du nord Caraïbe, en particulier pour la charnière Saladoïde / Troumassoïde. De fait, seul le site de l'Anse Couleuvre a livré des informations récentes (Bérard 2002a). Découvert également par M. Marraud Desgrottes en 1995 à la suite de la tempête Maryline, il n'est préservé que sur une portion de plateau, au pied du morne, le reste ayant été détruit par les mouvements de la rivière de l'Anse Couleuvre au bord de laquelle il se situe. Lors d'une petite opération de sondages en 2001 (Bérard 2002a), un sondage de 2 m^2 a été réalisé ainsi qu'une coupe en bordure nord-est de la rivière. La stratigraphie a révélé un niveau de tuf en place couvert par une petite couche de ponce (10 cm) au sommet de laquelle apparaissent des vestiges amérindiens scellés par une couche d'éruption volcanique, recouverts par la terre végétale. La dernière couche de ponces est rapportée à l'éruption P1 du Complexe Pelée du début du XIVè siècle. Le matériel indique une occupation entre les IVè (transition Saladoïde ancien / modifié) et Xè siècles ap. J.-C (Troumassoïde), en partie contemporaine de celle de l'Anse Céron.

Les travaux sur l'Anse Céron permettent aussi de faire pendant aux recherches plus avancées dans la portion sud Atlantique de l'île sur des sites contemporains et postérieurs (Salines, Trabaud, Macabou ; Allaire 1977, 1991, 1997 ; Bérard 2002b, 2003, Grouard et Serrand 2005, 2006), rééquilibrage géographique des données qui permettra d'obtenir une vision plus juste de l'occupation de l'île durant la période céramique. Au-delà, ces données peuvent aussi compléter les travaux récents développés par B. Bérard sur l'île voisine de la Dominique (Bérard 2007 et 2008), visible au nord, pour élaborer un cadre régional englobant les dynamiques d'occupation de la période céramique sur les deux îles.

Pensées et arrière-pensées sur la chronologie post-saladoïde de la Martinique

Par Louis Allaire

L'approche chronologique

La datation de la période post-saladoïde dans les Petites Antilles, comme en Martinique, n'a pas changé sensiblement depuis les 30 dernières années (Rouse 1992 ; Rouse et Allaire, 1978 ; Vidal, Bérard et Kayser, 2004 ; Petitjean Roget, 2001). Au long de la séquence traditionnelle allant d'un Saladoïde à un Suazoïde (ou Suazan), en passant par un Troumassoïde, on s'accorde toujours à dater la transition Saladoïde-Troumassoïde vers environ 650 de notre ère, soit le milieu du VIIIème siècle, sans d'ailleurs avoir encore bien défini la nature de ce Saladoïde tardif ou «terminal», et à mettre un terme à la période préhistorique, avec le Suazey, quelque temps avant l'arrivée des Européens (environ 1450 de notre ère). Mais cette période «proto-historique» de quelque sept siècles est loin d'avoir été monolithique, et des changements internes ont plus récemment révélé un dynamisme culturel que l'on n'aurait pas soupçonné. Dans ce contexte, cette communication passe en revue les données récentes sur la chronologie post-saladoïde de la Martinique dans le cadre des recherches en cours sur les Petites Antilles. L'approche chronologique, cependant, ne se limite pas uniquement aux techniques de datations; elle doit se baser sur un système de classification bien défini et conforme aux pratiques archéologiques locales (Rouse, 1972), ce qui aux Antilles est loin de faire consensus. Il sera donc nécessaire de passer en revue cette classification du passé ayant trait à la période post-saladoïde de la région caribéenne, et la terminologie courante qui lui est associée, tout en s'interrogeant sur sa validité et en suggérant les possibilités d'une approche alternative.

Terminologie et système de classification

Le préhistorien doit structurer le passé sans écriture afin de retracer les auteurs de cette préhistoire au long de leurs développements ou évolutions millénaires (Rouse, 1972). Un peu comme le paléontologue identifie des espèces qu'il regroupe en familles, etc..., pour reconstruire l'évolution humaine biologique, ou comme le linguiste fait de même en classant les langues en familles, avec leurs dialectes et leurs patois, pour reconstruire leur histoire, l'archéologue travaille en termes de systèmes de classification, plus proches de la linguistique que de la biologie. On utilise aujourd'hui dans la plupart des Antilles le système introduit par Rouse et Cruxent (1963) dans les années 1940, qui convenait alors à leur travail d'organisation de l'archéologie fort complexe du Vénézuéla, et où les sites ou niveaux d'occupations étaient classés en styles, unité de base représentant les variations stylistiques dans la décoration de la céramique, et les styles regroupés en séries (ces fameux -oïdes), et plus récemment en «sous-séries», avec la terminologie appropriée. Ceci nous vaut de savoureux «Troumassan troumassoïde», auquel on pourrait préférer «Troumassoïde troumasséen» (comme on dit Acheuléen ou Moustérien). Rouse, il est vrai, avait ses raisons, l'une d'elles étant sans doute de faire les choses de façon différente de ce qui se faisait partout ailleurs en Amérique du Nord et du Sud, ou, comme aujourd'hui encore, les archéologues préfèrent les concepts de phases ou complexes, groupés en Traditions ou en Horizons selon le cas.

On peut donc s'interroger sur la validité du concept de série dans l'archéologie des Antilles. Il s'agit essentiellement d'un enchaînement de chaînons qui en l'occurrence sont les styles; quant à la «sous-série», il faudrait plus correctement parler de «segments» de série. Il semble que Rouse ait voulu avec la sous-série introduire un système plus commode qui lui permit d'intégrer ce fameux et énigmatique style de La Hueca dans son Saladoïde originel, sans pour cela avoir la familiarité nécessaire avec les Petites Antilles pour définir ses nouveaux éléments de façon plus précise. Dans ce contexte, au concept plutôt stérile de série, c'est plutôt vers celui de «tradition» qu'il faudrait se tourner comme représentant le concept le plus utile pouvant s'appliquer à l'organisation du passé de l'humanité dans un cadre systématique.

Mais plus que la sous-série, c'est au contraire une meilleure définition des phases qu'il aurait fallu encourager, car ce sont les phases successives qui révéleront dans leur chronologie, l'existence d'une tradition. En effet, la phase, analogue au concept d'espèce en paléontologie, est l'élément de base de la préhistoire; ce sont les phases (ou complexes, ou styles, quelle que soit la terminologie) qui sont les éléments essentiels de la séquence locale et de l'étude chronologique. C'est par la phase que l'on reconnaît ces tribus ou peuples anciens inconnus par l'écriture et restés anonymes, ce que d'ailleurs Rouse avait toujours proclamé, et c'est en subdivisant ces phases (en ce que l'on pourrait par exemple appeler des «faciès»), que l'on tient compte de la diversité culturelle inhérente à tout groupe humain selon le temps ou le territoire.

Faudra-t-il alors un jour mettre l'archéologie antillaise à l'heure du reste des Amériques. C'est du moins ce que je voudrais suggérer dans cette communication, mais ce qui importe à la fin, c'est que plus que de jouer sur les mots, les spécialistes s'entendent sur un système propre à l'archéologie antillaise et à son rôle dans les régions environnantes, après discussion adéquate et revue des documents essentiels à ce type de classification, pour qu'on puisse enfin parler de la même chose. Or ce genre de débats sur la classification ou les typologies ne sont malheureusement plus très à la mode, et, sur ce point, l'archéologue gagnerait à s'inspirer des travaux de classification en linguistique et en paléontologie. Mais essayons néanmoins de voir dans cette perspective comment la chronologie post-saladoïde de la Martinique peut être représentée, sur la base des résultats de recherches récentes aux gisements de Macabou et de l'Anse Trabaud.

Macabou

À première vue, le site de Macabou, qui occupe la pointe sud de la baie de Paquemar sur la côte sud-est de la Martinique, entouré de marécages et de mangroves, et sur la foi des trouvailles de surface éparpillées sur tout le site, faisait l'effet d'un grand village de la culture de Suazey. Les premiers sondages de 1972 (Allaire, 1977) ont, cependant, révélé une situation plus complexe. Loin d'avoir été le site d'un grand village, le gisement est en réalité constitué d'une série d'amas coquilliers et autres dépôts préhistoriques, correspondants à autant d'occupation distinctes, s'étant échelonnés durant les quelques 500 années de la période préhistorique finale.

L'une des contributions les plus intéressantes du point de vue chronologique fut la découverte d'un contexte stratifié (dénommé Aire B) non perturbé, permettant d'identifier deux occupations distinctes du Suazey, (et que l'on pourrait qualifier de «faciès»), l'une ancienne (B Niveau III), et l'autre plus récente (B Niveaux I & II). Les sondages de 1972, cette fois à l'extrémité opposée du site, devaient de plus révéler une Aire C, différente de III et de I & II.

A la base des dépôts de 1,0 m profondeur de l'Aire B, le niveau inférieur III a livré un Suazey que l'on pourrait qualifier de «typique», c'est-à-dire, avec bords indentés (impressions digitées), poterie utilitaire, platines à pieds, peu de décoration, limitée à la peinture rouge, en dessins géométriques ou linéaires et à quelques incisions. En revanche, la collection particulièrement abondante des niveaux supérieurs I & II, provenant d'ailleurs d'une aire de cuisson de la poterie dans laquelle domine la poterie utilitaire abondante et les platines à pieds, n'a pas révélé de bords indentés; cette occupation plus récente a cependant livré un nombre intéressant de petits objets de matériaux divers, témoignant très nettement de l'influence Taino des Grandes Antilles.

Dans ce contexte, le matériel moins abondant et peu décoré de l'Aire C laissait perplexe. Une pierre à trois pointes non décorée, et mi-enfouie sur la surface de cette couche peu profonde, laisse supposer une association possible, et le seul bord indenté se retrouve, de façon inusitée, sur une platine apode, mais le peu de décoration rendait difficile de situer cette occupation avec plus de précision. Les quelques tessons décorés, cependant, permettent sur la base de l'examen de collections entreposées à l'Université de Yale, d'y reconnaître une manifestation de cet énigmatique style Choc de Ste-Lucie, reconnu par McKusick (1960) dans les années 1950, mais qui n'avait pas été décrit de façon détaillée, et n'avait jamais été reconnu jusqu'à maintenant dans une autre île. S'agit-il alors d'un autre «faciès» particulier du Suazey, ou d'une phase intermédiaire de son évolution? Une sériation sommaire, il est vrai, semblait indiquer du moins pour l'Aire C une position chronologique plutôt proche du niveau III de l'aire B.

Les sondages subséquents de 1977 et 1979 à Macabou ont permis de développer et de raffiner cette séquence en y ajoutant certains éléments significatifs. À quelques mètres de l'Aire B, une aire F fut mise au jour en 1977, représentée par un amas peu profond mais assez dense de lambis, associés à d'abondants tessons, ossements, et autre matériel. La présence de nombreux bords indentés laisse présager une occupation ancienne. Les platines à pieds et la poterie utilitaire à surfaces striées sont typiquement Suazey, mais on note une proportion importante de grands bassins à bords épaissis ou renflés, sans aucun doute les descendants éloignés des grandes vasques rouges du Saladoïde tardif, aussi bien que du Troumassoïde représenté en Martinique par les phases successives de l'Espérance et de Paquemar, qui précède l'apparition du Suazey.

Enfin, l'élément décoré de l'Aire F est représenté de façon importante, et plus conforme à un modèle précis que la décoration plus ou moins hétéroclite des niveaux I & II. En effet, on y retrouve la peinture linéaire de type Caliviny sur de larges récipients carénés (campaniformes) ou sur l'endos de bols plats ou assiettes creuses, bien faits et aux surfaces polies; des incisions variées, des zones incisées peintes en rouge et noir, des anses décorées (mais peu d'adornos), et toujours d'une exécution assez soignée, figurent aussi dans la décoration. On peut d'ailleurs y reconnaître certains éléments assez proches de la phase Paquemar du Troumassoïde, dont ils seraient issus, ce qui laisse entrevoir la possibilité que l'Aire F serait à Macabou la plus ancienne manifestation d'un Suazey typique en Martinique, précédant même le Niveau III de l'Aire B.

Anse Trabaud

Situé à l'extrémité sud de l'île, ce gisement de plage (comme le Diamant) non perturbé et presque sans vestiges de surface, est représenté par au moins deux occupations principales, d'époques et de cultures différentes: une Zone I, fouillées en 1983, qui occupe la partie ouest du gisement; et une Zone II, plus vers l'est, qui fut l'objet des sondages de 1984.

Les dépôts archéologiques assez profonds ont révélé, en 1983, du moins dans les couches supérieures, une occupation Suazey «typique» à bords indentés et peinture linéaire de type Caliviny, qui rappelle par certains éléments l'Aire F de Macabou, à laquelle cette Zone I est sans doute apparentée. L'étude en cours semble de plus indiquer des changements stratigraphiques allant d'un Troumassoïde de la phase Paquemar, dans les couches plus profondes (sous environ 50 cm), avec de grands bassins à bords rouges et sans bords indentés, à ce Suazey typique qui pourrait représenter l'évolution locale progressive de ces tendances.

Quant à la Zone II, elle révèle au contraire quelque chose d'assez inusité pour la Martinique et les îles avoisinantes, et qui demeure encore plutôt énigmatique. En effet, la seule poterie décorée, sans bords indentés et sans décor de type Caliviny, se limite à des vasques tronconiques peintes, parfois très larges, à bords rouges et à fonds noirs. Mais, c'est plus particulièrement l'abondante poterie utilitaire, parmi laquelle la prédominance de formes carénées ou campaniformes que l'on ne retrouve nulle part ailleurs en Martinique, qui apparaît plus typique de la période post-saladoïde de la Guadeloupe (ces formes en «chapeaux chinois» d'Edgar Clerc (1968)) et des îles plus au nord, que l'on attribue couramment à un «Troumassoïde marmoréen». Si l'élément décoré témoigne d'une époque probablement troumassoïde, c'est-à-dire vers environ le XIème siècle plutôt que d'une période contemporaine du Suazey, ce style soulève la possibilité d'une mobilité entre les îles plus importante qu'on aurait supposé, notamment avec les îles plus au nord, et cela dès le début de la période post-saladoïde.

La séquence Post-Saladoïde

Les recherches à Macabou et l'Anse Trabaud ont révélé une séquence interne du Suazey, faisant suite à la phase Paquemar de tradition troumassoïde, constituée d'au moins trois éléments majeurs. On peut y reconnaître trois faciès d'une phase Suazey, allant environ des années 1000 ou 1100 à 1450 de notre ère : (1) l'Aire F et le Niveau III de l'Aire B représentant le «faciès» le plus ancien que l'on pourrait qualifier de Suazey Ancien ou Typique ; (2) le Niveau I & II de l'Aire B, ou Suazey Récent, et (3) probablement entre les deux, l'Aire C, appartenant à ce qu'il conviendrait d'appeler le faciès Choc déjà identifié à Ste Lucie, et qu'il serait utile de dater et de définir plus précisément.

Cette séquence met en relief l'apparition d'un Suazey typique à bords indentés, vraisemblablement issu de la phase Paquemar, et la disparition subséquente de cette décoration typique dans le Suazey récent avec lequel sont plus particulièrement associées les influences Tainos des Grandes Antilles. C'est aussi cette occupation qui a révélé quelques éléments de la culture ou style (phase) Cayo que l'on associe aujourd'hui à la poterie des Caraïbes historiques, connue surtout pour St Vincent, mais dont l'existence en Martinique reste encore à l'état d'indices.

L'une des décisions les plus difficiles et les plus ambiguës pour le préhistorien consiste à introduire des coupures, à tronçonner une séquence au long de ses continuités, alors que les changements ne peuvent être interprétés par une conquête ou un mouvement migratoire. Le plus souvent, dans un développement continu, on divisera essentiellement en deux ou, le plus souvent en préhistoire, en trois segments, ou périodes. En sub-divisant en trois périodes, on ne peut éviter d'introduire une seconde période à caractère de «transition»; c'est précisément le cas de notre Troumassoïde. Mais rien ne nous empêcherait d'opérer plutôt une seule coupure dans le cours des développements préhistoriques des Petites Antilles. En effet, sur la base notre division bipartite la plus simple du Troumassoïde de la Martinique, en une phase L'Espérance à laquelle fait suite la phase Paquemar (Allaire, 1977 ; Rouse, 1992), dans laquelle se retrouvent : la première apparition de la platine à pieds, de la poterie utilitaire et le fameux décor Caliviny, on peut très bien envisager de mettre les ciseaux entre ces deux phases troumassoïdes, c'est-à-dire vers le milieu du IXème siècle par exemple. Ce nouveau scénario rendrait alors tout à fait possible, d'une part, de reléguer la phase L'Espérance à ce qu'on pourrait qualifier d'un «épi-saladoïde» (ce qui n'est pas la même chose qu'un saladoïde final ou «terminal»), et d'autre part, de voir dans la phase Paquemar un véritable «proto-Suazey».

C'est en effet à mi-chemin au cours du «segment» troumassoïde, et non dès son début, que l'on retrouve les changements les plus significatifs sous la forme de nouveaux éléments de la poterie utilitaire, en fait une véritable nouvelle batterie de cuisine, incluant les platines à pieds, qui n'est pas sans suggérer une indéniable révolution culinaire. Le phénomène est, à divers degrés, général dans les Petites Antilles où il semble refléter des changements largement locaux mais sans ignorer des influences étrangères dont celles des Grandes Antilles, et éventuellement du continent sud-américain. Or il ne fait pas de doute que l'apparition inattendue de poteries sur pieds, et pas uniquement les platines, un accessoire pratiquement inconnu des périodes précédentes ou des Grandes Antilles, semble révéler une origine continentale indéniable où les récipients sur pieds sont bien représentés sur toute la côte occidentale du Venezuela jusqu'à la Colombie. Et cela au moment même où se définissent davantage les influences des Grandes Antilles dans l'iconographie et certains éléments de la panoplie cérémonielle des Petites Antilles.

Séries ou Traditions

Si dans la région Caraïbe, une Tradition Saladoïde de grande envergure s'impose sans contradictions, quelle serait alors la tradition culturelle qui aux Antilles lui aurait succédé durant ce soi-disant «Post-Saladoïde»? Devrait-on, comme Rouse l'a proposé, considérer la série troumassoïde comme une tradition responsable de toute la période plus récente des Petites Antilles, en y distinguant, en «sous séries», un troumassan (troumasséen) ou un suazan (suazéen)? Or le concept de Troumassoïde est issu d'un phénomène culturel mixte (à la fois épi-saladoïde et proto-suazey), de caractère de transition par rapport au Suazey, et par conséquent ne semblerait pas être le candidat le plus convaincant à cet égard pour représenter une tradition culturelle autonome. Or, il se trouve une autre tradition de la région Caraïbe, plus vaste, qui devient, après le déclin du Saladoïde, le centre d'une évolution nouvelle émanant cette fois des Grandes Antilles, et il ne fait aucun doute que dans ce contexte, les Suazey ne sont pas étrangers à cette aire d'influence comme le révèle leur culture.

Il deviendrait alors légitime de postuler l'existence d'une tradition plus large, que l'on pourrait qualifier de «Taïnoïde», qui rendrait compte de la préhistoire plus tardive des Antilles grandes et petites. Rouse (1992) avait d'ailleurs déjà, depuis longtemps, défini une tradition sub-Taïno pour la périphérie occidentale de cette culture (soient le centre de Cuba et la Jamaïque). Il devient alors parfaitement logique de reconnaître une sous-tradition symétrique sub-Taïno «orientale», s'étendant vers les Petites Antilles (Allaire 1985) où l'on a également retrouvé plus récemment de véritables colonies Tainos (Hofman, 1993), du moins dans les îles les plus au nord. Ceci s'accorde avec le caractère purement insulaire du Suazey, et avec sa distribution territoriale relativement restreinte, n'allant que du sud de la Martinique à la Grenade et la Barbade, et possiblement à Tobago, sans avoir pénétré Trinidad, ni les Guyanes ou le Venezuela. Les Suazey appartenaient-ils alors à une province Taïno ? Ils occupaient certainement une situation périphérique par rapport aux centres plus développés des Grandes Antilles et de la Terre Ferme dont ils ne pouvaient manquer de subir les influences multiples.

En somme, en postulant l'existence d'une tradition Taïno pour la période tardive de l'archéologie de la région Caraïbe (plutôt qu'un Troumassoïde et un Suazoïde, etc...), qui ferait pendant aux traditions saladoïdes et barrancoïdes antérieures, on ne fait que reconnaître l'unité culturelle indéniable qui uni cette région à divers degrés il est vrai mais dans une inspiration taïno commune à la fin de la préhistoire. Unité culturelle certes très vaste qu'il conviendrait de sub-diviser de façon plus pratique en sous-traditions, comme par exemple (et ce n'est qu'un scénario) : (1) une sous-tradition Centrale ou Classique (qui celle là survivra jusqu'aux contacts avec les Européens) des Grandes Antilles ; (2) une sous-tradition «périphérique» occidentale, celle du sub-taïno original de Rouse (1992) à Cuba et à la Jamaïque entre autres ; et enfin (3) une nouvelle sous-tradition sub-taïno

Orientale, correspondant aux Petites Antilles (Allaire 1985). Dans ce système, le Suazey prendrait figure de «phase», tout comme les cultures contemporaines plus au Nord, en Guadeloupe ou Antigua. Que devient alors le Troumassoïde tel qu'on l'entend aujourd'hui? Faudra-t-il l'abandonner? Cela pose bien des questions dont on ne peut encore qu'amorcer la discussion ultérieure.

Il semble bien en effet, que dans leur culture et leur genre de vie en général, les Suazey partageaient plus avec les Tainos qu'avec les Caraïbes de l'époque historique, ou même des cultures tardives du Venezuela et de Trinidad. Que l'on pense par exemple, que tout comme les Taïnos, les Suazey, dont l'aliment de base était le manioc, ne buvaient ni ne confectionnaient le ouïcou (la bière de manioc), pour lequel ils n'avaient certainement pas les récipients nécessaires, à l'encontre des Saladoïdes, plus proches sans doute de leurs racines amazoniennes, et, à cet égard, des Caraïbes historiques. S'ils n'avaient pas la bière de manioc, ils avaient, on peut le penser, comme chez les Taïnos, le tabac ou autres poudres hallucinogènes, comme en témoigne la panoplie cérémonielle associée à l'inhalation retrouvée à Macabou, incluant même des spatules vomitives (Allaire, 1990). À l'époque historique, la région sèche de Macabou était particulièrement favorable à la culture du tabac (comme du coton, d'ailleurs), et il serait tentant d'imaginer un commerce préhistorique du tabac (et du coton) entre les Suazey de Macabou et les Grandes Antilles, qui aurait été en partie responsable de la diffusion d'éléments typiquement taïnos chez les Suazey.

Et les Caraïbes alors; on n'en parle presque plus! À tort ou à raison. À raison, d'abord, puisqu'il faut éviter l'illusion facile de tout voir à la lueur des populations documentées par l'histoire comme cela a été si souvent le cas pour les Petites Antilles ; et à tort, enfin, puisque en réalité la question reste entière. Si les Suazey, dont l'existence fut entièrement préhistorique, ne sont plus les Caraïbes, ces derniers sont maintenant connus comme les auteurs d'une poterie de style «Cayo» (Boomert, 1986), parfaitement conforme à la poterie Caraïbe décrite dans les documents historiques dès l'arrivée de Christophe Colomb (Allaire, 1977 et 1984). Que se serait-il alors passé dans les îles à l'aube de l'époque de la conquête européenne? Faudrait-il envisager une extinction démographique plus ou moins massive des Petites Antilles, qui aurait donné libre cours à l'arrivée des Caraïbes du continent ? Le phénomène ne serait pas unique en préhistoire, et les populations de petites îles y sont particulièrement vulnérables (Allaire, 2003). Mais la présence d'indices cayos à Macabou (Allaire, 1984), bien que modestes, nous porte à penser que les derniers Suazey n'ont pas été tout à fait étrangers à cet événement, comme, espérons-le, les recherches futures sauront le démontrer.

La véritable histoire de Francisco Congo

Par Thierry L'Etang

Août 1603, une flottille de 8 pirogues menée par le capitaine Alonso Fernandez de Puga et composée de plus de 70 pagayeurs indigènes, 16 Espagnols dont une femme, un enfant et un moine dominicain, se rend chargée de vivres et de marchandises, du port guyanais de Santo Thomé à l'île de Margarita.

Après une escale à Trinidad, la flottille longe la côte de Terre Ferme et la péninsule de Paria quand, aux environs du port d'Aguire ou Auquire, elle se heurte à une armada d'une vingtaine de pirogues de guerre caraïbes en provenance des Petites Antilles et du fleuve Guarapiche (Rio San Juan).

Après une vaine tentative de résistance, la victoire des Caraïbes est aux dires des témoins, totale. Seuls trois individus parviendront à échapper au massacre, deux soldats Espagnols : Arias et Andres Nieto ainsi qu'un pagayeur indien blessé qui, après maintes péripéties, parviendront à rallier San Joseph de Oruna la capitale de l'île de Trinidad.

Exceptés la femme et l'enfant, tous les survivants de la bataille sont dits avoir été mangés par les Caraïbes. Les sauveteurs dépêchés sur place ne trouveront parmi les pirogues brisées et les vêtements déchirés, que quelques restes humains à demi carbonisés.

Un à deux mois plus tard, en octobre-novembre 1603, dans un village Kalinago de l'île de la Dominique, un Espagnol est attaché à un arbre, un peu à l'écart du carbet où commencent les festivités d'un grand *ouicou* ou fête de boisson durant laquelle sera procédé au sacrifice rituel du captif ennemi.

Si la documentation disponible atteste du peu de goût des Kalinago pour la chair du blanc ou de l'*étoutou noubi*, l'ennemi contrefait, elle n'absout en aucune façon ce dernier de l'application méthodique d'une vengeance collective à laquelle prendront part tous les habitants du village, petits et grands, résidents et invités. De nombreux témoins oculaires parlent en effet, de tortures et de mises à mort qu'ils n'hésitent pas à qualifier d'ignominieuses. Il est dans ce cas question d'éviscération, de corps retrouvés empalés, dépecés, cerveau dans la bouche, membre viril enfoncé dans le derrière.

Nous pouvons sans trop de peine imaginer l'état d'esprit dans lequel se trouve le *sihuiya* (l'Espagnol) quand, l'obscurité se faisant, il est abordé par un jeune homme de race noire.

Ce dernier lui confirme qu'il est bien question cette nuit de son exécution. Un dialogue s'ensuit entre les deux hommes, entretien au cours duquel le prisonnier anonyme doit sans doute faire preuve d'une certaine conviction (et on le comprend), puisqu'au cours de la même nuit, alors que la grande saoulerie occupe sous le carbet tous les membres du village, le jeune homme revient et le détache. Ils s'emparent alors d'une petite pirogue de pêche côtière, une canoïta, avec laquelle ils s'éloignent du village, de la côte, puis de l'île de la Dominique en direction du sud. Ils traversent ainsi tout l'arc sud des Petites Antilles, tout le territoire proprement dit des Caraïbes insulaires alors qu'il leur aurait été plus facile et plus sécure, aidés par vents et courants, de traverser comme d'autres captifs avant eux, les îles du nord jusqu'à la colonie espagnole de San Juan de Puerto-Rico. Pagayant probablement de nuit et se cachant de jour, Les deux hommes naviguent jusqu'à l'île de Tobago, borne sud du territoire des Caraïbes insulaires, avec l'intention manifeste de rallier Trinidad.

Cet exploit authentique est sans nul doute dû au talent, à la force et à l'intelligence du jeune homme dénommé Francisco Congo.

Les fondements de sa présence dans une communauté Caraïbe de l'île de la Dominique restent obscurs. Il est seulement dit avoir été capturé dès son jeune âge par les Caraïbes de la Dominique parmi lesquels il a été élevé et dont il maîtrise parfaitement la langue, les usages et la culture. Il n'a vraisemblablement pas été capturé en bas âge, puisqu'il semble pouvoir communiquer en espagnol, connaître son prénom : Francisco ainsi que son origine ethno-géographique ou nom de terre : Congo. Vraisemblablement baptisé, il est dit "chrétien".

L'anéantissement du convoi dirigé par le capitaine Alonso Fernandez de Puga n'a pas laissé insensible la colonie espagnole de Trinidad. L'évènement ne constitue pas un fait isolé mais se situe dans une suite logique d'attaques, de raids maritimes et terrestres menés par les Caraïbes contre les Espagnols et leurs alliés Arawaks depuis la colonisation de l'île opérée au début de 1592.

Une réponse rapide semble être tentée; celle d'un raid punitif contre les Caraïbes de l'île voisine de Tobago. Mais, le nombre restreint de colons, l'éclatement de ces derniers entre les établissements de San Joseph de Oruna de la Trinidad et de Santo Thomé de la Guyane, le manque de fonds propres au gouverneur de la province de Trinidad et de Guiana, Don Fernando de Berrio, font que la mise sur pied de l'expédition dure près de deux mois et demi.

250 hommes, 50 colons-soldats et 200 auxiliaires indigènes sont alors réunis sous les ordres du gouverneur de Berrio et du conquistador Géronimo de Campos, amiral de la flottille.

La traversée du canal séparant les îles de Trinidad et de Tobago s'avère difficile. En 1636, quelque 33 ans plus tard, le gouverneur de Trinidad Diego Lopez de Escobar, lors d'une autre expédition contre les Hollandais établis à Tobago, rappellera que Don Fernando vit, au milieu du canal, sa flotte déroutée, éparpillée par vents et courants et fut obligé de revenir plusieurs fois à son point de départ. C'est donc en ordre dispersé que la flottille arrive à Tobago.

Une quinzaine d'années plus tard, Andres Garcia Pardo capitaine d'une pirogue équipée en hommes et en vivres à ses propres frais, se rappellera être le premier à avoir mis le pied sur l'île.

L'effet de surprise, fondamental dans la lutte contre les insulaires ayant été éventé, ces derniers s'étant retirés dans les montagnes, c'est un village et des habitations vides que les Espagnols brûleront après les avoir pillées.

Après avoir incendié un premier village, l'armada parcourt l'île poursuivant son but initial qui est de la dépeupler et de châtier ses habitants à feu et à sang. C'est vraisemblablement à ce moment que nos deux fugitifs rencontrent l'expédition de Fernando de Berrio. La documentation affirme que Francisco jouera là, grâce à sa connaissance de la langue et des usages des insulaires, un rôle essentiel d'intermédiaire entre Espagnols et autochtones réfugiés à l'abri des mornes. Les Caraïbes semblant à l'issue des échanges, promettre avec la paix de ne plus attaquer les établissements espagnols.

Ces mêmes documents certifient encore que le gouverneur Berrio (après notre prisonnier anonyme), promettra la liberté à Francisco pour les services qui lui ont été ainsi rendus.

A vrai dire, l'expédition est un échec. La récolte d'esclaves escomptée par ses participants s'étant avérée nulle devant les sommes engagées pour sa mise en oeuvre. Une nouvelle attaque perpétrée quelques mois plus tard viendra confirmer l'irréductibilité des insulaires et c'est un Fernando de Berrio malade, se pensant lui même à l'article de la mort qui, de retour à Trinidad et malgré sa promesse, vendra aux enchères publiques le dit Francisco Congo.

Figure 1 : Blason et devise de don Bernardo de Vargas Machuca, Milicia Indiana, Biblioteca Nacional de Madrid.

Le produit de la vente sera versé dans la caisse du trésor Royal pour, vraisemblablement, tenter d'amortir le coût d'une expédition engagée sans autorisation du pouvoir central.

Les années passant Francisco semble changer plusieurs fois de maître. Près de 6 ans plus tard, il est en possession d'Hernan Basquez Bravo habitant-propriétaire en l'île de Margarita. Maltraité, il semble être à bout quand il voit passer son destin en la personne de Don Bernardo de Vargas Machuca gouverneur de l'île en visite d'inspection. Hurlant sa détresse, il attire l'attention du seigneur qui, surpris par le cri perçant du jeune nègre, lui demande les raisons de ce scandale. C'est alors que Francisco lui raconte son histoire. Sensiblement touché, Vargas Machuca avouera plus tard s'être dès lors intéressé au cas de ce nègre qui, visiblement déterminé, paraissait apte à entreprendre n'importe quel soulèvement. C'est à ce moment qu'un autre événement viendra interrompre sa réflexion et marquer le cours de notre histoire.

Nous sommes, je vous le rappelle, quelque part entre la fin août et la mi-octobre de l'an 1609 quand le *San Jusepe*, un négrier portugais en provenance des royaumes d'Ardra, d'Angola et du port de San Tomé à destination de Carthagène, passe négligeant les conseils des meilleurs routiers de l'époque, entre les îles de Saint-Vincent et de Grenade, s'échouant avec sa cargaison de 414 esclaves sur l'un des nombreux récifs de l'archipel des Grenadines. Quittant le bâtiment apparemment "encayé", leur équipage ainsi que leur cargaison de bois d'ébène, le capitaine Hernan Lopez de Santomé, le maître Géronimo Martinez et le pilote Rodrigo Felipe rallient Caracas puis l'île de Margarita à l'aide de l'annexe du navire.

Arrivés dans l'île dépourvus de ressources, ils se mettent en quête d'un habitant assez fortuné pour financer une expédition de secours et de récupération de la cargaison. C'est alors qu'ils rencontrent celui qui semble être un important colon de l'île, le capitaine Sebastian de Bengochea. Intéressé par le projet, le Basque mesurant ses chances de réussite se rappelle alors de Francisco Congo et du rôle joué par ce dernier lors de l'expédition de Tobago. Il est en effet prévisible que le temps passant, la cargaison ait été récupérée par les Kalinago. C'est donc les qualités d'interprète et de négociateur de Francisco ainsi que sa connaissance du terrain qui intéresse ces hommes.

Après une visite au maître de ce dernier, Bengochea et les Portugais fixent le 2 novembre 1609, par écrit, leur contrat d'association. En échange du financement total en hommes, armes, vivres et pacotille de l'expédition, le capitaine Bengochea recevra la moitié des esclaves s'ils sont récupérés par la force des armes. Dans ce cas, tout le produit du pillage consécutif lui appartiendra. En cas de rachat, de troc ou d'échange par *rescate*, le tiers. Si les esclaves sont encore sur le navire, seul le quart de la cargaison et de l'équipement récupéré lui sera octroyé. Le contrat prévoit également que la totalité des individus récupérés en guerre ou rescate, s'ils n'appartiennent pas à la cargaison portugaise, reviendra en totalité au capitaine Bengochea. Devant l'insolvabilité des Portugais, il va sans dire que le contrat est signé à ses risques et périls.

Le lendemain 3 novembre, Bengochea et les négriers passent un second contrat avec Hernan Vasquez Bravo maître de Francisco. Les clauses de cet acte passé devant témoins et dûment enregistré stipulent qu'Hernan Vasquez Bravo consent au prêt de son esclave moyennant la garantie par Bengochea de sa valeur globale soit, 300 pesos qui lui seront payés automatiquement si à l'issue de l'expédition il ne rentre pas en possession de son bien; à l'exception d'une mort naturelle de ce dernier. À Francisco, il est promis une lettre d'affranchissement si le total des esclaves récupérés par guerre ou rescate est au moins égal à 60 individus. Si les esclaves sont récupérés alors qu'ils sont encore sur le navire, il ne sera pas libre mais bénéficiera d'une paie équivalente à celle d'un soldat de l'expédition.

Autorisée par le gouverneur, l'expédition quitte peu de temps après la Marguerite pour se rendre à Trinidad, Tobago, Grenade puis Saint Vincent. Convenablement pourvue en hommes, armes et matériels les 2 pirogues du capitaine Bengochea longent la Terre Ferme quand, aux environs de Puerto Santo, encore dénommé Puerto de San Juan ou Rio Franses, elle est assaillie par deux chaloupes de corsaires anglais qui infestent les parages. Une bataille s'ensuit pendant laquelle le capitaine Bengochea est tué d'un mauvais boulet qui lui emporte la tête. Ses pirogues ainsi que tous leurs hommes d'équipage, parmi lesquels Francisco, sont capturés par les britanniques. Les Anglais rejoignant Margarita tentent alors de négocier avec don Bernardo de Vargas une rançon en échange des prisonniers. Mais, devant le refus catégorique de ce dernier, ils relâchent peu après tous les membres de l'expédition sauf Francisco Congo dont ils semblent vouloir se prévaloir pour tenter de récupérer, pour leur compte, la cargaison du *San Jusepe*.

S'éloignant de la côte, ils sont déjà à près d'une lieue (4 km) de celle-ci quand Francisco, maintenu à couvert sous un pont du navire, se faufilant à travers un sabord ou le portillon d'une pièce d'artillerie, se jette à la mer. Poursuivi par les chaloupes anglaises il parvient malgré tout à rejoindre la côte puis à se cacher à la faveur des bois. Quelque temps après il rencontrera un indien ami qui le ramènera dans sa pirogue à l'île de Margarita.

Se faisant, Hernan Vasquez Bravo ne remarquant pas Francisco du nombre des prisonniers restitués, tout un chacun le croyant perdu pour toujours, va trouver les héritiers et ayants droits du capitaine Bengochea pour leur réclamer immédiatement les 300 pesos stipulés dans le contrat du 3 novembre. Obligés de s'exécuter, ces derniers ont déjà déboursé cette somme quand Francisco arrive à Margarita. Accueilli semble-t-il presque en héros, congratulé par un gouverneur soulagé de voir ainsi s'éloigner la menace d'une attaque anglaise guidée par Francisco sur les pêcheries de perles, le sujet du grand Mani-congo voit sa joie se transformer en angoisse quand le capitaine Juan Perez de Enparan et Mateo de Aguirre, ayants droits du capitaine Bengochea, interviennent vigoureusement pour que leur soit restitué celui qu'ils considèrent comme leur esclave. Sollicité en tant que gouverneur par les héritiers de Bengochea, don Bernardo de Vargas Machuca refuse de leur livrer Francisco et entame dès le 10 décembre 1609, devant tribunal, un procès ayant pour but la liberté du dit congolais.

Et c'est ici qu'il faut nous arrêter quelques instants sur l'intéressante personalité du gouverneur de Margarita. Fils du capitaine de Vargas *alcayde* de l'illustre forteresse de Simancas et conservateur de ses archives, il sert très jeune dans la guerre de Grenade où il contribue à mater la rébellion du dernier roi maure. Après avoir ferroyé en Italie puis servi au sein des armadas de la *Guardia de las Indias* qui protègent les convois de navires au retour des Amériques, il passe au Nouveau

Royaume de Grenade (actuels Colombie-Equateur) où il sert 22 années durant. Maître de camp de l'expédition de Casanare, il réprime la rébellion indigène du Rio Grande de la Magdalena. *Caudillo* général de l'expédition contre les indiens Carares, il pacifie le pays en châtiant durement ces derniers. Vainqueur de celle menée contre les Musos et les Colimas, il pacifie leur contrée en faisant pendre leur cacique. En 1590, il secourt la ville d'Altagracia assiégée par les Pijaos dont il mate le soulèvement après avoir pendu leur leader. En 1592, il fait de même lors du siège de Medina de las Torres par les indiens Brecos. La même année, il réédifie la ville de Santiago et mate la rébellion des autochtones qui avaient mis à mort Pedro Daça leur conquistador. L'année suivante, chargé de la pacification des Pijaos, il franchit la cordillère des Andes, conquiert le pays des Andaquies et fonde la ville de Simancas. Quelque temps plus tard, il capture le capitaine rebelle Palomino dit le "Tyran de Quito" qu'il condamne et exécute.

Mais Bernardo de Vargas Machuca n'est pas seulement un soldat, un *caudillo* courageux mais inculte comme la plupart des acteurs de la conquista. C'est également un lettré et on lui connait au moins cinq ouvrages. Trois manuels de cavalerie destinés aux lanciers à cheval, son arme favorite ; un manuel du parfait conquistador dénommé *Milicia indiana* où il fait part de sa longue expérience en la matière et explique au néophyte (de façon concrète, nette et pratique) toute la stratégie militaire de la conquête. Son cinquième ouvrage, *Apologia y discursos de las conquistas occidentales* publié 1602, est une réponse (quelque 50 ans plus tard) au petit opuscule de Las Casas intitulé *Très brève relation de la destruction des indes* où ce dernier dénonce les horreurs de la conquête et le génocide des Amérindiens. Dans son Apologie et discours des conquêtes occidentales, Vargas Machuca, prenant le contre-pied de Las Casas fait l'apologie et l'éloge de cette conquête. L'ouvrage est considéré par Manuel Gimenez, l'un des meilleurs biographes de Las Casas, comme une anticipation des thèses développées au XXème siècle par la littérature fasciste. Nommé en 1607 gouverneur de Margarita, il y construit ponts, fontaines, église, prisons, abattoir, hôpital et mairie. Il fortifie les murailles de la ville, perce des routes, achève la construction d'un fort et édifie deux chapelles pour la conversion des indigènes Guayquéri.

S'agissant du cas Francisco Congo, l'homme agit sans ambiguïté. Ce dernier, en tant qu'esclave et donc mineur, ne pouvant s'exprimer à la barre du tribunal, il lui nomme un défenseur, Marcos Hontanon de Alvarado qu'il paie vraisemblablement de ses deniers. Les ayants droits de Bengochea réclamant la garde et la jouissance de Francisco en attendant la fin du procès, il leur ôte cette satisfaction en le confiant au trésorier royal. Ne pouvant faire triompher ce qui lui semble justice, il fait (en tant que gouverneur et donc président du tribunal) durer le procès qui s'éternise plus de 6 mois durant. Cependant, devant les règles du droit en vigueur qui sans ambages lui donne tort, il est obligé le 8 juin 1610 de laisser en dépôt Francisco au capitaine Juan Perez de Enparan. Dépôt assorti d'une amende de 200 pesos si ce dernier venait à revendre le dit esclave.

Le 19 juin, à bout d'arguties juridiques, il décide alors de soumettre le dossier à l'arbitrage suprême du Roi d'Espagne et à celui de son Grand Conseil des Indes. Présenté au souverain, le cas Francisco Congo est examiné au moins deux fois par l'assemblée qui semble prendre le temps de sa décision. Mais le 9 septembre 1611, le secrétaire De Castro signifie en marge de son dossier l'irrévocable décision du Grand Conseil, je cite : "Que Francisco Congo soit déclaré libre et que lui soit dépêché une cédule de liberté».

Notes

- Don Francisco Duarte Ceron a S.M., Sevilla, 26 de septiembre 1611, Archivo General de Indias, Indiferente General 1128.
- Servicios del capitan Don Juan de Vargas Machuca y del gobernador don Bernardo de Vargas Machuca su padre, 2-08-1629, AGI, Santo Domingo 85.
- Probanza del capitan Andres Garcia Pardo, 26-6-1619 a principio de julio de 1619, AGI, Santo Domingo 85.

Bernardo de Vargas Machuca :

- *Milicia y descripcion de las Indias*, escrita por el capitan D. Bernardo de Vargas Machuca, caballero castellano, natural de la villa de Simancas. Dirigido al licenciado pavlo de Laguna presidente del consejo real de las Indias. En Madrid, en casa de Pedro Madrigal,1599.
- *Libro de exercicios de la Gineta*, compuesto por el capitan D. Bernardo de Vargas Machuca, Indiano, natural de Simancas en Castilla la Vieja, dirigida al conde Alberto Fucar, en Madrid, por Pedro Madrigal, ano1600.
- *Teorica y exercicios de la gineta*, primores, secretos y advertencias della, con las senales y enfrenamientos de los caballos, su curacion y beneficio, por el gobernador D. Bernardo de Vargas Machuca. Madrid, Diego Flamenco, 1619.
- *Compendio y doctrina nueva de la gineta*, dirigido al Principe Nuestro senor D. Felipe IV, por el gobernador D. bernardo de Vargas Machuca, Madrid, Fernando Correa de Montenegro,1621.
- *Apologias y discurssos de las conquistas occidentales* por Don Bernardo de Vargas Machuca, gobernador y capitan general de la isla Margarita, en controversia del tratado Destruicion de las Indias escrito por Don Fray Bartolomé de Las Casas. Obispo de chiapa en el ano de 1552. Coleccion de documentos ineditos para la historia de espana, tomo LXXI, apéndice XXII, Madrid,1879.

2ème partie

Les Amérindiens et leur environnement

Introduction

Par Benoît Bérard

L'étude des cultures humaines ne peut se faire avec sérieux sans que ne soit pris en compte l'environnement dans lequel elles s'inscrivent. Cependant, lorsque ces cultures se sont développées il y a plusieurs siècles voire plusieurs milliers d'années, il n'est pas possible de prendre comme référence les écosystèmes actuels. Les changements ont, en effet, été constants dans ce domaine depuis la naissance de notre planète tant du fait de phénomènes naturels que de l'action humaine. Afin de résoudre ce problème l'archéologie a intégré en son sein un certain nombre de sciences dites paléo-environnementales issues ou fortement liées aux sciences de la nature. Elles répondent à des objectifs multiples, liés non seulement à la caractérisation des environnements anciens (climat, faune et flore) mais aussi à l'étude des interactions multiples ayant existé au cours du temps entre les groupes humains et leur environnement.

Le développement des études paléo-environnementales en archéologie s'est fait de façon progressive à partir des années 1950[1] et a connu une très forte accélération au cours des dernières décennies du XXe siècle. Malheureusement, dans les Antilles, ce développement a été beaucoup plus tardif et reste encore limité. Il est un des enjeux majeurs de la recherche pour les années à venir.

Les travaux que nous allons maintenant vous présenter témoignent de la participation, au cours de la dernière décennie, des chercheurs du P.C.R. «Le néolithique de la Martinique dans son contexte antillais» à cet objectif. Les Antilles sont un espace où la nature sait parfois se montrer cruelle pour ses habitants (cyclones, volcanismes, tremblements de terre, tsunami), le travail présenté par G. Vernet, G. Kieffer et J.-P. Raynal fait un état des lieux concernant les interactions ayant pu exister entre la Montagne Pelée et les populations amérindiennes de Martinique. Les chapitres rédigés par S. Grouard et N. Serrand nous montrent eux les très riches informations qui peuvent être tirées de l'étude des restes de faune présents dans les sites archéologiques (nature des espèces et des environnements exploités, pratiques de collecte et de pêche, techniques de consommation et de transformation, etc...). Si les études archéo-zoologiques sont maintenant bien développées dans les Antilles, il n'en est pas de même des études paléobotaniques. L'article de

1 Antérieurement les études ne se concentraient que sur les aspects sédimentologiques et l'étude des restes osseux présents dans les sites archéologiques.

L. Newsom nous montre tout l'intérêt qu'il peut y avoir à pratiquer ce type d'analyses et fait le bilan des données que nous possédons aujourd'hui concernant la Martinique. Enfin, des sites exceptionnels correspondant à des jardins précolombiens ont été fouillés au cours de ces dernières années en Martinique ainsi qu'à St. Martin. C. Stouvenot nous présente une synthèse des informations aujourd'hui en notre possession.

Une téphrostratigraphie en Milieu Archéologique à la Martinique

Par Gérard Vernet, Guy Kieffer et Jean-Paul Raynal

1 La Montagne Pelée : Contexte géodynamique, évolution et dynamismes éruptifs récents

La Montagne Pelée constitue le sommet d'un strato-volcan, d'environ 15 km de diamètre, culminant à 1397 m d'altitude, dans la partie nord de l'île de la Martinique. Elle s'est rendue tristement célèbre par l'éruption catastrophique du 8 Mai 1902, responsable de la mort de 28.000 personnes. Mais auparavant, elle avait connu de nombreuses éruptions, en particulier, celles dont les produits ont fossilisé les témoins des premiers peuplements précolombiens (amérindiens) de l'île.

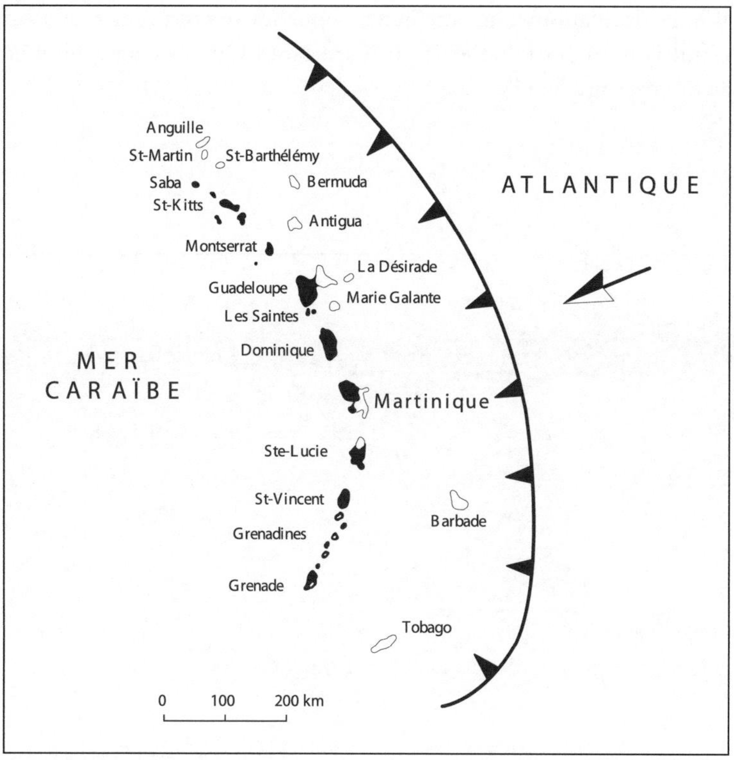

Figure 1 : L'arc insulaire des petites Antilles et le plan de subduction.

1.1 Situation géodynamique

La Martinique appartient à l'arc insulaire des Petites Antilles, lié à une zone de subduction complexe où la plaque océanique ouest atlantique plonge sous la plaque caraïbe (figure 1). Cette dernière serait formée des restes d'une ancienne plaque lithosphérique océanique coincée, à l'Est de l'Amérique Centrale, entre les plaques continentales nord et sud américaines.

L'arc des Petites Antilles correspond à un chapelet d'une quinzaine d'îles principales dont les plus vastes dépassent 1000 km^2. Celles de la partie centrale, entre Montserrat, au Nord, et Saint-Vincent, au Sud, ont été le siège des dernières éruptions de l'arc et matérialisent la section la plus active du plan de subduction (plongement de plusieurs centimètres par an) (figure 2).

En fait, le plan de subduction fonctionne depuis plus de 50 Ma, avec une migration vers l'Ouest responsable de la répartition des îles ou, pour les plus étendues, de leurs différentes unités morphostructurales en arcs externe (plus de 20 Ma), intermédiaire (20 à 6 Ma environ) et interne (volcanisme récent et actuel).

L'entraînement en profondeur de la lithosphère océanique provoque sa fusion et son enrichissement en volatils et s'accompagne de processus de différenciation à l'origine de magmas acides, potentiellement explosifs, comme les andésites ou les dacites qui caractérisent les produits de la Pelée.

1.2 La Martinique et l'évolution de la Pelée

Le strato-volcan de la Pelée couvre 120 km^2 dans la partie nord de la Martinique. Il a coiffé des formations plus anciennes, dont les témoins émergent autour du Piton Conil, à quelques kilomètres au Nord/Nord-Ouest de son sommet, et qui constituent l'ossature de l'île.

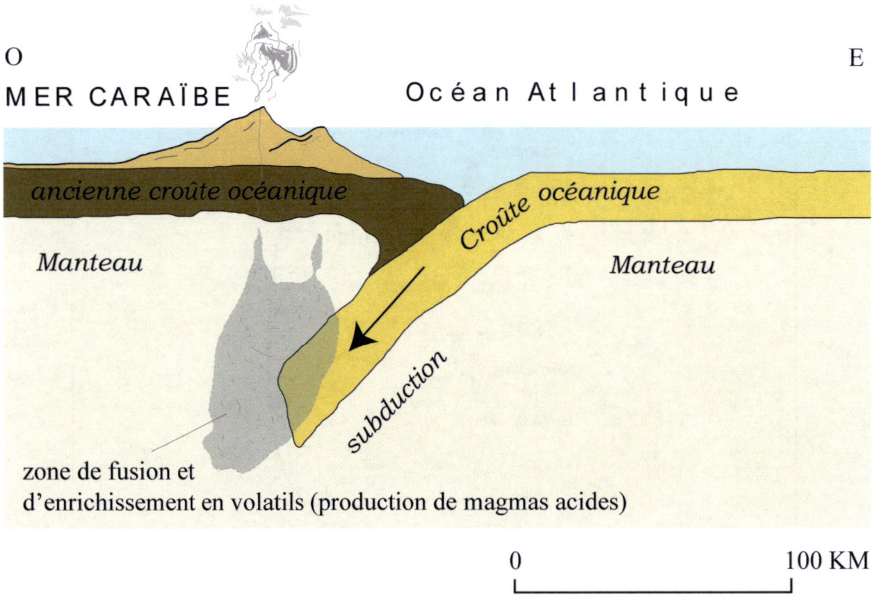

Figure 2 : Position géodynamique de l'arc des Petites Antilles.

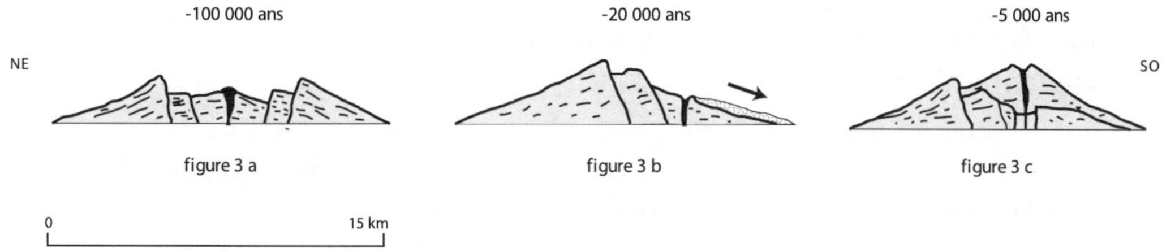

Figure 3 : Evolution du strato-volcan de la Pelée.

Celle-ci (63 sur 35 km environ et 1.080 km^2) a été construite en plusieurs phases, liées à l'évolution de la zone de subduction, dont les plus anciennes remontent à plusieurs dizaines de Ma. Les éruptions, souvent très explosives, ont mis en place des coulées généralement visqueuses et épaisses, des projections (cendres, scories, ponces), des coulées pyroclastiques, des débris-avalanches, des dômes et des protrusions (pitons), etc ...

L'histoire du strato-volcan de la Pelée a été décomposée en trois grandes périodes, de son origine aux peuplements amérindiens et à l'époque actuelle (travaux du B.R.G.M. et de l'Observatoire Volcanologique de la Montagne Pelée).

De – 300.000 à – 100.000 ans environ, construction de la paléo-Pelée ou volcan primordial, avec des produits andésitifs plus basiques que les produits postérieurs, coulées, projections, brèches magmatiques, coulées pyroclastiques et matériaux remaniés. Il a connu l'apparition d'une ou plusieurs caldeiras sommitales (figure 3a). L'édifice atteignait déjà l'extension du massif actuel. Il a ensuite été démantelé par l'érosion au cours d'une période de repos de plusieurs dizaines de milliers d'années.

L'activité à repris, en particulier vers – 30.000 à – 20.000 ans, pour construire un édifice intermédiaire avec des éruptions très explosives dont deux ont été identifiées à – 26.000 et – 22.500 ans. Dans cette période s'est produit un événement essentiel pour l'évolution récente du volcan avec la déstabilisation de son flanc sud-ouest et son glissement, sans doute au moins en partie explosif, vers la mer, provoquant l'ouverture d'une large caldeira d'avalanche (6 km de long et 3.5 km de large) dont le Morne de Macouba pourrait constituer le rebord nord (figure 3b). Cette déstabilisation a été pleine de conséquences pour les manifestations ultérieures, car ce sera ensuite assez régulièrement du côté de ce flanc sud-ouest, fragilisé par l'événement et topographiquement abaissé par rapport au reste de la montagne, que se produiront les ruptures explosives et l'étalement des produits éruptifs, comme beaucoup de nuées ardentes.

Après plusieurs milliers d'années de sommeil, l'activité a repris vers – 13.500 ans pour construire le cône récent de la Montagne Pelée (figure 3c). Au moins 24 éruptions magmatiques, à l'origine de niveaux de ponces et de nuées ardentes ont été identifiées. L'une d'elles, vers – 3.000 ans, serait à l'origine de la caldeira de l'Etang Sec dans laquelle se sont ouverts les cratères et construits les dômes des dernières éruptions. Cette phase est toujours en cours avec les éruptions de 1902 et 1929.

1.3 Les dynamiques des éruptions historiques (périodes amérindienne à actuelle)

À partir de l'étude des dépôts laissés par ces éruptions et de l'observation des plus récentes (1851, 1902 et 1929), ont peut distinguer trois types d'activité susceptibles de se succéder dans le cours d'une même phase éruptive.

Les explosions phréatiques et phréatomagmatiques

Les explosions phréatiques résultent de la vaporisation, dans la partie supérieure du conduit cratérique (quelques centaines de mètres de profondeur), d'eaux infiltrées sous l'effet de la chaleur magmatique véhiculée par les gaz et les émanations fumérolienne (figure 4a). Les fortes pressions engendrées par le processus se libèrent par à-coups (explosions) en projetant des matériaux fragmentés et pulvérisés parmi lesquels ne se trouve aucun élément de magma neuf (juvénile).

La disposition morphostructurale des parties sommitales de la Pelée, avec un système de caldeiras qui capte les eaux météoriques, guidant leur infiltration à l'aplomb de l'axe d'alimentation magmatique, constitue une condition favorable à l'apparition de manifestations phréatiques.

Celles-ci sont habituellement les signes révélateurs du début d'une éruption. Mais, en 1851, les phénomènes phréatiques n'ont pas été suivis d'éruption magmatique. Il est probable qu'un événement tectonique ou magmatique profond avait provoqué l'augmentation du flux thermique montant sous la Pelée, sans montée de magma.

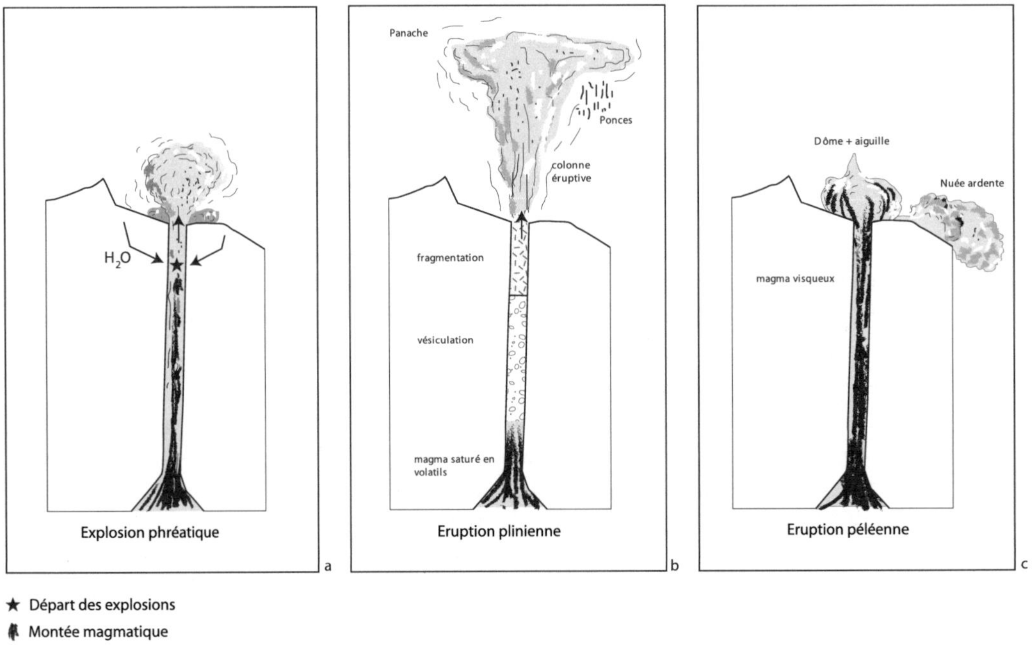

Figure 4 : Les dynamiques des éruptions historiques.

Les explosions deviennent phréatomagmatiques lorsque, après la phase purement phréatique, il y a arrivée et participation de magma neuf. Les manifestations sont alors plus violentes (« vulcaniennes ») et constituent un stage de passage à l'éruption magmatique proprement dite.

Outre les modifications apportées aux zones sommitales (ouverture d'un cratère ou construction d'un cône de projections), ces explosions projettent des quantités de matériaux (cendres, lapillis) qui saupoudrent les pentes du volcan d'un matériel mixte, composé de roches anciennes fragmentées et, pour les explosions phréatomagmatiques, d'éléments de magma neuf. Les plus violentes s'accompagnent de souffles (déferlantes) qui donnent aux dépôts des faciès lités caractéristiques qui, dans les coupes, les distinguent des autres retombées.

Les éruptions pliniennes

Ces éruptions se caractérisent par le développement d'une colonne éruptive de grande dimension, montant verticalement à des kilomètres de hauteurs où elle s'étale selon la distribution des vents, pour former un panache. Cette colonne est formée de ponces et de cendres légères entraînées dans le mouvement ascendant au sein d'un jet continu de gaz capable de fonctionner de plusieurs minutes à plusieurs heures. Les ponces retombent du panache sur des surfaces parfois considérables, tandis que les cendres fines sont vannées et exportées par les vents.

Plusieurs éruptions pliniennes se sont produites à la Pelée depuis le début de l'occupation amérindienne et leurs retombées de ponces ont fossilisé de nombreux témoins de cette occupation.

Une éruption plinienne implique à la fois, forte proportion et forte pression des volatils dans le magma et une viscosité assez faible de ce dernier pour permettre une vésiculation facile et poussée. Les ponces sont en effet surtout constituées de vides auxquels elle doivent leur faible densité. La poursuite rapide de la vésiculation commencée dans le conduit magmatique au-dessus d'un point limite de saturation en gaz (figure 4b), augmente de façon drastique le volume du magma, ce qui provoque sa sortie explosive à des débits et des vitesses considérables pour former la colonne éruptive (exemple de la bouteille de champagne). Le processus déclenche une décompression de haut en bas dans le conduit magmatique, amplifiant la vésiculation jusqu'à des niveaux de plus en plus profonds, ce qui provoque un phénomène « geysérien » d'expulsion du magma et de vidange du conduit. Dans sa rapide ascension avant même la sortie du cratère, le magma, de plus en plus vésiculé et visqueux, subit une fragmentation, à l'origine des cendres et des ponces, qui libère encore plus de volatils emprisonnés sous pression dans les vésicules et augmente la puissance dynamique de la colonne éruptive.

Ces processus se caractérisent donc par des taux d'émission considérables et produisent en peu de temps d'importants volumes de matériel surtout ponceux.

Les éruptions à construction de dômes (« peléennes »)

À la Montagne Pelée, ce type est plus connu que les autres. Ces éruptions se caractérisent par une activité magmatique de construction d'un dôme, avec production de nuées ardentes, comme celle du 8 Mai 1092, qui a détruit Saint-Pierre, et érection, au sommet du dôme, d'une aiguille monolithique, détruite au fur et à mesure de sa croissance, de 1902 à 1903.

L'histoire et l'évolution du dôme de la Montagne Pelée au cours de l'éruption de 1902 /1903 sont devenues un modèle mondialement reconnu dans le domaine de la volcanologie (éruption « peléenne »).

La forte viscosité de la lave limite les taux d'émission et bloque les processus de vesiculation qui prévalent dans les phases pliniennes (figure 4c). Elle rend plus difficile l'ascension du magma. La production lavique est conditionnée par la pression magmatique interne déterminée par le contexte géogynamique et magmatologique profond générateur de l'éruption. Les taux d'émission des éruptions peléennes sont très inférieurs à ceux des éruptions pliniennes : ainsi la production lavique d'une journée d'éruption plinienne pourrait par exemple équivaloir plusieurs fois celle d'une année d'éruption peléenne.

Après les épisodes initiaux phréatiques ou phréatomagmatiques « superficiels », inévitables dans le contexte morphostructural et d'humidité de la Pelée et consécutifs à la montée en température dans les conduits cratériques du volcan, l'arrivée en surface d'un magma peu vésiculé et très visqueux construit un dôme capable de croître et d'évoluer pendant des mois, voire des années, sur les bouches sommitales du volcan.

Le dôme bloque la sortie facile des gaz qui, malgré la viscosité de la lave, continuent à être produits par l'activité magmatique. Ceux-ci, coincés sous la masse lavique, finissent périodiquement par s'échapper de façon explosive quand leur pression devient suffisante pour ouvrir une brèche, généralement à la base de l'édifice. Leur énergie arrache des éléments du dôme et développe une nuée ardente capable de parcourir plusieurs kilomètres à des centaines de km/h et à des températures de 300 à plus de 500°, comme celle du 8 Mai 1902.

En 1902, en correspondance avec la poursuite de la croissance du dôme de la Pelée, plusieurs autres nuées ardentes se sont produites, comme celle du 30 Août qui a fait 1.000 victimes au Morne Rouge.

Des phénomènes comparables se sont déroulés, avec une moindre violence, en 1929.

2 Un volcan (La Montagne Pelée) et une occupation humaine insulaire

L'occupation humaine de la Martinique débute de façon certaine peu avant le début de l'ère chrétienne avec l'arrivée de populations originaires du Bassin de l'Orénoque au Vénézuéla. Certains indices pourraient indiquer une présence humaine plus ancienne (d'âge archaïque) dans l'île (Site de Boutbois et Godinot, Allaire et Mattioni, 1983). Il s'agit de groupes d'horticulteurs, céramistes, sédentaires. Pendant près de deux mille ans, les descendants de ces pionniers vont occuper l'essentiel des Petites Antilles, développant des cultures originales.

Comme nous venons de l'exposer, en Martinique, le volcanisme récent est lié à l'activité de la Montagne Pelée. Ses éruptions récentes ont dû jouer un rôle important dans la vie des premiers martiniquais. L'activité volcanique récente de la Montagne Pelée a depuis longtemps été reconnue et étudiée (Boudon et Gourgaud, 1989 ; Westercamp, 1972 ; Westercamp et Traineau, 1983 et Traineau *et al.* 1989). Les retombées liées à cette activité couvrent le tiers nord de la Martinique. Ainsi quatre importantes éruptions de ponces ont été identifiées au cours des trois derniers millénaires :

- P1 : vers 650 +ou- 20 BP (soit vers 1300 après J.-C.)
- P2 : vers 1670 +ou- 40 BP (soit vers 280 après J.-C.)
- P3 : vers 2010 +ou- 140 BP (soit vers 60 avant J.-C.)
- P4 : vers 2440 +ou- 70 BP (soit vers 490 avant J.-C.)

Les éruptions P1, P2 et P3 sont donc susceptibles d'être présente dans des séquences stratigraphiques qui contiennent des niveaux archéologiques liés à l'occupation amérindienne de la Martinique.

Il nous paraissait donc indispensable dans le cadre de l'étude du peuplement précolombien de l'île de prendre en compte ce paramètre. Quelques chercheurs (Roobol *et al.*, 1976 et Allaire, 1989) avaient déjà tenté de corréler données archéologiques et données volcanologiques. Cependant de nombreuses questions

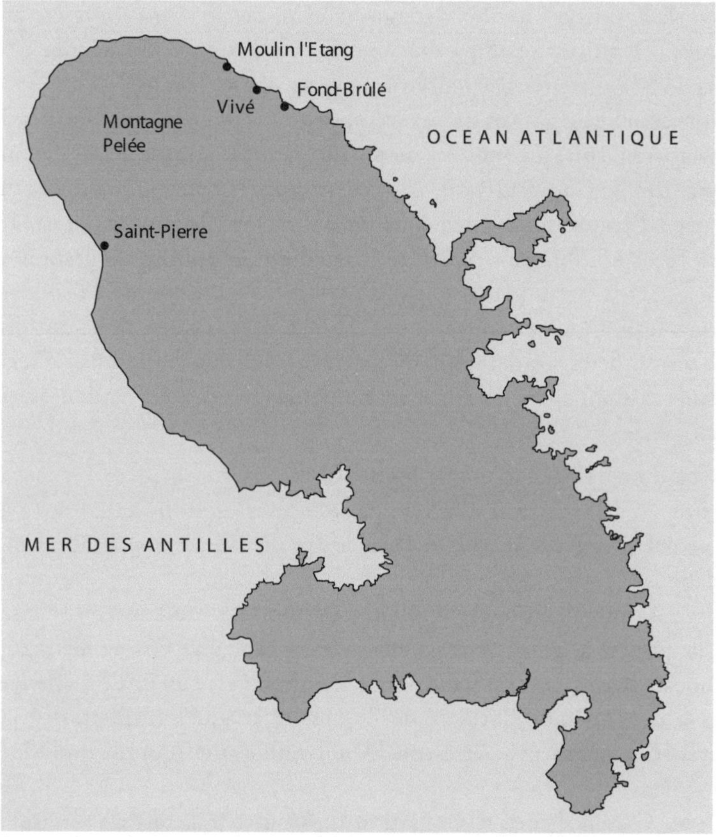

Figure 5 : Localisation des sites étudiés.

restaient sans réponses et un certain nombre de points méritaient d'êtres réexaminés à la lumière des données tant archéologiques que volcanologiques obtenues lors de 20 dernières années. Dans ce but, nous avons mis en place depuis 1997 un programme de recherche voué à éclairer l'interaction entre la Montagne Pelée et les Amérindiens. Les travaux que nous avons menés avaient pour objectif de mettre en évidence des formations d'origine éruptive dans les séquences archéologiques, de vérifier leur nature (en position primaire ou remaniées), de les caractériser (retombées cendreuses, retombées pliniennes, déferlantes ou coulées pyroclastiques), de les replacer dans la téphrostratigraphie existante et d'apprécier l'impact de ces éruptions sur l'environnement et donc sur l'implantation des amérindiens en Martinique (Bérard *et al.*, 2002 et 2003). Ainsi, des analyses granulométriques, géochimiques, minéralogiques et microfaciologiques ont été réalisées sur des échantillons prélevés dans 5 sites du Nord de la Martinique (figure 5). Trois de ces sites sont localisés sur la côte atlantique : Vivé, Fond-Brûlé et Moulin l'Étang, et deux sur la côte Caraïbe dans la ville de Saint-Pierre.

2.1 Le site de Vivé

Le site de Vivé localisé au Nord-Est de la Martinique sur les pourtours de la Montagne Pelée est un des gisements de référence pour la phase saladoïde ancienne dans les Petites Antilles. Cette phase, correspondant aux premières occupations agricoles de la Caraïbe, s'étend du Vème siècle avant notre ère au IVème siècle après. Depuis longtemps une association étroite a été décrite (Revert in Harcourt 1952) entre les occupations de cette phase, localisées dans le Nord de l'île, et une couche de ponces qui les recouvrent. Ce phénomène a été décrit à Vivé par M. Mattioni, suite aux fouilles qu'il a dirigé sur le site au début des années 70 (Mattioni, 1979). Consécutivement à ces travaux, la couche de ponces de Vivé a été associée à l'éruption P2 datée de la fin du IIIème (Roobol et Smith, 1976).

Entre 1995 et 2001, un nouveau programme de fouille programmée, dirigé par B. Bérard, J.P. Giraud et N. Vidal, a permis la réalisation de 23 sondages ainsi que l'excavation d'une aire ouverte de 115 m2. Ces travaux nous ont offert une nouvelle vision de la stratigraphie du gisement qui nous a permis de réexaminer les relations existant entre l'occupation humaine et l'éruption volcanique de la fin du IIIème siècle.

Ainsi de haut en bas, on distingue (figure 6) :

- Niveau 1 : colluvions argilo-limoneuses noires (0,40 m à 0,50 m) portant le sol actuel et contenant, vers sa base, le 1er niveau archéologique remanié par les labours.
- Niveau 2 : niveau à ponces (0,30 m à 0,40 m) de couleur jaune claire constitué de ponces anguleuses dans une matrice sableuse. On ne distingue pas de granoclassement net. En lame mince, ce niveau est constitué de ponces « fraîches », de minéraux libres et de fragments laviques (lithiques) gris parfois altérés. Ce niveau peut être considéré comme une retombée plinienne non remaniée.
- Niveau 3 : mince niveau discontinu (0,01 m à 0,02 m) de cendres fines. Il s'agit d'un dépôt de type « blast » (ou déferlantes) en place.

- Niveau 4 : colluvions limono-argileuses brunes (0,30 m) avec traces de pédogénèse (paléosol) contenant de rares ponces. Ce niveau correspond au second niveau archéologique. En lame mince, ce niveau présente toutes les caractéristiques d'un sol peu développé, installé aux dépens de matériaux issus d'une retombée plinienne antérieure.
- Niveau 5 : colluvions sableuses brunes à jaunâtres (0,15 m) contenant de nombreuses ponces. Ce niveau correspond à une retombée plinienne plus ou moins remaniée.
- Niveau 6 : Niveau à blocs décimétriques arrondis de roches volcaniques dans une matrice sableuse grise (0,25 m observé). Il s'agit vraisemblablement d'alluvions torrentielles.

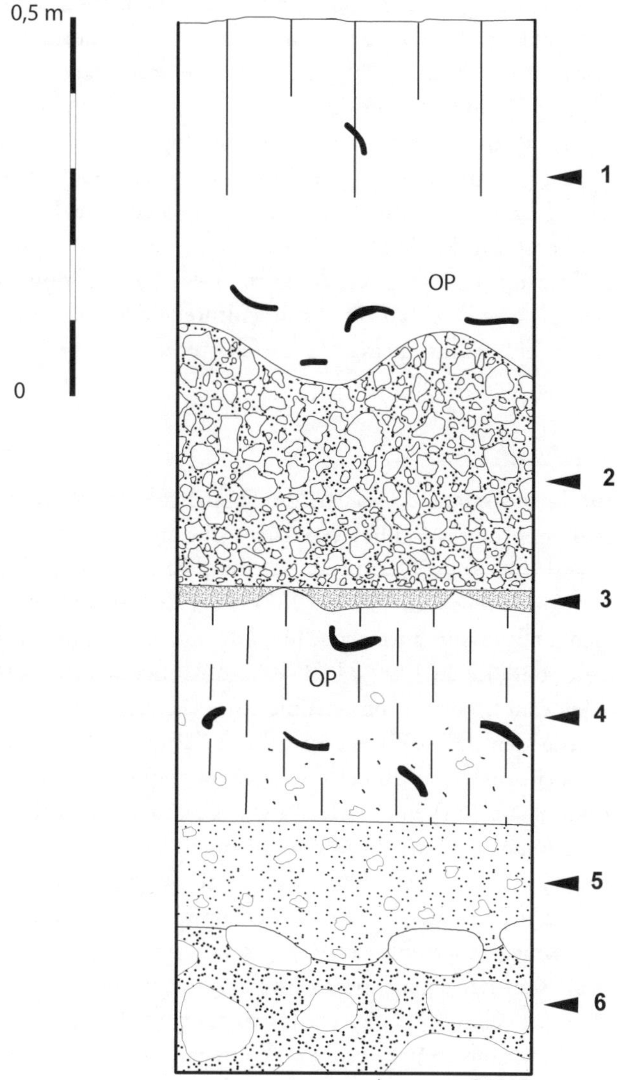

Figure 6 : Stratigraphie du site Vivé.

En résumé, la stratigraphie du site de Vivé montre l'existence de deux phases éruptives de la Montagne Pelée :

Le niveau 5 correspond à une retombée plinienne remaniée par colluvionnement et dont le sommet est pédogenisé.

Les niveaux 2 et 3 correspondent à un épisode éruptif qui débute par un « blast » responsable de la mise en place d'un mince niveau cendreux (niveau 3) et se poursit par une phase plinienne responsable de la mise en place d'un niveau à ponces, le niveau 2.

Il est intéressant de noter que le niveau archéologique inférieur (niveau 4) est directement recouvert par les produits d'un épisode éruptif (niveaux 2 et 3) ; cette disposition stratigraphique plaide pour que la cause de l'abandon du site par les amérindiens soit l'éruption de la Montagne Pelée. Cette hypothèse est renforcée par les observations réalisées lors de la fouille. En effet, le sommet du niveau 4 présente les signes de ce qui semble être un abandon rapide du site. L'éruption de la Montagne Pelée, en provoquant le départ précipité des amérindiens et en protégeant les vestiges, nous a offert un instantané exceptionnel de l'organisation du village précolombien de Vivé.

En ce qui concerne la tephrochronologie, on retiendra que, dans l'état actuel des connaissances, tous les auteurs s'accordent pour identifier l'éruption responsable de la mise en place des niveaux 2 et 3 comme étant celle datée vers 280 AD, soit l'éruption P2 de H. Traineau et al. . Le niveau 5 pourrait donc correspondre à l'éruption P3 datée vers 60 avant J.-C. (?). Ces données sont en parfaite adéquation avec l'attribution chronoculturelle des différentes couches d'occupations améridiennes ainsi qu'avec les différentes datations radiocarbones réalisées sur du matériel archéologique.

2.2 Fond-brûlé

Sur le site saladoïde ancien de Fond-Brûlé, différentes opérations de sondage et d'importantes fouilles extensives ont été réalisées dans les années 60, 70 par J. Petitjean-Roget, F. Turcat, C. Montbrun (1984) ainsi que L. Allaire et M. Mattioni (Mattioni, 1980, 1982). Afin de déterminer l'étendue exacte du gisement et de revoir sa stratigraphie, une nouvelle campagne de sondages mécaniques a été conduite en 1999 par B. Bérard. Concernant la présente étude, le principal enjeu était la corrélation possible entre la couche de ponces qui scelle l'occupation et celle identifiée à Vivé et rattachée à l'éruption P2. En effet, les différentes datations effectuées sur du matériel archéologique couvrent une fourchette chronologique allant du IVème siècle avant J.-C. au IIIème siècle après. L'hypothèse a donc été évoquée de l'attribution de la couche de ponces non pas à P2 mais à P3 (60 avant J.-C.) (Allaire , 1989). Cela ferait de Fond-Brûlé le gisement le plus ancien de l'île et l'une des plus vieilles occupations agricoles des Antilles.

Malheureusement, les séquences stratigraphiques observées sur le site de Font-Brûlé sont nettement moins intéressantes du point de vue de la téphrostratigraphie que celles observées sur les autres sites. En effet, si le niveau archéologique est bien recouvert par un niveau contenant des ponces, ce niveau est nettement remanié. Dans la partie basse du site, il présente l'aspect d'alluvions de ponces litées (correspondant à la reprise d'une retombée ponceuse par la rivière Grande Anse).

Dans ces conditions il est difficile d'identifier le (ou les) niveau pyroclastique et sa relation stratigraphique avec l'occupation amérindienne.

2.3 Le site de Moulin l'Étang

Le site de Moulin l'Étang a été sondé pour la première fois en 1976 par R.L. Fayaud. Cette opération avait permis de mettre en évidence l'inter-stratification de niveaux volcaniques et de couches d'occupations précolombiennes attribuables à la série saladoïde. En 1999, 10 sondages mécaniques ont été réalisés par B. Bérard avec pour objectif l'obtention d'une petite série dans un contexte chronostratigraphique fiable permettant de reprendre dans de bonnes conditions l'étude de la collection Fayaud. Ces travaux ont permis de relever une stratigraphie comparable à celle du site voisin et contemporain de Vivé.

La séquence de Moulin l'Étang confirme donc la présence d'un niveau précolombien situé entre deux épisodes éruptifs de la Montagne Pelée. L'épisode éruptif supérieur est constitué par une retombée plinienne surmontant un dépôt de « blast ». Une seconde retombée plinienne, assez bien conservée, est présente sous le niveau archéologique. Cette succession stratigraphique (retombée plinienne + « blast », niveau archéologique et retombée plinienne inférieure) semble être la situation classique pour les sites de la côte atlantique puisqu'on la retrouve aussi bien à Vivé qu'à Moulin l'Étang.

2.4 Le site de l'habitation Perinelle à Saint-Pierre

L'Habitation Perinelle fait l'objet depuis 1991 d'une opération de fouille programmée dirigée par S. Veuve. Ces travaux qui concernent principalement l'occupation historique du site ont permis de mettre en évidence une importante couche d'occupation amérindienne allant de la phase saladoïde récente à la phase suazoïde soit du Vème au XIIème siècle après J.-C. …

Ainsi l'ensemble des sondages archéologiques réalisés dans la zone du Château Perinelle à Saint-Pierre, nous ont permis d'observer plusieurs coupes qui montrent globalement que le niveau archéologique précolombien est encadré par deux retombées à ponces. Quatre coupes ont été étudiées et échantillonnées.

En résumé (figure 7), l'occupation précolombienne est liée à un sol gris à noir immédiatement recouvert par une formation éruptive constituée par : à la base un lit cendreux gris interprétable comme un niveau de « blast », et au sommet une retombée plinienne à ponces riche en lithiques de couleur rouille.

Cette configuration stratigraphique rappelle les séquences observées sur la côte atlantique. Ces nouvelles observations confirment bien le fait qu'il existe des niveaux d'occupations précolombiens, recouverts de dépôts volcaniques en place attribuables à un épisode éruptif constitué par un « blast » puis par une retombée plinienne, aussi bien sur la côte atlantique que sur la côte Caraïbe. Sur la côte Atlantique, cette formation éruptive recouvre directement des niveaux amérindiens datés du IVème siècle alors qu'à Saint-Pierre la fin de l'occupation précolombienne se situe après l'an Mil. Il est donc difficile de reconnaître en cette formation éruptive le même épisode éruptif de la Montagne Pelée.

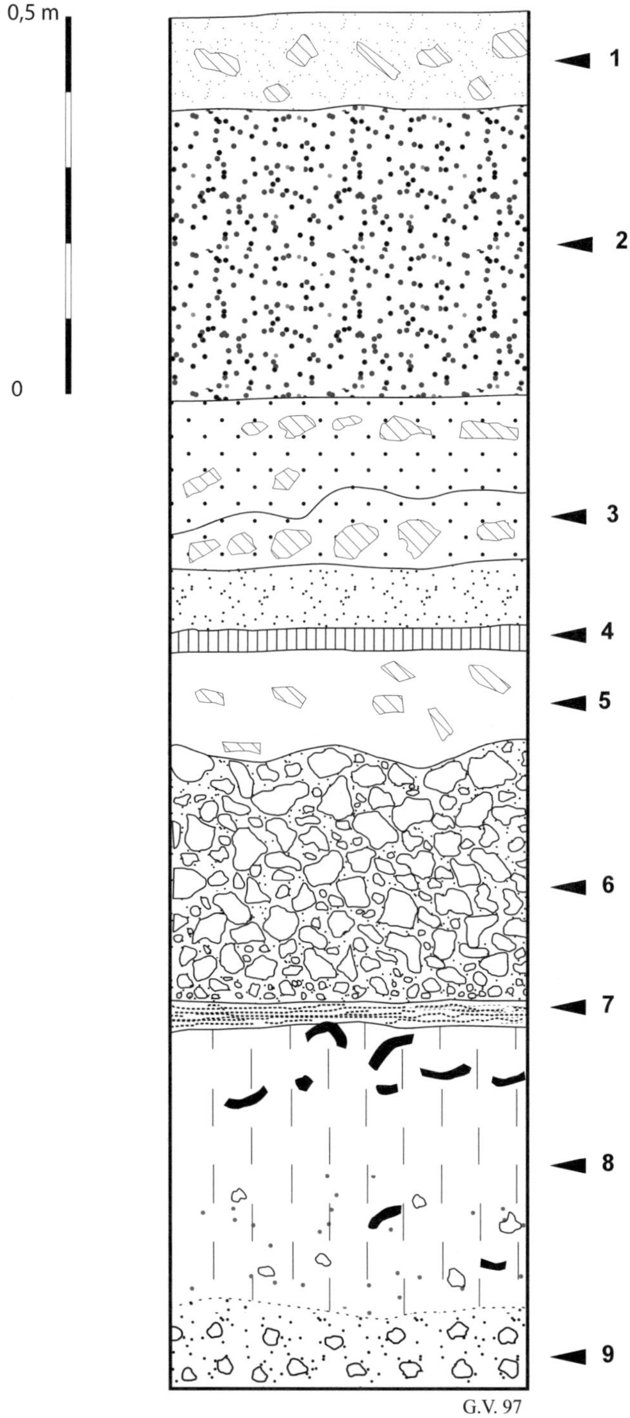

Figure 7 : Stratigraphie du site de Périnelle.

On touche là un des problèmes majeurs de l'étude des recouvrements téphriques distaux des épisodes éruptifs récents de la Montagne Pelée ; en effet, si l'on se réfère aux études volcanologiques existantes (par exemple : Traineau et al., 1989) on constate que :

- les séquences types proposées pour des épisodes P1 et P2 sont rigoureusement les mêmes,
- la base de la séquence type proposée pour l'épisode P3 est semblable à celle de P1 et P2,
- si l'on regarde les cartes isopaque proposées pour les retombées pliniennes des épisodes P1,P2 et P3, ces trois épisodes sont potentiellement présents sur les sites archéologiques de la côte atlantique et également sur ceux du secteur de Saint-Pierre,
- le faciès des retombées pliniennes des trois épisodes (P1, P2 et P3) est très semblable.

Dans ces conditions, il est difficile de distinguer P1, P2 et P3 à priori et seule la multiplication des observations ainsi que la mise en application de processus analytiques variés nous permettra de proposer des critères nouveaux afin de distinguer ces trois épisodes éruptifs récents. En tout état de cause, il est remarquable de constater que chaque occupation précolombienne, ancienne (vers le IVème siècle) ou plus récente (après l'an Mil), est directement recouverte par des produits téphriques relatifs à un épisode éruptif majeur de la Montagne Pelée. Ces éruptions semblent avoir provoqué à chaque fois le départ précipité des amérindiens qui se sont réinstallés dans les mêmes sites sur les niveaux ponceux.

2.5 La future Sous-Préfecture à Saint-Pierre

Les travaux réalisés à la future sous-préfecture de Saint-Pierre correspondent à une opération de sondages préventifs dirigée par S. Veuve. Elle a permis de mettre en évidence une occupation amérindienne de ce lieu allant de la phase saladoïde récente à la phase suazoïde. La coupe obtenue lors de ce chantier est la plus complète de la côte caraïbe et peut servir de référence. On distingue 5 unités lithostratigraphiques principales (de A à E) de bas en haut, subdivisées en niveaux (de 1 à 18) (figure 8).

La coupe de la future sous-préfecture de Saint-Pierre montre la présence d'une occupation précolombienne (niveau 4) installée sur un sol peu développé (niveau 3) constitué aux dépens d'un dépôt de retombées pliniennes (niveau 2). Cette occupation est immédiatement recouverte par les dépôts d'un second épisode plinien (unité C). Après une légère oxydation qui affecte le sommet du niveau 8, se met en place une nouvelle unité éruptive (unité D), dominée par des produits issus de déferlantes. Une seconde oxydation affecte le sommet de cette unité. Une dernière manifestation éruptive provoque la mise en place du niveau 15 et peut être du niveau 14. Enfin s'installe un sol brun (niveau 16) sur lequel sont présents des vestiges historiques antérieurs à 1902 (niveaux 17 et 18).

On constate donc que le niveau précolombien est situé dans un paléosol noir encadré par deux retombées pliniennes. Cependant, la retombée plinienne supérieure (unité C) repose ici directement sur le paléosol et l'on note l'absence du niveau cendreux fin présent à l'habitation Perinelle. Une nouvelle formation pyroclastique (unité D) surmonte directement la retombée plinienne supérieure. Cette formation, inconnue à ce jour sur l'ensemble du secteur de Saint-Pierre, présente des dépôts de déferlantes. Un mince niveau (5 mm) de tuf vésiculé a été mis en évidence dans cette unité D. Le problème majeur est de rattacher ces évènements

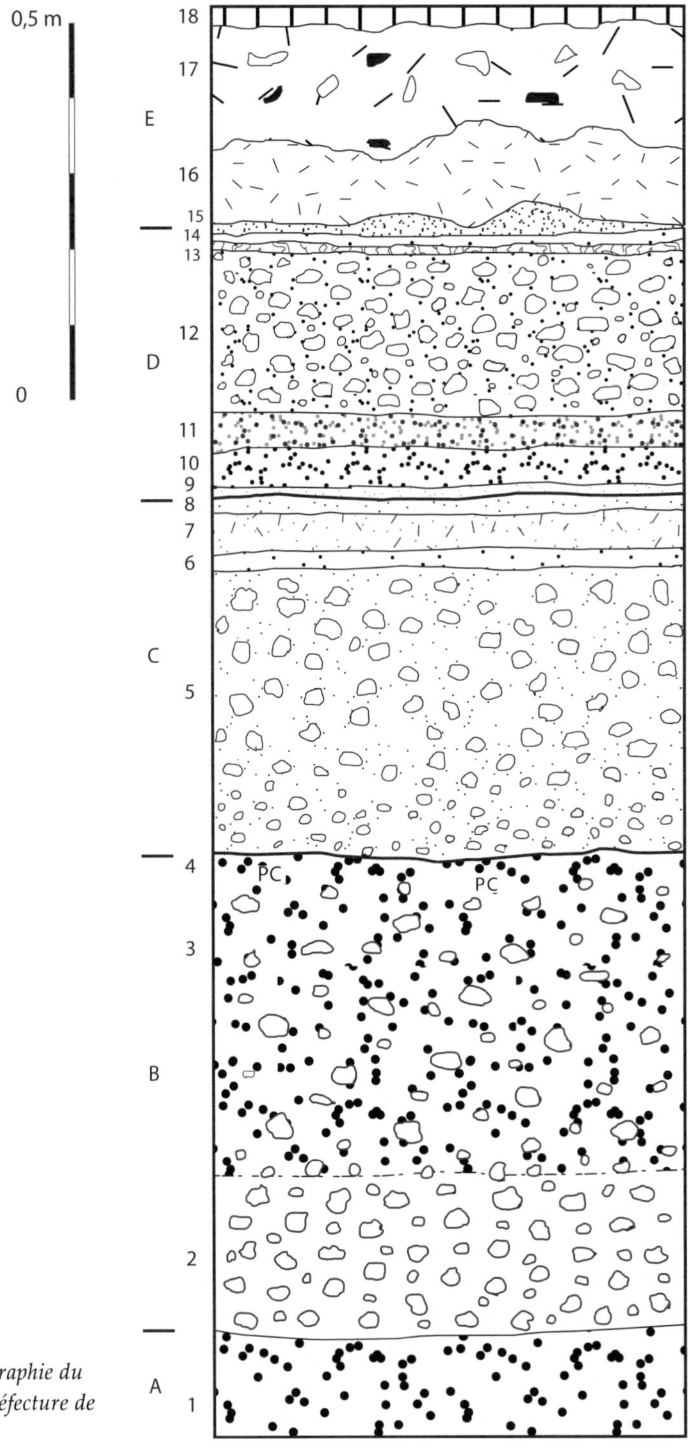

Figure 8 : Stratigraphie du site de la Sous-Préfecture de Saint-Pierre.

éruptifs à la chronologie proposée par les volcanologues. En effet, G. Boudon propose de rattacher la retombée plinienne supérieure à P3 (2010 plus ou moins 140 BP). Le rattachement de la retombée plinienne supérieure à P1 repose, selon G. Boudon, sur la présence d'un niveau de « blast » sous-jacent, mais celui-ci est absent sur les coupes de la sous-préfecture. Cependant, l'attribution de Boudon est confirmée par l'attribution culturelle du niveau archéologique sous-jacent au début de la phase Suazoïde (autour de l'an Mil).

3 Proposition d'une téphrostratigraphie des sites amérindiens du nord de la Martinique

À partir des stratigraphies des sites archéologiques étudiés et de coupes en contexte non archéologique mais situées dans l'environnement des sites, nous pouvons proposer une première synthèse portant sur les niveaux téphriques présents en contexte archéologique. La dénomination des différents épisodes éruptifs reconnus est volontairement différente de celle proposée par les volcanologues à partir des séquences-types définies en position souvent plus proximale sur le volcan lui-même.

On remarquera tout d'abord que sur l'ensemble des sites étudiés les niveaux éruptifs reconnus, qui encadrent généralement un paléosol noir d'une épaisseur moyenne de 0,30 m, ne présentent pas de formation attribuable à des coulées pyroclastiques mais seulement des dépôts de retombée plinienne et des lits cendreux caractéristiques d'un événement éruptif de type « blast ».

Les différents épisodes éruptifs sont au nombre de cinq :

Le téphra supérieur de Vivé (TV1) :

Défini sur le site archéologique de Vivé sur la côte atlantique où il recouvre le niveau archéologique inférieur, il est également présent sur le site archéologique de Moulin l'Étang dans une position stratigraphique comparable.

Il est constitué par deux niveaux : à la base un mince niveau (épaisseur : 0,03 m max.) de cendres grises plus ou moins microlitées et un niveau à ponces (épaisseur : 0,40 m max.).

Il est interprété comme le témoin d'un épisode éruptif de la Montagne Pelée comprenant un « blast » initial suivi par une phase plinienne.

Du point de vue chronologique, nous pouvons dire qu'il intervient lors de l'occupation du site de Vivé par des amérindiens de culture saladoïde ancienne, c'est-à-dire vers le IVème siècle. Il pourrait être rapporté à l'éruption datée vers 280 AD, soit l'éruption P2 de H. Traineau et al. .

Le téphra inférieur de Moulin l'Étang. (TME2) :

Défini sur le site archéologique de Moulin l'Étang sur la côte atlantique où il est présent sous le niveau archéologique inférieur, il est également présent sur le site archéologique de Vivé, dans une position stratigraphique comparable mais plus dégradé.

Il est constitué par un niveau à ponces (épaisseur : 0,35 m max.)

Il est interprété comme le témoin de la phase plinienne d'un épisode éruptif de la Montagne Pelée.

Du point de vue chronologique, nous pouvons dire qu'il est nettement antérieur à l'occupation des sites de Vivé et de Moulin l'Étang (c'est-à-dire au Ivème siècle). En effet, son sommet est toujours nettement affecté par le développement d'un sol qui contient les vestiges archéologiques. Il pourrait être rapporté à l'éruption datée vers 60 avant J.-C., soit l'éruption P3 de H. Traineau et al. .

Le téphra inférieur de Saint-Pierre. (TSP2) :

Défini sur le site archéologique de la future Sous-Préfecture à Saint-Pierre sur la côte caraïbe où il est présent sous le niveau archéologique précolombien, il est également présent sur le site archéologique de l'habitation Perinelle à Saint-Pierre et dans des coupes observées à Beauséjour (5 km au Sud/Sud-Ouest de la Montagne Pelée et 2 km au nord-ouest de Saint-Pierre), dans une position stratigraphique comparable. Il est constitué par un niveau à ponces (épaisseur : 0,20 m max. en place + 0,35 m pédogénisé).

Il est interprété comme le témoin de la phase plinienne d'un épisode éruptif de la Montagne Pelée. Du point de vue chronologique, nous pouvons dire qu'il est nettement antérieur à l'occupation des sites du secteur de Saint-Pierre. En effet, son sommet est toujours nettement affecté par le développement d'un sol qui contient les vestiges archéologiques. Le paléosol qui le surmonte contient des vestiges archéologiques de la phase Saladoïde récente à la phase Suazoïde, soit du Vème au XIIIème siècle après J.-C. . Il pourrait donc être rapporté à deux éruptions, soit P2 (vers 280 après J.-C.), ou bien P3 (vers 60 avant J.-C.).

Le téphra supérieur de Saint-Pierre. (TSP1) :

Défini sur le site archéologique de l'habitation Perinelle à Saint-Pierre sur la côte caraïbe où il est présent sur le niveau archéologique précolombien, il est également dans des coupes observées à Beauséjour (5 km au Sud/Sud-Ouest de la Montagne Pelée et 2 km au Nord-Ouest de Saint-Pierre) où il recouvre un paléosol noir. Il est constitué par deux niveaux : à la base un mince niveau (épaisseur : 0,30 m max.) de cendres grises microlitées et un niveau à ponces (épaisseur : 0,35 m. max.). Il est interprété comme le témoin d'un épisode éruptif de la Montagne Pelée comprenant un « blast » initial suivi par une phase plinienne.

Du point de vue chronologique, nous pouvons dire qu'il est postérieur à l'occupation du site de l'habitation Perinelle à Saint-Pierre. Le matériel archéologique le plus récent du site appartient à la phase Suazoïde (XIIIème siècle après J.-C.). Il pourrait dont être rapporté à P1 (vers 1300 après J.-C.).

Le complexe téphrique de Saint-Pierre. (CTSP) :

Il n'est présent que sur le site de la future Sous-Préfecture à Saint-Pierre où il recouvre le niveau archéologique. Il est constitué par, à la base par une unité à ponces (épaisseur : 0,47 m) puis par une seconde unité (épaisseur : 0,11 m) de produits fins plus ou moins lités. On note également un niveau à ponces vers le sommet de cette seconde unité et un mince niveau de tuf vésiculé. L'épaisseur totale de ce complexe téphrique est de 0,58 m. Il est interprété comme le témoin d'un épisode éruptif de la Montagne Pelée comprenant une phase plinienne à la base puis une phase à déferlantes avec cependant au moins un épisode de retombée à ponces.

Du point de vue chronologique, nous pouvons dire qu'il est postérieur à l'occupation du site de la future Sous-Préfecture à Saint-Pierre. Le matériel archéologique le plus récent du site appartient au début de la phase Suazoïde (autour de l'an Mil). Comme ce complexe téphrique ne trouve pas d'équivalent, il est donc impossible de le rattacher à une des phases éruptives de la Montagne Pelée définies par les volcanologues. Cependant, sa position au-dessus de vestiges amérindiens datés autour de l'an Mil fait qu'il ne peut être comparé qu'à l'épisode P1 de la fin du XIIIème siècle.

4 Conclusions et perspectives

Une nouvelle téphrochronologie de la Montagne Pelée est maintenant proposée et permet de définir cinq téphras présents sur les sites archéologiques étudiés. Cependant, si nous avons démontré l'interaction entre le volcanisme de la Montagne Pelée et le peuplement amérindien de la Martinique et jeté les bases d'une téphrochronologie en milieu archéologique, il reste à caractériser les paléoenvironnements et à quantifier l'impact du volcanisme (et de l'homme) sur ces paléo-milieux. Par ailleurs, il faut poursuivre le travail de corrélation entre les dépôts éruptifs reconnus en milieu archéologique et les formations pyroclastiques de la téphrochronologie proposée par les volcanologues. Cette corrélation doit se baser sur une caractérisation fine (en particulier les micro-faciès) des téphras reconnus en milieu archéologique mais aussi des formations téphriques présentes dans des séquences purement volcaniques.

Chasses, Pêches et Captures des faunes vertébrées et crustaceés des occupations côtières céramiques récentes du sud de la Martinique (Saladoïde récent, Vè siècle ap. J.-C. – Suazoïde récent, XVè ap. J. C.)[1]

Par Sandrine Grouard

1 Introduction et problématiques

Les sites de Dizac – le Diamant, Grande Anse des Salines, Paquemar, Anse Trabaud et Macabou ont été étudiés dans le cadre du volet "Les sites précolombiens du Sud-Est de la Martinique" dans le Projet Collectif de Recherche Programme 32 : "Le Néolithique de la Martinique dans son contexte antillais" (Giraud 1995-1999, Bérard 2000-2006). Les faunes invertébrées et vertébrées ont alors été étudiées respectivement par N. Serrand et S. Grouard de 2001 à 2005. Ce projet a offert une occasion de conjuguer les travaux de chercheurs dont les thèmes d'étude étaient proches et complémentaires dans les disciplines de l'archéologie, de l'archéozoologie et de l'archéomalacologie, permettant ainsi d'élargir les perspectives archéologiques vers les questions actuelles de préservation du patrimoine antillais culturel et écologique.

Ces sites fournissent un assemblage micro-régional (Sud de la Martinique) cohérent des occupations côtières céramiques tardives de la Caraïbe (Figure 1), cultures datées du Saladoïde moyen (Vè siècle ap. J.-C.) au Suazoïde ancien et tardif (XIIè-XVè ap. J.-C.).

Géographiquement, les cinq sites étudiés sont localisés dans des contextes similaires : à proximité de baies sableuses, de mangroves et de salines. Le site précolombien du Diamant – Plage de Dizac (Figure 1) est localisé sur un cordon sableux de la côte sud de l'île. Les biotopes y sont diversifiés : massifs forestiers humides, secs littoraux, fonds sableux, mangroves, littoral rocheux et rochers, récifs coralliens et chenaux en eaux profondes. Le rocher du Diamant, à quelques centaines

1 Pour une version modifiée et plus récente de ce travail voir : Grouard S., (2011). L'occupation Amérindienne céramique tardive du sud de la Martinique : exploitation d'un territoire côtier, in Vialou D. Ed. : Peuplements et Préhistoire en Amériques, Editions du Comité des Travaux Historiques et Scientifiques, pp. 313-330.

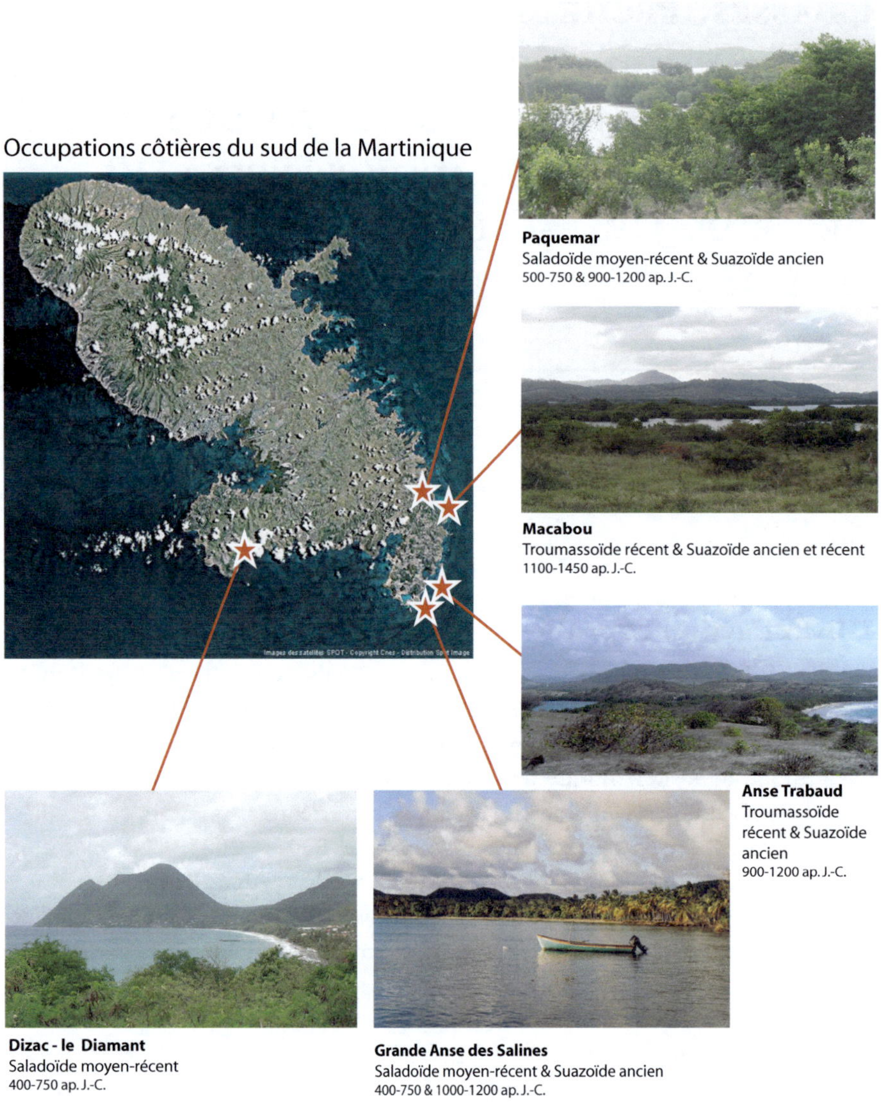

Figure 1 : Localisation des occupations côtières céramiques récentes du sud de la Martinique : le Diamant – Plage de Dizac, Grande Anse des Salines, Paquemar, Anse Trabaud et Macabou (image satellite SPOT – CNES).

de mètres au large, sert de DCP naturel aux poissons. Cette diversité d'écosystèmes est la base d'une grande biodiversité animale, encore présente aujourd'hui.

Les quatre autres sites sont localisés sur la côte sud Atlantique de l'île, dans l'ensemble sédimentaire calcaire de Sainte-Anne. Le site de Grande Anse des Salines (commune de Sainte-Anne) est localisé à une trentaine de mètres du rivage, bordé au nord par une petite mangrove qui cerne l'étang des Salines et à l'est par la Savane des Pétrifications. Le gisement de l'Anse Trabaud (commune de Sainte-Anne) occupe une forêt littorale, entre la Pointe d'Enfer et les salines de la Pointe Baham, sur une longue plage de sable exposée à l'océan et aux alizés et battue par de puissantes vagues. Paquemar (commune du Vauclin) se situe derrière la zone de mangrove du Cul de Sac de Paquemar. Le gisement de Macabou (commune du Vauclin) qui forme le cap le plus avancé de la Martinique en direction de l'est, est localisé dans une forêt littorale xérophile, en bordure d'une mangrove encore en activité à l'ouest et face à l'océan Atlantique. Une baie sableuse longe tout le site au nord et à l'est, des zones rocheuses sont émergées au nord-est, une baie protégée a permis le développement d'un herbier dense au nord, alors qu'une barrière de corail est présente au large à l'est.

Le paysage environnant de cette région sud Atlantique se caractérise par des mornes isolés, anciens lambeaux de coulées de lave. Le littoral immédiat présente des falaises escarpées et des éboulements rocheux. L'érosion des sols est intense dans ces secteurs peu arrosés et très exposés aux vents et aux embruns. Les savanes herbacées se sont déplacées alors que les boisements initiaux étaient surexploités. Le rivage comporte des récifs coralliens, des côtes rocheuses et des zones de pâturages, moins étendues que sur la côte orientale plus au nord. Il s'agit d'une des régions les plus arides de la Martinique. La végétation locale, xérophyle, reflète cette aridité du climat. Toutefois, la mangrove apparaît à plusieurs endroit sur le littoral du Vauclin, de Sainte-Anne et du Marin : sur les rives de la baie des Anglais, en face de la réserve ornithologique des îlets de Sainte-Anne, et du cul-de-sac Ferré (à proximité de l'Anse Trabaud et de Grande Anse des Salines) de Macabou ; dans le Cul-de-Sac de Paquemar dans la baie de Massy-Massy ; à la Pointe Faula ; à la Pointe Théogène et à la Pointe Chaudière.

Les données fauniques de ces cinq sites sont donc chronologiquement et géographiquement comparables : elles livrent un aperçu diachronique continu de l'exploitation des animaux et contribuent à la recherche de la définition des populations précolombiennes céramiques tardives dans une micro-région : le Sud de la Martinique. En effet, les restes de faune terrestres et marins (mammifères, oiseaux, reptiles, amphibiens, poissons et crustacés) sont des témoins directs de l'histoire des interactions entre les sociétés précolombiennes et les populations animales. En l'occurrence, au sein de ces milieux îliens globalement caractérisés par une faible diversité spécifique de la faune terrestre et par l'absence de grands mammifères terrestres, cette recherche permet d'illustrer les spécifiques des populations précolombiennes face au milieu marin et à l'insularité. L'identification et l'analyse des restes de faune permettent d'avancer des hypothèses sur l'importance des différentes techniques d'exploitation des animaux et sur les divers modes de gestion de ces ressources (pêche, chasse, collecte, apprivoisement, domestication, transformation, consommation et échanges). Par ailleurs, ces études facilitent une approche concrète sur les relations symboliques qui ont pu exister entre les Amérindiens et certains animaux. Enfin, ces analyses servent également à la reconstitution historique du peuplement animal de l'archipel Caribéen (déplacements, introductions, surexploitation, extinctions), ainsi qu'à la restitution de l'impact anthropique sur la mise en place des paysages insulaires, côtiers et marins.

2 Matériel et méthodes

2.1 Présentation

Les sites de Dizac – le Diamant, Grande Anse des Salines, Paquemar, Anse Trabaud et Macabou ont fait l'objet de diverses campagnes de fouilles depuis les années 70.

Le site précolombien du Diamant – Plage de Dizac (Figure 1) a commencé à être fouillé dès les années 60 et a révélé trois niveaux archéologiques, dont une couche profonde (100-120 cm) stérile, de sable grossier beige composé de fragments de coquilles concassées, une couche intermédiaire (20-100 cm) charbonneuse, de sable humifère cendreux (décapages 6 à 18) et une couche superficielle perturbée (0-20 cm) de sable brun humifère (décapages 1 à 4). Le faisceau de datations ^{14}C indique plusieurs dates comprises entre 415 et 725 ap. J.-C. (Décapage 1, ARC-999, *Strombus* sp., 1815+/- 50, soit 475-690 cal. AD ; Décapage 2, ARC-1000, *Strombus* sp., 1260+/- 50, soit 1035-1275 cal.AD ; Décapage 7, ARC-1016, *Strombus* sp., 1845+/- 50, soit 445-6750 cal. AD ; Décapage 13, ARC-1017, *Strombus* sp., 1780+/- 50, soit 515-725 cal. AD ; Décapage 18, ARC-1018, *Strombus* sp., 1880+/- 50, soit 415-650 cal. AD ; Vidal 2002), ce qui correspond à la phase céramique Saladoïde moyenne-récent (Vidal 1999). Des échantillons de faune provenant du tamisage systématique à 3 mm d'une aire 50 mètres carrés, fouillée entre 1989 à 1992 (sous la direction de N. Vidal), font l'objet de cette recherche.

Le gisement de Grande Anse des Salines a été signalé en 1976 par H. Petitjean Roget, puis fouillé en 2003 par B. Bérard (Bérard 2006). Deux sondages de quatre mètres carrés ont été réalisés, puis tamisés à 2.7 mm (Figure 1). Le site s'étend sur plus de 400 m le long de la plage et sur une profondeur de plusieurs mètres. Deux occupations s'y sont succédées : une première correspondant à la fin de la phase Saladoïde moyenne-récente (Vè-VIIIè siècles) et une seconde, correspondant à la phase Suazoïde ancienne (XIè-XIIIè siècles). A ce jour, seuls cinq échantillons ont été triés. Le matériel sera analysé en 2008 au MNHN de Paris.

Le site de Paquemar a été fouillé en 1938, 1941 et 1945 par J.-B. Delawarde et E. Revert (Reichlen et Barret 1941, d'Harcourt 1952, Delawarde 1969). Il a été repris en 1971 et 1972 par L. Allaire (Allaire 1974, 1977, 1997d). Une série de tranchées et de sondages ont été établis sur cinq aires d'investigation riches en matériel de surface (Figure 1) : la zone C (et dans une moindre mesure la D) aurait livré du matériel Saladoïde moyen-récent (VIè-VIIIè siècles), alors que la zone A (et dans une moindre mesure les B et E) aurait livré du matériel Suazoïde ancien (XIè-XIIIè siècles). Ce matériel est incomplet, puisqu'il a été ramassé sans tamisage et en partie expédié à Manitoba (Canada) et en Floride (USA) pour étude dans les années 77-78. Le matériel déposé au Florida Museum of Natural History a fait l'objet d'une révision en 2004, mais les pièces ne contenaient aucune information de provenance dans le site.

Le gisement de l'Anse Trabaud (Figure 1) a été découvert par H. Petitjean Roget et J. Cruxent en 1976 (Petitjean Roget 1975). L. Allaire et M. Mattioni y ont effectué des sondages en 1983 et 1984 (Allaire 1991, 1997c, 2001, Mattioni 1990). Ainsi, autour d'une aire contiguë de 8 mètres carrés (A à H), trois aires apparaissent : I/J au sud-ouest, K/L/M au nord et «O» vers l'est, presque en bordure de plage. L'étendue du site (1,5 ha) et la stratigraphie (entre 0,60 et 0,90 m) y sont importants. Sous une couche correspondant à un niveau de terre sableuse à petits tessons granuleux, apparaît l'amas coquillier à lambis, burgaux et petits coquillages, avec des fragments d'ossements et d'abondants tessons de poterie, sans véritable division culturelle pouvant représenter des occupations séparées. Les couches inférieures stériles consistent en sables fins et de couleur pâle, généralement sous 0,80 cm de profondeur. Il n'y a pas de datations pour ce site, mais L. Allaire l'a décrit comme une succession d'occupations séparées horizontalement : une occupation plutôt Troumassoïde finale dans le secteur est et une occupation typiquement Suazoïde ancienne (XIè-XIIIè siècles) dans les niveaux supérieurs du secteur ouest (Allaire 1977). L'assemblage de vertébrés étudiés provient d'un ramassage à vue de treize des seize unités fouillées. L'absence de tamisage systématique implique une non représentativité à l'échelle du site et à l'échelle micro-régionale. Une mission effectuée en mars 2004 en Martinique a permis d'identifier les restes des sites de l'Anse Trabaud déposés au Service Régional de l'Archéologie de Fort-de-France à titre d'expertise.

Le site de Macabou, daté entre 1100 et 1400, fouillé par L. Allaire en 1972, 1977 et 1979 (Allaire 1981) et repris par S. Grouard, N. Serrand et B. Bérard en 2005, 2006 et 2007 (Grouard et al. 2005, 2006, en prep.), est une occupation Troumassoïde finale et Suazoïde ancienne et récente (Xè-XVè siècles). Macabou s'étend sur une surface de 2 hectares (Figure 1). La profondeur des dépôts varie selon les zones, mais elle peut atteindre 95 cm. Dans les années 1970 six aires avaient été ouvertes indiquant des occupations distinctes d'un point de vue stratigraphique et spatial appartenant aux phases culturelles Troumassoïde final (zone F et niveau III de la zone B), Suazoïde ancien (niveaux I et II des zones B, C, et D) et Suazoïde récent (zone C) (Allaire 1981). L'aire de répartition des rejets se déplacerait progressivement d'ouest en est. Selon Allaire (Allaire 2001), l'occupation la plus ancienne de l'Anse Trabaud précèderait Macabou dès la fin de la période Troumassoïde, alors que les niveaux supérieurs seraient plus ou moins contemporains avec l'occupation la plus ancienne de Macabou. Macabou restera occupé après l'abandon de l'Anse Trabaud, alors que des éléments attribuables aux influences de la culture Taïno des Grandes Antilles deviennent plus apparents (Allaire 1997a, 1997b).

Outre l'analyse des tessons de céramique décorés, L. Allaire préleva les éléments de faune et de lithique mais sans tamisage systématique. Ces premières études porteuses révélant un matériel abondant intéressant, ont conduit à la reprise des fouilles en 2005 par S. Grouard, N. Serrand et B. Bérard, lors d'une opération préliminaire de sondages de diagnostic qui s'est tenue en mars 2005 (Grouard et al. 2005), lors d'une première campagne de fouille programmée en avril 2006 (Grouard et al. 2006) et lors d'une seconde campagne du en mai 2007 (Grouard et al. en prep.). Quinze sondages de 1 à 16 m^2 ont été positionnés par rapport à la "carte" dessinée par Allaire en 1981. Des niveaux de décapage ont été relevés en plan et le sédiment a été systématiquement tamisé à l'eau sur maille de 2,7 mm.

Trois aires apparaissent autour d'une zone « vide » centrale[2], avec, dans chaque Aire, des éléments attribuables aux influences de la culture Taïno des Grandes Antilles (Ostionoïde Chicane) : structure d'habitation, fosses de rejets, drain à lambis, foyers et sépultures humaines et aire de rejets sur 3 niveaux au Nord-Ouest = Aires B + F (périodes Troumassoïde finale, Suazoïde ancienne et Suazoïde récente) ; dépôt de pente au Nord-Est = Aire C (périodes Suazoïde ancienne et récente) ; fosses de rejets lenticulaires au Sud-Est = nouvelle Aire non perçue par Allaire (périodes Suazoïde ancienne et récente).

Le matériel osseux et crustacé de Macabou fouillé par L. Allaire a été dispersé dans le monde : le matériel faunique de l'aire B fouillée par Allaire en 1971-72 a fait l'objet d'une étude préliminaire à l'Université de Floride par E. Wing en 1974 (Wing et Scudder 1983) et celui de l'aire F (fouillée par Allaire en 1977) a été analysé à l'Université de Manitoba par L. Fraser (Fraser 1981). Une partie du matériel (1977) n'a pas été envoyé pour étude et est resté au Service Régional d'Archéologie de Fort-de-France. Une mission effectuée en mars 2003 en Martinique a permis d'identifier les restes de Macabou des campagnes 1972-79 déposés au Service Régional de l'Archéologie de Fort-de-France (Grouard 2004). Une seconde mission effectuée de mai à août 2004 à Gainesville, Floride, USA, a permis de traiter les échantillons provenant des faunes des années 70 et déposées au FLMNH. Une étude d'une partie du matériel obtenu au cours de la campagne de 2005 a également fait l'objet d'une analyse au Muséum national d'Histoire naturelle. Ces données ont été comparées aux restes de la zone F étudiés par Fraser (Fraser 1981).

2.2 Spectres taxinomiques

Les restes de faune vertébrée et crustacée ont été identifiés grâce aux collections de comparaison du Florida Museum of Natural History de Gainesville (USA), du Laboratoire d'Anatomie Comparée du Muséum National d'Histoire Naturelle de Paris et de la collection ostéologique "Caraïbes" et déposée à l'UMR7209.

Le Nombre de Restes déterminés (NRd) et le Nombre Minimal d'Individu par appariement (NMIa) ont été comptabilisés par taxon (S), par unité (mètre carré) et par décapage. Chacune de ces méthodes de dénombrement offre ses propres avantages et inconvénients, qui ont auparavant été discutées (Chaplin 1971, Ducos 1975, Poplin 1976, 1977, Grayson 1984, Lyman 1994, Grouard 2001), que nous ne rediscuterons pas dans cette étude et que nous avons employé ponctuellement en fonction de chaque problématique.

2.3 Richesse et diversité des assemblages

Les modes de subsistance de ces populations ont été étudiées en analysant les spectres de faune par sondage, la répartition des taxons, leur abondance et leur répartition. L'abondance se perçoit au travers de la richesse taxonomique, obtenue directement par le nombre de taxa (S), ou bien par le calcul de l'indice de richesse

2 Il peut s'agir d'une place vide, nettoyée, ou bien d'une zone d'habitat, comme en témoigne un grand nombre de villages précolombiens dans d'autres îles de l'archipel.

de Margaleff (1958) (cité par Bobrowski et al. 1989) dI : (S – 1) / Log_n N ; où S est le nombre de taxa et N le NRd total. Plus l'indice est élevé, plus l'échantillon est riche.

La diversité, ou l'équilibre de la répartition des taxa, a été calculée en fonction de la fréquence des taxa (Ft), grâce à la réciproque de Simpson : 1 / S pi^2, soit pi = ni/N, où ni est le NRd par taxon et N le NRd total. Plus l'indice sera élevé; plus l'exploitation des ressources sera diversifiée (Grayson 1984 : 160). S'il convient de noter que cet indice est étroitement dépendant de la taille de l'échantillon, il permet toutefois d'évaluer l'hétérogénéité et l'équilibre de la répartition des taxa de chacun d'eux. Pour deux échantillons offrant le même nombre de taxa, celui qui offre une homogénéité de l'abondance de taxa a une plus forte diversité que celui qui offre une disproportion.

Un spectre offrant à la fois une forte richesse et une forte diversité reflète une économie de subsistance généralisée (Leonard et Jones 1989).

Les modes de subsistance de ces populations ont été étudiées en analysant les spectres de faune par sondage, et notamment, la représentation de l'abondance des taxa par assemblage.

2.4 Représentation des parties squelettiques

Pour tester la part de la sélection par l'homme dans les carcasses, ainsi que le rejet et l'apport différentiels sur les sites, nous nous appuierons sur la représentation des parties du squelette.

Pour comparer les assemblages entre eux nous appliquerons le Pourcentage de Représentation des Parties Squelettiques des micro-mammifères, mis au point par Dodson et Wexlar (1979) et Korth (1979), afin d'identifier (pour chaque taxon de microvertébrés) les compositions en parties squelettiques des pelotes de régurgitation des rapaces et les fèces des carnivores (Grouard 1994). Pour la grande faune, la méthode est la même (Behrensmeyer et Dechant Boaz 1980, Brain 1967, 1980). Pour chaque échantillon collecté, les ossements sont classés par partie anatomique et le pourcentage de représentation (PR) est défini par un rapport : PR = (FO x 100)/(FT x NMI)

Fréquence Observée (FO) : nombre observé de chaque élément squelettique droit ou gauche ou impair retrouvé dans l'assemblage pour un taxon ;

NMI : Nombre Minimal d'Individus estimé à partir de l'élément squelettique droit ou gauche ou impair le plus fréquent. Le mode d'estimation du NMIf (de fréquence par latéralisation) (Poplin 1980) explique que FO / (FT x NMIf) **£** 100 %, où l'on prendra le nombre d'ossements latéralisés le plus fréquent, contrairement à la méthode de Binford (1981), où FO/(FT x NMI) = 100 %, puisqu'il choisit d'estimer le NMI par D+G/2.

FT : nombre théorique de représentation de chaque élément squelettique droit ou gauche ou impair connu pour un individu du taxon sélectionné actuel. C'est le référentiel.

Ainsi, pour le rat des rizières (*Megalomys desmarestii*), nous avons 178 os et dents principaux.

Le profil de chaque assemblage est reproduit sous la forme d'un graphique lorsque le nombre de restes le permet et illustré dans certains cas sur le squelette informatisé : Poissons – tous taxons confondus[3], certains Reptiles – Cheloniidae et Iguanidae, Oiseaux – tous taxons confondus.

Bien entendu, un certain nombre de biais dus ni à la fonte taphonomique ni à la sélection anthropique, sont à prendre en compte dans les résultats : le prélèvement différentiel lors de la fouille, l'absence de tamisage ou la taille de la maille de tamis et la difficulté d'identification de certains ossements (les épines, par exemple) et qui ne sont donc pas été pris en compte dans nos pourcentages.

2.5 Reconstitution des tailles

Les paramètres de taille et de poids des animaux récoltés par les amérindiens précolombiens contribuent à indiquer les différentes formes d'exploitation et de capture. Elles permettent également d'appréhender les différentes sources d'exploitation.

Des études portant sur la reconstitution de taille des individus ont été menées par de nombreux chercheurs, dans plusieurs pays, sur différentes espèces, différents genres, différentes familles et diverses parties squelettiques (Casteel 1974, 1978, Brinkhuizen et Clason 1986, Desse et al. 1989, Desse et Desse-Berset, 1996a et b, Wheeler et Jones 1989, Leach et Boocock 1995, Béarez 1996, Leach et al. 1996). Cette démarche a donc fait ses preuves, y compris sur les Antilles (Reitz et Cordier 1983, Adams 1985, Reitz et al., 1987, de France 1988, Hales et Reitz 1992, Reitz et Wing 1999). Nous avons donc appliqué des corrélations puissances sur l'ensemble des parties du squelette de trois familles de poisson, afin d'estimer la taille (Longueurs standard) des individus pêchés : les poissons-chirurgiens Acanthuridae, les carangues Carangidae, les gorettes Haemulidae, les cardinaux Holocentridae, les vivaneaux Lutjanidae, les poissons-perroquets Scaridae, les thons et bonites Scombridae et les mérous Serranidae. Ces mesures sont fonction des parties les moins fracturées des ossements. Certaines parties anatomiques ne sont pas toujours identifiables au rang de l'espèce, par conséquent, nous avons utilisé des formules correspondant au rang du genre et de la famille lorsque cela s'avérait nécessaire (Desse et Desse-Berset 1996a, b). Par ailleurs, pour les autres espèces de poissons, nous avons appliqué une régression de taille sur la Longueur standard d'après la largeur antérieure des vertèbres, selon des équations présentées en 2001, afin d'obtenir une image de la variation, moyenne, maxima, minima et écart-types des tailles par taxon. Ces équations et statistiques correspondantes sont accessibles auprès de l'auteur (Grouard 2001, en prep.).

Dans notre matériel, l'ensemble des parties du squelette de chaque taxon est représenté de façon relativement proportionnelle, par conséquent, nous avons mesuré l'ensemble des ossements, comme préconisé par Leach et Boocock (1995 : 27). Nous avons opté pour la Longueur standard pour illustrer ces tailles, car elle correspond mieux à une maille de filet ou de nasse qu'un poids d'individu. Les résultats ont été regroupés par famille et par niveau et des diagrammes de dispersion,

---

3 Les espèces n'ont pas les mêmes formes, ni le même nombre d'os. Nous avons donc opté pour une représentation simplifiée sur un squelette illustratif, consensus de tous les taxons représentés sur les sites (de l'Holocentridae à l'Acanthuridae...).

des maxima, des minima et des moyennes ont été obtenues. Les tailles des poissons archéologiques ainsi reconstituées sont présentées sous la forme de diagrammes de dispersion par site archéologique et/ou par période chronologique.

Afin d'obtenir une estimation de la largeur des carapaces et des poids vivants des crabes terrestres Gecarcinidae, nous avons employé les régressions logarithmiques sur la hauteur de la mandibule, qui ont été mises au point par S. de France (1988) et qui se traduisent par :

Log y = Log a + b * (Log x) ;

soit : Log (largeur carapace) = 1,121 + 0,787* Log (hauteur mandibule), avec r^2=0,578 et n=19 ;

et soit : Log (poids vivant) = 0,508 + 1,842 * Log (hauteur mandibule), avec r^2=0,81 et n=5.

L'exploitation du territoire, la reconstruction des écosystèmes exploités et des techniques de pêche utilisées, seront appréhendées au regard de ces estimations de taille, ainsi qu'en suivant une démarche analogique avec les données actuelles d'éthologie des poissons antillais.

2.6 reconstitution des ecosystèmes exploités

La combinaison de nombreux paramètres géologiques, géographiques, édaphiques et climatiques a créé une grande diversité d'écosystèmes et d'environnements, inégalement répartis sur la Martinique. Ainsi, la richesse et la diversité de la biomasse marine sont directement déterminées par les plateaux continentaux et les profondeurs bathymétriques. En employant une démarche analogique avec les données actuelles sur les habitudes alimentaires et de vie des animaux terrestres et marins actuels des Antilles, nous avons tenté une reconstruction des écosystèmes exploités. Nous avons également pris en compte un certain nombre de paramètres, tels que la distance au site de chaque écosystème, l'abondance des taxa dans chaque biotope, ainsi que la taille des individus. En effet, ces paramètres sont des phénomènes dus à la profusion ou la rareté des espèces, à leur facilité de récolte, à leur accessibilité et enfin, ils sont autant de preuves de gestion du territoire et de choix culturels. Ainsi, l'exploitation du territoire, la reconstruction des écosystèmes exploités et des techniques de pêche utilisées seront appréhendées au regard de ces éléments.

3 Résultats et interprétations

3.1 Spectre de faune, richesse et diversité taxinomiques

Au total, 145 taxons ont été identifiés, pour un Nombre Minimal de 7 004 Individus.

Les 47 306 restes de faune décomptés, représentent 799 oursins (3 taxons), 27 666 crustacés (20 taxons), 13 481 poissons (92 taxons), 2 406 reptiles (10 taxons), 458 oiseaux (11 taxons), 1 211 mammifères (9 taxons) et 1 285 vertébrés indéterminés (Tableau 1). Les NMI calculés pour chaque site totalisent 55 oursins, 5 661 crustacés, 906 poissons, 132 reptiles, 90 oiseaux et 160 mammifères.

		Dizac		Salines		Paquemar		Trabaud		Macabou		Total	
		NR	NMI	NR	NMI	NR	NMI	NR	NMI	NR	NMI	NR	NMI
Total		**37952**	**5903**	**130**	**37**	**319**	**64**	**1673**	**257**	**7232**	**743**	**47306**	**7004**
Echinodermes		**13**	**8**					**48**	**3**	**738**	**44**	**799**	**55**
Echinoidea	indéterminés									1	1	1	1
Echinometridae	*Echinometra* sp.	1	1					48	3	685	36	734	40
Clypeasteridae	*Clypeaster rosaceus*	12	7							11	4	23	11
Toxopneustidae	*Tripneustes ventricosus*									41	3	41	3
	nombre de taxons S		2		0		0		1		3		3
Crustacés		**24653**	**5240**	**37**	**14**	**32**	**13**	**1017**	**156**	**1927**	**238**	**27666**	**5661**
Crustacea	indéterminés	127		4						3		134	
Balanidae	indéterminés									38	18	38	18
Palinuridae	*Panulirus* cf. *argus*	23	3					6	2	1	1	30	6
Coenobitidae*	*Coenobita clypeatus*	18619	2198	13	4					6	6	18638	2208
Paguridae	*Petrochirus diogenes*	2	2									2	2
Portunidae	indéterminés									8	6	8	6
Portunidae	*Callinectes* sp.	39	19					4	1	8	7	51	27
Portunidae	*Portunus* sp.	52	26							24	12	76	38
Xanthidae	indéterminés	40	1	2	1					2	2	44	4
Xanthidae	*Carpilius corallinus*							9	5	7	3	16	8
Xanthidae	*Menippe mercenaria*	20	9					1	1	2	2	23	12
Xanthidae	*Platypodia spectabilis*	2	2									2	2
Gecarcinidae	indéterminés	439	11	15	7			904	121	1577	28	2935	167
Gecarcinidae	*Cardisoma guanhumi*	879	437	3	2	31	12	13	10	134	73	1060	534
Gecarcinidae	*Gecarcinus* sp.	4369	2517					61	11	114	77	4544	2605
Ocypodidae	*Ucides cordatus*	2	1									2	1
Ocypodidae	*Ocypode quadrata*	11	6									11	6
Ocypodidae	*Uca* sp.	3	3									3	3

		Dizac		Salines		Paquemar		Trabaud		Macabou		Total	
		NR	NMI	NR	NMI	NR	NMI	NR	NMI	NR	NMI	NR	NMI
Majidae	indéterminés	5										5	
Majidae	*Libinia dubia*	5	2							1	1	6	3
Majidae	*Mithrax spinosissimus*	9	2					19	5			28	7
Majidae	*Mithrax* sp.	7	1			1	1			2	2	10	4
	nombre de taxons S		17		4		2		8		14		20

Poissons		**10474**	**505**	**15**	**8**	**172**	**32**	**257**	**49**	**2563**	**312**	**13481**	**906**
Ginglymostomatidae	*Ginglymostoma cirratum*									1	2	1	2
Carcharhinidae	*Carcharhinus plumbeus*									1	1	1	1
Carcharhinidae	*Carcharhinus* sp.	3	1			1	1	1	1			5	3
Téléostéens	indéterminés	4814		5		50		64		1290		6223	
Albulidae	*Albula vulpes*	9	2					1	1	5	4	15	7
Clupeidae	indéterminés	1	1							1	1	2	2
Belonidae	*Strongylura* sp.	27	5							16	3	43	8
Belonidae	*Tylosurus crocodilus*	548	10							10	5	558	15
Muraenidae	indéterminés	3	2									3	2
Holocentridae	*Holocentrus rufus*	2	2									2	2
Holocentridae	*Holocentrus* sp.	104	7					6	2	25	4	135	13
Centropomidae	*Centropomus* sp.									7	4	7	4
Centropomidae	*Centropomus undecimalis*	28	4									28	4
Serranidae	indéterminés	151	8	1	1	10	1	12	2	23	8	197	20
Serranidae	*Cephalopholis cruentata*	9	3									9	3
Serranidae	*Cephalopholis fulva*	10	3			1	1					11	4
Serranidae	*Epinephelus adscensionis*	4	2									4	2
Serranidae	*Epinephelus flavolimbatus*	7	1									7	1

		Dizac		Salines		Paquemar		Trabaud		Macabou		Total	
		NR	NMI	NR	NMI	NR	NMI	NR	NMI	NR	NMI	NR	NMI
Serranidae	*Epinephelus guttatus*	30	5			2	2					32	7
Serranidae	*Epinephelus morio*	40	4					2	1			42	5
Serranidae	*Epinephelus* sp.	120	10	1	1			3	2	25	15	149	28
Serranidae	*Epinephelus striatus*	11	5									11	5
Serranidae	*Mycteroperca interstitialis*	9	6									9	6
Serranidae	*Mycteroperca* sp.	31	6							3	2	34	8
Priacanthidae	*Heteropriacanthus cruentatus*									2	1	2	1
Malacanthidae	*Malacanthus plumieri*	66	4									66	4
Carangidae	*Carangoides ruber*	49	9							7	8	56	17
Carangidae	*Caranx hippos*	105	18			5	5			4	4	114	27
Carangidae	*Caranx latus*	26	4									26	4
Carangidae	*Caranx* sp.	754	53			5		19	4	35	8	813	65
Carangidae	*Decapterus* sp.	28	4							59	13	87	17
Carangidae	*Selar crumenophthalmus*	4	2									4	2
Carangidae	*Selene vomer*	14	4									14	4
Carangidae	*Seriola* sp.	7	4									7	4
Lutjanidae	indéterminés	205	13					16	3	11	7	232	23
Lutjanidae	*Etelis oculatus*	6	3					1	1			7	4
Lutjanidae	*Lutjanus analis*	3	1			3	1					6	2
Lutjanidae	*Lutjanus purpureus*	2	2									2	2
Lutjanidae	*Lutjanus vivanus*	5	3					2	1			7	4
Lutjanidae	*Lutjanus* sp.	134	33	2	2	5	1			68	18	209	54
Lutjanidae	*Ocyurus chrysurus*	13	4							1	1	14	5
Lutjanidae	*Rhomboplites aurorubens*	12	4									12	4
Gerreidae	*Gerres cinereus*	6	3					2	1			8	4

		Dizac		Salines		Paquemar		Trabaud		Macabou		Total	
		NR	NMI	NR	NMI	NR	NMI	NR	NMI	NR	NMI	NR	NMI
Haemulidae	indéterminés	231	21							30	2	261	23
Haemulidae	*Anisotremus virginicus*	4	4									4	4
Haemulidae	*Anisotremus* sp.	1	1									1	1
Haemulidae	*Conodon nobilis*	5	2							1	1	6	3
Haemulidae	*Haemulon plumieri*	21	2									21	2
Haemulidae	*Haemulon* sp.	35	9	1	1			6	1	58	15	100	26
Sparidae	*indéterminés*									1	1	1	1
Sparidae	*Calamus bajonado*	6	5							2	1	8	6
Sparidae	*Calamus pennatula*	2	1									2	1
Sparidae	*Calamus* sp.	13	3							2	4	15	7
Sciaenidae	*Bairdiella batabana*	1	1									1	1
Sciaenidae	*Micropogonias furnieri*	1	1									1	1
Mullidae	*Mulloidichthys martinicus*	4	2							2	1	6	3
Chaetodontidae	*Chaetodon* sp.	29	5									29	5
Kyphosidae	*Kyphosus sectatrix*	1	1									1	1
Pomacanthidae	*Holacanthus ciliaris*									5	2	5	2
Pomacanthidae	*Holacanthus* sp.	1	1							2	1	3	2
Sphyraenidae	*Sphyraena barracuda*									3	1	3	1
Sphyraenidae	*Sphyraena* sp.					3	2			9	5	12	7
Labridae	indéterminés	16	3							1	1	17	4
Labridae	*Bodianus rufus*	6	2					1	1	4	2	11	5
Labridae	*Halichoeres* sp.	24	8							7	2	31	10
Labridae	*Lachnolaimus maximus*	38	15									38	15
Scaridae	indéterminés	131	12			14	1	1		49	8	195	21
Scaridae	*Scarus guacamaia*					22	3			15	9	37	12
Scaridae	*Scarus* sp.	15	4			4	2	5	5	92	25	116	36
Scaridae	*Scarus vetula*									1	2	1	2

		Dizac		Salines		Paquemar		Trabaud		Macabou		Total	
		NR	NMI	NR	NMI	NR	NMI	NR	NMI	NR	NMI	NR	NMI
Scaridae	*Sparisoma chrysopterum*	10	8									10	8
Scaridae	*Sparisoma rubripinne*	4	4									4	4
Scaridae	*Sparisoma viride*	7	3			2	2			25	17	34	22
Scaridae	*Sparisoma* sp.	100	11					3	1	90	19	193	31
Acanthuridae	Acanthurus sp.	78	5	1	1	9	3	40	8	105	24	233	41
Scombridae	indéterminés									202	4	202	4
Scombridae	*Auxis* sp.									38	10	38	10
Scombridae	*Euthynnus alleteratus*	61	3							5	3	66	6
Scombridae	*Scomberomorus regalis*							6	3	11	5	17	8
Scombridae	*Scomberomorus* sp.	181	9									181	9
Scombridae	*Thunnus atlanticus*	1928	72	3	1	24	2	60	7	197	27	2212	109
Scombridae	*Thunnus* sp.					8	1					8	1
Balistidae	indéterminés	3						3	2	3	1	9	3
Balistidae	*Aluterus schoepfi*	4	2									4	2
Balistidae	*Balistes vetula*	101	25	1	1	1	1	1	1	1	1	105	29
Balistidae	*Balistes* sp.									6	7	6	7
Balistidae	*Canthidermis sufflamen*					1	1					1	1
Balistidae	*Melichthys niger*	2	1			1	1					3	2
Monacanthidae	*Cantherhines macrocerus*	2	1									2	1
Ostraciidae	*Acanthostracion* sp.	6	2					2	1			8	3
Ostraciidae	*Lactophrys* sp.									1	1	1	1
Diodontidae	indéterminés									1	1	1	1
Diodontidae	*Diodon hystrix*	2	1			1	1					3	2
	nombre de taxons S		73		7		19		21		50		92
Vertebrata	**indéterminés**	**834**		**9**				**6**		**436**		**1285**	

		Dizac		Salines		Paquemar		Trabaud		Macabou		Total	
		NR	NMI	NR	NMI	NR	NMI	NR	NMI	NR	NMI	NR	NMI
Reptiles		**695**	**20**	**60**	**9**	**74**	**10**	**272**	**18**	**1305**	**75**	**2406**	**132**
Cheloniidae	indéterminés	511	1			42	4	4		748	17	1305	22
Cheloniidae	*Caretta caretta*	1	1	59	8					26	7	86	16
Cheloniidae	*Chelonia mydas*	3	1			14	2	242	11	405	16	664	30
Cheloniidae	*Lepidochelys olivacea*									1	1	1	1
Cheloniidae	*Lepidochelys* sp.									2	3	2	3
Dermochelyidae	*Dermochelys coriacea*	43	1									43	1
Iguanidae	indéterminés									2	12	2	12
Iguanidae	*Iguana iguana*									5	2	5	2
Iguanidae	*Iguana* sp.	136	15	1	1	18	4	26	7	116	17	297	44
Teiidae	*Ameiva* sp.	1	1									1	1
	nombre de taxons S		6		2		3		2		8		10
Oiseaux		**439**	**66**					**9**	**7**	**10**	**17**	**458**	**90**
Aves	indéterminés	45	5							6	3	51	8
Aves	*Grands oiseaux*							1	1			1	1
Aves	*Petits oiseaux*							3	2			3	2
Procellariidae	*Puffinus lherminieri*							2	2	2	1	4	3
Procellariidae	*Puffinus* sp.	123	40									123	40
Phoenicopteridae	*Phoenicopterus ruber*	60	10									60	10
Columbidae	indéterminés	10	2					3	2	1	11	14	15
Columbidae	*Columba* sp.	2	1									2	1
Columbidae	*Zenaida* sp.	5	2									5	2
Scolopacidae	*Limnodromus griseus*									1	2	1	2
Phasianidae*	*Gallus gallus domesticus*	194	6									194	6
	nombre de taxons S		7		0		0		4		4		11

		Dizac		Salines		Paquemar		Trabaud		Macabou		Total	
		NR	NMI	NR	NMI	NR	NMI	NR	NMI	NR	NMI	NR	NMI
Mammifères		**844**	**64**	**9**	**6**	**41**	**9**	**64**	**24**	**253**	**57**	**1211**	**160**
Mammalia	indéterminés	10								23		33	
Molossidae	*Molossus molossus*							1	1			1	1
Trichechidae	*Trichechus manatus*	32	1			1	1	2	2	51	5	86	9
Canidae	*Canis familiaris*	4	2									4	2
Dasyproctidae	*Dasyprocta leporina*	13	3	5	2	2	1	22	9	66	12	108	27
Muridae Oryzomyini	*Megalomys desmarestii*	741	55	3	3	38	7	39	12	101	31	922	108
Hominidae*	*Homo sapiens*									6	4	6	4
Bovidae Bovinae*	*Bos taurus*	34	1							5	4	39	5
Bovidae Caprinae*	indéterminés	7	1	1	1					1	1	9	3
Suidae*	*Sus scrofa*	3	1									3	1
	nombre de taxons S		7		3		3		4		6		9
	nombre total de taxons S		112		16		27		40		85		145

* familles probablement intrusives et/ou post-coloniales

Tableau 1 : Décompte en Nombres de Restes et en Nombre d'Individus (NR et NMI) des taxons présents dans les assemblages des sites de Dizac – le Diamant, Grande Anse des Salines, Paquemar, Anse Trabaud et Macabou.

Pour faciliter la lecture, les espèces ont été regroupées par famille et les familles par classe d'animaux, c'est-à-dire Invertébrés (Echinodermes et Crustacés), Poissons, Reptiles, oiseaux et Mammifères (Tableau 2 ; Figure 2). Des pourcentages de représentation ont été effectués par famille au sein de chaque grande Classe (Tableau 3 ; Figure 3). Toutefois, ces pourcentages de représentation des familles d'animaux sont à prendre avec précaution, car parfois, au sein d'une seule et même famille, une espèce peut dominer.

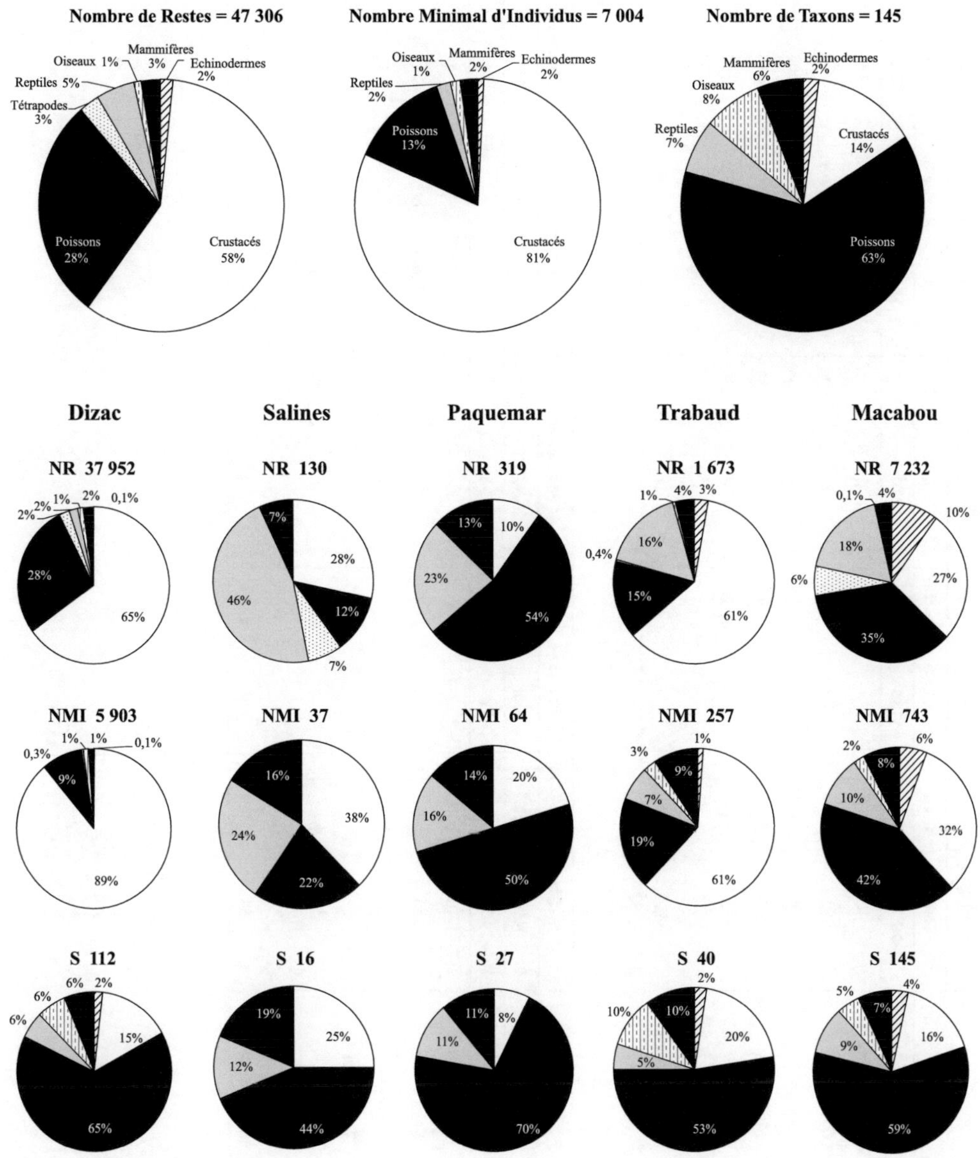

Figure 2 : Pourcentage en Nombre de Restes et en Nombre d'Individus (NR et NMI) des Classes d'animaux présentes dans les assemblages des sites de Dizac – le Diamant, Grande Anse des Salines, Paquemar, Anse Trabaud et Macabou.

	Dizac		Salines		Paquemar		Trabaud		Macabou		Total	
	NR	% NR	NR	% NR	NR	% NR	NR	% NR	NR	% NR	NR	% NR
NR	**37952**		**130**		**319**		**1673**		**7232**		**47306**	
Echinodermes	13	0.0%					48	2.9%	738	10.2%	799	1.7%
Crustacés	24653	65.0%	37	28.5%	32	10.0%	1017	60.8%	1927	26.6%	27666	58.5%
Poissons	10474	27.6%	15	11.5%	172	53.9%	257	15.4%	2563	35.4%	13481	28.5%
Tétrapodes	834	2.2%	9	6.9%			6	0.4%	436	6.0%	1285	2.7%
Reptiles	695	1.8%	60	46.2%	74	23.2%	272	16.3%	1305	18.0%	2406	5.1%
Oiseaux	439	1.2%					9	0.5%	10	0.1%	458	1.0%
Mammifères	844	2.2%	9	6.9%	41	12.9%	64	3.8%	253	3.5%	1211	2.6%

	Dizac		Salines		Paquemar		Trabaud		Macabou		Total	
	NMI	% NMI	NMI	% NMI	NMI	% NMI	NMI	% NMI	NMI	% NMI	NMI	% NMI
NMI	**5903**		**37**		**64**		**257**		**743**		**7004**	
Echinodermes	8	0.1%					3	1.2%	44	5.9%	55	0.8%
Crustacés	5240	88.8%	14	37.8%	13	20.3%	156	60.7%	238	32.0%	5661	80.8%
Poissons	505	8.6%	8	21.6%	32	50.0%	49	19.1%	312	42.0%	906	12.9%
Tétrapodes												
Reptiles	20	0.3%	9	24.3%	10	15.6%	18	7.0%	75	10.1%	132	1.9%
Oiseaux	66	1.1%		0.0%		0.0%	7	2.7%	17	2.3%	90	1.3%
Mammifères	64	1.1%	6	16.2%	9	14.1%	24	9.3%	57	7.7%	160	2.3%

	Dizac		Salines		Paquemar		Trabaud		Macabou		Total	
	S		**S**		**S**		**S**		**S**		**S**	
S	**112**		**16**		**27**		**40**		**85**		**145**	
Echinodermes	2	1.8%					1	2.5%	3	3.5%	3	2.1%
Crustacés	17	15.2%	4		2		8	20.0%	14	16.5%	20	13.8%
Poissons	73	65.2%	7		19		21	52.5%	50	58.8%	92	63.4%
Tétrapodes												
Reptiles	6	5.4%	2		3		2	5.0%	8	9.4%	10	6.9%
Oiseaux	7	6.3%					4	10.0%	4	4.7%	11	7.6%
Mammifères	7	6.3%	3		3		4	10.0%	6	7.1%	9	6.2%

Tableau 2 : Décompte en Nombre de Restes (NR), en Nombre Minimal d'Individus (NMI) et en Nombre de taxons (S) des Classes d'animaux présentes dans les sites de Dizac – le Diamant, Grande Anse des Salines, Paquemar, Anse Trabaud et Macabou.

	Dizac		Salines		Paquemar		Trabaud		Macabou		Total	
	NR	NMI	NR	NMI	NR	NMI	NR	NMI	NR	NMI	NR	NMI
	37,952	**5,903**	**130**	**37**	**319**	**64**	**1,673**	**257**	**7,232**	**743**	**47,306**	**7,004**
Invertébrés	**24,666**	**5,248**	**37**	**14**	**32**	**13**	**1,065**	**159**	**2,665**	**282**	**28,465**	**5,716**
Invertébrés sans Crustacea et Coenobitidae	**5,920**	**3,050**	**20**	**10**	**32**	**13**	**1,065**	**159**	**2,656**	**276**	**9,693**	**3,508**
Echinoidea									1	1	1	1
Echinometridae	1	1					48	3	685	36	734	40
Clypeasteridae	12	7							11	4	23	11
Toxopneustidae									41	3	41	3
Crustacea*	127		4						3		134	
Palinuridae	23	3					6	2	1	1	30	6
Balanidae									38	18	38	18
Coenobitidae*	18,619	2,198	13	4					6	6	18,638	2,208
Paguridae	2	2									2	2
Portunidae	91	45					4	1	40	25	135	71
Xanthidae	62	12	2	1			10	6	11	7	85	26
Gecarcinidae	5,687	2,965	18	9	31	12	978	142	1,825	178	8,539	3,306
Ocypodidae	16	10									16	10
Majidae	26	5			1	1	19	5	3	3	49	14
Poissons	**10,474**	**505**	**15**	**8**	**172**	**32**	**257**	**49**	**2,563**	**312**	**13,481**	**906**
Poissons sans Teleostei	**5,660**	**505**	**10**	**8**	**122**	**32**	**193**	**49**	**1,273**	**312**	**7,258**	**906**
Ginglymostomatidae									1	2	1	2
Carcharhinidae	3	1			1	1	1	1	1	1	6	4
Teleostei*	4,814		5		50		64		1,290		6,223	
Albulidae	9	2					1	1	5	4	15	7
Clupeidae	1	1							1	1	2	2
Belonidae	575	15							26	8	601	23
Muraenidae	3	2									3	2
Holocentridae	106	9					6	2	25	4	137	15
Centropomidae	28	4							7	4	35	8
Serranidae	422	53	2	2	13	4	17	5	51	25	505	89
Priacanthidae									2	1	2	1
Malacanthidae	66	4									66	4
Carangidae	987	98			10	5	19	4	105	33	1,121	140
Lutjanidae	380	63	2	2	8	2	19	5	80	26	489	98
Gerreidae	6	3					2	1			8	4
Haemulidae	297	39	1	1			6	1	89	18	393	59
Sparidae	21	9							5	6	26	15
Sciaenidae	2	2									2	2
Mullidae	4	2							2	1	6	3
Chaetodontidae	29	5									29	5

Kyphosidae	1	1									1	1
Pomacanthidae	1	1							7	3	8	4
Sphyraenidae					3	2			12	6	15	8
Labridae	84	28					1	1	12	5	97	34
Scaridae	267	42			42	8	9	6	272	80	590	136
Acanthuridae	78	5	1	1	9	3	40	8	105	24	233	41
Scombridae	2,170	84	3	1	32	3	66	10	453	49	2,724	147
Balistidae	110	28	1	1	3	3	4	3	10	9	128	44
Monacanthidae	2	1									2	1
Ostraciidae	6	2					2	1	1	1	9	4
Diodontidae	2	1			1	1			1	1	4	3
Reptiles	**695**	**20**	**60**	**9**	**74**	**10**	**272**	**18**	**1,305**	**75**	**2,406**	**132**
Cheloniidae	515	3	59	8	56	6	246	11	1,182	44	2,058	72
Dermochelyidae	43	1									43	1
Iguanidae	136	15	1	1	18	4	26	7	123	31	304	58
Teiidae	1	1									1	1
Oiseaux	**439**	**66**					**9**	**7**	**10**	**17**	**458**	**90**
Oiseaux sans Aves	**200**	**55**					**5**	**4**	**4**	**14**	**209**	**73**
Aves*	45	5					4	3	6	3	55	11
Procellariidae	123	40					2	2	2	1	127	43
Phoenicopteridae	60	10									60	10
Columbidae	17	5					3	2	1	11	21	18
Scolopacidae									1	2	1	2
Phasianidae*	194	6									194	6
Mammifères	**844**	**64**	**9**	**6**	**41**	**9**	**64**	**24**	**253**	**57**	**1,211**	**160**
Mammifères sans Mammalia, Hominidae, Bovidae et Suidae	**790**	**61**	**8**	**5**	**41**	**9**	**64**	**24**	**218**	**48**	**1,121**	**147**
Mammalia*	10								23		33	
Molossidae							1	1			1	1
Trichechidae	32	1			1	1	2	2	51	5	86	9
Canidae	4	2									4	2
Dasyproctidae	13	3	5	2	2	1	22	9	66	12	108	27
Muridae : Oryzomyini	741	55	3	3	38	7	39	12	101	31	922	108
Hominidae*									6	4	6	4
Bovidae*	41	2	1	1					6	5	48	8
Suidae*	3	1									3	1

* Taxons intrusifs (Coenobitidae, Phasianidae, Hominidae, Bovidae, Suidae) ou indéterminés (Crustacea, Téléostéens, Aves, Mammalia)

Tableau 3 : Décompte en Nombres de Restes et en Nombre d'Individus (NR et NMI) des familles présentes dans les assemblages des sites de Dizac – le Diamant, Grande Anse des Salines, Paquemar, Anse Trabaud et Macabou.

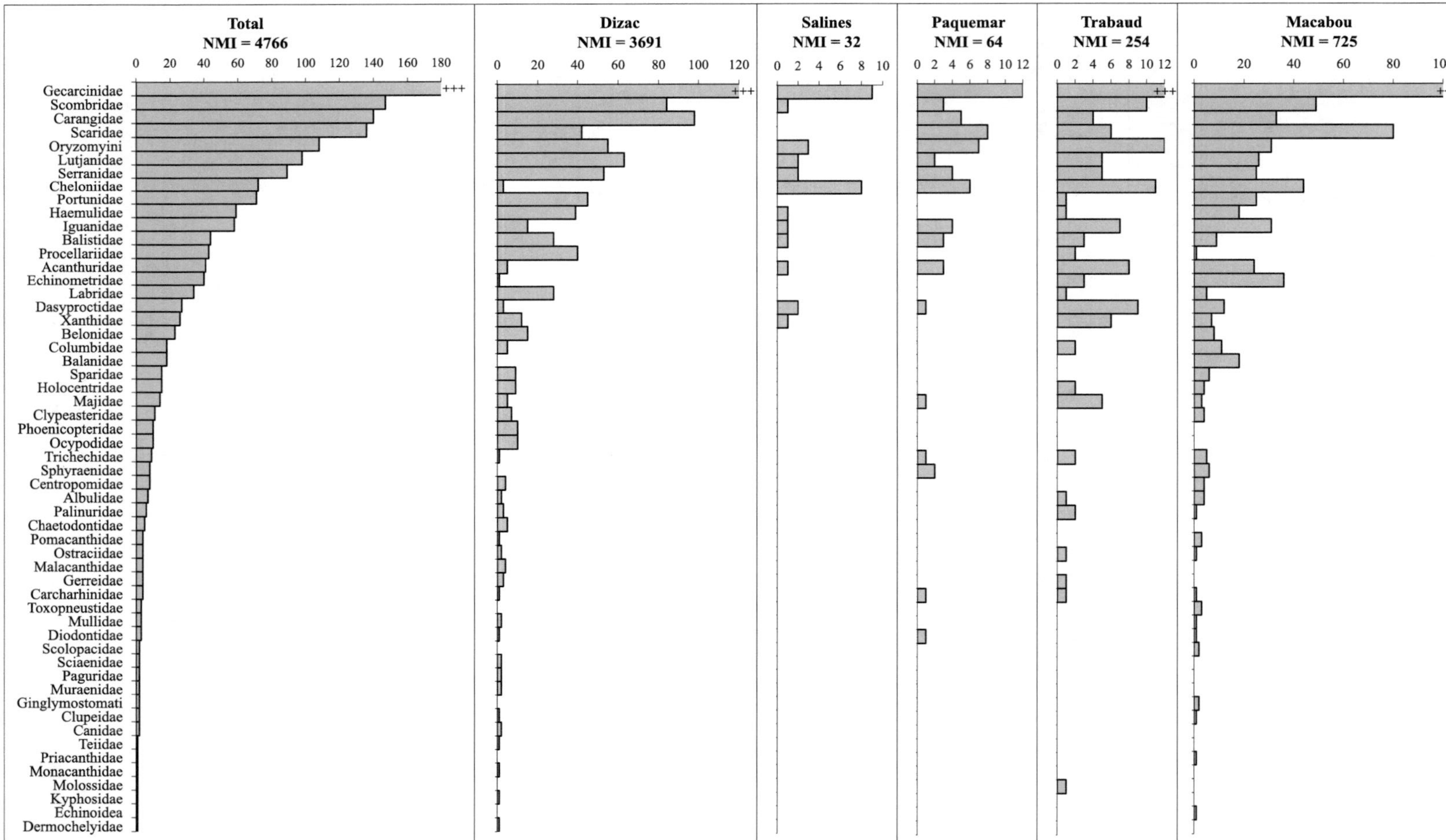

Figure 3 : Représentation en Nombre d'Individus par ordre décroissant de l'abondance des familles d'animaux présentes dans les assemblages des sites de Dizac – le Diamant, Grande Anse des Salines, Paquemar, Anse Trabaud et Macabou.

3.1.1 Echinodermes et Crustacés

Ainsi, sur la totalité des assemblages, les Crustacés dominent aussi bien en Nombre de Restes (58%) qu'en NMI (81%), suivis par les Poissons (respectivement 28 et 13 %). Toutefois, des différences importantes sont à noter entre les sites. En effet, sur Dizac, les Crustacés sont si nombreux (24 653 restes, soit 65% des restes, 89% des individus et 17 taxons) qu'ils entraînent une disproportion en leur faveur du total lorsque l'on considère la totalité des assemblages. Ils sont également dominants à Trabaud (61% NR, 61% NMI et 8 taxons), très fortement représentés aux Salines (28% NR, 38% NMI et 4 taxons) et à Macabou (27% NR, 32% NMI et 14 taxons), mais quasiment absents à Paquemar (10% NR, 20% NMI et 2 taxons).

Dans le groupe constitué d'Echinodermes et de Crustacés, les Echinidés sont représentés par 3 taxons : les Echinometridae (châtaignes de mer, 8% des restes de ce groupe et 1% du NMI), les Clypeasteridae (biscuits) et les Toxopneustidae (tripneuste). Les Crustacés sont représentés par 20 taxons, dont 17 à Dizac et 14 à Macabou. Pour le calcul des pourcentages nous avons exclu les bernard-l'hermite (Coenobitidae), qui sont très fortement représentés en raison de leur statut sans doute intrusif, notamment dans les décapages superficiels, ainsi que les indéterminés Crustacea. Le plus abondant est une famille de crabes terrestres, Gecarcinidae, qui représente 88% du NRd des Crustacés et 94% du NMI. Les autres crabes terrestres (Ocypodidae), les crabes cancroïdes (Portunidae), les crabes coralliens (Xanthidae), les araignées de mer (Majidae) et les langoustes (Palinuridae), les bernard-l'hermite marins (Paguridae) et les balanes (Balanidae) ont de faibles représentations (moins de 2 % chacun), mais leur présence indique non seulement une exploitation de la mer, mais surtout une importante diversification.

3.1.2 Poissons

Les Poissons sont fortement représentés sur la totalité des sites, aussi bien en Nombre de Restes (28%) qu'en NMI (13%), mais surtout en Nombre de taxons (63%, soit 92 taxons). Toutefois, des différences importantes sont à noter entre les sites. En effet, à Paquemar, ils dominent l'assemblage (54% NR, 50% NMI et 19 taxons). Ils sont également bien représentés à Macabou (35% NR, 42% NMI, 50 taxons) et à Dizac (28% NR, 8% NMI, 73 taxons), mais ils sont faiblement représentés aux Salines (12% NR, 22% NMI et 7 taxons) et à Trabaud (15% NR, 19% NMI et 21 taxons).

Les Poissons sont représentés par 92 taxons. En dehors des indéterminés « Téléostéens », les thons et thonines (Scombridae 38% NRd, 16% NMI), les carangues (Carangidae 15% NR, 15% NMI) et les orphies (Belonidae 8% NRd, 3% NMI), les poissons-perroquets (Scaridae 8% NRd, 15% NMI), les mérous (Serranidae 7% NRd, 10% NMI), les vivaneaux (Lutjanidae 7% NRd, 11% NMI), les gorettes (Haemulidae 5% NRd, 7% NMI), les poissons-chirurgiens (Acanthuridae 3% NRd, 5% NMI) sont les plus abondants. D'autres familles sont représentées en plus petite quantité : cardinaux (Holocentridae 2% NRd, 2% NMI) et balistes (Balistidae 2% NRd, 5% NMI) et les labres (Labridae 1% NRd, 4% NMI). Enfin, les 19 autres familles ne sont que faiblement représentées (entre

1 et 0% du NRd et du NMI). Ce très large éventail d'espèces indique une forte diversification de la pêche.

3.1.3 Reptiles

Les Reptiles ne sont représentés que par 4 familles et 10 taxons : les tortues de mer (Cheloniidae 86% NRd, soit 55% NMI et Dermochelyidae 2% NRd et 1% NMI), les iguanes (Iguanidae 13% NRd et 44% NMI) et les ameives (Teiidae < 1 % NRd et NMI).

3.1.4 Oiseaux

Les Oiseaux, illustrés par 5 familles et 11 taxons, sont représentés par des puffins (Procellariidae 61% NRd et 59% NMI), des flamands roses (Phoenicopteridae 29%NRd et 14% NMI), des pigeons (Columbidae 10% NRD et 25% NMI) et des bécasses (Scolopacidae <1% NRd et 3% NMI). Nous avons exclu des pourcentages les Phasianidae (poules domestiques) intrusives car post-coloniales et les oiseaux indéterminés « Aves ».

3.1.5 Mammifères

Enfin, parmi les Mammifères, les rats des rizières (Oryzomyini 82% NRD et 73% NMI) et les agoutis (Dasyproctidae 10% NRD et 18% NMI) côtoient les lamantins (Trichechidae 8% NRD et 6% NMI), les chiens (Canidae < 1% NRD et NMI) et les chauve-souris (Molossidae < 1% NRD et NMI). Nous avons exclus des décomptes en pourcentage les « Mammalia » indéterminés, ainsi que les Hominidae, les Bovidae et les Suidae, intrusifs car post-coloniaux.

3.1.6 Richesse et diversité

Il y a toutefois des disparités entre les sites (Tableau 4 ; Figure 4). Ainsi, à Dizac, par exemple, l'indice de richesse de Margaleff sur l'ensemble du site est de 12.8 et l'indice de diversité de la réciproque de Simpson est de 2.1, ce qui comparé aux autres sites précolombiens de des Petites Antilles[4] illustre une zone de rejet riche et très ciblée, en l'occurrence, sur les crustacés (Grouard, 2001). Ainsi, sur ce site, de nombreuses espèces d'animaux ont été collectées, ce qui témoigne d'une recherche de diversification des ressources, mais certains taxons ont été privilégiés. En effet, l'ordonnance des NMI par taxon, qui illustre l'équilibre de l'abondance des espèces, indique qu'en dehors des crabes terrestres Gecarcinés (2965 individus), les carangues dominent (98 individus), suivies par les thons (84), les vivaneaux (63), les rats des rizières (55) et les mérous (53). Une fois les crustacés extraits de ces décomptes, alors, il n'y a plus de déséquilibre de l'abondance des espèces. L'indice de diversité (vertébrés) passe à 24, ce qui correspond à un équilibre de l'abondance des taxa, donc à une recherche équilibrée des ressources.

4 En effet, lorsque l'on regarde la richesse et la diversité des spectres de faune de l'ensemble des cinq sites, en globalité cet assemblage martiniquais est riche et diversifié (indice de richesse : 16.3 et indice de diversité des vertébrés : 32.6).

	Dizac	Salines	Paquemar	Trabaud	Macabou	Total
NRd	37,952	130	319	1,673	7,232	47,306
NRd vertébrés	7400	78	237	538	2829	11082
NMI	5,903	37	64	257	743	7004
NMI vertébrés	646	22	51	98	452	1269
S	**112**	**16**	**27**	**40**	**85**	**145**
S vertébrés	89	11	25	31	81	117
dI (NRd)	10.5	3.1	4.5	5.3	9.5	13.4
dI	**12.8**	**4.2**	**6.3**	**7.0**	**12.7**	**16.3**
H (NRd)	6.9	2.5	11.5	2.9	7.8	10.7
H	2.1	7.2	13.4	4.3	25.8	3.2
H vertébrés	**24.0**	**5.5**	**16.2**	**15.7**	**31.0**	**32.6**

Tableau 4 : Richesse et diversité des sites de Dizac – le Diamant, Grande Anse des Salines, Paquemar, Anse Trabaud et Macabou. NRd = Nombre de Restes déterminés; S = Nombre de taxons; NMI = Nombre Minimal d'Individus; dI = Indice de Richesse de Margaleff (S-1)/Logn(N); H = Indice de diversité - Réciproque de Simpson (1/somme pi², avec pi = Ni/N).

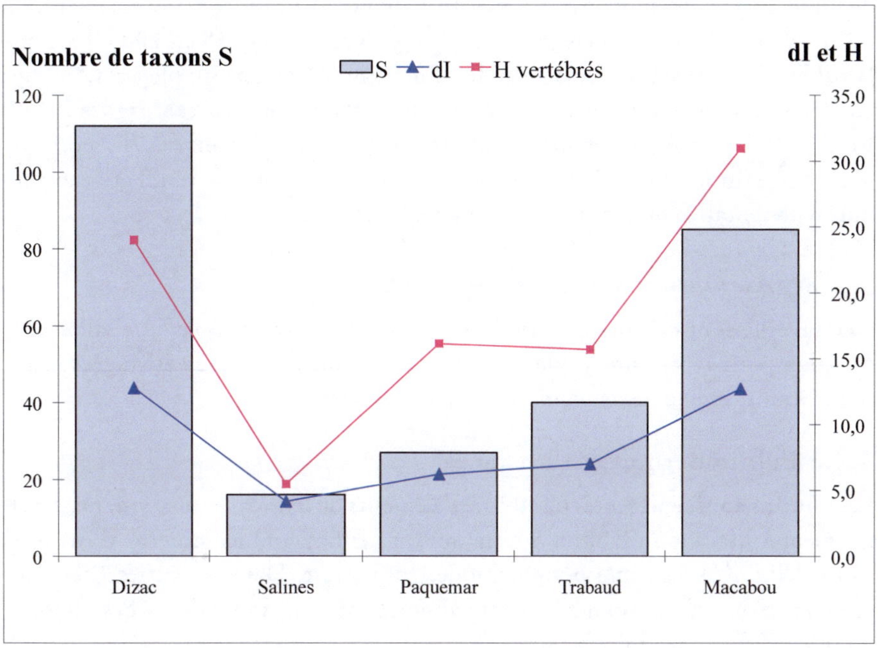

Figure 4 : Richesse et diversité des sites de Dizac – le Diamant, Grande Anse des Salines, Paquemar, Anse Trabaud et Macabou.

A Grande Anse des Salines, Paquemar et Trabaud, les indices de richesse sont faibles (respectivement 4.2, 6.3 et 7.0), tout comme ceux de diversité (respectivement 7.2, 13.4 et 4.3) et de diversité des vertébrés (respectivement 5.5, 16.2 et 15.7). Le panel d'animaux consommés est peu riche et modérément diversifié, reflétant une économie non ciblée mais à spectre restreint. Ainsi, à Grande Anse des Salines, les tortues marines dominent (8), alors qu'à Paquemar, les poissons-perroquets (8), puis les rats des rizières (7) dominent, suivis par les tortues marines (6). A Trabaud, les rats des rizières (12) dominent, suivis par les tortues marines (11), les thons (10) et les agoutis (9).

Enfin à Macabou, le panel est riche (12.7) et diversifié (25.8), voire très diversifié si l'on ne prend en compte que les vertébrés (31), ce qui traduit une économie à large spectre où de nombreuses espèces contribuent à parts égales. Les poissons-perroquets dominent (80), suivis par les thons (49), les tortues marines (44), les carangues (33), les rats des rizières (31) et les iguanes (31). L'économie de subsistance est ouverte et généralisée, ce qui témoigne d'une recherche de diversification des ressources.

Il faut toutefois modérer toutes ces interprétations, du fait que les assemblages étudiés dans cette étude provenant de certains sites n'ont pas été tamisés (Grande Anse des Salines, Paquemar et Trabaud). Prenons un exemple pour montrer les erreurs d'interprétations liées à ce phénomène. Les 7 232 restes de faune du site de Macabou étudiés en 2003, 2004 et 2005 (campagnes 71-79 de L. Allaire déposée au SRA Martinique et au FLMNH et campagne de 2005 Grouard/Serrand, ainsi que les 1 586 restes de la zone F étudiés par Fraser en 1981) ont livré un spectre de faune dans l'ensemble très riche et très abondant (85 taxons). Cependant, en 1971-79, 3 484 restes ont été prélevés à la fouille, contre 3 748 en 2005, bien que la surface fouillée soit dix fois moindre. En outre, 21 taxons supplémentaires ont été déterminés au cours de la campagne 2005, par apport aux campagnes 71-79. En fait, seuls, de grands animaux ont été ramassés dans les années 70, alors que le tamisage fin de 2005 a livré une quantité très importante de restes et beaucoup plus représentative du réel spectre de faune de ce site.

3.2 Représentation des parties squelettiques

Certains PR sont calculés avec des NR très faibles (par exemple, aux salines, les Megalomys ne représentent que 3 restes). Ces données ont donc été jugées insuffisantes pour être prises en compte dans les analyses.

3.2.1 Echinodermes et Crustacés

Les Oursins sont représentés par tous les éléments de leur conformation, mais uniquement à Macabou (Tableau 5 ; Figure 5) : hémipyramide, lanterne d'Aristote, rotule, épiphyse, ceinture pérignathique, épine, test. Dans les autres sites, leur présence n'est qu'occasionnelle. Cette absence est sans doute due à des effets de tamisage différentiel entre les sites.

Parmi les restes de Crustacés de Dizac – le Diamant, d'Anse Trabaud et de Macabou, toutes les parties squelettiques sont représentées, soit : mandibules (2% des Parties Squelettiques pondérées), chélipèdes (38%), mérus (19%), dactyles (41%), propodes (<1%), antennes (<1%), carapaces (7%). A Grande Anse des Salines et à Paquemar leur présence est anecdotique.

Echinodermes (NRd)	Dizac	Salines	Paquemar	Trabaud	Macabou	Total
	13	0	0	48	738	799
hémipyramide					77	77
lanterne				6	2	8
rotule				5	13	18
épiphyse					20	20
ceinture perignathique					39	39
épine				2	67	69
test	13			35	520	568

Crustacés (NRd)	Dizac	Salines	Paquemar	Trabaud	Macabou	Total
	24,653	37	32	1,017	1,927	27,666
mandibule	34	2		23	90	149
chélipède	9,787	15	19	727	17	10,565
mérus	2,684			9	1	2,694
dactyle	11,560	9		1	21	11,591
propode					342	342
antenne (fragments)	7					7
carapace (fragments)	581	11	13	257	1,456	2,318

Poissons (NRd)	Dizac	Salines	Paquemar	Trabaud	Macabou	Total	FO
	5,625	10	136	190	997	6,958	124
pré-vomer	18			1	3	22	1
supraoccipital					1	1	2
basioccipital	20				1	21	1
parasphénoïde	10		1	1		12	1
neurocrâne	4	1	3		6	14	1
otolithe	10	1			19	30	2
carré	111		3	2	15	131	2
articulaire	132	1	6	4	23	166	2
dentaire	231		6	7	50	294	2
maxillaire	148		2	2	22	174	2
prémaxillaire	169		6	3	46	224	2
pharyngial	68		10	7	68	153	3
dent	8	1			16	25	10
ectoptérigoïde	4					4	2
hyomandibulaire	23		2	4	5	34	2
préoperculaire	25			3	3	31	2
operculaire	20			9	13	42	2
suboperculaire	1			1	2	4	2
épihyal	5				5	10	2
cératohyal	16		25		7	48	2
urohyal	2			3		5	2
hypurial	3					3	2
lacrymal	2			1	1	4	2

stylohyal	1					1	2
branchiostegal	4			1		5	10
postemporal	8			1	2	11	2
sub-orbital				1		1	2
subtemporal	1					1	2
supratemporal					1	1	2
épibranchial					12	12	2
cleithrum	1		1	12	2	16	2
supracleithrum	1			3	3	7	2
scapula	66		1	1	13	81	2
coracoïde					3	3	2
première épine dorsale/ventrale	112		8	6	26	152	6
première vertèbre cervicale	47			2	17	66	1
vertèbre cervicale	684	1	9	26	124	844	6
première vertèbre thoracique	6				2	8	1
vertèbre thoracique	2,175	4	38	54	334	2,605	8
vertèbre caudale	1,395	1	8	28	128	1,560	8
dernière vertèbre caudale	80		2	4	10	96	1
basiptérygium	10			3	8	21	2
ptérygiophore	4		5		6	15	10
épine	163		2	1	12	178	
écaille	70			2	16	88	
indéterminé	4,616	5	34	64	1,538	6,257	
NMI	505	8	32	49	312	906	

Reptiles	**Dizac**	**Salines**	**Paquemar**	**Trabaud**	**Macabou**	**Total**	**FO**
Cheloniidae (NRd)	**485**	**56**	**53**	**236**	**686**	**1,516**	**221**
crâne (fragments)				15	1	16	10
dentaire					1	1	2
mandibule				4	1	5	2
précoracoïde		5		4	16	25	2
coracoïde							2
scapula	1		8	10	16	35	2
humérus	1	1	12	6	17	37	2
ulna	1			2	16	19	2
radius	4	1	2	8	16	31	2
vertèbre cervicale				28	24	52	7
vertèbre thoracique	9		1			10	6
vertèbre pré-sacrum					1	1	1
vertèbre caudale	1			1		2	18
carapace marginale	7					7	24

carapace costale	21	1		1		23	18
carapace (fragments)	430	27	26	128	462	1,073	
plastron (fragments)					4	4	9
illion				10	5	15	2
ischion	1	4		5	4	14	2
pubis					1	1	2
fémur	2	11	1	10	42	66	2
tibia		4	2	1	6	13	2
fibula					4	4	2
tarse/carpe	3	1			13	17	20
métapode	3				10	13	20
phalange	1	1	1	3	26	32	60
baguette	1					1	
diaphyse	62			3	17	82	
épiphyse	3	3			14	20	
indéterminé	7		2	7	465	481	
NMI	3	8	6	11	44	72	

Reptiles	**Dizac**	**Salines**	**Paquemar**	**Trabaud**	**Macabou**	**Total**	**FO**
***Iguana* sp. (NRd)**	**130**	**1**	**18**	**24**	**121**	**294**	**179**
crâne			1			1	4
maxillaire	1				1	2	2
mandibule	19		1	3	2	25	2
prémaxillaire	1					1	1
scapula				3	3	6	2
humérus	30		4	6	29	69	2
ulna					4	4	2
radius	4		1	1	4	10	2
vertèbre cervicale					4	4	7
vertèbre thoracique	12				1	13	12
vertèbre lombaire	25			2	14	41	10
vertèbre caudale	1		1		8	10	20
vertèbre sacrée					1	1	1
côte					2	2	24
pelvis	7		1	1	5	14	2
fémur	16		6	2	19	43	2
tibia	1		3	5	16	25	2
fibula						0	2
métapode	12	1		1	4	18	20
phalange I	1				2	3	20
phalange II					2	2	20
phalange III						0	20
diaphyse	6			2	2	10	
NMI	15	1	4	7	31	58	

Aves (NRd)	Dizac	Salines	Paquemar	Trabaud	Macabou	Total	FO
Procellariidae, Phoenicopteridae, Columbidae, Scolopacidae	**228**	**0**	**0**	**9**	**9**	**246**	**109**
crâne							1
bec							4
clavicule	7					7	2
coracoïde	2					2	2
humérus	120			2	1	123	2
radius	1					1	2
ulna				1	2	3	2
carpométacarpe					1	1	2
carpiens							4
phalange I							4
phalange II							2
vertèbre cervicale				1		1	12
vertèbre thoracique	5			1		6	6
vertèbre lombaire	1					1	5
synsacrum							1
pygostyle							1
bréchet	5			1		6	1
côte	1					1	12
pubis							2
illion							2
ischion							2
fémur	51					51	2
tibiotarse	26			3	3	32	2
tarsométatarse	5				2	7	2
phalange I							8
phalange II	2					2	8
phalange III	2					2	8
phalange IV							8
diaphyse	17				1	18	
NMI	66			7	17	90	

Mammifères (NRd)	Dizac	Salines	Paquemar	Trabaud	Macabou	Total
Trichechus manatus	**32**		**1**	**2**	**51**	**85**
crâne					1	1
mandibule					2	2
radius					1	1
tibia	7					7
calcanéum					1	1
phalange					1	1
côte	2		1	2	24	28

diaphyse	3				8	11
épiphyse	20					20
indéterminé					13	13

Mammifères (NRd)	**Dizac**	**Salines**	**Paquemar**	**Trabaud**	**Macabou**	**Total**
Canis familiaris	**4**					**4**
fémur	3					3
tibia	1					1
NMI	2					2

Mammifères (NRd)	**Dizac**	**Salines**	**Paquemar**	**Trabaud**	**Macabou**	**Total**	**FO**
Dasyprocta leporina	**11**	**5**	**2**	**22**	**53**	**93**	**255**
crâne					1	1	3
bulle tympanique			1	1		2	2
prémaxillaire							2
maxillaire							2
mandibule				2		2	2
incisive supérieure	1				1	2	2
incisive inférieure	2					2	2
molaire							12
scapula					3	3	2
humérus	3	1		2	3	9	2
ulna	1			1	2	4	2
radius					4	4	2
carpe							8
atlas							1
vertèbre cervicale					1	1	6
vertèbre thoracique							13
vertèbre lombaire				1	3	4	10
vertèbre caudale					1	1	8
disque vertébral					1	1	54
côte					1	1	26
clavicule							2
pelvis	2	1		3	7	13	2
fémur		2		7	12	21	2
patella							2
tibia	1	1	1	4	7	14	2
talus					1	1	2
calcanéus	1					1	2
métapode					3	3	20
phalange I					2	2	20
phalange II				1		1	20
phalange II							20
diaphyse	2				13	15	
NMI	3	2	1	9	12	27	

Mammifères (NRd)	**Dizac**	**Salines**	**Paquemar**	**Trabaud**	**Macabou**	**Total**	**FO**
Megalomys desmarestii	**694**	**3**	**36**	**39**	**70**	**842**	**255**
crâne (fragments)	10			3		13	3
bulle tympanique	7			1		8	2
prémaxillaire	15					15	2
maxillaire	12		1			13	2
mandibule	46	1	8	15	8	78	2
incisive supérieure	39		1		1	41	2
incisive inférieure	57		1			58	2
molaire	14					14	12
scapula	2				2	4	2
humérus	66	1	2	2	12	83	2
ulna	54		1	1	1	57	2
radius	32		2		2	36	2
carpe							8
atlas	5					5	1
vertèbre cervicale							6
vertèbre thoracique	5					5	13
vertèbre lombaire	14					14	10
vertèbre caudale	9			1		10	8
disque vertébral							54
côte	6				1	7	26
clavicule	2					2	2
pelvis	29		5	1	8	43	2
fémur	79		9	3	27	118	2
patella	1				1	2	2
tibia	100	1	5	11	3	120	2
talus	3					3	2
calcanéus	19					19	2
métapode	53		1	1	1	56	20
phalange I	2					2	20
phalange II	7				1	8	20
phalange III	6				2	8	20
diaphyse	47		2		31	80	
NMI	55	3	7	12	31	108	

Tableau 5 : Représentation des parties squelettiques de quelques taxons présents dans les assemblages des sites de Dizac – le Diamant, Grande Anse des Salines, Paquemar, Anse Trabaud et Macabou.

Figure 5 : Représentation des parties squelettiques de quelques taxons présents dans les assemblages des sites de Dizac – le Diamant, Grande Anse des Salines, Paquemar, Anse Trabaud et Macabou.

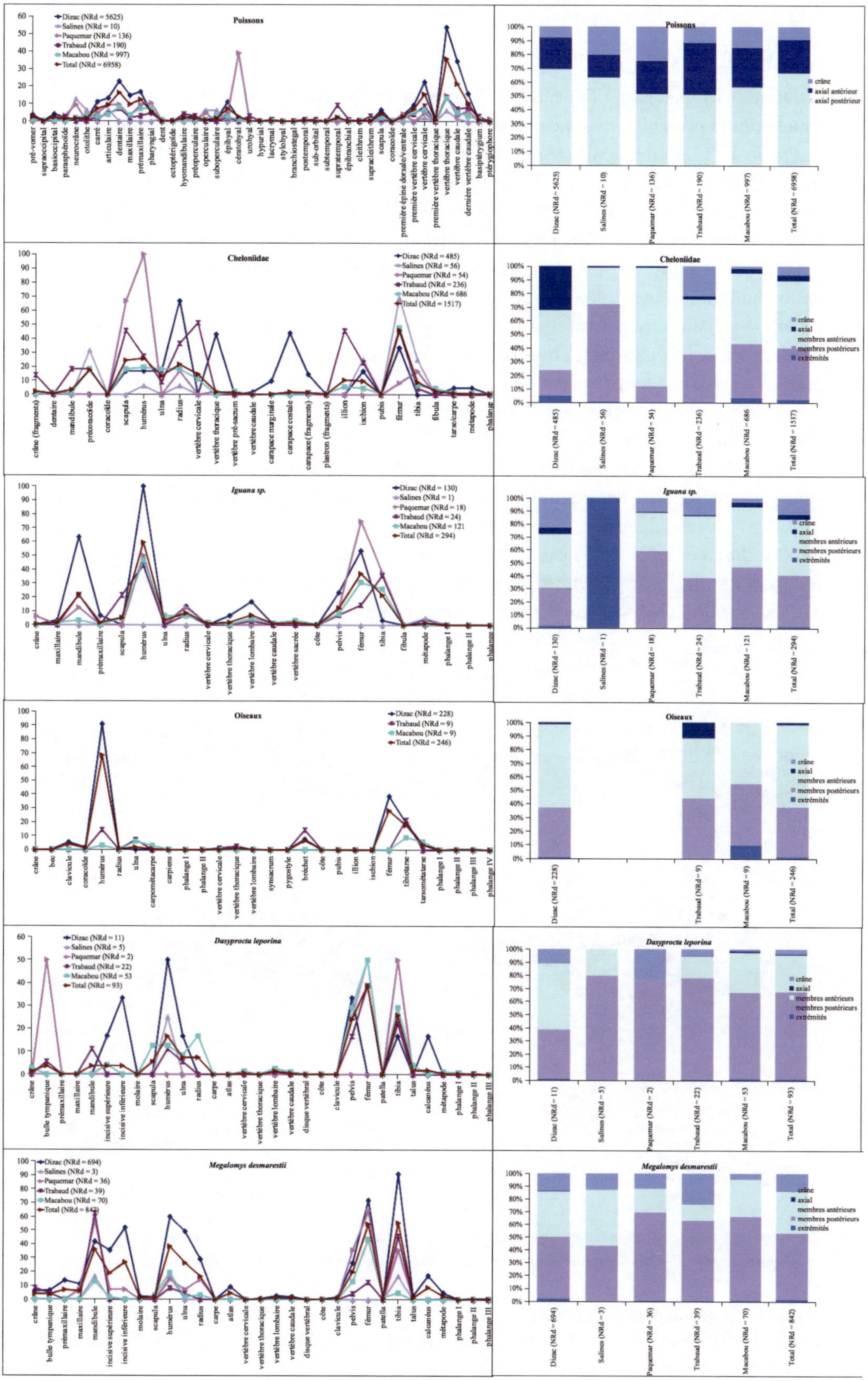
Poissons
Dizac (NRd = 5625)
Salines (NRd = 10)
Paquemar (NRd = 136)
Trabaud (NRd = 190)
Macabou (NRd = 997)
Total (NRd = 6958)
crâne
axial antérieur
axial postérieur
Cheloniidae
Dizac (NRd = 485)
Salines (NRd = 56)
Paquemar (NRd = 54)
Trabaud (NRd = 236)
Macabou (NRd = 686)
Total (NRd = 1517)
crâne
axial
membres antérieurs
membres postérieurs
extrémités
Iguana sp.
Dizac (NRd = 130)
Salines (NRd = 1)
Paquemar (NRd = 18)
Trabaud (NRd = 24)
Macabou (NRd = 121)
Total (NRd = 294)
Oiseaux
Dizac (NRd = 228)
Trabaud (NRd = 9)
Macabou (NRd = 9)
Total (NRd = 246)
Dasyprocta leporina
Dizac (NRd = 11)
Salines (NRd = 5)
Paquemar (NRd = 2)
Trabaud (NRd = 22)
Macabou (NRd = 53)
Total (NRd = 93)
Megalomys desmarestii
Dizac (NRd = 694)
Salines (NRd = 3)
Paquemar (NRd = 36)
Trabaud (NRd = 39)
Macabou (NRd = 70)
Total (NRd = 842)

3.2.2 Poissons

A Dizac – le Diamant (Tableau 5 ; Figures 5 et 6), presque toutes les parties squelettiques des poissons sont représentées, et plus particulièrement les dentaires (42% du PR), les prémaxillaires (31%) et les vertèbres cervicales (42%), thoraciques (99%) et caudales (63%). L'essentiel des ossements du crâne sont bien représentés, comme les carrés (20%), les articulaires (24%), les maxillaires (27%), ou les cérato-épihyal (23%). En revanche, certains os sont moins bien représentés, comme les otolithes (< 2%), par exemple, ou encore les prévomers (6,5%), les hyomandibulaires (4%), les préoperculaires (4,5%), ou les cleithrum (< 1%). Au niveau des ceintures, les scapulas sont bien représentées (12%) alors que les basiptérygium sont quasiment absents (<2%). Toutefois, puisque l'ensemble des os crâniens et axiaux identifiables sont représentés, cela indique un rejet des poissons relativement «entier». Ainsi, les individus ne semblent pas avoir fait l'objet d'une découpe qui aurait séparé les filets de la tête.

A Grande Anse des Salines, toutes les parties squelettiques des poissons ne sont pas représentées. Par exemple, dans les os de la tête, seuls les neurocrânes, les otolithes, les articulaires, les operculaires et suboperculaires et des vertèbres (cervicales, thoraciques et caudales) sont représentés. En fait, seuls les plus gros ossements et les plus gros individus (poissons-perroquets, thons…) sont représentés, car l'échantillon analysé n'est pas suffisamment important.

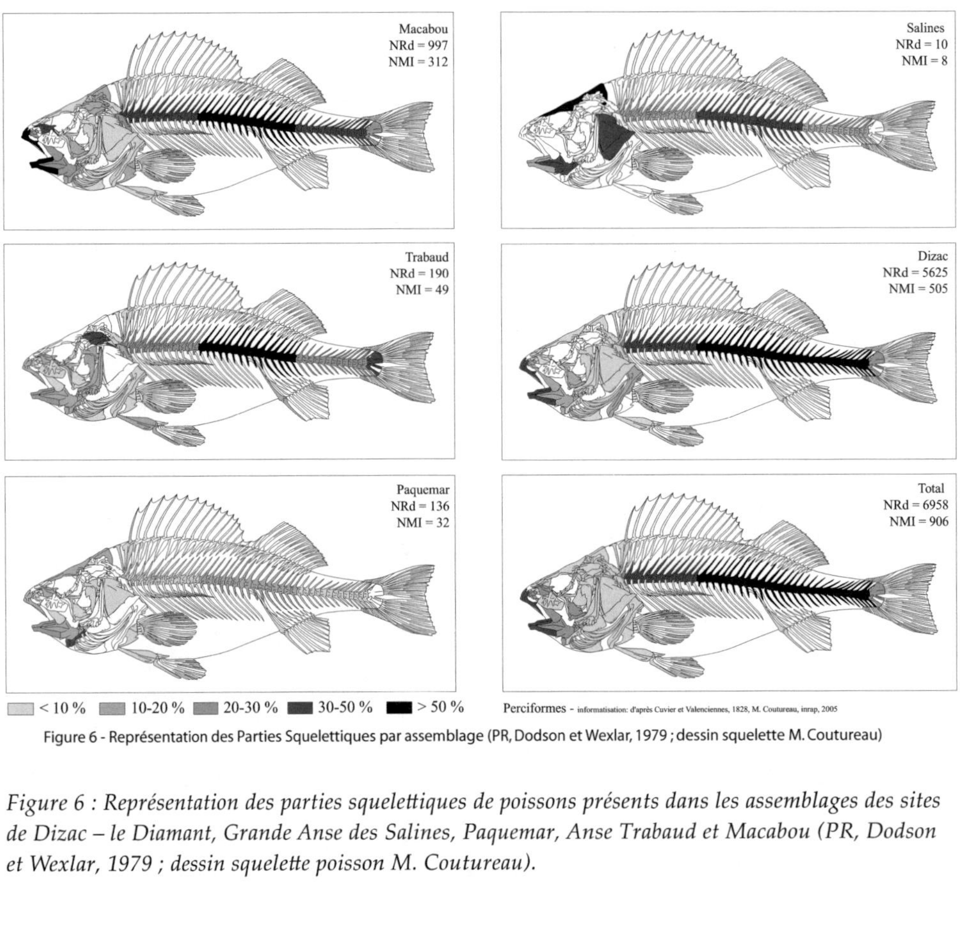

Figure 6 - Représentation des Parties Squelettiques par assemblage (PR, Dodson et Wexlar, 1979 ; dessin squelette M. Coutureau)

Figure 6 : Représentation des parties squelettiques de poissons présents dans les assemblages des sites de Dizac – le Diamant, Grande Anse des Salines, Paquemar, Anse Trabaud et Macabou (PR, Dodson et Wexlar, 1979 ; dessin squelette poisson M. Coutureau).

On retrouve ce phénomène dans une moindre mesure à Paquemar et à Anse Trabaud, bien que les échantillons soient plus importants, en raison de l'absence de tamisage.

A Macabou tous les ossements sont représentés et plus particulièrement les vertèbres thoraciques (91% PR), les vertèbres cervicales (37%), y compris la première vertèbre (37%), et les vertèbres caudales (35%), y compris les dernières vertèbres (22%). Toutefois, les ossements de la tête sont très bien représentés, et, plus particulièrement les dentaires (54 %), les prémaxillaires (50 %), les pharyngiaux (49 %), les articulaires (25%), les maxillaires (24%), les otolithes et les suboperculaires (21%), les carrés et les épihyaux (16%), les supratemporaux et les scapulas (14%) et les neurocrânes (13%). Cettezz représentation tient à la fois à la richesse de l'échantillon, mais aussi à la maille du tamis employé pour le sédiment (2.7 mm) : tous les ossements sont conservés. Enfin, la bonne conservation des ossements a également permis une identification des parties squelettiques et des espèces de façon plus poussée que sur d'autres sites, comme les Salines, par exemple.

3.2.3 Reptiles

Dans tous les sites du corpus, mis à part les Salines (échantillon trop faible), l'iguane (Tableau 5 ; Figure 5) est représenté sensiblement de la même façon : membres antérieurs (humérus 59% PR, radius 9%, ulna 3%) et postérieurs (fémur 37%, tibia 22%), pièces buccales (mandibule 22%, maxillaire 2%, prémaxillaire 2%), ceintures (pelvis 12%, scapula 5%), vertèbres (cervicales 1%, thoraciques 2%, lombaires 7%, sacrées 2%, caudales 1%) et métapodes (2%), donc, l'essentiel des pièces anatomiques. Seules manquent les plus petites pièces, comme les phalanges Cette absence n'est pas due à une absence de tamisage, puisque à Dizac et à Macabou, les sédiments ont été tamisés à 3 et 2,7 mm.

A Dizac – le Diamant (Tableau 5 ; Figure 5), des fragments de la carapace et du plastron composent l'essentiel des restes des tortues marines : carapaces costales (44% PR), carapaces marginales (10%), fragments de carapace (14%). Toutefois, on y trouve également des fragments d'os longs des membres antérieurs (radius 67%, ulna 17% et humérus 17%) et postérieurs (fémur 33%), des fragments de la ceinture scapulaire (17%) et de la ceinture pelvienne (17%), des vertèbres thoraciques (43%), des vertèbres caudales (2%), des carpes, des tarses (5%), des métapodes (5%) et des phalanges (1%). Ainsi, tous les ossements composant le squelette des tortues marines sont représentés. On peut donc en conclure que des individus entiers ont été apportés sur le site.

A Grande Anse des Salines et à Paquemar, ce sont les os longs qui dominent l'assemblage : membres antérieurs (respectivement humérus 6% et 100%, radius 6% et 17%) et postérieurs (respectivement fémur 69% et 8%, tibia 25% et 17%). Mais les ceintures sont également bien représentées (respectivement ceinture scapulaire 31% et 67% et ceinture pelvienne 25% et 0%). En revanche, les fragments de carapace (1%), les vertèbres (2%) les carpes, les tarses et les phalanges sont quasiment absentes (1%).

A Anse Trabaud, les vertèbres dominent (cervicales 51% et caudales 1%), mais les fragments de carapaces sont mineurs (1%). Les ceintures (scapula 45%, précoracoïde 18%, illion 45% et ischion 23%) sont mieux représentés que les os longs (humérus 27%, radius 36%, ulna 9%, fémur 45%, tibia 5%). Et, si des éléments crâniens existent (mandibule 18%, fragments de crâne 14%), il n'y a malheureusement pas de carpes, de tarses, ni de phalanges.

En fait, sur ces trois sites, seuls les ossements "attirants" pour un archéologue non spécialiste de la faune ont été prélevés : os longs des membres antérieurs et postérieurs... ce qui limite la pertinence des résultats. Les autres ossements de tortues marines, comme les os du carpe, du tarse, les métapodes et les phalanges sont aussi denses que les os longs et leur taille les rend visible même en l'absence de tamisage. Leur absence n'est donc pas due à un effet de la conservation différentielle, mais elle est sans doute liée à un prélèvement anthropique. Il reste à savoir si ce prélèvement a été réalisé par les Précolombiens ou par les fouilleurs ? Si les hommes précolombiens avaient délibérément découpés les extrémités des pattes pour ne conserver que les parties charnues (humérus, ulna, radius, fémur, tibia et fibula), alors pourquoi trouve t'on autant de scapulas, de précoracoïdes, de coracoïdes, d'illions, d'ischions et de pubis dans les restes ? Ces os se situent à l'intérieur de la carapace et ne portent pas autant de chaire que les membres. Il ne suffit donc pas de découper une patte sur un animal au bord de la mer pour les obtenir, mais il faut dépecer tout l'animal, donc ramener l'animal entier sur le site. Or si la carcasse a été ramenée, il manque alors les extrémités. Auraient elles été jetées ailleurs ? Un autre élément indique que les fouilleurs ont délibérément choisis les ossements qu'ils ramassaient : certains fémurs et humérus de tortues étaient accompagnés d'une note stipulant « ossement humain ». Cette confusion pourrait expliquer la présence de ces os longs dans les assemblages sans tamisage (Salines, Paquemar et Trabaud).

A Macabou, tous les ossements sont représentés, bien que les os longs dominent : membres antérieurs (humérus 19%, radius 18%, ulna 18%), membres postérieurs (fémur 48%, tibia 7%, fibula 5%), ceintures scapulaire (scapula 18%, précoracoïde 18%), ceinture pelvienne (illion 6%, ischion 5%, pubis 1%). Les vertèbres et les fragments de carapace sont presque absents (cervicale 11%, présacrum 2%, carapace 1%, plastron 1%), mais les éléments crâniens (dentaire 1%, mandibule 1%), les tarses (1%), les carpes (1%) et les phalanges (1%) sont représentés. Par conséquent, on peut en conclure que des individus entiers ont été apportés sur le site.

3.2.4 Oiseaux

Les ossements d'oiseaux n'ont été trouvés qu'à Dizac – le Diamant, à Trabaud et à Macabou (Tableau 5 ; Figure 5). Il s'agit essentiellement d'humérus (68%), de fémurs (28%), de tibiotarses (18%), de bréchets(7%), de clavicules (4%), de tarsométatarses (4%), d'ulnas (2%), de radius (1%), de coracoïdes (1%), de carpométacarpes (1%) et de vertèbres (1%). Il ne semble pas qu'ils aient été ramassés uniquement pour leurs plumes, puisque les ulnas et radius ne sont pas prépondérants. Mais ils ont sans doute fait l'objet d'une ressource alimentaire.

3.2.5 Mammifères

Les agoutis sont plutôt bien représentés à Dizac – le Diamant, à Anse Trabaud et à Macabou (Tableau 5 ; Figure 5). Aux Salines et à Paquemar, seuls quelques os ont été trouvés : pelvis, fémur, tibia, humérus et bulle tympanique.

A Dizac, les agoutis sont représentés par des humérus (50% PR), des ulnas (17%), des tibias (17%) des calcanéus (17%), des pelvis (33%) et des incisives (inférieures 33% et supérieures 17%).

A Anse Trabaud, les membres postérieurs dominent (fémurs 39%, tibias 22%, pelvis 17%), puis, les membres antérieurs (humérus 11%, ulnas 6%). Les éléments crâniens sont peu représentés (mandibules 11% et bulle tympanique 6%), tout comme les vertèbres (1%) et les phalanges (<1%). Les autres éléments squelettiques n'ont pas été trouvés.

A Macabou, on retrouve le même schéma qu'à Trabaud : les membres postérieurs dominent également (fémurs 50%, tibias 30%, pelvis 30%), puis les membres antérieurs (humérus 13%, radius 17%, ulnas 8%, scapulas 13%). Les éléments crâniens sont peu représentés (fragments de crâne 3%, incisives 4%), tout comme les vertèbres (cervicales 1,4%, lombaires 2,5%, caudales 1%, disques <1%), les côtes (<1%), les talus (4%), les métapodes (1,3%) et les phalanges (<1%).

Il semble que les ossements charnus (membres antérieurs et postérieurs) aient été recherchés.

Les rats des rizières sont plutôt bien représentés à Dizac – le Diamant, un peu moins à Paquemar, à Anse Trabaud et à Macabou (Tableau 5 ; Figure 5). Aux Salines, seuls quelques os ont été trouvés : mandibule, humérus, tibia.

A Dizac, les membres postérieurs dominent (fémurs 72%, tibias 91%, pelvis 26%), puis les membres antérieurs (humérus 60%, radius 29%, ulnas 49%, scapulas 2%). Les éléments crâniens sont également bien représentés (prémaxillaires 14%, maxillaires 11%, mandibules 42%, incisives inférieures 52%, incisives supérieures 35%, molaires 2%, bulles tympaniques 6%, fragments de crâne 6%), tout comme les vertèbres (atlas 9%, thoraciques 1%, lombaires 3%, caudales 2%), les côtes (2%), mais également les extrémités (patella 1%, calcanéus 17%, talus 3%, métapodes 5% et phalanges 2%).

A Paquemar, les membres postérieurs dominent (fémurs 64%, tibias 36%, pelvis 36%), puis, les membres antérieurs (humérus 14%, radius 14%, ulnas 7%), même si les éléments crâniens sont très présents (mandibules 57%, maxillaires 7%, incisives supérieures 7%, incisives inférieures 7%). Toutefois, les éléments distaux et les vertèbres sont quasiment absents (métapodes 1%).

A Trabaud, les éléments crâniens dominent (mandibules 63%, bulles tympaniques 4%, fragments de crâne 8%), suivis par les membres postérieurs (fémurs 13%, tibias 46%, pelvis 4%) et les membres antérieurs(humérus 8%, ulnas 4%). Les extrémités et les vertèbres sont quasiment absentes (vertèbres caudales 1%).

A Macabou, les membres postérieurs dominent (fémurs 44%, tibias 5%, patella 2%, pelvis 13%), puis, les membres antérieurs (humérus 19%, radius 3%, ulnas 2%, scapulas 3%), même si les éléments crâniens sont très présents (mandibules 13%, incisives supérieures 2%). Toutefois, les éléments distaux et les vertèbres sont totalement absents.

Il semble que sur ces sites, tous les ossements, y compris les têtes et les extrémités aient été recherchés, et pas seulement les éléments charnus (membres antérieurs et postérieurs). Toutefois, il semble qu'une différence de tamisage (et de conservation différentielle ?) ait affecté la répartition des pièces les plus petites (extrémités et vertèbres).

3.3 Taille des animaux capturés et écosystèmes exploités

3.3.1 Crustacés

La courbe de fréquence des tailles des crustacés (Tableau 6 ; Figures 7 et 8) montre une capture d'individus de petite taille (71 mm de largeur de carapace en moyenne). A part à Dizac (72 mm) et à Macabou (66 mm), où les crustacés ont fait l'objet d'un ramassage systématique, dans les trois autres sites, les individus mesurés ont été retrouvés car ils avaient été piégés dans des gastéropodes non lavés (86 mm aux Salines et 77 mm à Trabaud). En fait, seules les grosses pinces de crustacés ont été ramassées au cours des chantiers de fouilles, et en l'absence de tamisage, il n'y a pas de matériel représentatif des crustacés rejetés sur les sites. Les histogrammes

	Dizac n = 26	Salines n = 2	Paquemar	Trabaud n = 18	Macabou n = 46	Total n = 92	Population naturelle
Nombre de mesures	26	2		18	46	92	1692
Moyenne	72.4	86.3		76.8	66.0	70.6	153.8
Écart-type	14.6	2.8		5.7	8.4	11.6	147.7
Valeur maximale	93.3	89.1		87.1	82.6	93.3	106.0
Valeur minimale	41.5	83.6		63.0	35.2	35.2	5.0

Tableau 6 : Statistiques descriptives des largeurs de carapace des Gecarcinidae présents dans les assemblages des sites de Dizac – le Diamant, Grande Anse des Salines, Paquemar, Anse Trabaud et Macabou.

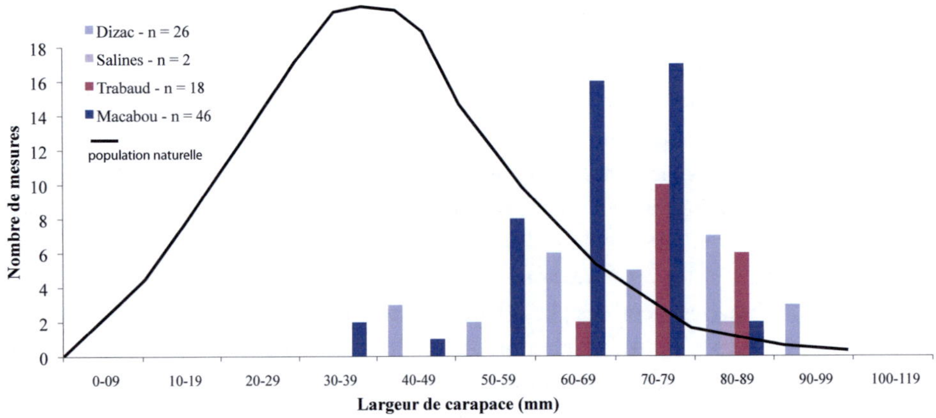

Figure 7 : Fréquence des largeurs de carapace des Gecarcinidae présents dans les assemblages des sites de Dizac – le Diamant, Grande Anse des Salines, Paquemar, Anse Trabaud et Macabou.

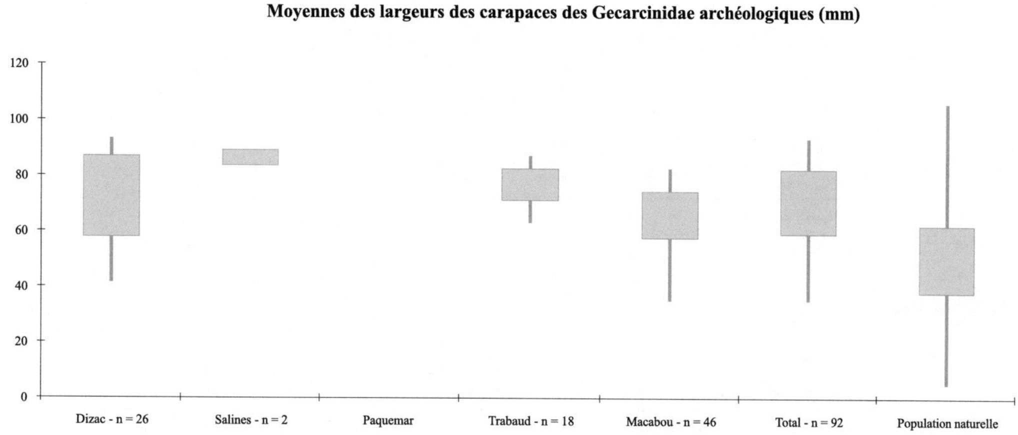

Figure 8 : Synthèse des largeurs de carapace des Gecarcinidae présents dans les assemblages des sites de Dizac – le Diamant, Grande Anse des Salines, Paquemar, Anse Trabaud et Macabou.

des fréquences de tailles indiquent des lois Normales avec un pic entre 60 et 90 mm de largeur de carapace. En revanche, cette configuration ne reflète pas une population naturelle, puisque celle-ci (Jean, 1995 ; Dubois, 1997) présente au contraire une population naturelle avec un pic autour de 30 à 50 mm de large. Par conséquent, on peut en déduire que les populations précolombiennes ont surtout prélevé de grands individus matures et adultes.

3.3.2 Poissons

L'ensemble des mesures prises sur les os de cardinaux (Holocentridae), mérous (Serranidae), carangues (Carangidae), vivaneaux (Lutjanidae), gorettes (Haemulidae), poissons-perroquets (Scaridae), poissons-chirurgiens (Acanthuridae) et thons (Scombridae) ont permis d'effectuer 5 048 mesures (Tableau 7 ; Figures 9 et 10).

Les courbes des fréquences de taille par famille de poisson offre un aperçu de la sélection anthropique en fonction des différents sites étudiés (Figure 10).

La reconstruction des tailles de poissons a donné des minima et des maxima très disparates, qui varient entre 6 cm de longueur standard (carangue, Dizac) et 157 cm (thon, Paquemar). La moyenne générale est de 41 cm de long et l'écart-type est de 17,5 cm. Des poissons de toutes tailles ont été pêchés parmi ces espèces.

A Dizac – le Diamant, en moyenne, les poissons cardinaux (64 mesures) font 21 cm de long, les mérous (356 mesures) font 34 cm, les carangues (863 mesures) font 34 cm, les vivaneaux (350 mesures) font 31 cm, les gorettes (285 mesures) font 20 cm, les poissons-perroquets font 27 cm, les poissons-chirurgiens (74 mesures) font 19 cm et les thons (1903 mesures) font 55 cm.

Au regard des données de pêcheries actuelles (qui malheureusement éliminent les plus petits et les plus grands individus), on s'aperçoit que les diagrammes reflètent une sélection des tailles des poissons pêchés, car ils ne suivent ni la loi Normale (mis à part les thons), ni la loi de Poisson (mis à part les mérous et les vivaneaux). En effet, par exemple, la «population naturelle» actuelle (Fischer, 1978) des gorettes présente une Longueur standard moyenne de 20 cm (17 – 23 cm, écart-type

	Nombre de mesures	**4141**	**9**	**78**	**137**	**683**	**5048**
Total	Moyenne	412.7	400.2	562.6	477.7	400.0	408.7
	Écart-type	165.6	174.3	206.3	198.2	189.9	175.1
	Valeure maximale	1214.2	727.3	1570.4	837.6	1039.0	1570.4
	Valeure minimale	62.4	197.6	223.0	110.3	71.0	62.4
	Nombre de mesures	**64**			**3**	**4**	**71**
Holocentridae	Moyenne	214.0			229.4	142.3	210.6
	Écart-type	61.7			56.2	17.4	62.2
	Valeure maximale	397.2			296.9	167.0	397.2
	Valeure minimale	136.1			159.3	117.7	117.7
	Nombre de mesures	**356**	**2**	**11**	**5**	**24**	**398**
Serranidae	Moyenne	340.5	575.6	620.0	604.4	412.2	358.9
	Écart-type	152.5	151.7	146.1	201.1	184.5	167.5
	Valeure maximale	914.6	727.3	945.1	733.6	901.4	945.1
	Valeure minimale	127.1	423.9	448.9	208.1	147.6	127.1
	Nombre de mesures	**863**		**10**	**17**	**83**	**973**
Carangidae	Moyenne	336.0		440.8	618.9	324.4	334.9
	Écart-type	112.2		109.7	95.0	221.1	126.4
	Valeure maximale	930.0		592.5	786.2	654.5	930.0
	Valeure minimale	62.4		223.0	478.7	105.0	62.4
	Nombre de mesures	**350**	**2**	**8**	**12**	**50**	**422**
Lutjanidae	Moyenne	304.5	284.2	563.2	647.7	324.7	309.8
	Écart-type	112.3	32.8	39.6	135.8	101.3	133.0
	Valeure maximale	779.5	317.0	641.3	837.6	538.2	837.6
	Valeure minimale	90.6	251.4	523.3	362.3	107.8	90.6
	Nombre de mesures	**285**	**1**		**4**	**85**	**375**
Haemulidae	Moyenne	202.2	216.2		277.0	202.8	193.6
	Écart-type	73.0	0.0		98.6	32.1	69.2
	Valeure maximale	601.4	216.2		441.5	287.9	601.4
	Valeure minimale	106.2	216.2		181.8	71.0	71.0
	Nombre de mesures	**246**		**19**	**8**	**145**	**418**
Scaridae	Moyenne	270.8		528.5	299.3	360.2	306.8
	Écart-type	78.5		189.9	44.7	190.3	149.8
	Valeure maximale	843.5		906.6	363.1	957.2	957.2
	Valeure minimale	110.4		224.5	237.5	127.2	110.4
	Nombre de mesures	**74**	**1**	**3**	**27**	**66**	**171**
Acanthuridae	Moyenne	190.3	197.6	298.9	192.3	203.0	191.9
	Écart-type	33.6	0.0	36.5	52.2	81.6	60.0
	Valeure maximale	283.1	197.6	338.2	323.8	650.2	650.2
	Valeure minimale	122.3	197.6	250.2	110.3	115.7	110.3
	Nombre de mesures	**1903**	**3**	**27**	**61**	**226**	**2220**
Scombridae	Moyenne	546.1	489.5	637.6	569.7	539.6	547.4
	Écart-type	97.1	112.6	250.6	97.9	97.2	101.4
	Valeure maximale	1214.2	618.6	1570.4	832.4	1039.0	1570.4
	Valeure minimale	247.7	344.2	416.9	293.0	294.6	247.7

= 14,3). Celle des vivaneaux est de 39 cm (24 – 80 cm, écart-type = 73,7). Celle des poissons-perroquets est de 47 cm (23 – 163 cm, écart-type = 157,6). Or, les gorettes, vivaneaux et poissons-perroquets archéologiques pêchés ont des tailles beaucoup plus petites que celles des populations actuelles naturelles, ce qui semble indiquer que les grands individus n'étaient pas recherchés. On peut donc supposer qu'à Dizac, les Précolombiens ont pratiqué des pêches spécialisées, comme la nasse pour les Holocentridae, les Haemulidae, les Scaridae et les Acanthuridae ; le filet à maille fine pour les Carangidae ; l'arc, la ligne ou la palangre pour les Serranidae et les Lutjanidae et les filets à large maille pour les Scombridae.

A Grande Anse des Salines, à Paquemar et à Anse Trabaud, le nombre d'ossements de poissons disponibles pour mesures ne permet pas d'élaborer d'hypothèses particulières (respectivement 9 mesures, 78 et 137). En effet, seuls les grands individus ayant été récoltés sur ces sites, les tailles sont plutôt élevées : 40 cm de long en moyenne aux Salines, 56 cm à Paquemar et 48 cm à Anse Trabaud. Par conséquent, l'impact des pêches sur l'environnement des sites n'a pu être déterminé et l'image générale de l'alimentation est déformée.

A Macabou, les ossements de poissons ont permis de prendre 683 mesures (Tableau 7 ; Figures 9 et 10). Les poissons cardinaux (4 mesures) font en moyenne 14 cm de long, les mérous (24 mesures) font 41 cm, les carangues (83 mesures) font 32 cm, les vivaneaux (50 mesures) font 33 cm, les gorettes (85 mesures) font 20 cm, les poissons-perroquets (145 mesures) font 36 cm, les poissons-chirurgiens (66 mesures) font 203 mm et les thons (226 mesures) font 54 cm.

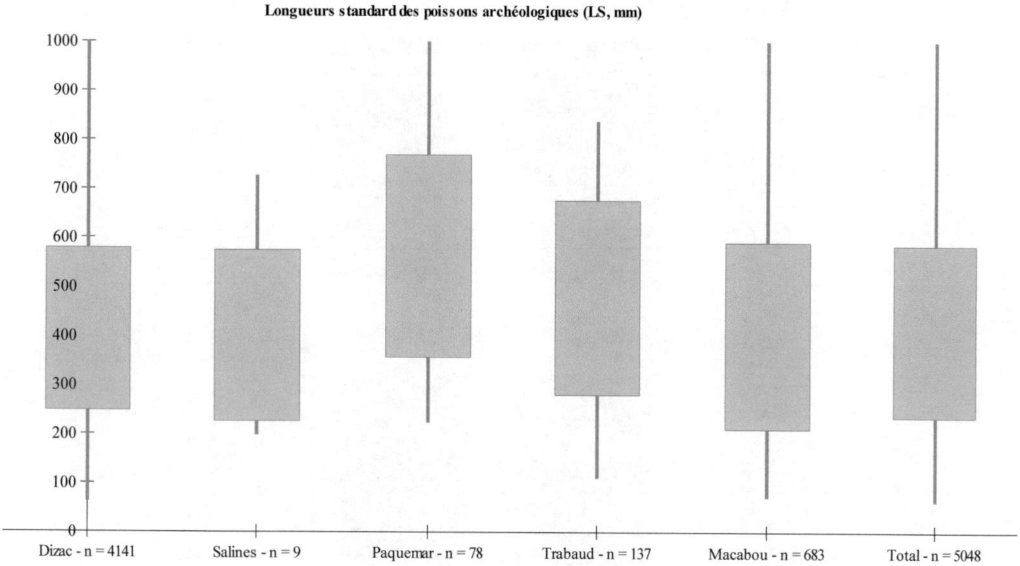

Figure 9 : Synthèse des Longueurs standard des poissons présents dans les assemblages des sites de Dizac – le Diamant, Grande Anse des Salines, Paquemar, Anse Trabaud et Macabou.

Tableau 7 : Statistiques descriptives des longueurs standard des poissons présents dans les assemblages des sites de Dizac – le Diamant, Grande Anse des Salines, Paquemar, Anse Trabaud et Macabou.

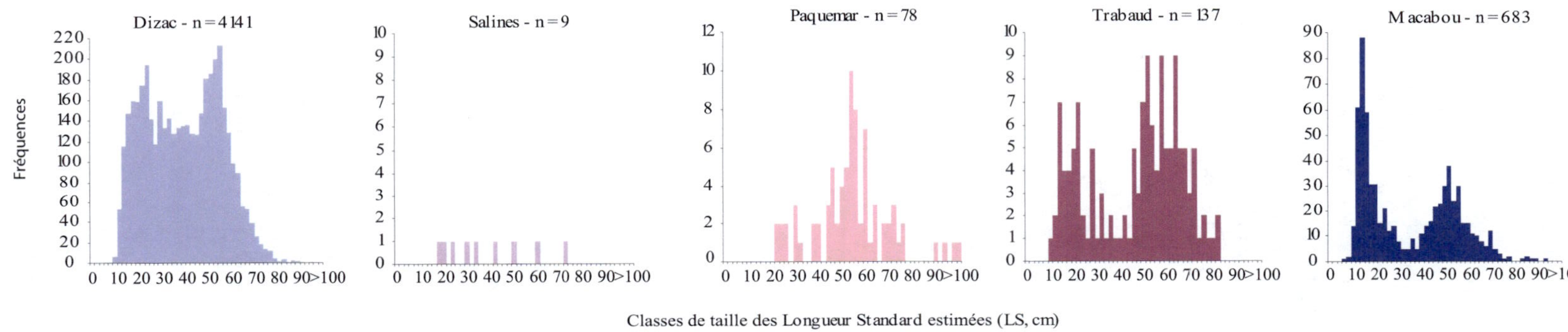

Holocentridae, *Holocentrus ascencionis*

Carangidae, *Caranx ruber*

Haemulidae, *Haemulon plumieri*

Acanthuridae, *Acanthurus bahianus*

Serranidae, *Epinephelus adscencionis*

Lutjanidae, *Lutjanus buccanella*

Scaridae, *Sparisoma viride*

Scombridae, *Scomberomorus cavalla*

Figure 10 : Fréquences des Longueurs standard des poissons présents dans les assemblages des sites de Dizac, les Salines, Paquemar, Trabaud et Macabou d'après les mesures des ossements des familles Holocentridae, Serranidae, Carangidae, Lutjanidae, Haemulidae, Scaridae, Acanthuridae et Scombridae (clichés de spécimens frais S. Grouard, 29.10.97).

Comme à Dizac, on s'aperçoit que les diagrammes reflètent une sélection des tailles des poissons pêchés, car ils ne suivent ni la loi Normale, ni la loi de Poisson. Encore une fois, les gorettes, vivaneaux et poissons-perroquets archéologiques pêchés ont des tailles plus petites que celles des populations actuelles naturelles, ce qui semble indiquer que les poissons pêchés étaient capturés à l'aide de nasses ou de filets à petite maille. En revanche, l'histogramme de fréquences de tailles des poissons-perroquets reflète une bimodalité, qui semble indiquer le prélèvement de deux populations de poissons : des grands (entre 40 et 90 cm) et des petits (entre 10 et 35 cm). Les grands poissons ont pu être capturés à l'aide d'arcs et de lances. Par ailleurs, en prenant en compte la présence des grands thons et des grands carangues, on peut estimer qu'une forme de sélection de pêche a été pratiquée : les grands individus saisonniers et pélagiques en eaux profondes ont été capturés en parallèle aux bancs de poissons petite taille herbivores et/ou juvéniles vivant dans les spots coralliens et les rochers.

Au fur et à mesure du temps (entre Dizac et Macabou), les tailles de poissons tendent à augmenter, puis à diminuer. En effet, la moyenne des tailles à Dizac et aux Salines (Saladoïde ancien et récent) est inférieure à celle de Paquemar (Troumassoïde) et de Trabaud (Suazoïde ancien). Mais à Macabou (Suazoïde récent), cette moyenne diminue. A l'échelle des Antilles, cette tendance à la chute se confirme (Figure 11).

3.3.3 Écosystèmes exploités

Les principaux milieux exploités par les populations ayant vécu sur ces sites sont représentés par les espèces étudiées (en dehors des bernard-l'hermite, dont la présence pourrait être intrusive, des espèces domestiques comme le chien et des espèces post-coloniales comme le cochon, la vache ou la poule).

Il s'agit principalement des arrières plages (58% NMI) et des mangroves (13% et les récifs coralliens (11%), en raison du grand nombre de crabes terrestres et de poissons de milieux saumâtres et de récifs rencontrés sur ces sites (Tableau 8; Figure 12). Les autres milieux plutôt bien représentés sont les forêts (5%), les fonds rocheux (4%), les chenaux en eaux profondes (4%) et les fonds sableux et herbiers (3%). Enfin, les zones d'estran (2%) et les littoraux rocheux (1%) sont pauvrement représentées en NMI, car il s'agit essentiellement de tortues marines, espèces de grande taille qui fournissent plus de viande qu'un individu poisson, oiseau ou crustacé et qui par conséquent sont tuées en moins grand nombre que les autres espèces.

Le site de Dizac – le Diamant est actuellement localisé sur une anse ouverte de sable blanc d'un kilomètre de long, séparée de l'île de Sainte-Lucie par des chenaux aux courants forts. Le piton sous-marin du Diamant sert de DCP naturel à quelques kilomètres au large de la plage. La végétation en arrière plage est une forêt tropicale sèche un système de mangroves s'est développé dans le Marigot du Diamant. Tous les écosystèmes présents au sud de l'île de la Martinique ne sont pas représentés de façon équilibrée dans le spectre de faune (Tableau 8 ; Figure 12). Au contraire, on retrouve la même image que pour la totalité des assembla-

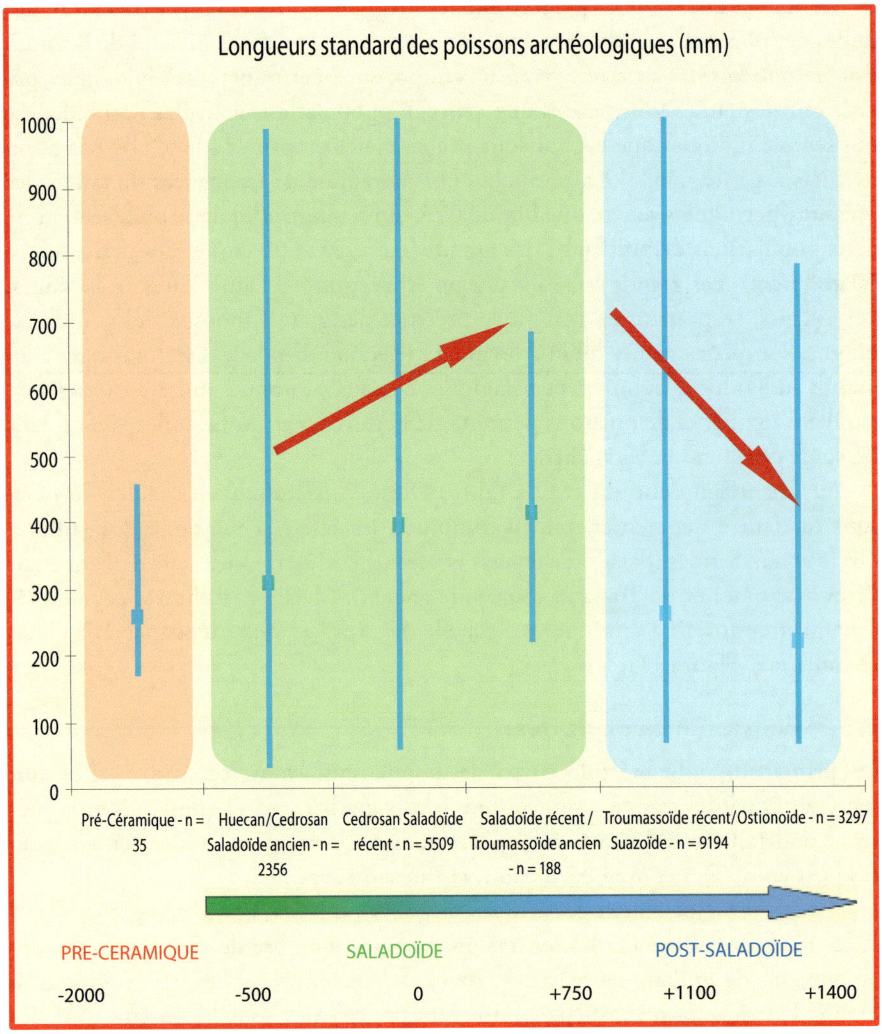

Figure 11 : Représentation des tailles de poissons au cours du temps dans les Petites Antilles.

ges, en raison de la richesse du Nombre d'Individus de ce site, qui domine donc le total.

A Grande Anse des Salines, à Paquemar et à Anse Trabaud, l'impact des pêches et chasses sur l'environnement du site est également déformé par sur-représentation des tortues (estrans), des rongeurs (forêts) et des poissons-perroquets de grande taille (récifs coralliens). Ce schéma n'est donc pas le reflet des véritables milieux exploités, mais un artefact de fouille. Il convient donc de compléter ces premiers résultats par des assemblages tamisés finement pour pouvoir en tenir compte dans une analyse globale du site.

Macabou montre une exploitation équilibrée des différents milieux. Les récifs coralliens dominent (26% NMI), suivis par les arrières plages (15%), les mangroves (13%), les fonds sableux et herbiers (13%) et les forêts (12%). Viennent ensuite les fonds rocheux (7%), les chenaux en eaux profondes (7%) et les estrans (6%). Cela tient à la meilleure représentation de l'ensemble des taxons et à leurs proportions plus équilibrées dans le spectre de faune. Les grandes espèces ne sont plus majoritairement re-

NMI	Dizac	Salines	Paquemar	Trabaud	Macabou	Total
Chenaux en eaux profondes	104	1	3	8	50	166
Fonds rocheux	121	4	4	11	47	187
Récifs coralliens	267	4	18	45	187	521
Fonds sableux et herbiers	64		1	1	95	161
Littoral rocheux	40			2	3	45
Zones d'estran	10	8	6	11	44	79
Arrières plages	2528	7		132	105	2772
Mangroves	476	2	20	13	91	602
Forêts	79	6	12	31	86	214
total	**3689**	**32**	**64**	**254**	**708**	**4747**

Tableau 8 : Principaux ecosystèmes exploités par les Précolombiens des sites de Dizac – le Diamant, Grande Anse des Salines, Paquemar, Anse Trabaud et Macabou.

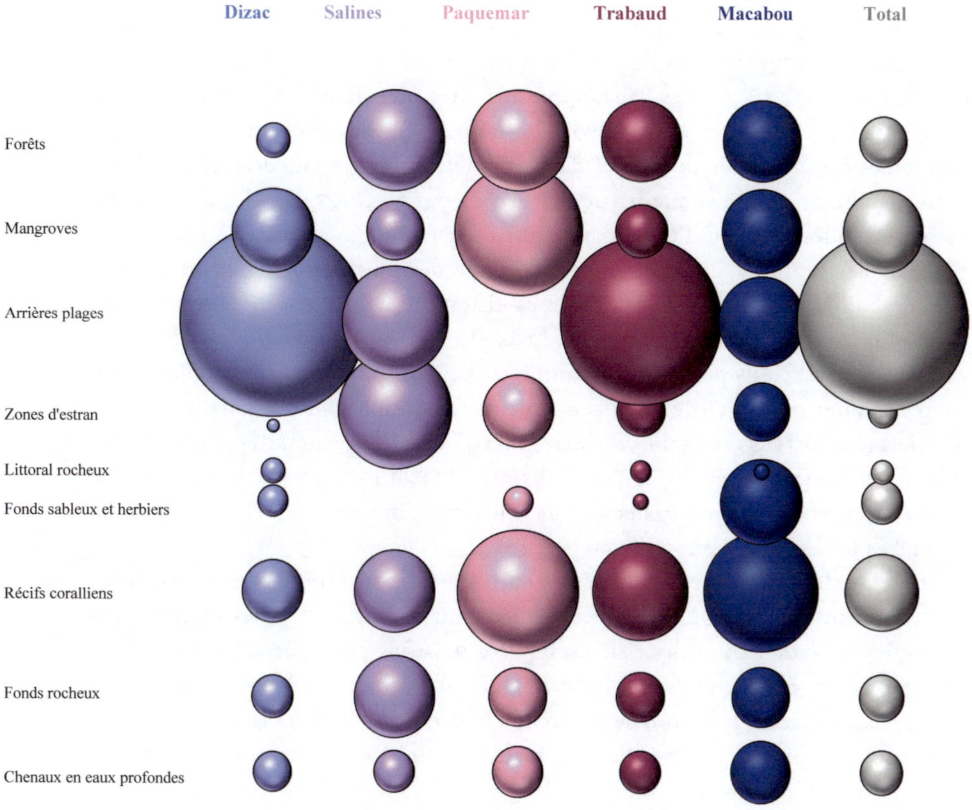

Figure 12 : Principaux écosystèmes exploités par les Précolombiens des sites de Dizac – le Diamant, Grande Anse des Salines, Paquemar, Anse Trabaud et Macabou.

présentées et les milieux préférentiels de capture n'apparaissent plus dominants comme dans les assemblages fouillés au cours des années 70.

Il semble donc que les populations ayant vécu sur ce site aient privilégié l'exploitation du milieu directement environnant du site : mangrove et arrière-plage, récifs coralliens, fonds sableux et herbier, qui sont attenants au site de Macabou.

L'évolution de l'exploitation des écosystèmes au cours du temps est liée à une forte représentation des crustacés terrestres sur le site de Dizac au Saladoïde récent et donc aux arrières plages, puis, progressivement à une exploitation de plus en plus équilibrée sur tous les écosystèmes disponibles autour du site archéologique, comme à Macabou, au Suazoïde récent.

4 Conclusion

Au total, 145 taxons ont été identifiés, sur ces cinq sites.

Dizac a livré un matériel faunique qui illustre les choix alimentaires et les sélections de techniques de chasse et de pêche au cours de l'occupation saladoïde. Les crustacés terrestres et les poissons constituent l'essentiel des restes analysés. Les grands rongeurs endémiques et les tortues marines sont assez bien représentés également, notamment dans l'ordre d'abondance des taxa. La richesse et la diversité du site sont assez élevées par rapport aux sites précolombiens céramiques des Petites Antilles (Wing et Wing 1995, Grouard 2003). Les pêcheurs des périodes saladoïdes ont de préférence pêché dans la baie et sur les spots de rochers ou de récifs coralliens, même si une partie des pêches ont eu cours dans les chenaux en eaux profondes au large. Les embarcations étaient donc nécessaires à la mise en place de ces captures. Les diagrammes de taille des poissons reflètent une sélection des tailles, en partie à cause de la répartition qui ne suit pas une loi normale, mais plutôt une répartition bi-modale, avec de très petits individus coralliens et de très gros individus pélagiques saisonniers. Les techniques de pêche employées pour exploiter ces milieux étaient probablement multiples : d'une part la nasse et les filets (ou éperviers) à petites mailles, ainsi que les filets à grandes mailles, mais il n'est pas impossible que la ligne et le hameçon aient joué un rôle important. La chasse et la récolte étaient également des éléments importants, notamment pour les crabes terrestres et les tortues marines.

En effet, les campagnes des années 70 ont livré des spectres de faune déformés par l'absence de tamisage : les espèces majoritaires sont les tortues marines, les thons, les iguanes, les rats des rizières, les gros poissons-perroquets, les lamantins, les agoutis, les crabes terrestres, les carangues et les mérous. Il ne s'agit que de très grosses espèces, celles qui se repèrent facilement à l'œil nu. Par conséquent toutes les interprétations de taille d'animaux capturés ou d'environnement privilégié pour leur capture sont faussées. Toutefois, l'étendue et la richesse des sites de Grande Anse des Salines, de Paquemar et de Anse Trabaud laissent envisager qu'une analyse des restes de faune issus d'un échantillon tamisé sur maille de 2.7 mm parviendrait à compléter le panel des espèces capturées, mais également d'éventuelles évolutions et des ruptures dans les activités de pêche et de chasse.

En revanche, à Macabou, le tamisage a permis d'étudier un plus grand nombre de taxons, une majorité d'espèces de taille petite et moyenne et l'ensemble de leurs parties squelettiques. En outre, ces données ont permis de montrer que les populations ayant vécu sur le site ont préférentiellement capturé les espèces occurrentes autour du site. Elles n'ont pas cherché à exploiter les écosystèmes éloignés. Cette exploitation dominante de l'environnement direct du site aurait pu provoquer des surexploitations d'animaux. Cette hypothèse sera vérifiée par la reconstitution des tailles des animaux capturés au cours du le temps dans les différents niveaux stratigraphiques de Macabou.

La richesse et la diversité des taxons exploités depuis le Saladoïde récent jusqu'au Suazoïde récent indique un équilibre progressif de l'abondance des taxons recherchés. Toutefois, l'exploitation de tous les milieux, même les plus éloignés, comme cela se produit au cours de la période Saladoïde, se transforme progressivement à une fermeture sur les milieux les plus proches des sites, les plus accessibles.

5 Remerciements

Ces études de faunes n'ont pu être réalisées que grâce à des financements multiples : le PCR « Le Néolithique de la Martinique dans son contexte antillais », l'association Ouacabou, le Service Régional de l'Archéologie – DRAC Martinique, le Programme Pluri-Formations Evolution et structure des Ecosystèmes du Muséum national d'Histoire Naturelle – « Biodiversité et exploitation des faunes côtières holocènes dans les Antilles », la Fondation Fyssen et l'UMR 7209 Archéozoologie, Archéobotanique : sociétés, pratiques et environnements.

Clichés et dessins S. Grouard (sauf image satellite de la Martinique, SPOT – CNES et squelette de poisson numérisé M. Coutureau).

L'EXPLOITATION DES COQUILLAGES PAR LES POPULATIONS PRÉCOLOMBIENNES DE LA MARTINIQUE

aperçu diachronique au travers des sites de Dizac, Salines, Trabaud et Macabou

Par Nathalie Serrand

1 Les coquillages marins et terrestres : une ressource importante pour les Amérindiens précolombiens

Parmi le panel de ressources naturelles exploitées par les populations précolombiennes antillaises, les coquillages (mollusques) marins et terrestres ont joué un rôle notable tant comme ressource alimentaire que matière première artisanale. Ces organismes, représentés par plusieurs centaines d'espèces, étaient abondants dans une grande variété de milieux naturels environnant les îles (fonds sableux, lagunes, côtes rocheuses, mangroves, herbiers, récifs, etc.) et aisés à collecter. Leur rôle était renforcé par le fait que la faune terrestre des îles, notamment mammalienne et en particulier dans les Petites Antilles, était peu diversifiée, vulnérable et dépourvue de taxons de grande taille ; elle se composait surtout de rongeurs, d'oiseaux, de reptiles et de crustacés (Newsom et Wing 2004). Comme matériaux, les coquillages présentaient également une grande valeur compte tenu de la répartition disparate des autres matières premières dures (pour exemple, des gîtes de silex ne sont attestés que sur trois îles ; Knippenberg 2006). Les coquillages étaient donc intégrés à part entière dans des économies combinant par ailleurs la chasse, la pêche, la collecte et la maintenance de ressources animales, végétales et minérales, terrestres et marines, locales mais également introduites depuis le continent ou d'une île à une autre. L'ensemble complétait, sans doute dès la période archaïque, les productions vivrières horticoles alimentaires (le manioc surtout, introduit du continent) et médicinales (DeFrance et al. 1996 ; Petersen 1997 ; Newsom et Wing 2004).

L'importance des coquillages a varié durant l'occupation précolombienne des Petites Antilles. Ils semblent avoir joué un rôle conséquent dans la mobilité et les stratégies territoriales des groupes archaïques qui ont occupé, les premiers, les Antilles à partir du VIe millénaire av. JC (Keegan 1994 ; Bonnissent et al. 2002, 20005 ; Serrand 2005a ; Serrand et Bonnissent 2005). Ce rôle varie ensuite dans les économies de subsistance des agriculteurs potiers sédentaires qui investissent les Antilles à partir du VIe siècle av. JC, depuis le Venezuela et les

Guyanes (Serrand 2002, 2007b). D'abord intégrés de manière conservatrice dans les économies de la période céramique ancienne, dans un contexte de relatives homogénéités culturelle et géographique, ils sont exploités ensuite de façon variée en reflet des évolutions qui, à partir des 7-9è siècles ap. JC, accompagnent l'émergence d'une mosaïque culturelle sur l'ensemble de l'archipel (Rouse 1992 ; Keegan 2000 ; Delpuech et Hofman 2004).

L'observation du rôle de ces ressources au cours du temps nous renseigne donc non seulement sur les modes de vie des sociétés précolombiennes antillaises mais aussi sur certains des facteurs environnementaux, sociaux et économiques qui en ont accompagné l'histoire.

En Martinique, malheureusement, aucun site précéramique n'est véritablement connu avec des restes de faune tandis que les sites anciens de la période Céramique, concentrés dans le nord de l'île, sont dépourvus de restes animaux du fait de l'acidité des sédiments locaux qui n'en n'ont pas permis la conservation. On ne peut donc se baser que sur les données des sites plus tardifs, implantés dans la partie sud de l'île. Ainsi, l'étude la plus complète concerne les assemblages de quatre sites du sud de la Martinique : Dizac, Les Salines, Trabaud et Macabou (Figure 1). Elle a été menée entre 2001 et 2005 dans le cadre du Programme Collectif de Recherche Le Néolithique Martiniquais dans son contexte antillais (Bérard et Giraud 2001 ; Bérard 2002 ; Grouard ce volume) ; les restes de vertébrés ont été analysés par S. Grouard et ceux de coquillages par l'auteur ; certains des résultats cumulés sont présentés ici.

L'occupation saladoïde moyen à récent de Dizac est située entre 400 et 725 ap. JC (Petitjean Roget 1968a, b, c ; Vidal 1999 ; Bérard et Berthé ce volume) (Figure 1). Le site des Salines présente, lui, une composante saladoïde moyen à récent, un hiatus durant la phase troumassoïde puis une composante suazoïde en-

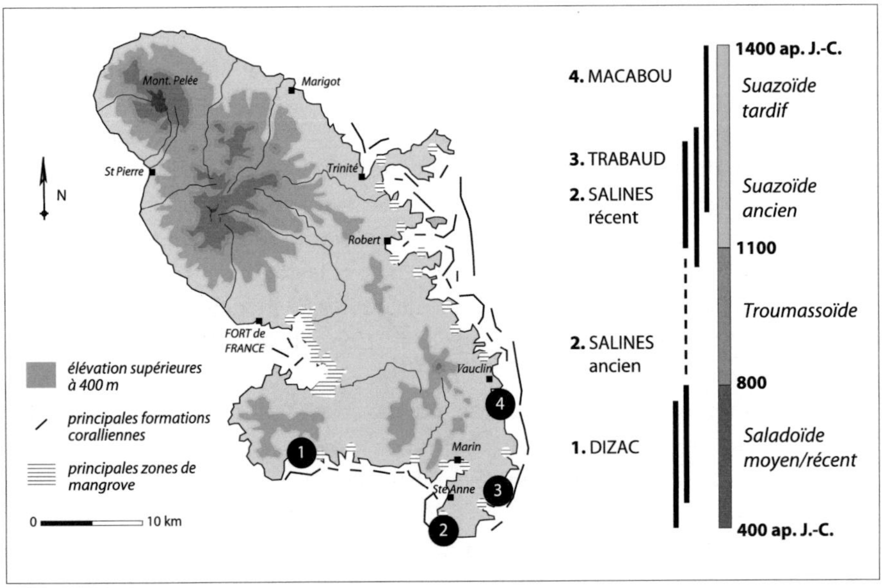

Figure 1 : Localisation des sites et diagramme chrono-culturel simplifié.

tre les 12 et 13ième siècles ap. JC (Bérard 2002, 2003). Le site de Trabaud va de la fin du troumassoïde au suazoïde entre les 11 et 13ième siècles ap. JC (Allaire 1977, 1991, 1997 ; Mattioni 1990). Enfin, le site suazoïde de Macabou a été occupé entre les 12 et 15ième siècles ap. JC (Allaire 1977, 1981 ; Grouard et Serrand 2005).

Ces quatre sites, outre qu'ils sont situés dans la partie sud de l'île, sont localisés dans des contextes similaires : proches de vastes baies sableuses, fermées par des promontoires rocheux avec, en arrière plage, des formations sablo-vaseuses et vaseuses de mangroves et salines. Ces quatre ensembles livrent donc un aperçu diachronique intéressant sur les pratiques d'exploitation des ressources et milieux naturels sur une large part de la séquence céramique martiniquaise. Ils contribuent ainsi à l'étude micro-régionale du sud de l'île (Bérard et al. 2005).

2 D'un site à l'autre : similarité des formes d'exploitation alimentaires

Le site de Dizac, dans la Baie du Diamant, découvert en 1964 par Petitjean Roget et sondé à plusieurs reprises, a été fouillé en 1990-1992 par N. Vidal sur une surface de 50m^2 (Vidal 1999 ; Bérard et Berthé, ce volume).

Les restes fauniques issus de ces fouilles révèlent la présence de 241 espèces animales différentes sur le site avec, en poids de chair consommable, une dominante de crabes de terre, de poissons et de bivalves (Figure 2). En ce qui concerne les coquillages, plus de 30 000 restes (près de 10 000 individus ; Figure 3a) ont été récoltés appartenant à 126 espèces marines et terrestres différentes avec, notamment, de nombreux bivalves, dominés par les Donax, mais aussi des tivèles, des arches et des lucines. S'y ajoutent de nombreux burgos, escargots terrestres, nérites, chitons et lambis. Sept de ces espèces (Figure 3a), en particulier le petit bivalve *Donax denticulatus*, totalisent à elle seules plus de 80% des individus collectés et consommés (Serrand 2005b, 2007c).

L'assemblage indique donc que les occupants de Dizac ont ciblé leur collecte sur le haut de la plage sableuse, au niveau de la zone de battement des vagues, au pied du site, pour y récolter les donax (Figures 3b, 4). Ils ont toutefois, en complément, arpenté aussi les fonds sableux et sablo-vaseux des premiers mètres d'eau (éven-

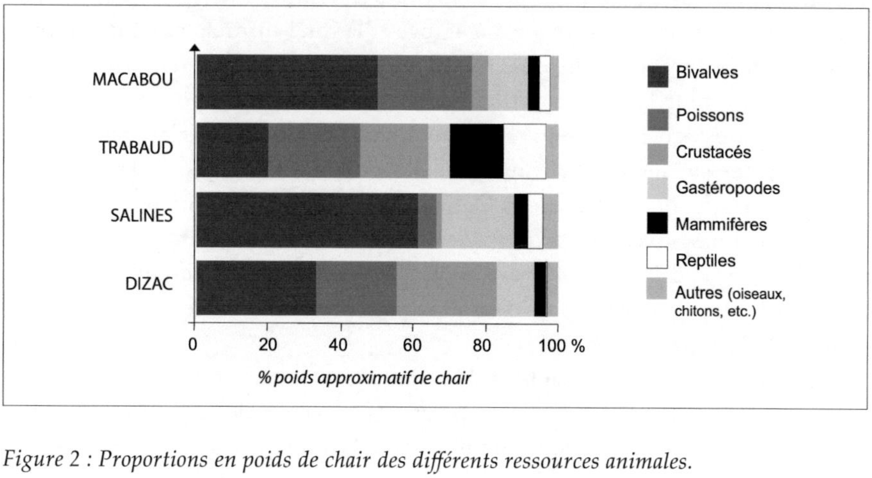

Figure 2 : Proportions en poids de chair des différents ressources animales.

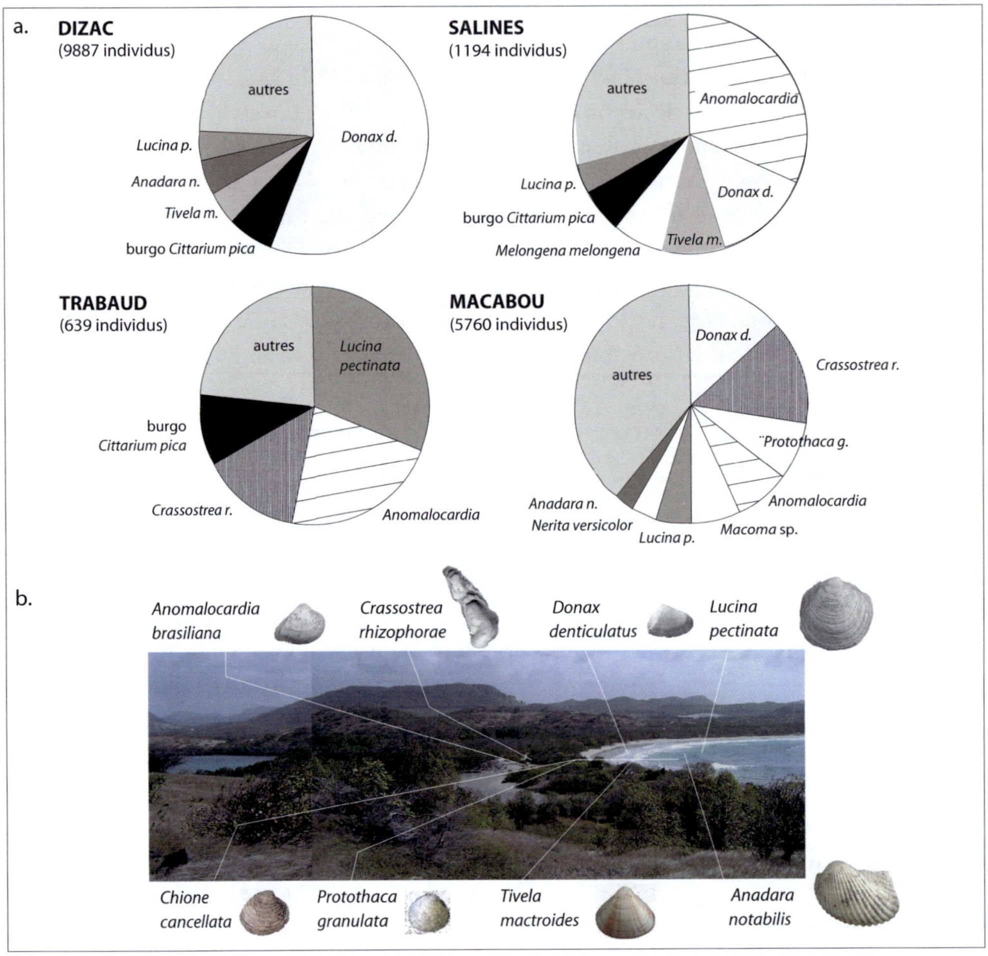

Figure 3 : a. Proportions d'individus (% NMI) des espèces majeures de coquillages dans les sites ; b. Lieux de collecte des principaux taxons présents sur les quatre sites.

tuellement pourvus d'herbiers et de coraux), les extrémités rocheuses de la baie, les zones vaseuses de transition vers la mangrove et la forêt littorale notamment pour y ramasser les escargots et quelques autres ressources complémentaires.

L'observation de la représentation relative des espèces (proportions des nombres d'individus) sur la séquence stratigraphique (Figure 5) suggère que l'exploitation a évolué au cours de l'occupation : d'abord ciblée sur la zone de battement des vagues proche du site et sur les Donax, elle a été ensuite réorientée, peut-être en plusieurs phases, vers une exploitation plus équilibrée d'espèces et de milieux diversifiés (Serrand 2005b), d'abord au profit des strombes et de divers bivalves des fonds sableux au large, puis d'un ensemble plus varié de zones littorales rocheuses, de mangrove et de forêts.

Ces fluctuations s'accompagnent de variations de la taille moyenne des individus de Donax et de la structure des populations collectées de ce petit bivalve. A la base de la séquence, quand Donax domine, la taille moyenne des individus est sta-

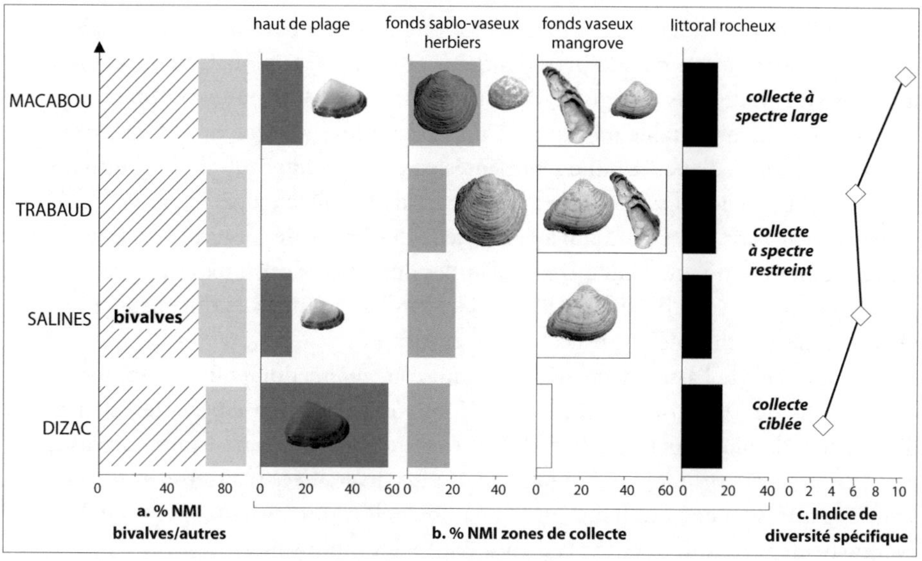

Figure 4 : Evolution dans le temps de la part d'individus (% NMI) : a. des bivalves ; b. des zones de collecte et espèces associées ; c. de la diversité spécifique des assemblages.

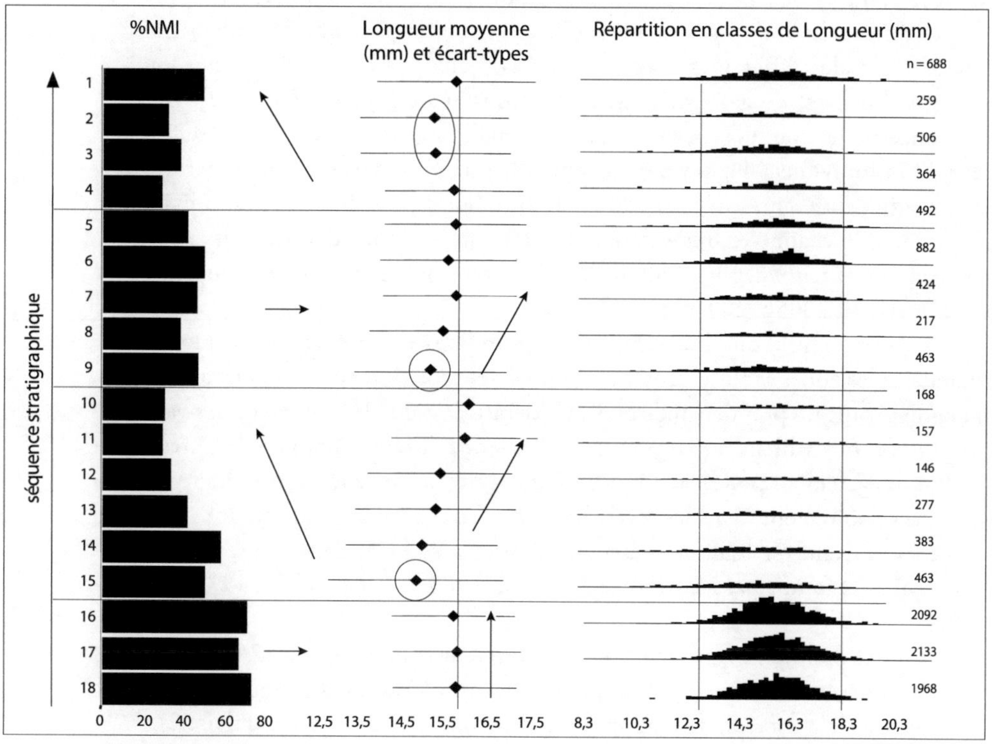

Figure 5 : Proportions d'individus (%NMI), longueur moyenne (mm) et répartition en classes de longueur (mm) des individus de Donax denticulatus sur la séquence d'occupation de Dizac.

ble et élevée et la population équilibrée. Au long de l'occupation, en même temps que les proportions de cette espèce fluctuent et diminuent globalement, la taille moyenne des individus enregistre de fortes variations. On observe notamment de nettes baisses de la taille moyenne et un déséquilibre marqué de la population avec des individus de petite taille représentés en plus grand nombre. Il est difficile d'évaluer si ces tendances traduisent un impact de la collecte opérée par les occupants amérindiens, tel qu'un appauvrissement des bancs de Donax. Néanmoins, un phénomène similaire d'altération des tailles des espèces capturées est enregistré pour certains poissons du site de Dizac (Grouard ce volume) ce qui suggère une réelle pression anthropique sur les ressources locales.

Les données de l'assemblage de mollusques suggèrent donc que les occupants amérindiens de Dizac ont d'abord collecté en particulier une espèce, les Donax, dans la zone la plus proche du site. Ils ont ensuite réorienté cette exploitation sur d'autres zones et espèces plus éloignées mais plus diversifiées peut-être en réponse à un appauvrissement des bancs de Donax ou selon des variations temporelles, éventuellement saisonnières, de la disponibilité des mollusques.

Le site suivant est celui des Salines, au sud de la pointe de Ste Anne. Il a été signalé en 1976 par H. Petitjean Roget, «redécouvert» par N. Vidal en 2003 et fouillé par B. Bérard la même année sur une surface de 8 m^2 (Bérard 2003). Malgré les deux phases d'occupation reconnues, l'assemblage est considéré globalement, les deux composantes n'étant pas clairement distinguées en stratigraphie.

Les restes fauniques issus de ces fouilles révèlent la présence de seulement 71 espèces animales différentes avec, en poids de chair consommable, une dominante de bivalves, de gastéropodes, de poissons et de reptiles (Figure 2). En ce qui concerne les coquillages, l'assemblage de taille moyenne (moins de 4000 restes ; 1194 individus ; Figure 3a), comprend, lui, 57 espèces marines, terrestres et fluviatiles différentes. Neuf d'entre elles totalisent plus de 80% des individus, notamment la chaubette *Anomalocardia brasiliana*, le donax denticulé et la praire triangulaire *Tivela mactroides* auxquelles s'ajoutent quelques espèces complémentaires (Serrand 2005c, 2007c).

Ce spectre révèle que les occupants amérindiens des Salines ont exploité de préférence les zones sablo-vaseuses à vaseuses de transition vers la mangrove et de mangrove, puis les premiers mètres d'eau, depuis la zone de battement des vagues jusqu'aux fonds sableux au large, éventuellement pourvus d'herbiers (Figures 3b, 4). Ils ont également prélevé quelques composantes sur les zones littorales rocheuses et, accessoirement, dans les forêts littorales terrestres (Serrand 2005c).

Le site suivant est celui de Trabaud, localisé au sud-est, dans l'Anse du même nom, qui a été fouillé par Mattioni et Allaire en 1983 et 1984 (Allaire 1977, 1991, 1997).

Les restes fauniques issus de ces fouilles révèlent la présence de 82 espèces animales différentes sur le site avec, en poids de chair consommable, une dominante de poissons, de crustacés, de mammifères, de bivalves et de reptiles (Figure 2).

Le petit assemblage de coquillages avec moins de 2000 restes (639 individus ; Figure 3a) comprend, lui, 40 espèces marines et terrestres différentes parmi lesquelles six, à elles seules, comptent pour plus de 80% des individus. Il s'agit surtout de la lucine épaisse *Lucina pectinata*, de la chaubette et de l'huître des palétuviers *Crassostrea rhizophorae* auxquelles s'ajoutent quelques espèces complémentaires (Serrand 2004, 2007c).

Les occupants du site ont donc surtout collecté des bivalves dans les zones sablo-vaseuses à vaseuses de transition vers la mangrove et de mangrove en les complétant avec des espèces des fonds sableux accessibles dans les premiers mètres d'eau et jusqu'au large et, plus rarement, des taxons des zones littorales rocheuses, du haut de la plage sableuse et des forêts littorales (Figures 3b, 4).

Enfin, le site de Macabou, dans le Cul-de-Sac de Paquemar, a été fouillé par Allaire en 1972 puis 1977 et 79 (Allaire 1977, 1981). Un petit assemblage faunique avait alors fourni des données préliminaires qui ont été complétées depuis 2005 par la reprise des fouilles par Sandrine Grouard et l'auteur avec la participation d'étudiants de l'Université Antilles Guyane (Grouard et Serrand 2005). Le riche mobilier est associé à de très nombreux restes de faune sur ce site.

D'après les résultats provisoires combinant les fouilles anciennes et récentes, près de 170 espèces animales différentes sont ainsi répertoriées à Macabou avec en poids de chair consommable une dominante de bivalves, de poissons, de gastéropodes et de crustacés (Figure 2).

Le large assemblage de coquillages, avec plus de 17 000 restes (5760 individus ; Figure 3a), comprend 86 espèces marines, terrestres et fluviatiles différentes. Les dix espèces les plus importantes ne totalisent que 62,6% des individus avec notamment le donax denticulé, l'huître des palétuviers et la praire granuleuse Protothaca granulata mais également la chaubette, la telline *Macoma sp., Lucina pectinata, Nerita versicolor, Anadara notabilis* et bien d'autres espèces (Grouard et Serrand 2005 ; Serrand sous presse b).

Les occupants amérindiens de Macabou sont donc allés collecter des coquillages dans des milieux variés comme les fonds sableux à vaseux pourvus ou non d'étendues d'herbiers des premiers mètres d'eau et les zones vaseuses de transition vers la mangrove, le haut de la plage sableuse et les zones littorales rocheuses (Figures 3b, 4). Ces milieux ont fourni un grand nombre d'espèces qui composent un spectre relativement équilibré.

3 Les coquillages comme matières premières : valeur très inégale d'un site à l'autre

En complément des données sur l'exploitation alimentaire, les restes issus des quatre sites témoignent de l'utilisation des coquillages comme matière première mais de manière très inégale (Figure 6).

Ainsi, à Dizac (Figure 6a), près de cinquante valves de la tivèle *Tivela mactroides* ont été retrouvées avec le crochet percé par abrasion pour permettre la suspension (Serrand 2005b). Quelques autres bivalves (*Trachycardium sp., Anadara notabilis*) présentent aussi des percements au niveau du crochet, par abrasion ou, pour les plus grossiers, peut-être par percussion. On compte aussi plus occasionnellement des coquilles d'olives *Oliva reticularis* à la spire abrasée portant un percement sur le dernier tour ou des valves d'huître *Pinctada imbricata* perforées.

Plusieurs pièces attestent également de l'exploitation du lambi Strombus gigas et notamment de son labre ou pavillon : cette portion a clairement été débitée sur plusieurs individus adultes et les déchets de débitage et de mise en forme de cette

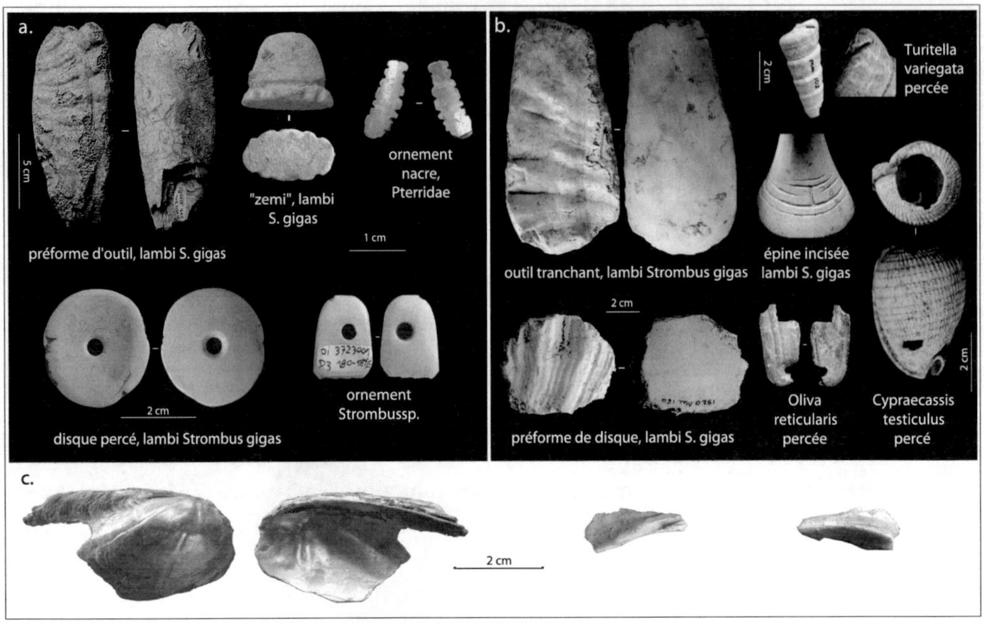

Figure 6 : a. Exemples d'objets sur coquillages de Dizac ; b. Exemples de Macabou ; c. Exemplaires de moule d'eau douce attestés à Dizac et aux Salines.

portion sont présents sur le site (fragments de dernier tour, d'épaule et de labre). Cette portion a servi de support à la production d'outils de type herminette notamment mais aussi d'objets variés comme des disques, des baguettes, etc. Les labres du strombe laiteux *Strombus costatus* ont également été débités et transformés en outils tandis que plusieurs spécimens dépourvus de leur spire ont peut-être été utilisés comme 'conques sonores'.

Aux Salines, le travail de la coquille est beaucoup moins présent avec seulement deux coquilles de strombe laiteux et une de lambi dépourvues de labre qui pourraient attester la pratique du débitage de cette portion. A Trabaud, le matériel n'a livré aucun élément témoignant clairement du travail de la coquille hormis des portions de lambi suggérant une utilisation expédiente (Serrand 2004, 2005c).

En revanche, à Macabou (Figure 6b), plusieurs espèces dont le lambi ont été travaillées aussi bien pour la parure que pour l'outillage et plusieurs éléments de labre attestent de la production in situ d'outils sur lambi et Strombus costatus (Grouard et Serrand 2005).

Dans le domaine du travail de la coquille, il est donc difficile de comparer les quatre sites du fait des disparités de taille des assemblages. Si les éléments sont variés à Dizac et Macabou, les deux plus gros ensembles, ils sont peu nombreux aux Salines et à Trabaud. Quoi qu'il en soit, il faut noter que les deux sites les plus anciens, Dizac et les Salines, ont livré chacun un exemplaire d'une moule d'eau douce exogène aux Petites Antilles, *Prisodon syrmatophorus*, provenant probablement du Venezuela (Figure 6c). Ce type d'élément était jusqu'alors connu surtout pour des sites saladoïdes anciens tel Hope Estate (Serrand 2001). Leur présence dans ces deux sites tardifs de Martinique, voire même à Macabou, suggère une circulation ou une diffusion perdurant jusqu'à une période plus tardive.

4 Evolution diachronique des caractéristiques de l'exploitation alimentaire

Qu'en est-il maintenant de l'évolution diachronique des caractéristiques de l'exploitation alimentaire des coquillages dans le sud de la Martinique ?

Une constante des quatre sites présentés est la forte contribution des bivalves (Figures 2, 4). Même si, pour les Amérindiens, ils n'ont sans doute fourni qu'un apport carné modeste en regard d'autres ressources comme les poissons, ils sont toujours présents en quantités importantes. Les occupants des quatre sites ont donc vraisemblablement privilégié la collecte de ces espèces grégaires, concentrées en bancs denses et faciles à collecter en grandes quantités une fois repérées.

Les bivalves les plus ciblés sont les Donax, la chaubette, l'huître de palétuvier et la lucine qui représentent entre 15 et 55% des individus selon les sites (Figures 3, 4). Les environnements des quatre sites se prêtent à leur exploitation avec la présence de fonds sableux étendus offrant des poches d'herbiers, de zones vaseuses ainsi que des arrières plages à mangroves et salines. La majorité des autres bivalves a d'ailleurs également été collectée à l'interface de ces milieux.

Toutefois, chaque site a ses espèces phares : à Dizac, les Donax ont été ciblées ; aux Salines et à Trabaud, la collecte focalise sur les chaubettes, Donax, huîtres et lucines ; enfin, à Macabou, les contributions sont mieux réparties sur au moins sept espèces différentes.

Cela se traduit en termes de richesse et de diversité des assemblages de coquillages de chaque site. La richesse, c'est-à-dire le nombre d'espèces différentes rapporté à la taille de l'assemblage, fluctue d'un site à l'autre. Elle est plus faible dans les deux assemblages trop restreints (Salines, Trabaud) pour refléter toutes les espèces secondaires qui sont, au contraire, nombreuses dans les deux autres sites mieux documentés. L'indice de diversité, lui, traduit la part prise dans les assemblages par chacune des espèces. A Dizac, il est faible et associé à une richesse élevée ce qui traduit une collecte ciblée sur peu d'espèces, en l'occurrence les Donax. Aux Salines et à Trabaud, la richesse et la diversité sont moyennes et indiquent une collecte qui, sans être ciblée, concerne un spectre d'espèces assez restreint. Enfin, à Macabou, la richesse et la diversité sont élevées ce qui indique une collecte à large spectre, c'est-à-dire à laquelle de nombreuses espèces contribuent à parts égales.

Cette diversification apparaît aussi pour les zones de collecte puisque, en complément d'une contribution constante moyenne des zones littorales rocheuses, la collecte est ciblée, à Dizac, sur la zone de battement des vagues (Donax) ; aux Salines et à Trabaud, elle concerne un petit nombre d'espèces concentrées dans deux milieux majeurs, les fonds sableux et les zones sablo-vaseuses de transition vers la mangrove ; enfin, à Macabou, les zones et les prises de collecte sont variées et exploitées de manière plus équilibrée. Globalement, il y a donc une diversification de la collecte dans l'ensemble des environnements disponibles, mais toujours centrée sur des bivalves rentables (Serrand 2007b et 2007c).

5 Le temps des bivalves : reflet de l'évolution des sociétés céramiques tardives en Martinique ?

Les quatre sites, en particulier les deux plus tardifs, montrent donc une exploitation des mollusques centrée sur des bivalves faciles à collecter en grandes quantités. Cette prédominance des bivalves tranche avec le schéma observé pour la période antérieure du saladoïde ancien (Serrand 2002, 2007b). Si, pour cette phase, aucune donnée faunique n'est malheureusement disponible pour la Martinique, celles issues de sites saladoïdes anciens d'autres îles des Petites Antilles révèlent, en effet, une prépondérance des invertébrés terrestres, notamment des crabes de terre, et des gastéropodes du littoral rocheux ainsi qu'une absence notable des bivalves. Sur ces îles comme en Martinique, à l'inverse, les sites saladoïdes tardifs et surtout postérieurs témoignent d'une augmentation sensible du rôle des bivalves, allant souvent de pair avec une moindre représentation des crustacés terrestres. Pour autant, l'exploitation des autres mollusques, notamment des zones rocheuses, ne disparaît pas. Ces schémas ne sont pas rigides et des exceptions existent qui reflètent peut-être des situations environnementales différentes ou des pratiques spécialisées ponctuelles ou locales.

En Martinique, cette exploitation croissante des bivalves accompagne d'autres changements graduels, notamment une diversification des zones d'implantation des sites dès le saladoïde récent avec une prédilection pour le Sud-Atlantique et une spécialisation fonctionnelle durant la période suazoïde (Bérard 2004 ; Vidal et al. 2004 ; Bérard et al. 2005). Il est possible que l'exploitation des bivalves ait été favorisée par la nature des environnements, notamment de mangroves, proches des occupations implantées là pour d'autres raisons, ou que ces ressources aient elles-mêmes joué un rôle important dans ces nouveaux choix d'emplacement de sites. C'est sans doute une combinaison des deux avec des paramètres liés autant aux modifications de modes de vie dans des occupations plus ou moins spécialisées, qu'à une gestion, sinon intensifiée, du moins plus pragmatique des ressources marines.

L'intégration croissante des bivalves, la prédilection pour ces ressources présentes en quantités, la diversification des zones et prises de collecte et, plus globalement, la plus grande variabilité des formes d'économie s'observent sur d'autres séquences céramiques tardives d'îles des Petites Antilles. Elles semblent cohérentes avec l'intensification de l'occupation observée alors et pourraient refléter de nouvelles contraintes démographiques et économiques telles que l'appauvrissement de certaines ressources locales sollicitées antérieurement comme les crabes. La moindre homogénéité des schémas d'exploitation traduit aussi sans doute le développement d'économies plus indépendantes dans un contexte de diversification culturelle et de dispersion des groupes dans une plus grande diversité d'environnements. Cette diversification s'observe également dans les ensembles d'objets travaillés en coquille qui, s'ils dérivent en partie du fonds commun saladoïde, ne présentent plus la même unité et sont plus éclectiques d'un site à l'autre.

Quoi qu'il en soit, en parallèle, il est possible que d'autres facteurs interviennent dans les choix économiques précolombiens, notamment la variabilité environnementale locale ou à grande échelle des contextes littoraux. Ainsi, les travaux menés par D. Bonnissent de l'INRAP sur les modifications des paléo-environnements de l'île de Saint-Martin suggèrent des concordances entre des alternances notamment la mise en place de conditions plus sèches, climatiques marquées et les grandes phases d'occupation amérindienne de l'île sur les quatre derniers millénaires (Bertran et al. 2004) ; de telles alternances semblent également avoir déterminé, localement, les phases d'occupation du site d'Anse à la Gourde en Guadeloupe (Beets et al. 2006), entre les VIe et XIIIe siècles de notre ère, cette période coïncide en partie avec le créneau temporel des sites martiniquais présentés ici. Ces données suggèrent que les variations paléo-environnementales ont aussi joué un rôle dans les stratégies d'économie, d'occupation et de mobilité adoptées par les sociétés amérindiennes localement (un site, une côte, une partie d'île) ou à l'échelle de l'archipel (grandes étapes d'occupation et d'évolution culturelle), en complément d'autres facteurs (culturels, démographiques, socio-politiques et économiques). Ces variations ont dû modeler en partie les stratégies d'exploitation des ressources, notamment maritimes et littorales, que les Amérindiens ont mises en place. Ainsi, on est amené à se demander dans quelle mesure le rôle des bivalves qui semble prépondérant durant la période archaïque et les phases tardives de la période céramique peut avoir été plus ou moins conditionné par le jeu de ces variations climatiques au fil du temps. Une hypothèse qu'il reste encore à tester par le développement des recherches notamment en Martinique et qui contribuera au tableau des relations entre les Amérindiens et leur environnement naturel antillais.

Les recherches paléo-ethno-botaniques dans les Antilles et les premières données paléobotaniques concernant l'occupation précolombienne de la Martinique

Par Lee Newsom et Benoît Bérard[1]

Introduction

Les connaissances et les pratiques botaniques humaines dans la Caraïbe sont l'aboutissement d'une ancienne et riche tradition ethnobotanique, le résultat d'un processus adaptatif complexe produit de siècles d'interactions entre les Hommes et les plantes et intégrant les apports de plusieurs traditions botaniques anciennes originaires de différentes régions du monde.

Au moment du contact, les Amérindiens antillais exploitaient une grande variété de plantes pour répondre à des besoins divers. Beaucoup d'entre-elles étaient cultivées dans des terres agricoles spécialement préparées à cet effet ou dans des jardins multifonctionnels proches des habitations. Ces deux lieux séparément ou de façon conjointe présentaient une combinaison unique d'espèces locales et exogènes quasi domestiquées ainsi que d'autres appréciées pour la valeur de leurs fruits ou d'autres produits (racines, feuilles ou autres utilisés comme légumes, condiments, boissons, médicaments, narcotiques, poisons, insecticides, colorants, fibres, récipients, outils etc...).

Les consommateurs et les jardiniers eux-mêmes sont bien sûr d'un intérêt central. Ils représentent une population qui dépendait à un degré ou à un autre des ressources végétales (domestiques et sauvages) pour sa survie et qui a développé des savoirs et des pratiques spécialisés lui permettant de localiser, d'exploiter et d'assurer le maintien de ressources végétales particulières en fonction objectifs spécifiques. Nous pouvons avancer sans risque que l'ethnobotanique amérindienne était une part centrale de la culture de ces populations et qu'elle a joué un rôle majeur dans les dynamiques écologiques antillaises. L'exemple des populations amérindiennes vivant encore aujourd'hui dans la région doit nous rendre pleinement conscient du rôle et de la signification des ressources végétales dans les ac-

---

1 Article basé sur une adaptation et une traduction d'un article publié initialement dans : Hofman et al. (ed.) (2008), Crossing the Borders: New Methods and Techniques in the Study of Material Culture in the Caribbean. The University of Alabama Press, Tuscaloosa. 2008, pp.173-194.

Taxons	Nom Latin	Vernaculaires
Tubercules:		
manioc	*Manihot escultenta*	*yuca* or cassava *(cazabi)*
Patate Douce	*Ipomoea batatas*	*hage, batata, aje* (or "age")
Choux Caraïbe	*Xanthosoma* sp. *(X. sagittifoluim)*	*yautía,* tannia
Toloman (arrow-root)	*Maranta arundinacea*	*Araru*
Curcuma d'Amérique	*Calathea sp. (C. allouia)*	*ileren,* topitambour
Couch-Couch	*Dioscorea trifida*	*yampee,* kush-kush
Toloman (balisier à chapelet)	*Canna* sp.	maraca, toliman
Rameau	*Zamia* sp.	*guayiga,* coontie
Plante ressemblant à la Rhubarde	*Inconnu*	Inconnu
Maïs	*Zea mays*	*mahiz, máhici*
Legumes:		
Haricots	*Phaseolus* spp., *probably P. vulgaris* and *P. lunatus*	*common bean,* lima bean
Arachides	*Arachas hypogaea*	*cacahuete, maní*
Piment	*Capsicum* spp.	*axi, hatty,* red pepper, pimiento
Ananas	*Ananas comosus*	*yayagua*
Narcotiques:		
Tabac	*Nicotiana* sp.	*tabaco* and *cohoba* (tobacco powder)
Cohoba	*Anadenanthera peregrina*	*cojóbana*
Herbe inconnue	possiblement *Oenothera* sp.	*gioia*
Utilitaires:		
Coton	*Gossypium* sp.	*carobei,* cotton
Roucou	*Bixa orellana*	*bija, achiote,* annatto
Genipa	*Genipa americana*	*xagua, jagua,* genip

Tableau 1 : Taxons végétaux indiqués par les sources historiques anciennes (chroniqueurs européens).

tivités quotidiennes mais aussi dans les activités rituelles ainsi que plus largement dans la dynamique sociale de ces groupes.

Si les textes européens nous fournissent un certain nombre d'informations (Tableau 1), l'archéo-botanique est la clé du déchiffrage de l'évolution historique et de la compréhension détaillée de l'ethnobotanique amérindienne caribéenne. C'est l'unique méthode qui nous permettra de découvrir la longue histoire des multiples interactions ayant existé entre ces groupes insulaires et la flore locale en nous donnant une idée des processus cachés derrière l'usage traditionnel des plantes ainsi que de l'action humaine sur les paysages à diverses échelles. La paléo-ethno-botanique peut aussi potentiellement nous révéler des informations clés concernant le rôle des ressources végétales dans les phénomènes sociaux qui se sont développés dans la région, et au minimum nous fournir quelques confirmations et quelques preuves solides concernant l'usage des plantes par les amérindiens tel qu'il est décrit par les textes historiques.

Nous présenterons ici tout d'abord une synthèse des données paléo-ethnobotaniques à partir des données archéo-botaniques. Nous poursuivrons avec une présentation rapide de ce qui pourrait être fait dans ce domaine dans les années à venir et nous conclurons par un panorama des premières études archéo-botaniques concernant la Martinique.

1 Synthèse des données paléobotaniques

Les recherches paléo-ethno-botanique dans la Caraïbe ont atteint un réel degré de maturité il y a quelques années. Plusieurs sites ont ainsi été étudiés dans la région selon des méthodes variées et ils recouvrent chronologiquement aujourd'hui la quasi-totalité de l'occupation humaine de l'archipel. Des synthèses exhaustives concernant ces recherches ont été d'ailleurs publiées récemment par le professeur E. Wing et nous même (Newsom et Wing, 2004) ainsi que par J. Pagan Jimenez (Pagan Jimenez, 2007). Nous allons donc ici nous concentrer uniquement sur la présentation des résultats de ces travaux en apportant une attention toute particulière au peuplement humain ancien de la région et aux processus d'adaptation des stratégies de subsistances qui y sont associées selon une perspective paléo-ethnobotanique afin de mettre en évidence la richesse et la profondeur de nos données ainsi que le dynamisme unique de ce champ de la recherche.

Une chose se dégage clairement de la comparaison rapide (Figure 1) de la liste des plantes mentionnées par les textes historiques avec celle des plantes identifiées par les études paléobotaniques micro et macroscopiques. Aujourd'hui il y a un plus grand nombre de types de plantes représentant une plus grande variété d'usages a été identifié par l'archéobotanique qu'il n'en est décrit dans le textes des chroniqueurs européens. Cela rend tout à fait claires les immenses avancées qui ont été réalisées au cours des dernières années vers une connaissance détaillée de la paléo-ethno-botanique régionale.

Les archéologues caribéanistes ont pendant un certain temps supposé que les premiers occupants de la région (ils arrivent vers 4000 avant notre ère dans les Grandes Antilles) étaient des chasseurs-pêcheurs-cueilleurs nomades (ou peut-être partiellement sédentaires) (Dacal Moure et Rivero de la Calle, 1996 ; Keegan, 1994 ; Rodríguez López, 1997a ; Rouse, 1992). Quelques-uns d'entre eux ont cependant suggéré en se basant sur différents types de raisonnements qu'aux moins certains de ces premiers occupants étaient partiellement, ou à un faible niveau, cultivateurs (Davis, 1988 ; Newsom, 1993 ; Newsom and Wing, 2004 ; Oliver 2004 ; Pagán-Jiménez, 2002 et 2007 ; Rodríguez Ramos, n.d.). En fait les données archéobotaniques (Tableau 3) nous offrent une grande quantité de preuves montrant que la culture des plantes était quelque chose de familier pour ces premiers Antillais et qu'ils avaient introduit et diffusé dans l'archipel des arbres fruitiers exogènes, le Canistel (*Pouteria campechiana*, Sapotaceae), le Sapotillier (*Manilkara zapota*, Sapotaceae), et peut-être l'Avocatier (*Persea americana*, Lauraceae), qui viennent d'Amérique Centrale (Newsom et Wing, 2004). De même, le Maïs (*Zea*

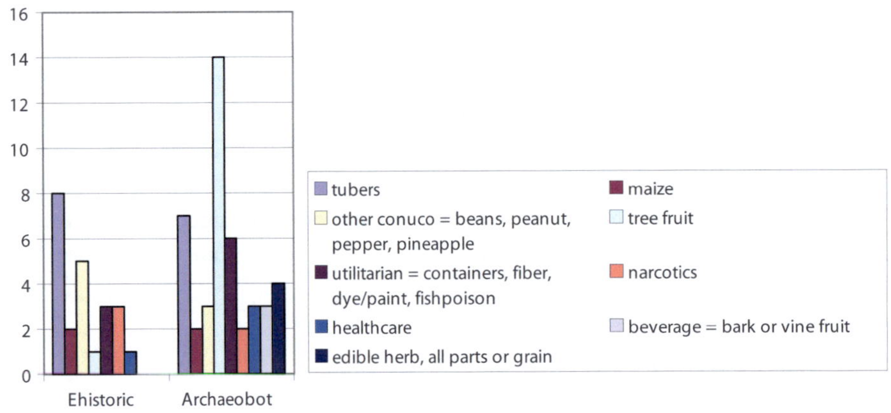

Figure 1 : Comparaisons des données ethno-historiques et archéobotanique concernant les principales catégories de plantes utilitaires.

MARTINIQUE 1999		99.01 / 2b	99.02 / 2b	99.19
Poids Ech.sec	gr	43,67	39,57	45,56
Poaceae	Nb.Pol.	1	0	0
Asteroideae	Nb.Pol.	1	0	0
Rosaceae	Nb.Pol.	2	0	0
Gentianaceae	Nb.Pol.	1	0	0
Periporate	Nb.Pol.	1	0	0
Spore trilète	Nb.Pol.	3	0	0
Indéterminable	Nb.Pol.	2	1	2
Total	Nb.Pol.	11	1	2
Total - Ind.	Nb.Pol.	9	0	0
Fréq.Absolues	Nb.Pol./gr	166	38	74

Tableau 3 : Résultat des analyses polliniques. 99.01 et 99.02 Perinelle ; 99.19 Vivé.

mays sp.), plusieurs tubercules comestibles dont le Manioc (*Manihot esculenta*, Euphorbiaceae) sont d'autres plantes introduites par ces groupes depuis une source sud américaine (Pagan Jimenez, 2007).

Ensuite, tôt ou tard, avec l'intensité croissante de la colonisation sud américaine et/ou via le réseau d'échange continu qui se met en place avec ces régions, d'autres espèces comme la Papaye (*Carica papaya*, Caricaceae), les piments (*Carica papaya*, Caricaceae), les cacahuètes (*Carica papaya*, Caricaceae), et l'Ananas (*Ananas comosus*, Bromeliaceae) pénètrent dans les Antilles. La liste complète des végétaux importés compte aussi un certain nombre d'espèces ayant une valeur spirituelle et symbolique : le Genipa (*Genipa americana*, Rubiaceae), le Roucouyer (*Bixa orellana*, Bixaceae), et la Cohoba (*Anadenanthera peregrina*).

Les ressources floristiques des populations amérindiennes comprennent aussi un certain nombre d'arbres dont les fruits servaient pour la boisson ou le transport, comme le Zamia (*Zamia* sp., Cycadales). Ce dernier dès l'Age archaïque était incorporé aux premiers systèmes jardiniers et ainsi faisait partie de cette fusion unique entre une tradition jardinière et des plantes à valeur économique.

Si les tubercules paraissent être restés la base de l'alimentation durant toute la période céramique ainsi que durant la période de contact (Keegan 1996 et 2000 ; Olsen 1974), il semble par contre que le maïs, même si nous savons aujourd'hui qu'il a été introduit précocement, est resté cantonné à un usage limité dans les Antilles (Newsom 2006) et n'a jamais atteint le statut de culture alimentaire de base, peut être parce qu'il était associé à un contexte social particulier (fête collectives, usage réservé à une élite).

Le résultat de tout cela a été le développement d'une approche antillaise tout à fait originale de la production des plantes qui intègre d'intéressantes variations inter-insulaires et sub-régionales, tout particulièrement quand on les étudie en parallèle des modes d'exploitation des ressources animales (Newsom et Wing 2004).

De façon générale, nous sommes à même de retirer maintenant les bénéfices d'une compréhension plus complète des types ainsi que de la diversité des ressources végétales qui séparément ou de façon conjointe, à des époques et dans des lieux variés, constituent l'ethno-botanique ancienne des Amérindiens de la Caraïbe. Nous disposons maintenant d'une base plus solide pour pouvoir commencer à construire un modèle concernant l'évolution de l'utilisation des ressources végétales dans la région et pour offrir un contexte et des clarifications concernant les informations ethnobotaniques issues des textes historiques.

Nous en sommes au point où nous commençons à pouvoir inférer l'importance relative et le rôle spécifique des ressources végétales dans les systèmes de subsistances anciens ainsi que dans les processus sociaux précolombiens, nous pouvons maintenant certifier que la culture des végétaux faisait partie des cultures amérindiennes dès le début de la colonisation et de l'occupation humaine des Antilles. L'agriculture et l'utilisation des plantes dans la Caraïbe ancienne étaient des phénomènes complexes et aux multiples facettes, reflétés indirectement par les sources ethnohistoriques, avec certaines espèces cueillies à l'état sauvage, d'autres entretenues dans des champs ayant bénéficiés d'une préparation particulière ou soignées dans des jardins voisins des habitations et peut-être d'autres encore se développant dans des jardins spécialisés. Le clair développement au cours du temps des espèces végétales en termes de présence et de diversité (Tableau 2) semble attester de l'évolution de la diversification et de l'intensification des pratiques de productions végétales ainsi que de la dépendance des populations amérindiennes vis-à-vis de celles-ci, éléments que nous sommes aujourd'hui plus à même d'étudier.

2 Identification des futures voies de recherche

La prochaine étape, si nous continuons à exploiter les données archéobotaniques, est de produire un cadre interprétatif chronologique et spatial précis au niveau régional, subrégional et île par île. Il nous faut maintenant nous intéresser : à certaines des circonstances historiques uniques qui sous-tendent le développement de la cuisine locale et des pratiques agricoles, aux agriculteurs et aux consommateurs et autant que possible aux phénomènes locaux et indépendants de domestication d'espèces qui représenteraient une production antillaise véritablement originale.

	Taxons	Vernaculaires	Ethnobotanique	Age Archaïque				Céramique ancien et moyen				Céramique récent et final			
				GA	PA	BTC	CS	GA	PA	BTC	CS	GA	PA	BTC	CS
Trees & Shrubs	Anacardiaceae, *Spondias* sp.[4]	mombin, hog-plum	Fruit comestible										x	x	
	Annonaceae, *Annona* sp.[4]	Pomme cannelle, corossol, cachiman, soursop, guanábana	Fruit comestible						[x]			x	x		
	Bignoniaceae, *Cresentia* sp. cf. *C. cujete*	Calebasse, calabash tree, higüera	récipient et médecinal									x	x		x
	Bixaceae, *Bixa orellana*[4]	Roucou, annatto, achiote	Colorant rouge (fruit)									x			
	Caricaceae, *Carica papaya*[4]	papaye, papaya, lechosa	Fruit comestible									x			
	Euphorbiaceae, *Manihot esculenta*[4]	manioc, yuca	tubercule comestible	x	[x]				[x]			x	[x]		[x]
	Fabaceae, cf. *Anadenanthera*[5]	cohoba, cojóbana, cojoba, cojobilla	narcotique graines									x			
	Fabaceae, *Hymenaea courbaril*	courbaril, stinking toe, locust	pulpe comestible										x		
	Fabaceae, cf. *Inga* sp.	pois doux, guaba	Fruit comestible					x				x			
	Fabaceae, *Piscida* sp., cf. *P. carthagenensis*	ennivrage, fish poison	poison (pêche)						x			x	x	x	
	Lauraceae, *Persea americana*[4]	avocat sauvage, wild avocado	Fruit comestible	x											
	Malpighiaceae, *Malphigia* sp.	Cerise pays, West Indian cherry	Fruit comestible	x				[x]				x			
	Malvaceae, cf. *Gossypium* sp.[5]	coton, cotton	Fibre semences									x			
	Myrtaceae, *Psidium guajava*	goyave, guava, guayaba	Fruit comestible						[x]			x			
	Palmae, *Acrocomia media*	Banga, corozo, spiny palm	Fruit comestible, fibres	x				x	x			x	x		
	Rhamnaceae, cf. *Colubrina* sp.	mabi, snake-bark, maví	boisson (écorce)									x			
	Rubiaceae, cf. *Genipa americana*[4]	Génipa, jagua	teinture noire (fruit)									x			
	Rutaceae, *Zanthoxylum* sp.	citrons sauvages, wild lime	médecinal		x				x			x	x	x	
	Sapotaceae, *Chrysophyllum* anatomical group	Caramboles, Caïmites et parents proches	Fruit comestible						x			x	x	x	
	Sapotaceae, *Manilkara* sp. and/or *Sideroxylon* sp.	Balata, sapotilles et/ou sideroxylon L., bulletwood, níspero, and/or mastic bully	Fruit comestible	x	x				x			x		x	
	Sapotaceae, *Manilkara* sp. cf. *M. zapota*[4]	sapotilles, níspero, sapodilla	Fruit comestible	x											
	Sapotaceae, *Pouteria campechiana*[4]	Canistel, yellow sapote	Fruit comestible	x											
	Sapotaceae, *Pouteria* sp.[5]	bully-tree, jácana, almendrón	Fruit comestible									x			
	Sapindaceae, cf. *Melicoccus bijugatus*[4]	quenettes, genip, quenepa	Fruit comestible									x			
	Sterculiaceae, *Guazuma ulmifolia*	guácima	boisson (graines)									x			
	Sterculiaceae, *Sterculia* sp. cf. *S. apetala*[4]	Mahot blanc, Panama tree	Fruit comestible					x				x			

	Taxons	Vernaculaires	Ethnobotanique	Age Archaïque				Céramique ancien et moyen				Céramique récent et final			
				GA	PA	BTC	CS	GA	PA	BTC	CS	GA	PA	BTC	CS
Herbs	Acanthaceae, *Siphonoglossa*[3]	cossie balsam	médecinal		x										
	Aizoaceae, *Trianthema* sp.	trianthema, verdolaga	entièrement comestible	x				x	x			x			
	Araceae, cf. *Xanthosoma* sp.[4]	Choix caraïbe, malanga,yautía	tubercule comestible	x								x			
	Cannaceae, *Canna* sp.[5]	toloman, canna	tubercule comestible									x			
	Cycadaceae, *Zamia* sp.	rameau, zamia, guayiga	tronc comestible (cycad)	x								x			
	Fabaceae, *Arachas hypogaea*[4]	arachides, peanut	noix comestible									x			
	Fabaceae, *Phaseolus* sp.[4]	haricots, common bean, frijol	graines comestibles	[x]				x				[x]			
	Marantaceae, *Calathea* sp.[5]	ileren, lerenes, galatea	tubercule comestible									x			
	Marantaceae, *Maranta* sp. (*M. arundinacea*)[4]	toloman, arrowroot	tubercule comestible									x			
	Onagraceae, *Oenothera* sp.[5]	Onagre, evening primrose	toutes les parties, médicinal									x			
	Poaceae/Paniceae, cf. *Setaria* spp. and relatives[3]	sétaires, panicoid grasses, e.g. foxtail millets	grains comestibles	x					x			x			
	Poaceae, *Zea mays*[4]	maïs, maize	grains comestibles, sucre organes végétatifs	x								x			
	Solanaceae, *Capsicum* sp. cf. *C. annuum*[4,5]	piment, chili pepper, pimiento, ají	Fruit comestible									x			
Vines	Convovulaceae, *Ipomoea* sp., cf. *I. batatas*[4]	patate douce, sweet potato, batata	tubercule comestible	x								x			
	Cucurbitaceae[5]	gourd/squash family	Fruit comestible, container									x			
	Passifloraceae, *Passiflora* sp.	Maracuja,barbadine, pomme liane, Passion flower, parcha	Fruit comestible									x			

Tableau 2 : Ressources végétales clés (taxons potentiellements cultuvés) identifiés dans les dépôt archéologiques.

1Source data: Berman and Pearsall 2000; Pagán-Jiménez 2003, 2005, et al. 2005; Newsom and Pearsall 2003; Newsom and Wing 2004; Pearsall 1985, 1989, 2002a.

2Subregions: GA = Greater Antilles and Virgin Islands; LA = Lesser Antilles; BTC = Bahamas, Turks and Caicos; SC = Southern Caribbean Islands.

3 Member of the cosmopolitan weed flora.

4Taxon is believed to have been introduced or dispersed from outside the region.

5Taxon may be introduced, naturalized, or native (uncertain).

Nous allons maintenant tenter de présenter ce que pourrait être la feuille de route des études paléo-ethno-botaniques antillaises dans les années à venir. Pour cela, nous allons centrer notre présentation sur trois thématiques particulières : le besoin de clarification des dynamiques environnementales, la nécessité de réaliser plus de fouilles et le besoin de disposer de plus de données archéobotaniques.

2.1 Clarifier les dynamiques environnementales

Que pouvons-nous faire pour mieux connaître les paysages et la biogéographie du peuplement humain des Antilles ? Des chercheurs (Scarry et Reitz, 2006) ont souligné récemment notre répugnance à considérer les changements climatiques comme un des facteurs à l'origine des comportements culturels, et ce, en grande partie du fait de l'impression négative laissée par des déclarations non prouvées ou faiblement étayées réalisées au cours des dernières années. Les mêmes auteurs ont insisté sur le fait qu'il était temps de se réapproprier l'idée que le contexte environnemental était potentiellement un ingrédient important les changements culturels et qu'il pouvait éclairer des aspects importants de la dynamique Hommes-Paysages. Ce qui est certain, c'est que nous ne pouvons exclure l'évolution de l'environnement des facteurs à l'origine des changements culturels avant de l'avoir comprise, cela inclus la prise en compte de la nature des variations relatives de la pluviométrie et des effets potentiels de perturbations naturelles périodiques. Enfin, une base d'informations sur le contexte environnemental est nécessaire même pour pouvoir évaluer les circonstances dans lesquelles les habitants passés de la région ont dû faire face au quotidien et pas seulement pour pouvoir montrer comment ils ont eu à répondre à quelques situations environnementales particulières ou à un désastre spécifique (cf. Alley, 2000 ; Diamond, 2005).

Une grande quantité de données paléo-écologiques d'une très grande précision sont aujourd'hui à notre disposition concernant l'espace circum caraïbe. Par exemple, l'histoire de sécheresses cycliques d'intensités variables a été reconstituée en Amérique Centrale (Curtis et al., 1996 et 2001 ; Hodell et al. 1995, 2001 et 2005 ; Peterson and Haug, 2005 ; de meme que Black et al., 1999 ; Haug et al., 2001 et 2003) et elle a été comparée avec des données micro-paléantologiques et géochimiques provenant des Antilles elles mêmes (Curtis et Hodell, 1993 ; Higuera-Gundy, 1991 ; Kjellmark, 1996 ; Nyberg et al., 2001 ; Street-Perrott et al., 1993). Un autre superbe exemple est l'étude récente de la variation des isotopes du carbone et de oxygène dans les coquilles des escargots terrestres provenant du site d'Anse à Gourde en Guadeloupe (Beets et al., 2006). Cette recherche a permis de reconstituer l'histoire des variations annuelles et saisonnières du taux d'hygrométrie et tend à associer ces variations climatiques avec des épisodes distincts de l'occupation humaine de l'île. Cependant, étant donné que les charbons de bois sont les restes archéobotaniques les plus abondants et les plus ubiquistes conservés et prélevés dans les sites antillais, une des voies complémentaires de développement de la recherche est l'étude des espèces arborées en termes de présence et de fréquence afin d'étudier la succession des types de forêts et la rotation des espèces. A cela doit être associée l'utilisation des informations issues de l'étude des cercles de croissance.

Les changements dans le temps et dans l'espace des assemblages spécifiques visibles dans les charbons de bois peuvent apporter quelques lumières sur la dynamique et la santé des écosystèmes forestiers aussi bien que sur l'impact humain sur ces environnements (Redman, 1999). Les données issues de l'étude des cercles de croissance nous renseignent sur la pluviométrie ainsi que sur d'autres cycles environnementaux et leurs perturbations. Les raffinements méthodologiques récents (Baillie, 1995 ; Schweingruber, 1988) nous permettent de travailler avec des échantillons composés d'un ensemble de petites séries de cercles, ce qui est ce dont nous disposons dans les séries de charbons archéologiques. Ainsi, les restes carbonisés de bois de chauffage que nous récoltons généralement peuvent potentiellement servir, non seulement à l'étude de l'évolution naturelle des forêt et à celle de l'exploitation humaine des ressources forestières (en incluant les changement en terme de composition et de structure induits par l'action humaine), mais aussi à l'enregistrement des variations paléoécologiques et climatiques locales et régionales (Schweingruber, 1988 et 1996).

Un de nos objectifs finaux dans ce domaine est de réussir à combiner des ensembles variés de données environnementales (incluant la dendro-écologie et l'étude des restes micro et macrobotaniques) afin de pouvoir examiner plus largement au sein de la région caraïbe les cycles hydrologiques et les signes de sècheresses, comme cela a été fait en Guadeloupe (Beets et al., 2006).

Un nombre important de secteurs dans la Caraïbe sont relativement arides, qu'ils soient liés ou non à des sols fertiles, non pouvons raisonnablement avancer que de longues sècheresses ont dû avoir un impact significatif sur la réussite et la productivité des pratiques culturales, voire même à certains moments entraîner un échec temporaire complet de ces pratiques. Nous pouvons aussi nous attendre à obtenir une meilleure appréciation de l'impact passé d'autres perturbations environnementales spécifiquement caribéennes (éruptions volcaniques, tremblements de terre, tsunamis, cyclones et tempêtes), qui potentiellement ont eu un impact sur l'approvisionnement en nourriture et plus largement sur le bien-être des communautés humaines préhistoriques.

La clarification de la complexité sous-jacente de la relation homme-environnement nous permettra aussi de facilité l'étude des modalités de fuite face à ces risques, en incluant les réponses apportées aux variations naturelles de l'environnement et les contraintes culturelles liées à l'investissement dans un mode de vie agricole (Abel, 2005).

Tout cela repose aussi sur l'évaluation de la quantité de population que sont capables de supporter de façon durable ces environnements modifiés par l'Homme. Nous pouvons déjà souligner que certaines espèces d'arbres, comme le Gaïac (*Guaiacum* sp., *Zygophyllaceae*), semblent avoir été préférées ou au moins fréquemment sélectionnées comme bois de chauffage dans les sites anciens et apparaissent en moins grande quantité ou ont complètement disparu dans les collections provenant de sites plus tardifs. Ces changements sont-il le reflet d'un changement de pratique lié à une variation culturelle ou reflètent-ils l'extinction locale d'une espèce particulière provoquant la nécessité de se tourner vers d'autres espèces ? C'est difficile à dire, cependant certaines études semblent permettre de distinguer les conséquences de la déforestation anthropique de l'impact des incendies naturels

(Burney et Burney, 1994). La combinaison de ces différents types d'informations nous aidera à établir l'importance de l'impact humain ancien sur le paysage antillais. Peut-être pourrons nous même, dans l'avenir, être capable de distinguer le déboisement ponctuel destiné à l'horticulture des conséquences de prélèvements répétés dans un même secteur entre autre pour l'extraction de bois de chauffage.

Cette influence anthropique sur le couvert forestier provoquant d'une manière ou d'une autre une fragmentation des habitats naturels constitue un processus complexe qui a nécessairement un impact sur la faune et sur la nature des sols. Ainsi, comprendre la dynamique Homme-écosystème de façon complète est essentiel à notre analyse de l'histoire des interactions Homme-Paysage.

2.2 Faire plus lors des fouilles

Que peut-il être fait pour réaliser de grands progrès dans le domaine de l'ethnobotanique préhistorique antillaise ? Nous avons à repenser ou au moins à reconsidérer avec attention nos pratiques en termes de prélèvement et d'échantillonnage afin que l'archéologie antillaise puisse recueillir un nombre suffisant d'informations dans ce domaine.

Nous prenons tous en compte avec le plus grand sérieux la complexité inhérente à chaque site archéologique. Cela entraîne la prise en compte de détails nombreux concernant leur organisation interne et la mise en évidence de comment ils peuvent être les clés de compréhensions des phénomènes sociaux visibles au travers de l'analyse de ces habitats anciens. L'étude de ces habitats est ainsi devenue un des sujets majeurs dans notre région et elle tente aussi de discerner certains éléments sur les pratiques alimentaires et la circulation de la nourriture au sein de ces espace (Sheets, 2006). Cette question nécessite entre autres de tenter d'identifier les systèmes de production, de distribution et de consommation ainsi que les pratiques de stockage, de gestion et de contrôle des surplus. Ce niveau d'analyse nécessite de faire un effort réel au niveau du prélèvement afin de découvrir les informations concernant l'économie et la subsistance de ces groupes et pas seulement les données concernant la diversité et la richesse des espèces exploitées.

Ailleurs, l'échantillonnage intensif des sols d'habitat et des autres aires activités permettra d'identifier la répartition spatiale des restes alimentaires au sein de ces différents espaces et donc de localiser les espaces réservés à la cuisine, au stockage ou à la consommation. Le travail de Hartorf (Hartorf, 1998) sur des sites anciens du Pérou en est un bon exemple. Déjà, certains sites dans la Caraïbe ont ainsi été échantillonnés intensivement (Maisabel, Luján, Golden Rock, Anse à la Gourde par exemple) et ces prélèvements ont été analysés ou sont encore en cours d'analyse. Nous avons maintenant besoin d'appliquer ces pratiques de façon plus large afin d'obtenir des données archéobotaniques d'une plus grande précision dans les Antilles pour compléter les informations stratigraphiques et spatiales dont nous disposons déjà.

Par ailleurs, pouvons-nous localiser ces jardins domestiques et ces champs spécialisés dont l'existence a été déduite de l'analyse des données archéobotaniques et des sources historiques (voir à ce sujet le chapitre rédigé par C. Stouvenot)? Sommes-nous à même d'associer des assemblages particuliers de plantes alimentaires ou ayant une autre valeur économique à des résidences individuelles, à des foyers particuliers ou à des groupes sociaux distincts ? Ces objectifs nous sont accessibles mais nous ne les atteindrons jamais si nous ne réalisons pas un véritable effort dans ce sens. Pour cela il nous faut améliorer le degré de finesse de nos données par la mise en place d'un large programme de prélèvements selon des méthodes adaptées.

De même, les sites archéologiques en milieu humide et de façon plus large les dépôts anaérobies représentent, de part leurs qualités de conservation, un potentiel immense pour la paléo-ethno-botanique antillaise.

Ces sites humides sont bien documentés pour la Caraïbe continentale, un site est actuellement en cours d'étude à Cuba, Los Buchiollones (Pendergast et al., 2002), et des couches situées sous le niveau de la nappe phréatique ont été rencontrées lors de la fouille des sites de En Bas Salines en Haïti et du Bastion de San Justo del Moelle (Porto Rico) (Newsom, 1993 et 1996). Ils ont tous livré des bois et des graines non carbonisés bien préservés associés à d'autres vestiges tout à fait exceptionnels. Des sites similaires existent certainement ailleurs dans la région. Bien que ce ne soit pas un projet simple, nous serions malades de nous priver des opportunités offertes par les sites en milieu humide, où et quand leur exploitation est possible. Et cela pas pour le simple intérêt que représente la découverte d'objets inhabituels, mais pour découvrir des vestiges du passés plus complets et potentiellement plus informatifs concernant nos sujets de recherches et nos préoccupations théoriques.

2.3 Recueillir plus d'informations archéobotaniques

Si comme nous venons de le voir une multiplication des fouilles et surtout des prélèvements archéobotaniques est nécessaire à l'avancée de nos connaissances, cette avancée ne pourra pas se faire si nous ne diversifions pas de façon parallèle nos méthodes d'analyse.

Ainsi, l'analyse des résidus organiques (acides gras) conservés à l'intérieur des vases peut nous permettre d'identifier le type de nourriture qui y a été préparé. Plus largement nous devons aujourd'hui être soucieux d'analyser les différents types de résidus chimiques qui ont pu être piégés à la surface des outils ou des vases afin d'être à même d'éclairer la fonction précise de ces pièces, qui n'est d'ailleurs pas forcément liée à la transformation et à la consommation des végétaux.

Ainsi les résidus présents sur les tessons de platines traditionnellement dites à manioc peuvent être analysés par spectrométrie de masse et chromatographie en phase gazeuse ou d'autres moyens chimiques. De même, les composés chimiques piégés dans les parois des vases peuvent nous permettre d'identifier ce qu'ils ont contenu et de distinguer certains récipients aux fonctions rituelles. Par exemple, les restes de pipes ou d'inhalateurs ont pu conserver des traces et des résidus liés à leur utilisation qui nous permettrons d'identifier ce qui était réellement fumé ou inhalé (tabac, cohoba, mélange des deux). Ce type d'analyse est actuellement en cours dans notre laboratoire, elle concerne un inhalateur en os provenant du site de Tibes (Porto Rico).

La première étape nécessaire au développement de ce type d'analyse est la construction de normes chimiques qui serviront de base de comparaison pour l'identification des résidus anciens. Il s'agit d'analyser un large corpus des plantes actuelles afin d'établir leur signature chimique.

C'est de cette façon que des travaux récents ont permis grâce à l'analyse des grains d'amidons (Pagan Jimenez, 2007) de mettre en évidence la présence très précoce du manioc dans les Antilles. Il s'agit d'une nouvelle étape tout à fait excitante pour la recherche paéoethnobotanique dans les Antilles qui nécessitera de développer encore nos séries de référence dans le domaine des grains d'amidons, des phytolithes, des graines ou des pollens.

Enfin, les enregistrements paléo-ethno-botanique sont bien plus qu'une simple réflexion sur l'utilisation des ressources végétales par les populations du passé. Ils sont les plantes elles-mêmes. Les espèces aujourd'hui disparues du fait de catastrophes naturelles ou de la pression humaine sont très nombreuses dans les Antilles. En tant que réservoir d'espèces, les enregistrements paléobotaniques apportent leur soutien au questionnement concernant la biodiversité passée et présente. Même s'ils sont morts depuis longtemps et qu'ils n'existent généralement plus que sous la forme de fragment de la plante originale, les restes paléobotaniques existent encore aujourd'hui dans des états de conservation variés. Ils constituent un conservatoire d'espèces anciennes et de leur matériel génétique, des espèces qui correspondent parfois aux derniers vestiges d'espèces disparues ou à des formes archaïques de plantes existant encore aujourd'hui.

Ainsi, l'analyse des résidus d'ADN contenus dans ces restes, entre autres ceux issus de fouilles en milieux humides, devrait pourvoir nous informer sur la biodiversité passée, ainsi que sur l'histoire : des plantes cultivées, de leur culture et de leurs cultivateurs. Ces analyses seront d'un apport essentiel si nous voulons déterminer parmi nos vestiges archéologiques ceux qui correspondent à des plantes réellement introduites par l'Homme et s'ils correspondent à des espèces domestiques, semi-domestiques ou sauvages. Les analyses ADN, par la comparaison avec des représentants modernes de la même espèce, nous permettrons ainsi de mettre en évidence la distance génétique qui existe entre les formes domestiques actuelles et leurs ancêtres sauvages.

3 Premières données paléo-botaniques concernant la Martinique

En Martinique, les études paléo-botaniques en sont encore à leur début bien qu'une étude précoce (Newsom, 1986) de quelques charbons recueillis à Macabou ait permis la mise en évidence de la présence de Palétuvier noir ou bois mèche (*Avicennia* sp.) et du citronnier sauvage ou bois lépini jaune (*Zanthoxylum* (sp. *Martiniscense* ?)).

Au cours des dix dernières années, trois études paléo-botaniques ont été menées. La première a consisté en des tests palynologiques réalisés par D. Vivent (Vivent in Bérard (dir), 2002) sur des sédiments provenant des sites de l'Habitation Perinnelle (St. Pierre) et de Vivé (Lorrain) (Tableau 3). Malheureusement, les résultats de ces tests ont montré que l'extrême acidité des sédiments volcaniques

Figure 2 : Réalisation d'un prélèvement sédimentaire dans la mangrove relictuelle de la plage de Dizac.

Figure 3 : Extraction du prélèvement du carottier.

récents du nord de la Martinique n'avait pas permis une conservation correcte des archives polliniques.

Ensuite, une double étude menée par L. Newsom est en cours. Elle concerne le site de Dizac (Diamant). Cette étude concerne d'une part l'importante collection de charbons recueillis au cours des fouilles dirigées par N. Vidal et d'autre part l'étude des macrorestes végétaux liés à des carottages réalisés dans les mangroves relictuelles de la plage de Dizac (Figures 2 et 3). Les résultats de cette étude seront intégrés à la publication monographique en cours de réalisation. Le premier résultat issu des carottages est l'impressionnante rupture que marque le début de la colonisation européenne dans les archives sédimentaires (passage d'une sédimentation essentiellement organique (tourbe) à une sédimentation essentiellement minérale (argile)).

MARTINIQUE 1999		99.01 / 2b	99.02 / 2b	99.19
Poids Ech.sec	gr	43,67	39,57	45,56
Poaceae	Nb.Pol.	1	0	0
Asteroideae	Nb.Pol.	1	0	0
Rosaceae	Nb.Pol.	2	0	0
Gentianaceae	Nb.Pol.	1	0	0
Periporate	Nb.Pol.	1	0	0
Spore trilète	Nb.Pol.	3	0	0
Indéterminable	Nb.Pol.	2	1	2
Total	Nb.Pol.	11	1	2
Total - Ind.	Nb.Pol.	9	0	0
Fréq.Absolues	Nb.Pol./gr	166	38	74

Tableau 3 : Résultat des analyses polliniques. 99.01 et 99.02 Perinelle ; 99.19 Vivé.

FAMILLES	Genres/espèces	Nb de fragments
AQUIFOLIACEAE	*Ilex sp.*	4
ARECACEAE	*Indet.VV5*	8
BIGNONIACEAE	*Tabebuia sp. cf pallida*	21
BURSERACEAE	*Type Dacryodes*	12
CAPPARIDACEAE	*Capparis sp.*	3
CHRYSOBALANACEAE	*Indet.VV2*	6
CLUSIACEAE	*cf Garcinia humilis*	15
CLUSIACEAE	*cf Calophyllum calaba*	14
FLACOURTIACEAE	*Casearia sp.*	4
LAURACEAE	*cf Endichleria*	10
LAURACEAE	*Nectandra sp.*	7
LAURACEAE	*Indet.VV6*	10
LEG. CAESALPINIACEAE	*Hymenea courbaril*	13
LEG. FABACEAE	*Lonchocarpus sp.*	7

FAMILLES	Genres/espèces	Nb de fragments
LEG. FABACEAE	*Type Erythrina*	1
LEG. FABACEAE	*Pterocarpus officinalis*	7
LEG. MIMOSACEAE	*Inga sp.*	12
LEG. MIMOSACEAE	*Type Leucanea*	4
LEGUMINOSEAE	*Indet.VV1*	26
	Indet.VV14	4
MALVACEAE	*Hibiscus sp.*	3
MELASTOMATACEAE	*Indet.VV8*	8
MELIACEAE	*Cedrela sp.*	30
MYRTACEAE	*Type Eugenia*	9
MYRTACEAE	*Pimenta racemosa*	28
PIPERACEAE	*Piper sp.*	1
POLYGONACEAE	*Coccoloba cf uvifera*	18
PTERIDOPHYTE	*Indet.VV10*	2
RUBIACEAE	*Type Chymarrhis*	25
RUBIACEAE	*cf. Genipa americana*	5
RUBIACEAE	*Indet.VV3*	31
RUTACEAE	*Zanthoxylum/Amyris*	6
SAPINDACEAE	*Sapindus sp.*	42
SAPOTACEAE	*Manilkara sp.*	12
SAPOTACEAE	*sp1. Type Pouteria*	35
SAPOTACEAE	*sp2. cf Sideroxylon*	3
	Indet.VV17	16
SIMARUBACEAE	*Simaruba amara*	18
STERCULIACEAE	*Guazuma sp.*	14
THEACEAE	*Ternstroemia sp*	1
THEOPHRASTACEAE	*Jacquinia sp.*	2
VERBENACEAE	*cf Citharexylum fruticosum*	9
VERBENACEAE	*Vitex sp.*	8
ZYGOPHYLLACEAE	*Guaiacum officinale*	11
Tubercules/Rhizome	*Indet.VV12*	3
Graines/Fruits	*Indet.VV15*	5
	Indet.VV16	1
INDETERMINES	*Indet.VV4*	21
	Indet.VV7	2
	Indet.VV9	9
	Indet.VV11	18
	Indet.VV13	4
Indéterminables		52
Total		**640**

Tableau 4 : Site de Vive (le Lorrain), résultats de l'étude anthracologique.

En fait les principales données paléo-botaniques actuellement disponibles concernent le site de Vivé. Elles sont issues de l'étude menée par C. Tardy de 640 fragments de charbons liés à l'occupation saladoïde cedrosane ancienne du site (Tardy in Bérard (dir.), 2001). Cette étude a permis d'identifier 43 taxons (Tableau 4) qui permettent de reconstituer en partie l'environnement végétal du site au moment de son occupation. C. Tardy a ainsi pu remarquer la dominance du faciès mésophytique de type forestier dense. Un autre type de cortège végétal caractéristique des environnements marécageux et ripicoles est aussi représenté au sein de la série de Vivé. Ce point est en parfaite adéquation avec la proximité de la Rivière Rouge et de la petite mangrove de La Crabière. Enfin, deux des taxons identifiées : le Gayac (*Guaiacum officinale*) et le Bois de Fer (cf. *Sideroxylon*) pourraient être intrusifs. En effet, le Gayac et un certain nombre d'espèces du genre sideroxylon sont caractéristiques des faciès xérophytiques. La zone de ce type la plus proche du site était la presqu'île de La Caravelle à une vingtaine de kilomètres au sud. L'introduction de ces espèces à Vivé est vraisemblablement liée à leurs qualités mécaniques particulières. Il s'agit de bois d'une extrême dureté. Concernant les espèces «utiles» ont peut noter la présence au sein de la série du Génipa (*Genipa americana*) dont le fruit donne une teinture noire. Cet arbre important est originaire d'Amérique du Sud, comme cela a été indiqué précédemment.

On le voit les Amérindiens ont connu un environnement très différent de celui dans lequel nous avons réalisé les fouilles (l'espèce dominante (unique !) était alors le bananier). Ils se sont installés au sein d'une forêt mésophile, à proximité immédiate de formations marécageuses et ripicoles. Par ailleurs, ils étaient peu éloignés de la grande forêt hygrophile vraisemblablement distante de moins de 2 km (Hatzenberger, 2001). Ils ont ainsi pu exploiter les nombreuses ressources (végétales mais aussi animales) liées à ces divers faciès végétaux.

Conclusions

Le développement des études paléo-botaniques est un élément essentiel pour l'avenir de la recherche sur le peuplement précolombien de l'archipel antillais. Comme nous le montre les premiers résultats à notre disposition, ces recherches sont à même de nous fournir des informations essentielles, non seulement sur l'évolution naturelle du milieu (paléo-environnement) mais aussi sur la relation Homme-Milieu (influence du milieu sur les sociétés humaines, influence de l'Homme sur le milieu (agriculture, introduction d'espèces, déboisements)). Surtout, avec le renforcement de nos connaissances dans de domaine, nous serons à même de discuter de l'évolution de cette relation en rapport avec les changements sociaux qui se sont déroulés au cours de l'occupation amérindienne des Antilles.

Si à l'échelle de l'archipel antillais, les études paléo-botaniques ont atteint une maturité certaine, en Martinique, les recherches n'en sont encore qu'à leurs balbutiements. Les premiers travaux réalisés au cours de la dernière décennie restent anecdotiques. Le développement de ce champs de la recherche archéologique est donc un des enjeux majeurs pour les années à venir.

Premières traces de structures agricoles précolombiennes à St Martin et en Martinique

Par Christian Stouvenot

A ce jour peu de témoins directs du travail agricole dans les champs ou jardins par les populations précolombiennes ont été mis en évidence dans les Petites Antilles. Une récente découverte réalisée à Saint-Martin pourrait constituer un cas de champs cultivés précolombiens. D'autres structures mises au jour en 2002 à Saint-Pierre en Martinique offrent un autre exemple tout à fait similaire.

Le site d'Espérance à Saint-Martin a été découvert à l'occasion d'un diagnostic archéologique Inrap conduit par C. Stouvenot dans la plaine de l'Espérance (fig. 1) où était projetée une zone industrielle de 3,5 hectares. Ce secteur avait déjà fait l'objet d'une campagne de sondages en 1993 dirigée par Christophe Henocq de l'Association archéologique Hope Estate et Sebastiaan Knippenberg de l'université de Leiden. Ces recherches avaient alors mis en évidence des concentrations de matériel précéramique en plusieurs points de la plaine (Knippenberg et al 1993

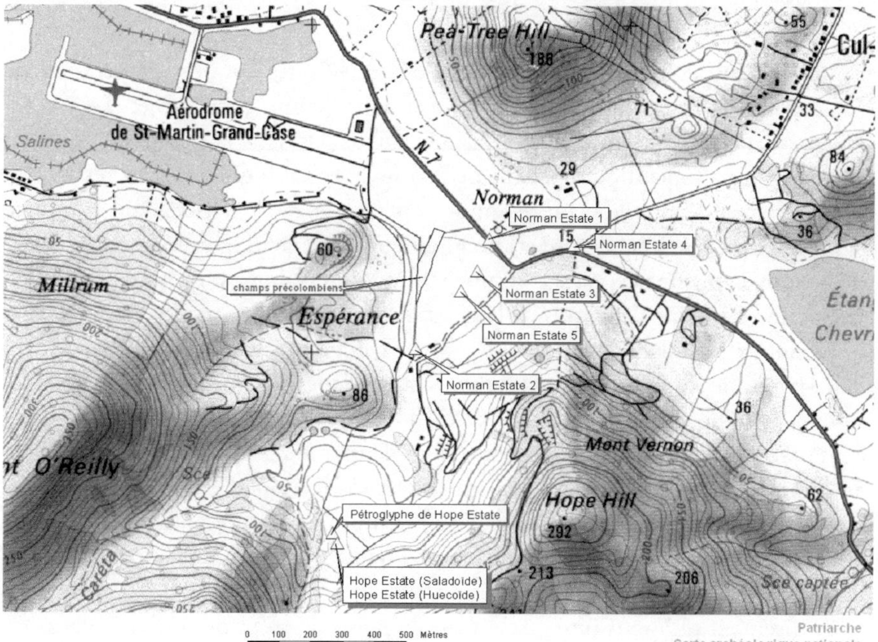

Figure 1 : Localisation du gisement d'Espérance à Saint-Martin.

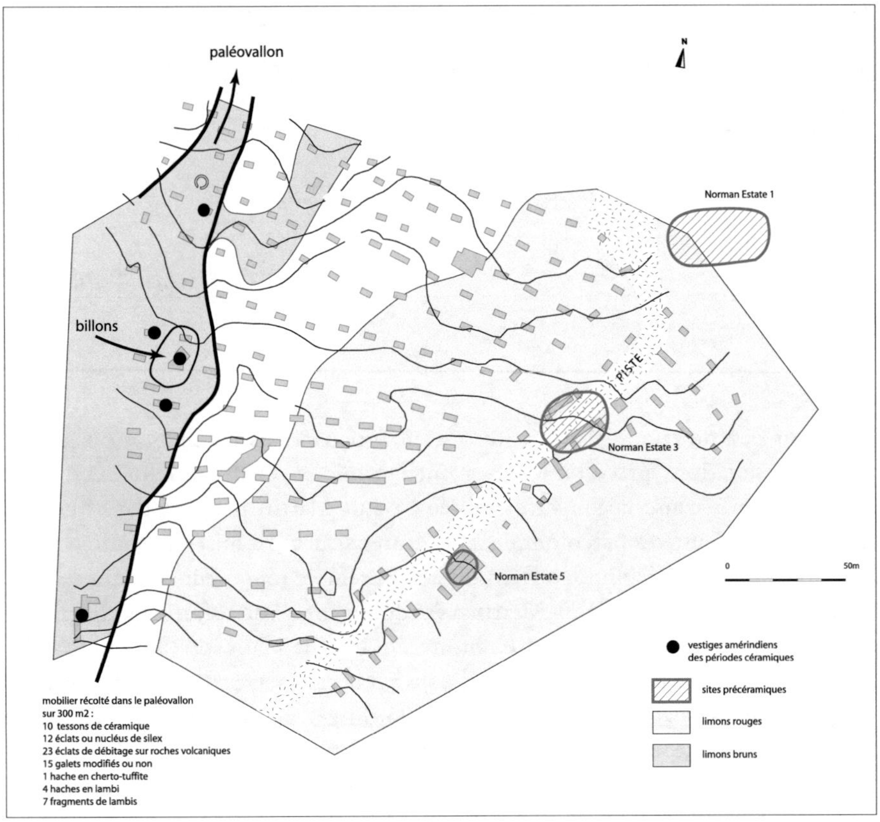

Figure 2 : Espérance : plan du secteur diagnostiqué.

et Knippenberg et al 1999). La présence de ces vestiges a motivé la décision de réalisation d'un diagnostic plus approfondi dans l'emprise du projet. Le terrain est situé dans la zone où la Ravine Caréta débouche dans la plaine de Norman Estate (fig. 2). L'opération a permis de retrouver et de fouiller ce qui restait des concentrations de mobiliers précéramiques NE3 et NE5, localisées dans l'emprise du projet. En outre a été découvert un gisement totalement inattendu dans la partie ouest de la plaine : ce « site » occupe le fond d'un vallon, sur plus de 200 m de long et une trentaine de mètres de large en moyenne.

Le contexte géomorphologique (fig. 3) est celui d'un éventail torrentiel de 300 m de largeur lié à l'échouage de la Ravine Careta dans la plaine de Norman Estate. Cette nappe alluviale est constituée de cailloutis peu roulés à matrice gravelo-sableuse avec des blocs pouvant atteindre 1 m de diamètre. Elle présente une pente moyenne de 2 % et s'est probablement mise en place lors d'évènements cycloniques anciens. Coté est, elle est recouverte par un sol limono-sableux rouge brique qui contient les vestiges précéramiques. A l'ouest elle est entaillée par l'actuelle Ravine Caréta.

Le gisement qui nous intéresse est piégé dans un paléovallon (fig. 2) large de 20 à 40 m, profond de 0 m 50 à 1 m par rapport à la plaine actuelle. Le remplissage du vallon est constitué, au-dessus de cailloutis, de limons sableux bruns,

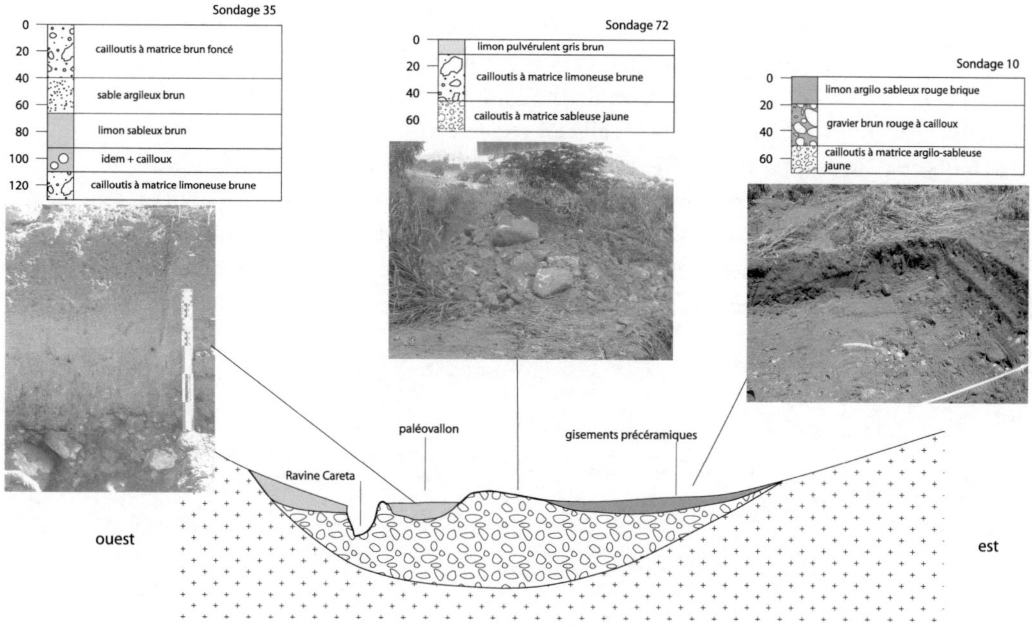

Figure 3 : Espérance : coupe géomorphologique de la plaine d'Espérance.

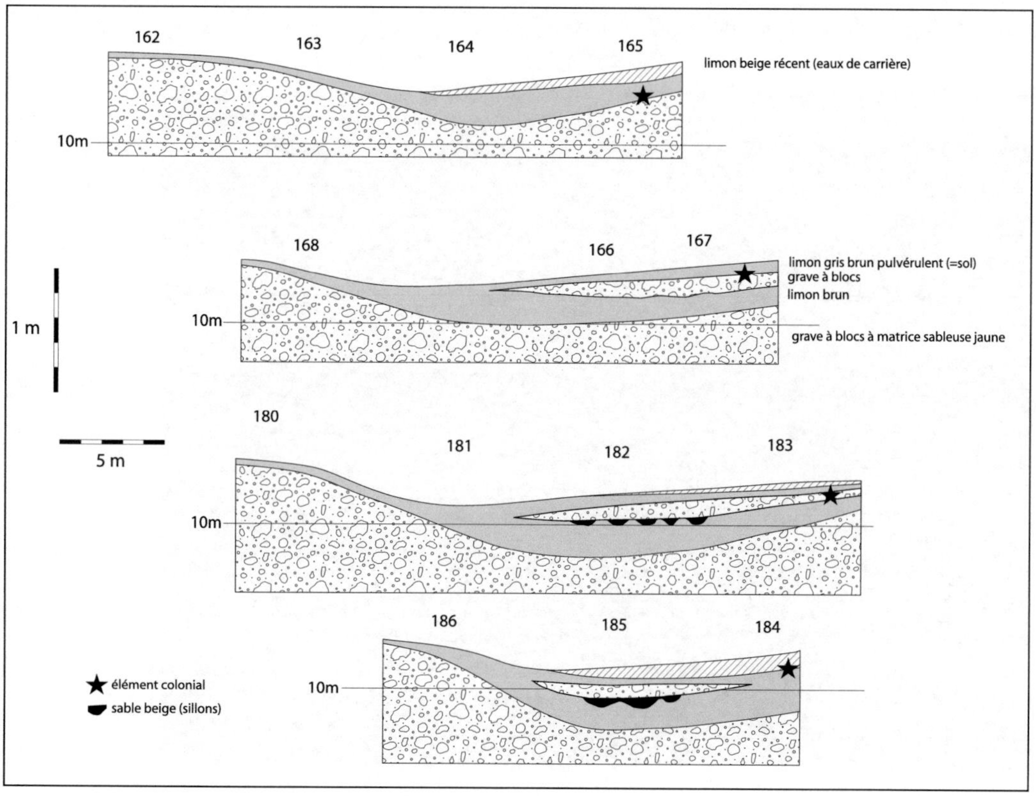

Figure 4 : Espérance : coupes sériés de la zone à billons.

contenant des charbons de bois et quelques éléments dispersés de mobilier précolombien : céramique, lithique et coquillage. Cette couche de limons, épaisse de 50 cm à 1m suivant les points est en général affleurante. Cependant, dans le secteur des sondages 166, 167, 182, 185 et 35, elle est recouverte par une grave sableuse à gros blocs épaisse de 20 à 50 cm (fig. 4). De rares éléments de la période historique (verre, ossements) ont été retrouvés à la base ou au sein de cette grave, attestant qu'elle s'est probablement mise en place tardivement durant les périodes historiques. Nous y avons également récolté une hache en lambi, ce qui indique qu'elle a remobilisé des éléments sous-jacents lors de sa mise en place.

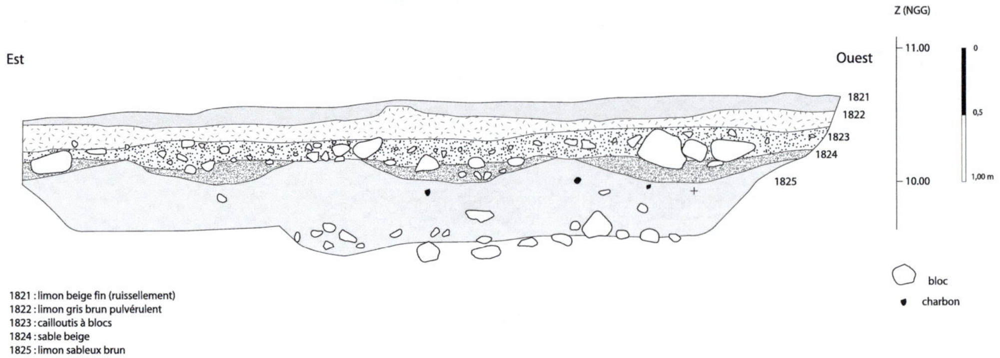

Figure 5 : Espérance : coupe des billons du sondage 182.

Figure 6 : Espérance : détail d'un sillon.

Figure 7 : Espérance : billons et sillons après décapage.

Figure 8 : Espérance : billons et sillons du sondage 185.

Dans une zone très réduite (environ 250 m^2) les limons bruns ne sont pas directement recouverts par la nappe de grave, mais par une couche de sable fin beige à jaune qui fossilise une paléotopographie formée d'ondulations équidistantes et parallèles, alternance régulière de sillons et de billons. Les 8 sillons mis au jour se répètent avec un pas de 1m30. On constate que la nappe de grave tronque les parties hautes de cette topographie : ainsi dans le sondage 182, les billons sont écrêtés par la grave (fig. 5 et 6). Cela se voit assez bien en plan, où le sommet des billons apparaît comme une surface horizontale (fig. 7). En aval, dans le sondage 185, le sommet des billons est préservé et la couche de sable est presque continue (fig. 8). Par contre en amont, dans le sondage 167, la nappe de grave a totalement raboté les billons, y creusant même des chenaux de section irrégulière.

Ainsi, pour récapituler, il apparaît que les billons sont conservés dans une partie plus profonde du paléovallon, fossilisés par une couche de sable probablement déposée lors d'un débordement de la Ravine Caréta, puis tronqués à la période coloniale par une arrivée torrentielle ravinante. La partie conservée des billons est très réduite et couvre environ 250 m^2.

Deux éléments nous permettent d'attribuer la constitution des billons à l'Age Céramique :

- sur les 200 m de long où il a été reconnu, les limons du paléovallon n'ont livré exclusivement que du matériel précolombien. Ces éléments retrouvés sur l'ensemble des sondages (300 m^2) sont assez peu abondants (fig. 2) : 10 tessons de céramique, 12 éléments en silex, 23 éclats sur roches locales (fig. 9 a et c) qui sont toujours de grosses pièces de plusieurs centimètres, 15 galets exogènes modifiés ou non, une hache en cherto-tuffite (fig. 9 b), 4 lames de haches en lambi et 7 fragments de lambis.
- Une datation radiocarbone a été réalisée sur une concentration charbonneuse interprétée comme une souche carbonisée en place. Elle provient du sondage 182 : cet amas de 30 cm de diamètre était localisé juste en dessous de l'interface limon/sable. Il comprenait plusieurs gros charbons de 5cm de diamètre. La faible dispersion de ce matériel fragile permettait de supposer que cette concentration n'avait pas ou peu été perturbée par le travail agricole et que sa constitution par calcination probable d'un arbre ou d'une souche devait précéder de peu la réalisation de billons et leur enfouissement rapide par la nappe de sable. Cet élément charbonneux permettait donc de dater la réalisation des billons. Une datation C14 réalisée au laboratoire Beta Analytic a fourni une date calibrée de 350-610 après JC (1590 ± 60 BP avec D $^{13}C/^{12}C$ = -26,9 ‰), ce qui place cet événement pendant le Saladoïde, vers la fin de l'occupation du site d'habitat voisin de Hope Estate localisé dans la vallée, en amont, à environ 700m de distance.

En conclusion cette intervention a permis de mettre en évidence un paléovallon d'au moins 200 m de longueur comportant des terres limoneuses fertiles et ayant livré des éléments précolombiens, surtout lithiques, en densité assez faible. Le limon contient également des charbons de bois assez fréquents et parfois des souches brûlées. Localement une structuration avec des billons et sillons pourrait correspondre à un travail de la terre. Cette occupation, datée du Saladoïde, semble donc correspondre à d'anciens champs cultivés ou des jardins, à mettre en relation avec le site contemporain de Hope Estate située dans la même vallée, à environ 700 m en amont.

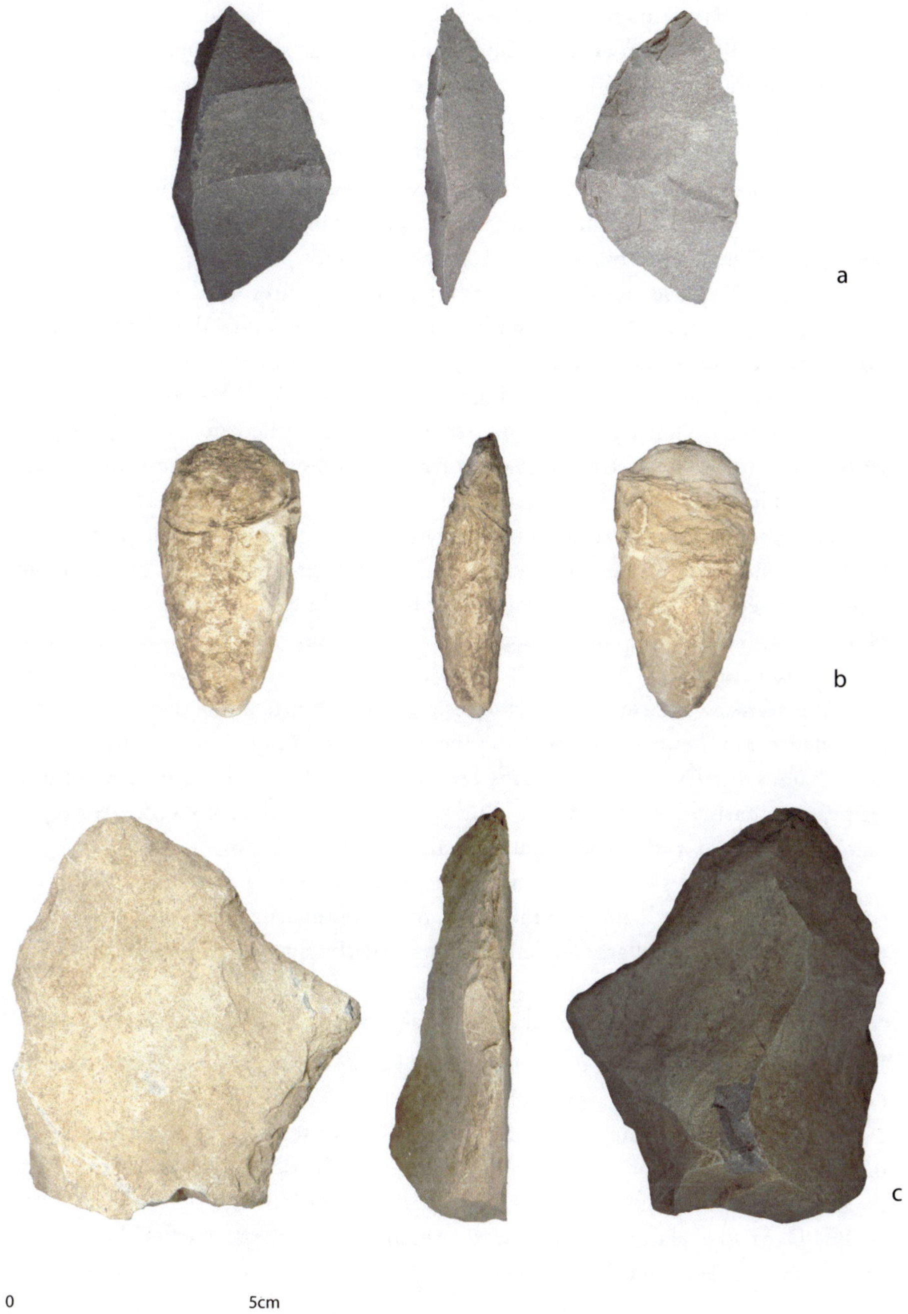

Figure 9 : Espérance : mobilier lithique.

Ces vestiges pourraient se rapprocher de ceux découverts en 2002 en Martinique lors d'une fouille préventive Inrap (Escallon, 2002). Le terrain de fouille est localisé au pied de la Montagne Pelée, sur un glacis qui descend en pente douce vers la mer. L'intérêt de ce site réside dans le fait que les vestiges de traces agricoles sont totalement scellés par une nappe de ponce volcanique déposée autour de 1300 après JC : la nappe P1, d'après la nomenclature locale. Cette nappe est ici épaisse de 30 à 70 cm et le système de billons et de sillons apparaît à 1 m 70 de profondeur. Sans aller dans les détails de la fouille, on constate sur ce site deux occupations successives : la première est saladoïde : elle se caractérise par des structures d'habitat (trous de poteau et fosses) et un abondant mobilier céramique, la deuxième est d'age Céramique récent, sans plus de précision : quelques éléments céramiques confirment cette attribution (pied de platine, fusaïole, tampon). Le scellement des billons par la nappe de ponce datée vers 1300 implique obligatoirement que le creusement de ces structures agraires, facilement érodables sont de peu antérieures à la mise en place de la nappe de ponce. Les deux occupations paraissent donc déconnectées aussi bien dans leur fonctionnalité que dans le temps. Les traces de cultures présentent toutefois certaines différences avec celles de Saint-Martin : l'entraxe de billons est de 1 m 80 au lieu de 1 m 30, ils présentent un profil dissymétrique, et on constate la présence de dépressions ou cuvettes dans les sillons, avec des espacements réguliers, interprétées par les auteurs comme des fosses destinées à accumuler l'eau de pluie ou des fosses de plantation. Certains trous de poteaux pourraient être de probables tuteurs. Sur ce site, deux champs ont été retrouvés chacun montrant une bordure, pour l'une parallèle aux billons, pour l'autre perpendiculaire, suggérant plus un espaces de « jardins » que de champs étendus.

Ces deux sites montrent que des zones de cultures agricoles peuvent être mises en évidence dans l'espace antillais. Elles ne sont cependant pas aussi marquées que les « champs surélevés » connus dans les zones humides et lacustres d'Amérique latine, et en particulier en Guyane. D'un point de vue méthodologique, leur repérage pourrait s'appuyer sur plusieurs de leurs caractéristiques :

- terres limoneuses ou limono-sableuses assez fertiles et épaisses
- présence faible et diffuse de mobilier archéologique sur de grandes surfaces
- forte présence de charbons de bois dans le sédiment, voire de troncs ou souches calcinées
- rareté des structures archéologiques d'habitat type fosse et trous de poteaux

Par contre des conditions d'enfouissement rapides sont requises pour assurer l'éventuelle fossilisation de traces agricoles.

A ce jour, un autre site offrant ces caractéristiques semble avoir été découvert, dans la vallée de Ravine Blanche à Gourbeyre en Guadeloupe à l'occasion d'un diagnostic archéologique réalisé en 2006 par Martijn Van del Bel (Van Del Bel 2006). Dans une plaine alluviale se succèdent sur plusieurs mètres d'épaisseur une alternance de niveaux de limons et de graves. Des vestiges précolombiens tenus, d'age saladoïde, essentiellement de la céramique, sont présents sur les deux premiers mètres, dans au moins deux niveaux et sur l'ensemble de la surface sondée d'environ 2,5 ha. Très peu de structures en creux ont été découvertes et elles sont concentrées dans un angle du terrain. Le terrain est voisin du site d'habitat de Bisdary fouillé en 2005 par Thomas Romon qui est distant de 200 m et occupé à la même période. Cet ensemble agricole est très probablement lié à ce site d'habitat.

Maaike De Waal discute également de la fonctionnalité de certains sites qu'elle a découvert en prospection à la Désirade en 1997-1999 (De Waal 2006, p. 95-96), et qu'elle dénomme « indistincts sites, first and second type » . Par exemple, le site de Ravine Montagne, d'une surface de 4 ha où seulement 27 tessons de céramique ont été récoltés ou le site de ravine Moko, de 2 ha qui a livré 20 tessons de céramique. Selon elle ces sites peuvent être liés à de petites occupations récurrentes ou à des zones d'activités comme des jardins où des lieux de récolte de bois.

D'autres exemples ne manquent pas en Guadeloupe « d'occupations diffuses » qui fournissent très peu de mobilier archéologique, dispersé sur des surfaces plus ou moins étendues, ou bien de modestes fosses complètement isolées ne pouvant pas être rattachées à des habitats, comme celle trouvée en Guadeloupe à Bélost, Saint-Claude (Romon, 2006, p. 13-14) ou à Roujol, Petit-Bourg (Nalin, 2007)

La rareté du matériel et des structures archéologiques sur ce genre de gisement a probablement contribué par le passé à les traiter de façon peu approfondie, voire à en minimiser l'intérêt. Il est vrai que l'indigence du mobilier sur ces sites est déroutante et les méthodes de leur étude sont encore à développer et devront être épaulées par des approches nouvelles : SIG, archéobotanique, ... L'archéologie préventive, en traitant de grandes surfaces, en particulier à l'occasion des diagnostics, est un des outils majeurs que nous ayons à notre disposition pour aborder ce type d'occupation. Ce type d'approche permet de à repérer et de cartographier la répartition d'indices tenus et dispersés. Ainsi il devient possible de disposer d'informations sur la vie quotidienne des amérindiens en dehors de leurs villages, comme par exemple dans les terroirs agricoles ou, dans un autre registre, sur certains petits sites spécialisés dans la récolte de ressources marines ou de matières premières lithiques comme l'ont suggéré certains auteurs (Bonnissent 2010, p. 550, Bérard et al, 2005).

3ème partie

Vers une vision archipélique

Introduction

Par Benoît Bérard

Jusqu'à présent nous nous sommes consacrés à l'étude de l'occupation amérindienne de la Martinique. En cela nous avons suivi une malheureuse tradition de l'archéologie antillaise qui a voulu que la plupart des chercheurs ou des équipes de recherches se consacrent à l'étude d'une île ou à l'étude successive de plusieurs îles sans tenter de développer une perspective globale au niveau de l'archipel. Le morcellement géopolitique et linguistique post-colonial des Antilles conditionne pour partie cette réalité. Cependant, le cadre théorique de la recherche sur les populations précolombiennes des Petites Antilles depuis plusieurs décennies a lui aussi joué un rôle prépondérant. Tout d'abord, un des concepts dominants de la pensée archéologique a été et reste pour partie la notion d'insularité. Au-delà du fait que sa pertinence opératoire reste encore largement à démontrer, la notion d'insularité s'appuie sur une approche terrestre de l'espace antillais, espace pourtant essentiellement maritime. Ainsi, alors que dans les Grandes Antilles l'accent était mis sur les relations existant autour des canaux séparant les îles, dans les Petites Antilles, chaque île a été considérée à priori comme une unité culturelle cohérente et géographiquement stable dans le temps.

Les difficultés que rencontre la communauté scientifique pour le traitement de certaines questions complexes ainsi que les résultats de différents travaux récents démontrent la nécessité d'un changement d'approche dans la conception de l'espace des Petites Antilles et la nécessité qu'il y a pour les chercheurs de se placer dans une perspective géographique plus large et plus maritime. Car, si aujourd'hui la mer constitue une frontière, elle était la voie privilégiée de circulation des populations amérindiennes, un lien qui a permis à l'archipel antillais d'être un véritable espace de civilisation. C'est ce nécessaire passage d'une vision insulaire et terrestre à une perspective maritime et archipélique que nous allons tenter d'introduire dans cette troisième partie. C'est ce qu'illustrent parfaitement les recherches menées par S. Knippenberg sur les circulations des matières premières lithiques dans les Antilles. Les travaux menés par T. Romon et son équipe sur le site de la Gare Maritime de Basse-Terre, tout en témoignant de l'important dynamisme de l'archéologie préventive dans l'archipel guadeloupéen, nous permettrons d'aborder une question centrale depuis trois décennies et à laquelle aucune réponse sérieuse ne peut être apportée dans une approche géographique étroite : celle de la diversité culturelle des premières occupations agro-céramistes des Antilles. Enfin, nous présenterons quelques résultats du programme de recherche que nous avons dirigé en Dominique et dont un des objectifs principaux était justement de sortir de la perspective insulaire pour étudier les relations qui pouvaient avoir existé entre les deux bords du canal de la Dominique.

L'apport de matières lithiques exogènes dans la Martinique précolombienne et leur place dans les réseaux d'échanges précolombiens au sein de la Caraïbe

Par Sebastiaan Knippenberg

Introduction

Quand Christophe Colomb découvrit les îles des Antilles, les Amérindiens qu'il rencontra ne connaissaient pas l'usage du fer ou des autres métaux. Les habitants de ces îles fabriquaient leurs outils en bois, en os, en coquillage, et surtout en pierre. C'est cette dernière matière première, qui nous intéresse plus particulièrement nous les archéologues, car elle se conserve très bien et que c'est parfois la seule chose que nous retrouvons lors des fouilles.

Concernant les matières premières lithiques, les îles des Caraïbes, et spécialement les Petites Antilles, constituent une région très intéressante (Knippenberg 2006). En effet, pour les Amérindiens, ces îles offraient des milieux géologiques très variés du fait d'une longue et complexe histoire volcanique. Les îles des Petites Antilles se sont formées le long de deux arcs (figure 1) : un arc volcanique ancien, l'arc externe, avec les îles de Marie-Galante, Grande Terre, Antigua, Barbuda, St. Barthélemy, St. Martin et Anguilla ; et un arc volcanique récent, l'arc interne, avec les îles de Martinique, Dominique, Basse-Terre, Montserrat, Nevis, St. Christophe, St. Eustache et Saba (Wadge,1994). Ce dernier arc est constitué par les îles abritant des volcans encore actifs (Baker,1984). Sur la base de cette histoire géologique, on peut diviser les îles des Petites Antilles en trois groupes. Au sein de l'arc ancien, il y a des îles calcaires, comme Anguilla, Barbuda, Marie-Galante, et Grande-Terre (de la Guadeloupe). Ce sont des îles très plates, parfois avec une base volcanique, où l'on peut trouver presque qu'exclusivement des roches calcaires (Andreieff et al., 1983 ; Brasier & Marther, 1975 ; Christman, 1953 ; Laserre, 1975). Ces roches sont généralement tendres et ne sont pas propres à une transformation en outils destinés à polir, affûter, meuler, percuter, couper, forer ou gratter.

Le deuxième groupe est formé par les îles volcaniques de l'arc récent, comme St. Lucie, Martinique, Dominique, Basse-Terre de la Guadeloupe, St. Christophe et St. Eustache. Ces îles offraient aux Amérindiens des pierres plus dures, comme des basaltes et des andésites (Rea & Baker, 1980 ; Smith et al., 1980). Ce sont des roches propres à polir, meuler, et percuter.

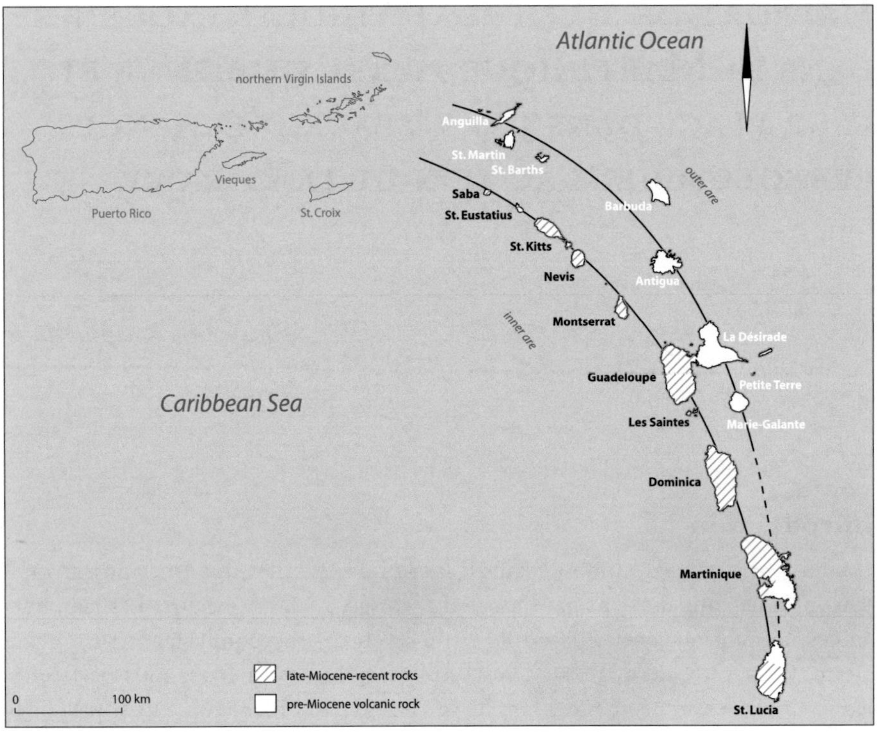

Figure 1 : Les arcs des Antilles.

Le troisième groupe d'îles, les îles volcano-sédimentaires, se trouve dans l'arc ancien et constitue le groupe le plus intéressant. Il s'agit, en effet, des îles les plus variées d'un point de vue géologique (Bouysse et al., 1983 ; Christman, 1953 ; Martin-Kaye, 1959). Il est constitué uniquement de quatre îles : St. Martin, St. Barthélemy, La Désirade et Antigua. Sur ces îles, on peut trouver une grande diversité de roches, comme des roches volcaniques, des roches calcaires, des roches sédimentaires non calcaires et des roches siliceuses ; des roches très dures et aussi très tranchantes qui sont propres à gratter, forer et couper.

Dans ce cadre la Martinique a une place quelque peu exceptionnelle. La Martinique fait partie du groupe des îles volcaniques, mais c'est une île volcanique plus ancienne que la plupart des autres îles volcaniques des Petites Antilles de la région Nord (Baker, 1984). Par voie de conséquence du fait de cette longue histoire géologique, les formations volcaniques les plus anciennes ont été altérées par des éruptions plus tardives (Bérard & Vernet, 1997 ; Westercamp & Tazieff ,1980). C'est dans ces formations volcaniques les plus anciennes, que des roches siliceuses, comme du jaspe, de la calcédoine, et du bois silicifié, se sont formées. L'essentiel de ces roches se trouve à la Savane des Pétrifications, dans le sud de Martinique ou à la Presqu'île de la Caravelle dans l'Est de l'île (Bérard, 1999 ; Bérard & Vernet, 1997). Au total, Benoît Bérard et ses collègues ont trouvé plus de trente petits gîtes de jaspe et de calcédoine dans le sud de la Martinique (Bérard & Vernet, 1999).

Sur la plupart des autres îles volcaniques dans le Nord, on ne peut pas trouver ce type de matériaux, sauf peut-être en Dominique (Honychurch, 1995). A l'inverse, dans la région sud des Petites Antilles, se trouvent des îles volcaniques elles aussi anciennes. Nous savons, par exemple, qu'à St. Lucie, se trouvent aussi des gîtes des jaspes (Hofman com. pers. 2005 ; Bérard com. pers. 2007, Knippenberg 2011).

Cette géologie variée des différentes îles des Petites Antilles a eu des conséquences pour les populations précolombiennes. Dans certaines îles, comme Antigua et St. Martin, les habitants pouvaient trouver une grande diversité des roches utiles, alors que les habitants des îles calcaires étaient forcés d'obtenir la plupart de leur matériel lithique des îles voisines. Le silex, par exemple, était une roche très rare que l'on ne pouvait trouver que dans quelques îles de la région. Ce n'est donc pas une grande surprise que les Amérindiens des Petites Antilles aient souvent transporté et échangé des roches et des outils lithiques entre les îles.

Cet article a pour but de déterminer d'où les Amérindiens de Martinique tiraient leurs roches et leurs outils de pierre. Cette recherche fait partie d'une étude plus vaste, à laquelle j'ai travaillé pendant ces dernières années (Knippenberg, 2006). Il s'agit une recherche régionale au cours de laquelle j'ai dressé la carte de distribution des artefacts de silex en particulier mais aussi d'autres types de roches dans les sites précolombiens de l'Age Céramique dans le Nord des Petites Antilles. Par l'intermédiaire de ce travail, j'ai essayé d'identifier des réseaux d'échanges dans cette petite région.

Concernant la Martinique, on peut se poser plusieurs questions sur l'utilisation des matières premières lithiques. Est-ce que les Amérindiens de Martinique ont utilisé seulement des roches locales, venant de l'île de Martinique ou est-ce qu´ils ont importé des roches exogènes d'îles voisines voire même d'îles éloignées ? Et, s'ils ont importé des roches exogènes, est-ce qu'ils les ont collectées eux-mêmes ou est-ce qu'ils les ont obtenues par échange avec des communautés intermédiaires sur les îles voisines ? Enfin, on peut se demander s'il y a eu des changements concernant l'utilisation et l'acquisition des roches pendant l'Age céramique en Martinique et comment on peut les expliquer.

Pour répondre ces questions j'ai divisé ma recherche en plusieurs étapes. Premièrement, j'ai visité plusieurs gîtes et collecté des échantillons pour avoir une meilleure connaissance des différents matériaux. Plus particulièrement pour les gîtes de silex, j'ai effectué une étude plus détaillée, avec des analyses pétrographiques et géochimiques.

Ensuite, j'ai étudié des collections d'artefacts lithiques provenant d'un grand nombre de sites précolombiens de plusieurs îles de Petites Antilles et Porto Rico (Knippenberg, 2006). Tous étaient des sites de l'Age Céramique. En Martinique, j'ai étudié le matériel de Vivé, un site saladoïde ancien, de Dizac au Diamant, un site saladoïde moyen-récent et d'Anse Trabaud, un site suazoïde (Knippenberg, 2001)[1]. Pendant ces études j'ai essayé de déterminer l'origine des roches utilisées par les Amérindiens et, comment et sous quelle forme ils ont obtenu ces roches. Ensuite, j'ai comparé les résultats issus des différents sites et j'ai dressé la carte de

1 Pour une description plus détaillée de ces sites, voir les chapitres précédents.

distribution régionale de quelques roches importantes. J'ai effectué ce travail pour les différentes phases chronologiques de l'Age Céramique. Enfin, j'ai essayé d'expliquer comment ces roches étaient distribuées dans la région.

Les artefacts lithiques dans les Petites Antilles

Quand on regarde l'usage fait par les amérindiens de l'Age céramique des roches pour fabriquer des outils et des objets ainsi que les moyens techniques qu'ils ont employé, on peut percevoir un schéma récurrent : certains types des roches ont été choisi par les Amérindiens et ont été travaillés et désignés pour exécuter certains fonctions (Knippenberg, 2006). En général, on peut diviser la fabrication et utilisation des outils et des objets lithiques en cinq grands groupes. Le premier groupe se compose des artefacts qui sont associés à la fabrication des outils sur éclats. Le deuxième groupe se compose des artefacts qui sont associés à la fabrication des outils ou d'objets sur masse centrale. Ce sont les haches ou les meules mais aussi des objets comme des perles, des amulettes ou des zemis. Le troisième groupe se compose des artefacts qui sont utilisés immédiatement, sans modification préalable. Ce sont les galets utilisés par exemple pour percuter ou pour le polissage de la céramique. Le quatrième groupe se rapproche du troisième. Ce groupe se compose des objets lithiques qui ont été introduits dans le site mais qui ne possèdent pas de traces d'utilisation et dont on ne connais pas les raisons qui ont conduit à leur sélection. On désigne généralement ces objets par le terme «manuports». Dans les sites antillais, on trouve ainsi beaucoup de galets sans trace d'utilisation. Le dernier groupe se compose des artefacts qui sont brûlés et qui par voie de conséquence sont modifiés.

En général, la plupart des artefacts sont généralement des outils sur éclats, probablement utilisés comme forets, grattoirs et couteaux. C'est aussi le cas en Martinique, où dans les trois sites étudiés, les éclats et les nucleus sont les plus nombreux. Les artisans ont plus particulièrement utilisé du jaspe, de la calcédoine et du bois silicifié pour fabriquer leurs outils sur éclats. Il s'agit exclusivement de roches locales. Quand on compare les trois sites, on observe cependant certaines variations. A Vivé, par exemple, le jaspe rouge est le matériel, le plus utilisé, alors qu'à Dizac au Diamant et l'Anse Trabaud le jaspe jaune mais aussi le bois silicifié sont les plus nombreux. On peut expliquer ces différences par le fait que les gens des trois sites ont collecté ces roches dans différents gîtes en Martinique. Les gens de Vivé ont été à la presqu'île de la Caravelle, et les gens d'Anse Trabaud ont visité la Savane des Pétrifications.

Une autre différence est la présence d'une petite quantité de silex exogène à Vivé et à Dizac, alors que nous n'en avons pas trouvé à l'Anse Trabaud. Une comparaison réalisée avec des échantillons provenant des différents gîtes de silex d'Antigua, m'a permis de constater qu'à Vivé comme à Dizac les gens ont utilisé du silex de Long Island. Cette variété de silex n'existe que sur un petit îlot au Nord de la côte d'Antigua, à environ 300 kilomètres de la Martinique. Sur certaines parties de cet îlot, particulièrement sa côte du Nord, les plages sont littéralement parsemées de silex et l'on peut facilement y récolter du silex de bonne qualité. C'est probablement cette bonne qualité, qui a plu aux Amérindiens, en effet, le silex de Long Island a été la roche cryptocristalline qu'ils ont utilisée le plus fréquemment dans la région Nord des Petites Antilles pas seulement au cours de l'Age céramique mais aussi au cours de la phase précéramique (Ages lithiques et archaïques). C'est ce qu'a démontré l'étude d'un grand nombre de collections lithiques et l'analyse chimique d'un petit nombre d'échantillons.

Le second groupe d'artefacts est un groupe plus varié. Il comprend des outils, comme des haches et des meules, mais aussi des objets comme des zemis, ou des perles et des amulettes. D'un point de vue technologique général, ces artefacts sont regroupé car leur mise en forme est liée au façonnage et souvent au polissage d'un bloc et non pas d'éclats (outils sur masse centrale). Cependant, à un niveau plus fin d'analyse, on observe des différences entre ces outils et objets, non seulement au niveau morphologique mais aussi pour ce qui est des étapes de leur fabrication.

Dans les Antilles les haches sont les artefacts les plus fréquents de ce grand groupe. Souvent ces outils sont fabriqués dans des roches magmatiques fines, mais aussi dans différentes variétés de roches vertes, comme des jadéites ou d'autres roches métamorphiques. Généralement, ce sont des roches fermes et dures. Curieusement, le silex n'a pas été utilisé par les amérindiens, contrairement à ce qui a été fait en Europe durant le Néolithique.

En Martinique dans les sites étudiés il y a deux types de roche qui ont été utilisés par les habitants : des variétés de roches magmatiques et une roche sédimentaire fine, classifiée comme de la radiolarite ou de la cherto-tuffite. A Vivé, les fouilles ont produit une hache finie, un produit semi-fini, et des éclats de différentes roches magmatiques. La présence d'un produit semi-fini suggère qu'à Vivé les gens ont fabriqué sur place des haches en roche magmatique. La même chose a été observée pour le site de Dizac où plusieurs haches et des produits semi-finis avec un grand nombre des éclats, ont été trouvés. Tous ces artefacts sont en roches magmatiques locales. En dehors de ces outils réalisés avec des matériaux locaux, les archéologues ont découvert à Dizac une petite hache en radiolarite. Cette radiolarite vient de St. Martin, à environ 500 km kilomètres de la Martinique (voir ci-dessous). Des haches réalisées dans le même matériel provenant de St. Martin ont été trouvées à l'Anse Trabaud à côté des haches, des produits semi-finis et des éclats en roches magmatiques locales.

Les artefacts lithiques de ce second groupe sont des outils, mais aussi d'autres types d'objets lithiques, comme des perles et des amulettes ainsi que des zemis. Ces derniers sont des objets très caractéristiques pour la région. On les appelle aussi «pierres à trois pointes». Ce sont des objets religieux ou spirituels. En dehors des pierres à trois pointes, les Amérindiens ont aussi fabriqué ces objets en coquillage et en bois. Les zemis sont très rares dans les collections archéologiques de la région. En Martinique, malheureusement, je n'en ai pas trouvé dans les collections que j'ai étudiées. Cependant, ils sont connus en Martinique. Les fouilles récentes à l'Anse Ceron et Macabou, par exemple, en ont produit un certain nombre (cf. articles de N. Serrand et S. Grouard dans ce volume).

Dans les autres îles, j'en ai identifié plusieurs exemplaires. Ils sont rares, mais ils font partie du répertoire des artefacts lithiques caribéens. Les zemis les plus anciens, datés de 300 après Jésus-Christ, sont petits. Ces premiers exemples ont entre autres été découverts à Golden Rock, un site saladoïde moyen de St. Eustache. Les gens ont les fabriqués là-bas à partir de roches calcaires, de roches magmatiques, de ponces et de quartz (Knippenberg, 2006). Plus tard, les zemis deviennent plus grands, comme l'ont montré les fouilles de l'Anse à la Gourde, un site saladoïde tardif et troumassoïde en Grande-Terre de la Guadeloupe (Knippenberg, 2006). Les gens d'Anse à la Gourde ont utilisé principalement des roches calcaires locales pour fabriquer les zemis, cependant des pièces en roches exogènes, comme des roches magmatiques et du quartz, ont aussi été mises au jour.

Pour cette classe d'artefacts, une grande variété de matières premières est utilisée, j'ai cependant remarqué que l'une d'entre elles était plus particulièrement associée à la production de zemis. Il s'agit d'un conglomérat composé par des fossiles, de la roche magmatique et de la roche calcaire. On s'appelle cette roche : calci-rudite (Van Tooren & Haviser, 1999). Cette calci-rudite se trouve à St. Martin dans la formation géologique de Pointe Blanche, sur la pointe d'Arago (Bonneton & Villa, 1983 ; Stouvenot pers. Com., 2001). Dans cette île, mais aussi dans celle d'Anguilla, des zemis ont été découverts au cours de la fouille de plusieurs sites associés à des déchets de fabrication (Crock, 2000 ; Crock & Petersen, 1999 ; Haviser, 1989). Par ailleurs des pièces finies ont été trouvées à St. Eustache, Saba, Antigua, Montserrat, en Guadeloupe et à Porto Rico (Knippenberg, 2006).

Les perles et les amulettes sont les artefacts lithiques les plus jolis des Antilles. En particulier au cours de la phase saladoïde ancienne durant laquelle on trouve une relativement grande quantité de ces objets, fabriqués à partir de roches semi-précieuses très variées , comme l'améthyste, la cornaline, la néphrite, l'amazonite, la malachite, la serpentine, la turquoise, la calcite, le quartz ainsi que la diorite et une roche volcanique (Cody, 1991 ; Narganes Storde, 1995, 1999 ; Watters & Scaglion, 1994). Au sein de cet ensemble certaines roches peuvent provenir des Petites Antilles et de Porto Rico mais un certain nombre proviennent du continent sud américain voire d'Amérique centrale.

Au cours de la phase saladoïde tardive, après environ 400 après Jésus-Christ, on peut constater que cette grande variété disparaît et que les perles ne sont presque plus fabriquées que sur des roches locales comme la calcite, le quartz ou la diorite.

Les sites de Martinique entrent dans ce cadre général. A Vivé, le site le plus ancien des trois, Benoit Bérard et ses collègues ont trouvé des perles et des amulettes en améthyste, cornaline, quartz, amazonite, jaspe, calcédoine, turquoise et diorite. Presque toutes de ces matières sont exogènes à la Martinique et certaines proviennent d'Amérique du Sud. Cela est très différent de ce qui a été observé sur les sites plus tardifs de Dizac au Diamant et de l'Anse Trabaud, où les fouilles n'ont pas produit de perle ou d'amulette.

Généralement, le troisième groupe se compose de galets de toutes formes et dimensions, utilisés pour plusieurs fonctions. Il y a des percuteurs et des enclumes avec des petites cupules, des meules pour moudre des matériels végétaux ou des colorants, des polissoirs pour polir et affûter des haches ou d'autres objets comme des perles, des objets en coquillage ou des outils en bois, et enfin des petits galets de roche à grain fin pour le polissage de la céramique.

En Martinique, les gens ont choisi des galets presque uniquement en roche magmatique, probablement collectés sur les plages locales. A Vivé, il y a des percuteurs, des enclumes et du matériel de mouture. Les fouilles de Dizac ont produit des percuteurs et un galet à grain fin destiné au polissage de la céramique. Enfin, à l'Anse de Trabaud, Louis Allaire et ses collègues ont trouvé des percuteurs, du matériel de mouture et plusieurs petits galets pour le polissage de la céramique.

Cependant, une grande partie de ces galets ne porte pas de trace d'utilisation ou de débitage. C'est une caractéristique générale pour les sites de l'âge céramique dans la région des Antilles. A Morel, un site saladoïde ancien en Grande Terre de la Guadeloupe, on a aussi trouvé une grande quantité de galets sans traces d'utilisation ou d'aménagement, cependant à Morel un certain nombre présentent une bande ténue constituée d'un résidu végétal noir, probablement appliqué comme une colle (Knippenberg, 2006 ; Lammers-Keijzers, 2008). Ces galets ont probablement été utilisés comme des poids de filets de pêcheurs. Il pourrait en être de même pour une partie des galets découverts dans les sites martiniquais.

En conclusion, pendant l'âge céramique, les Amérindiens de la Martinique ont principalement utilisé les roches locales, comme du jaspe rouge et jaune, de la calcédoine, du bois silicifié et plusieurs variétés de roches magmatiques pour fabriquer des outils sous forme d'éclat ou d'autres outils, comme des haches, des percuteurs, des enclumes, des meules et des polissoirs. Cependant une petite partie des matières premières utilisées ne sont pas originaires de l'île. Au début de la période céramique, les Amérindiens de Vivé utilisaient de petites quantités de silex de Long Island, un îlot près d'Antigua situé à près de 300 km de la Martinique et ils importaient des perles et amulettes en roches semi-précieuses. Dans la collection de Dizac au Diamant, un site saladoïde plus tardif, j'ai identifié aussi une petite quantité du silex de Long Island et une hache en « radiolarite » de St. Martin. À la fin de l'occupation précolombienne, le silex de Long Island n'est plus utilisé en Martinique, mais les haches de St. Martin continuent à constituer une partie de l'outillage des habitants comme j'ai pu le constater dans la collection de l'Anse Trabaud.

Revenons aux questions que nous nous posions au début de cet article. La première chose que nous pouvons nous demander c'est : Comment les habitants de Martinique ont obtenu ces roches exogènes ? Ont-ils été à Long Island et à St. Martin pour collecter les roches eux-mêmes ou ont-ils obtenu ces roches par l'intermédiaire d'échanges avec des communautés intermédiaires[2] ? Pour répondre à cette question, je concentrerai mon attention sur les gîtes eux-mêmes et sur les sites archéologiques de la région Nord des Petites Antilles.

---

2 Nous allons ici nous concentrer sur la distribution et les échanges de silex de Long Island et de radiolarite de St. Martin. Nous ne traiterons pas ici de la question des perles et amulettes. Un travail spécifique mené par B. Bérard est en cours concernant ces éléments de parure.

Le silex

Comme je l'ai déjà expliqué, le silex est une roche très rare dans les Petites Antilles. Cette roche siliceuse sédimentaire se trouve seulement à Antigua, St. Christophe et Porto Rico. Dans le cas de la Martinique et des Petites Antilles, les gîtes de Porto Rico ont peu d'importance, du fait de leur éloignement. Ils sont en effet situés dans l'Ouest de cette grande île. De même, les gîtes de St. Christophe n'ont pas joué un rôle à l'époque précolombienne. Ces gîtes sont probablement artificielles, du silex, utilisé comme du lest des bâtiments, aurait été jeté sur les plages pendant l'époque histoire (Knippenberg, 2006).

Ce sont donc les gîtes d'Antigua qui ont joué un rôle central (figure 2). Il y a dans l'île plusieurs endroits où l'on peut trouver du silex. Cinq gisements se trouvent en la partie calcaire Nord-est de l'île, dans la formation d'Antigua, une formation sédimentaire calcaire de l'Oligocène (Weiss 1994). Il s'agit de gîtes où ont peut trouver du silex en position primaire sous la forme de nodules inclus dans la roche calcaire, comme à Little Cove et Soldier. Mais aussi de gîtes secondaires où, suite à l'érosion, on trouve des galets et des blocs de silex sur les plages ou en surface, comme à Blackman's Point et Coconut Hall. Le gîte de Long Island est un cas intermédiaire. En de rares endroits, il y encore du silex en place, mais ce gîte est particulièrement connu pour les grandes quantités de galets de silex de différentes dimensions présentes sur les plages au Nord et à l'intérieur de la partie

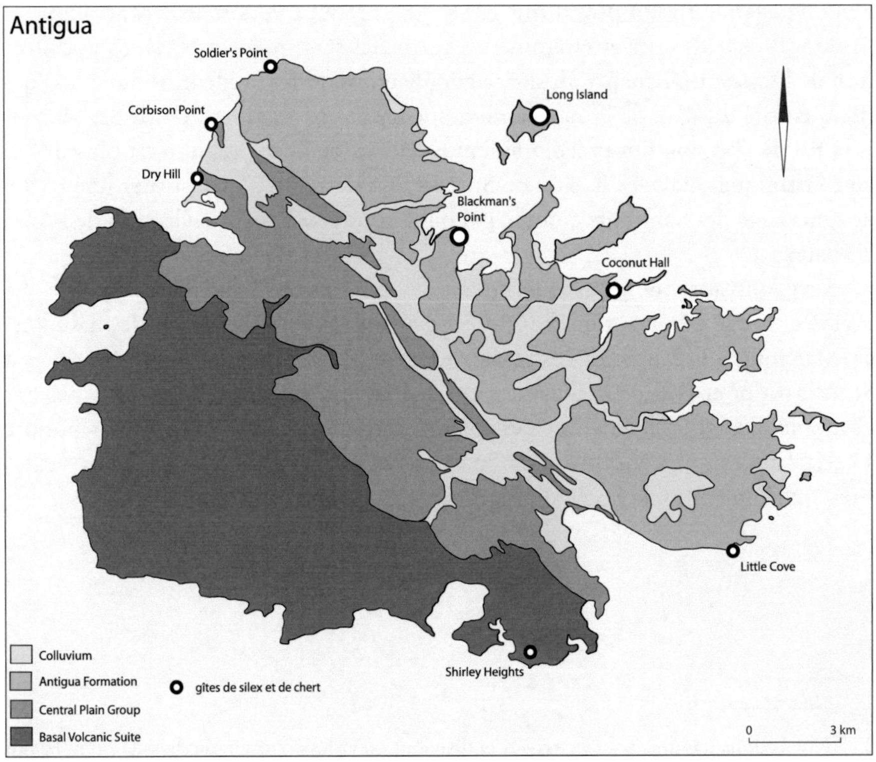

Figure 2 : La carte de géologie d'Antigua avec les gîtes de silex et chaille (d'après Multer et al. 1986, fig. 2.1).

Figure 3 : La côte Nord de Long Island avec les galets de silex.

Nord du petit îlot (figure 3). Dans cette partie, on trouve aussi des sites de débitage précéramiques.

Les autres gîtes d'Antigua sont situés dans une partie dans le centre de l'île, où il y a des formations sédimentaires non-calcaires datant aussi de l'Oligocène (The Central Plain Group). On y trouve des niveaux de chaille (*chert*) interstratifiés avec des niveaux de tuf, comme à Corbison Point ou Dry Hill, sur la côte Ouest d'Antigua. Il y a aussi des nodules de chaille dans le tuf, comme à Shirley Heights, dans la partie sud de l'île.

Afin de déterminer précisément l'origine des artefacts en silex j'ai mené une étude détaillée. J'ai ainsi analysé plusieurs échantillons provenant de chacun des gîtes afin de déterminer les caractéristiques propres à chacun. C'est l'analyse chimique qui en me permettant d'observer les concentrations d'éléments traces a fourni les meilleurs résultats. J'ai ainsi été capable d'associer chaque artefact archéologique à un gîte en particulier (Knippenberg, 2006).

Après j'ai fait une analyse chimique des artefacts de silex fouillé en différents sites sur plusieurs îles des Petites Antilles. L'analyse chimique d'artefacts provenant de plusieurs sites des Petites Antilles a ainsi démontré que la plupart des pièces avait été réalisées avec du silex provenant de Long Island. Cette analyse m'a permis de vérifier mes observations macroscopiques au cours desquelles j'avais déjà vu de grandes similitudes entre un grand nombre des artefacts et le matériel du gîte de Long Island. De cette manière, j'ai pu construire des cartes montrant pour les différentes phases de l'âge céramique l'aire de diffusion du silex de Long Island (figure 4). Ces cartes montrent clairement que Long Island a été le gîte le plus important durant l'âge Céramique dans le Nord des Petites Antilles (Knippenberg, 2006).

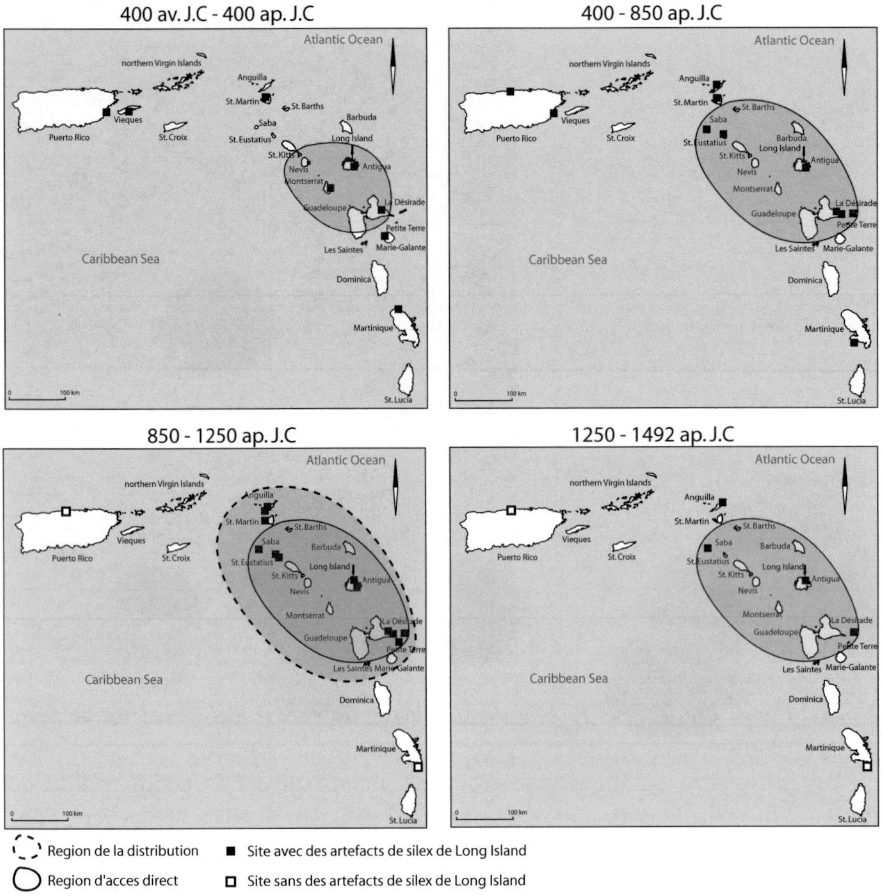

Figure 4 : Quatre cartes avec la distribution de silex de Long Island pendant les phases différentes de l'âge céramique.

Ensuite, j'ai déterminé qu'elle était la proportion de silex de Long Island qui avait été utilisée dans les différents villages par rapport à celle d'autres variétés de silex, de chaille, de calcédoine ou de jaspe. Comme on pouvait s'y attendre, le pourcentage de silex de Long Island diminue au fur et à mesure que l'on s'éloigne de cet îlot. Quand on analyse cette diminution, on voit qu'il s'agit d'une diminution exponentielle, ce qui est caractéristique d'un type d'échange dit : « down-the-line » (figure 5) correspondant à une diffusion progressive d'île en île. Dans les sites proches de Long Island, par exemple les sites saladoïdes anciens de Trants à Montserrat et de Morel en Guadeloupe, le pourcentage est très élevé. Cela indique que les occupants de ces sites avaient un accès direct au gîte de Long Island : ils étaient dans la zone d'accès direct. Ils ont ainsi voyagé pour se procurer eux-mêmes les galets dont ils avaient besoin. De retour dans leurs villages, ils ont utilisé une partie de ces galets et ils ont échangé le reste avec des communautés situées plus au sud ce qui correspond à une diffusion « down the line ».

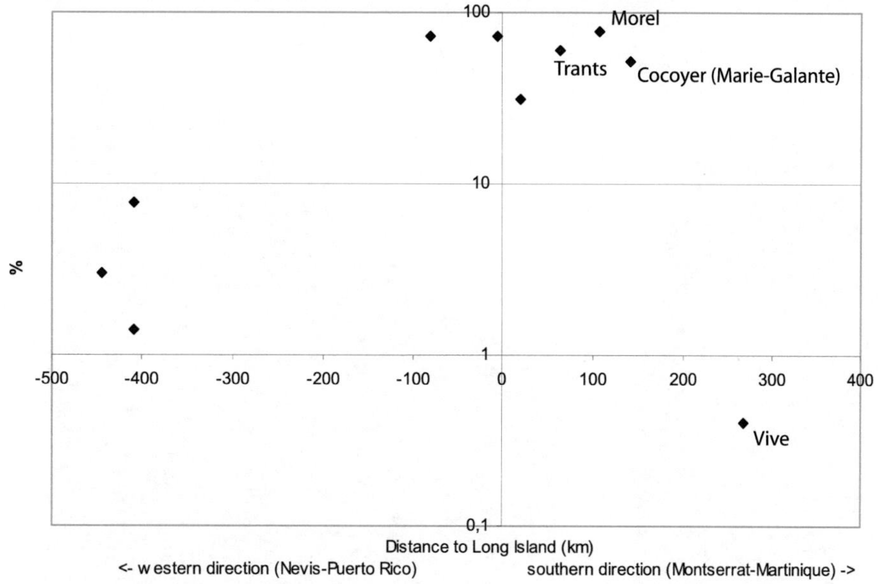

Figure 5 : Graphique illustrant la proportion de silex de Long Island présente dans chaque site ainsi que l'éloignement de ces sites par rapport au gîte.

Enfin, j'ai essayé de déterminer la forme sous laquelle les Amérindiens ont transporté et échangé le silex entre les différentes îles. Pour cela j'ai analysé la quantité de cortex présente sur les éclats. Le cortex correspond à la surface externe d'un nodule de silex. Ce cortex souvent est très facile à reconnaître. Le degré de corticalité des éclats archéologiques a été comparé à celui de différentes séries expérimentales (Walker, 1980). J'ai ainsi pu constater que le silex de Long Island avait été transporté et échangé sous la forme de nodules bruts. Les gens qui vivaient près du gîte, dans la zone d'accès directe, n'ont donc pas commencé à tailler les blocs sur place pour en réduire le poids et en faciliter le transport, ils ont transporté les nodules ou galets entiers jusqu'à leurs villages. Cette analyse du cortex a aussi montré que les Amérindiens ont ramassé seulement des blocs en position secondaire, ils n'ont pas extrait de nodules directement de la roche calcaire.

De retour dans leur village d'origine, ils ont débité une partie de ces nodules et galets pour fabriquer des outils, et ils ont échangé le reste des nodules et galets avec des villages plus éloignés.

Les petits pourcentages de silex de Long Island que j'ai trouvé dans les collections des sites saladoïdes de Vivé et de Dizac au Diamant indiquent que la Martinique était alors probablement l'extrémité sud de l'aire de diffusion de cette matière première et peut-être la frontière d'un réseau d'échange centré sur le nord des Petites Antilles. Plus tard, durant la phase suazoïde, l'aire de distribution du silex de Long Island s'est réduite puisque dans la collection provenant du site de l'Anse Trabaud nous n'en avons pas trouvé. Cela est conforme à l'analyse que nous avons effectué des autres sites tardifs dans la région Nord : l'importance du silex de Long Island a diminué durant cette phase tardive.

a b

Figure 6 : Les deux formes de radiolarite: a) la roche naturelle; b) une hache avec l'altération significative et très caractéristique.

La radiolarite de St. Martin

Une autre matière première qui a eu une large distribution et qui a été utilisée par les Amérindiens de Martinique est la radiolarite gris verte de St. Martin. Cette roche a été utilisée pour la fabrication des lames de haches. A l'opposé du silex, je n'ai pas fait une étude chimique des caractéristiques de ce matériel qu'il est facile de reconnaître à l'œil nu. A l'état naturel c'est une roche gris verte à grain fin, un peu comme le silex (figure 6). Cependant, elle présente rarement cet aspect dans les collections archéologiques du fait d'un phénomène d'altération caractéristique de sa surface externe qui lui donne l'aspect d'une roche calcaire.

L'analyse microscopique d'échantillons provenant du site saladoïde tardif de l'Anse des Pères (St. Martin) a montré qu'il s'agit d'une roche sédimentaire. Elle se compose de bourbe de calcite et de tuf, avec de petites fractions de la roche magmatique, qui ont été déposées dans la mer par le vent. À part ces fractions magmatiques il y a de petites concentrations des fossiles de radiolarites. On peut trouver cette roche dans plusieurs parties de St. Martin, sur les endroits où la formation Pointe Blanche se présente en surface (figure 7). Il s'agit d'une formation sédimentaire de l'époque Eocène composée de tufs, conglomérats, et de roches calcaires (Christman, 1953). En différents endroits l'on peut trouver de grandes parois rocheuses où sont visibles ces différentes strates sous lesquelles se trouvent des strates avec la roche gris verte, comme à Little Bay, Pointe Blanche, Red Point, Devils Cupper et Cole Bay (figure 8). Par ailleurs, à l'intérieur de l'île, on peut

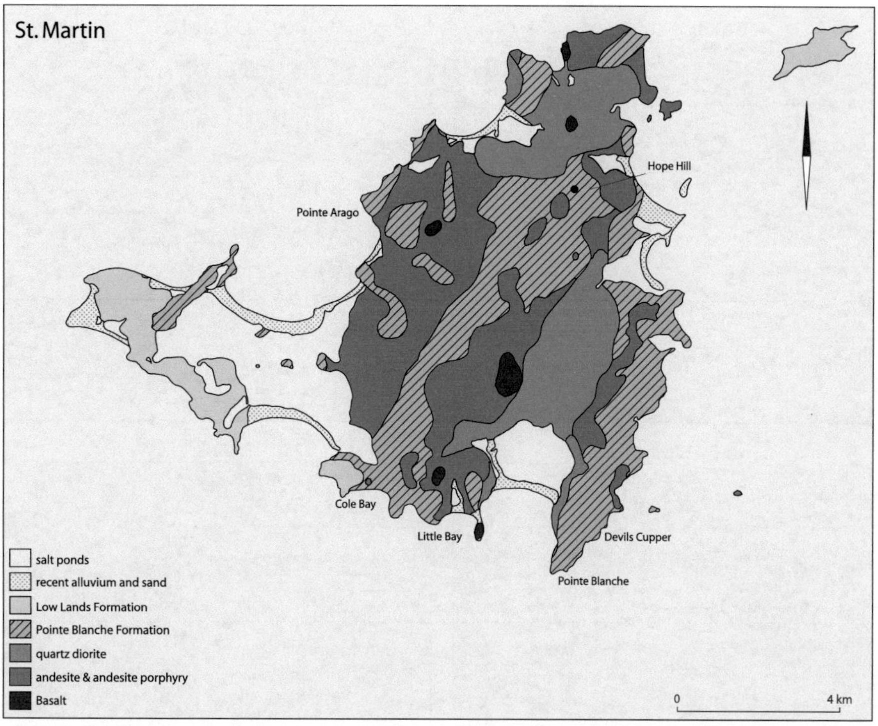

Figure 7 : La carte de géologie de St. Martin avec la position de la Formation Pointe Blanche (d'après Christman, 1953).

Figure 8 : Une paroi rocheuse à Hope Hill avec des strates de la Formation Pointe Blanche.

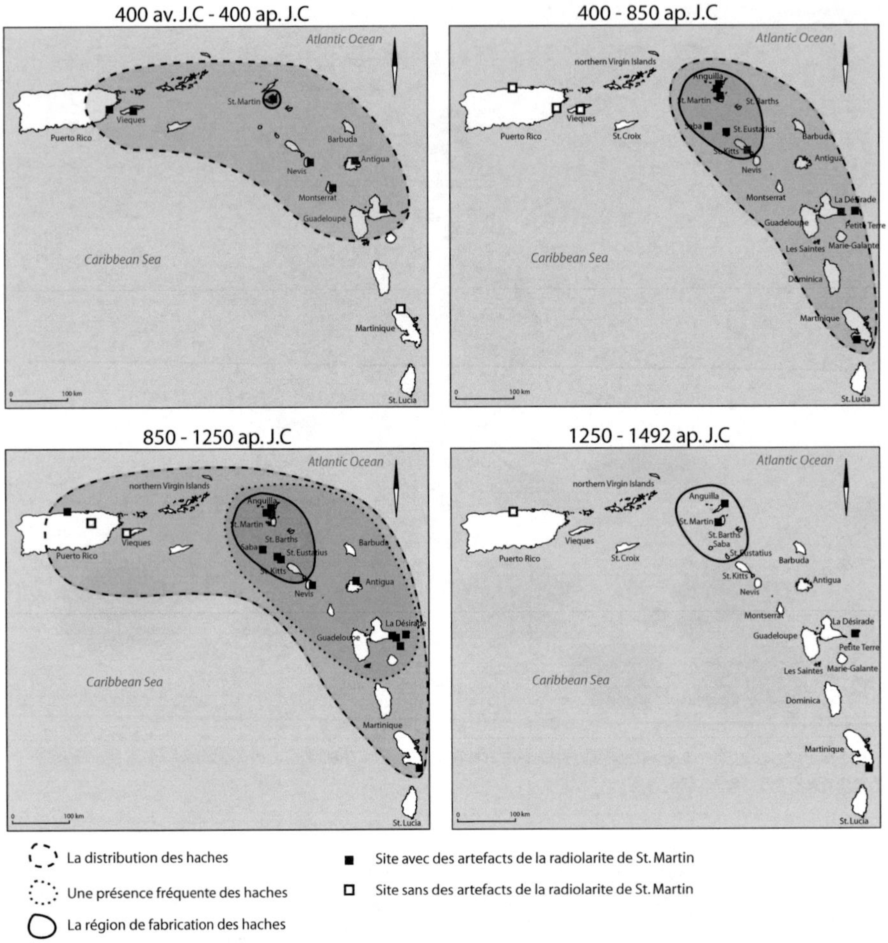

Figure 9 : Quatre cartes avec la distribution des haches en radiolarite pendant les différentes phases de l'âge céramique.

trouver des affleurements comme à côté du site amérindien d'Hope Estate. Pour l'instant il n'a malheureusement pas été possible de déterminer avec précision le ou les gîtes où les Amérindiens ont récolté la matière première qu'il ont utilisés pour fabriquer leurs lames de haches.

Malgré ce fait, nous avons beaucoup de données sur les endroits où les Amérindiens ont fabriqué les haches. Ces endroits sont leurs villages, situés dans l'île de St. Martin, mais aussi dans les îles voisines comme Anguille, St. Eustache et Saba (Crock, 2000 ; Haviser, 1989, 1999 ; Knippenberg, 1999a,b, 2006)[3]. Dans les sites localisés dans ces îles, on a trouvé des haches, mais aussi les arte-

3 Malheureusement, il n'y a pas des données sur l'île de St. Barthélemy. Nous pouvons cependant supposer au vu de la courte distance qui sépare St. Barthélemy de St. Martin, une distance inférieure à celle qui sépare St. Martin de certaines des autres îles productrices, que les habitants de St. Barthélemy produisaient eux aussi des haches en radiolarites.

facts associés à leur fabrication, comme de grands blocs, des éclats et des produits semi-finis.

A l'extérieur de cette petite région de fabrication, la radiolarite se trouve seulement sous la forme de lames de haches (ou de fragments de ces lames) sur les sites archéologiques. Je n'ai pas identifié d'artefacts qui indiqueraient l'existence d'une production dans ces villages. Cela me permet de conclure que les Amérindiens vivant dans ces sites ont obtenu les haches des villages situés dans la région de fabrication. Cette seule constatation indique déjà que les fabricants de lames de haches sur St. Martin, Anguille ou St. Eustache ont les échangées avec les Amérindiens vivant hors de cette région. Concernant l'aire de distribution de ces produits, j'ai identifié des haches en radiolarite dans l'Est de Porto Rico, à Vieques, Nevis, Antigua, en Guadeloupe, aux Saintes, en Martinique et même à St. Lucie (figure 9). Tout comme le silex de Long Island, la radiolarite de St. Martin a été une roche très importante pour les habitants des Petites Antilles de Nord.

Les réseaux d'échanges

Quand on observe l'utilisation des matériaux lithiques dans les Petites Antilles ainsi que la distribution des roches et des outils, on peut constater que l'échange de roches sous forme brute et sous forme d'outils et d'objets lithiques a souvent était nécessaire : il n'y avait pas de roches propres à l'usage que souhaitaient en faire les Amérindiens aux environs de nombreux villages. Cependant, il y a aussi plusieurs exemples de sites où toutes les roches nécessaires étaient présentes à proximité, et pourtant les habitants ont malgré cela importé des roches exogènes. Cela n'est pas seulement valable pour les sites d'Antigua et St. Martin, mais aussi pour les sites de Martinique. En Martinique, il y a du jaspe et de la calcédoine tout à fait adéquate à la fabrication d'outils sur éclats et il y a des roches magmatiques à grain fin propres à servir à la fabrication des lames de haches. Pourtant les occupants de l'île ont importé du silex de Long Island et des haches en radiolarite de St. Martin. Pourquoi ?

Pour répondre cette question, il faut voir l'échange comme un fait social total. Depuis la publication de l'"Essai sur le don" par le grand anthropologue Marcel Mauss, nous savons que de l'échange dans les civilisations tribales joue un rôle différent de celui qu'il joue dans notre civilisation capitaliste (Mauss 1990). Dans notre civilisation, l'aspect économique est dominant dans l'échange. Dans une civilisation tribale l'échange est un emboîtement d'aspects sociaux, politiques et religieux. C'est en cela que Marcel Mauss considère comme l'échange un fait social total. Ainsi, l'échange n'est pas seulement destiné à l'obtention d'objets et de matériaux exogènes, il sert aussi à tresser des amitiés ou des alliances, à gagner du prestige et à arranger des mariages. On voit alors que les cérémonies d'échange sont souvent de grandes réunions associant différentes communautés au cours desquelles le chef ou les gens d'un village se définissent par rapport aux autres communautés présentes.

Quand on regarde l'échange de ce point de vue, on peut mieux comprendre la distribution de plusieurs roches dans les Antilles. C'est alors aussi clair que les réseaux d'échanges et leurs changements à travers les âges dans les Petites Antilles pourraient apporter une bonne compréhension des changements sociaux.

Par la comparaison de la distribution des roches dans les différentes phases de l'age céramique, nous pouvons percevoir des changements. Par exemple, au cours de la phase saladoïde ancienne, la distribution des haches en radiolarite mais aussi du silex de Long Island était relativement étendue (figures 4 et 9). Il en était de même, au même moment, pour les perles et les amulettes. Ce très vaste réseau d'échange, allant de l'Amérique du Sud à Porto Rico, constitué par les premiers agriculteurs qui colonisaient les îles des Antilles leur a permis d'établir et de maintenir des contacts et des alliances. Ces contacts et alliances étaient absolument nécessaires à la réussite de leur projet de colonisation et ont permis d'assurer leur survie. Il est important de réaliser qu'alors plusieurs îles étaient inhabitées et que les communautés vivaient relativement isolées.

Après 400 après Jésus-Christ, au cours de la phase saladoïde moyenne, le nombre des villages augmente dans les Petites Antilles et toutes les îles sont alors peuplées, par voie de conséquence les réseaux sociaux deviennent moins étendus. Le même phénomène peut être observé concernant les réseaux d'échanges : Les perles et les amulettes réalisées dans des roches exogènes aux Antilles disparaissent (Knippenberg, 2006). Le silex de Long Island est également distribué à moins longue distance. Cela se passe environ après 900 ap. J.-C. (Knippenberg, 2006). Cependant, la situation est différente pour les lames de haches en radiolarite et les zemis en calci-rudites de St. Martin. Leur distribution change à peine. Peut-être ces objets appartenaient-ils à un autre type de réseau d'échange, un réseau d'échange ne concernant peut-être qu'une élite, les chefs des villages. Et ce fait pourrait signifier qu'à ce moment il existait ou commence à exister des sociétés hiérarchisées, des sociétés avec une organisation plus complexe que les sociétés tribales. On sait par les sources historiques que dans les Grands Antilles, comme Hispaniola et Porto Rico, ils existaient des caciquats (Wilson, 1990), des sociétés hiérarchisées où le pouvoir était héréditaire. Dans les Petites Antilles, on ne sait pas si de telles sociétés ont existé, mais on observe à cette période, une augmentation du nombre de sites ainsi qu'une variation de l'étendue de ces sites (De Waal, 2006).

Ce phénomène dure jusque vers 1250 ap. J.-C., ensuite on peut constater un déclin significatif du nombre de sites (De Waal, 2006). On note alors aussi une influence des cultures des Grandes Antilles dans les Petites Antilles, voire la migration de populations, comme le montre la présence de certains styles céramiques (Hofman 1993 ; 1999). De façon contemporaine les zemis de calci-rudite disparaissent et l'on semble assister à un déclin social dans les Petites Antilles du Nord (Knippenberg, 2006). Ce fait pourrait être mis en correspondance avec les comptes-rendues de Christophe Colomb dans lesquels on peut lire que plusieurs îles des Petites Antilles du Nord étaient inhabitées. Nous ne pouvons pour l'instant que constater ce déclin, des recherches complémentaires seront nécessaires pour comprendre et analyser ses causes.

Tout au long de ce chapitre nous avons montré que les échanges d'outils et d'objets en pierre formaient un élément essentiel de la vie quotidienne des Amérindiens des Petites Antilles. Ils ne répondaient pas uniquement à des besoins matériels mais souvent à des besoins sociaux et symboliques. Cependant, il est aussi clair que la présence d'objets exogènes dans un site n'est pas toujours le signe d'une transaction. Ses occupants ont pu visiter les gîtes exogènes eux-mêmes sans qu'il y ait eu intervention d'une communauté intermédiaire. Néanmoins, on peut constater que les Petites Antilles constituent une région très intéressante pour l'étude de la distribution des outils et objets en pierre.

Le site de la gare maritime de Basse-Terre (Guadeloupe)

Par Thomas Romon, Pascal Bertran, Pierrick Fouéré, Matthieu Hildebrand et Nathalie Serrand

Située dans le tiers nord-ouest de l'arc des Petites Antilles, la Guadeloupe est constituée de deux îles principales : la Grande-Terre et la Basse-Terre. La ville de Basse-Terre est localisée au sud-ouest de cette dernière, sur la côte Caraïbe, au pied du volcan actif de la Soufrière, point culminant des Petites Antilles.

En 2005 et 2006, dans le cadre de la loi sur l'archéologie préventive, la démolition du bâtiment de la Compagnie Maritime et la construction de la Gare Maritime, ont donné lieu à des opérations de diagnostic puis de fouille. Elles ont été menées par la Direction régionale des affaires culturelles de Guadeloupe, service de l'archéologie (SRA) et l'institut national de recherches archéologiques préventives (INRAP). Elles ont livré des restes de la ville coloniale et d'habitat amérindien présentant du mobilier très riche. La céramique amérindienne est attribuée au complexe La Huéca.

Aspects méthodologiques

La surface menacée par les travaux couvre une aire de 500 m^2. Cependant, les vestiges amérindiens, qui reposent à 1,5 m de profondeur, ne se répartissent que sur une quarantaine de m^2 dont 28 ont été fouillés manuellement. Le sédiment recueilli a été intégralement tamisé à l'eau selon trois mailles superposées de 12 mm, 6 mm et 3 mm. Le mobilier a été isolé par m^2, par unité stratigraphique et par unité de décapage (unité arbitraire subdivisant les unités stratigraphiques). Des puisards fouillés mécaniquement ont été creusés afin d'assécher les niveaux localisés sous la nappe phréatique.

Aspects topographiques et géoarchéologiques

D'un point de vue topographique, le site est localisé en bord de mer, sur la rive gauche de la ravine Cicéron, aujourd'hui canalisée. L'étude géoarchéologique a montré que la zone fouillée correspondait à la partie interne de l'ancien cordon de galets littoral. Deux niveaux de dépotoirs amérindiens ont été identifiés. Le premier, d'une vingtaine de centimètres d'épaisseur, repose sur des galets de plage. Il est recouvert d'une couche sableuse contenant de nombreux restes de crabes ainsi que du mobilier archéologique (céramique, lithique…). Cette couche, qui atteint 40 cm d'épaisseur, correspondrait à un niveau de tempête. Selon cette hypothèse, le mobilier archéologique associé proviendrait du vannage du dépotoir antérieur.

Le second niveau de dépotoir, d'une vingtaine de centimètres d'épaisseur, est recouvert par un paléosol. Celui-ci a été arasé par les aménagements coloniaux qui ont amputé la partie supérieure de la stratigraphie amérindienne. Il est difficile de quantifier la durée séparant ces deux niveaux de rejets anthropiques, il peut s'agir d'un événement très bref dans le temps. Par ailleurs, l'accumulation de galets en quantité importante, peu habituelle dans les dépotoirs amérindiens, résulte en grande partie d'activités anthropiques comme l'aménagement du secteur et le nettoyage de la zone d'habitat.

Cette fouille est une petite fenêtre ouverte sur les vestiges de l'occupation amérindienne nécessairement plus étendue. Elle correspond à la bordure ouest, proche de la mer, du site originel. La zone d'habitation est vraisemblablement localisée hors emprise, sur un replat vers l'intérieur des terres, sous l'actuelle Place de la Liberté.

Aspects archéologiques

Le mobilier céramique

L'assemblage céramique de la Gare Maritime de Basse-Terre est constitué de 16 577 tessons pesant au total 325 kg. Il est caractérisé par une faible épaisseur des bords. L'épaisseur moyenne est de 6 mm et 70 % des tessons ont une épaisseur comprise entre 5 et 7 mm.

Du point de vue morphologique, le mobilier est homogène sur l'ensemble de la stratigraphie. Seule les plaques de cuisson sortent de cette homogénéité. Elles présentent des bords relevés et biseautés en début de séquence stratigraphique et des bords aplanis à profil carré dans les niveaux supérieurs.

Les 77 formes de vases restituées répartissent autour de deux types : les formes hémisphériques à sub-sphériques et les récipients carénés plus ou moins en forme de cloche. Les pièces de grande taille sont rares. La plupart des éléments restitués appartiennent à la classe des jattes et des pots, plus rarement à celle des écuelles. Les jattes décorées ont une morphologie assez spécifique avec un bord à marli plus ou moins horizontal.

Le mobilier décoré ne représente qu'une partie réduite de la collection céramique, 7,8 % de l'assemblage global. La proportion d'éléments décorés permet de distinguer la couche inférieure du dépotoir, qui présente une quantité de mobilier décoré avoisinant 6 %, de la couche supérieure, qui offrent une quantité de mobilier décoré de l'ordre de 10 %. Cependant, ce changement dans la production décorative du site est basé sur un même fond commun.

Le répertoire décoratif est assez fourni. L'incision et la gravure forment plusieurs modes de décors dont le plus caractéristique est la « ZIC » (zoned incised crosshatched). Elle peut être figurée isolée ou s'intégrer à des séquences décoratives plus complexes organisées en cartouches. Ceux-ci forment des séquences composées de thèmes itératifs : un motif principal reproduit symétriquement sur tout le pourtour du récipient. La gravure et l'incision sont présentes sur l'ensemble du site sans répartition différentielle marquée.

La forme de « ZIP » (zoned incised punctuated) apparaît ponctuellement et seulement dans les couches inférieures du dépotoir.

Les applications labiales apparaissent sur l'ensemble du site.

Les décors incrustés (incrustation de pâte colorée) se présentent plus fréquemment dans les niveaux inférieurs. Leurs couleurs peuvent être rouge, rosâtre, blanc, orangé ou jaune. Les motifs mis en valeur se rapportent aux ornementations incisées, gravées ou ponctuées.

Les décors peints se présentent principalement sous la forme d'aplats monochrome blancs, rouges ou noirs et bicolores blanc sur fond rouge (WOR, White On Red). Ces modes décoratifs apparaissent principalement dans les niveaux stratigraphiques supérieurs.

Les adjonctions figuratives ou adornos sont nombreuses (61). La majeure partie correspond à des représentations animales (chiens, oiseaux, reptiles, chauve-souris). Quelques unes se rattachent à la forme typologique du vase à deux trous décrit par Clerc (Clerc, 1968) pour Morel I. Ce type de figuration apparaît sur toute la séquence stratigraphique.

Un autre élément particulier de cette série est la présence de jetons. Ils sont présents dans toutes les unités stratigraphiques. Ils ont une forme ovoïde ou hexagonale marquée et sont généralement façonnés dans une pièce de poterie plus ou moins convexe. Trente-quatre jetons ont été répertoriés sans qu'aucun standard ne puisse être dégagé : leur diamètre évolue entre 17 et 84 mm et la distribution de leur épaisseur ne révèle aucun critère de choix. La série est par contre partagée en trois sous-ensembles : les pièces découpées qui correspondent vraisemblablement à des ébauches (11 individus), les pièces partiellement abrasées qui présentent des traces d'usure à différents points de leur circonférence (8 individus), et les pièces totalement abrasées à la courbure plus ou moins régulière (15 individus). Chacun de ces sous-ensembles matérialise une étape de leur production, ce qui permet de proposer la chaîne opératoire suivante : 1 – sélection aléatoire d'un fragment ; 2 – découpe par percussion directe répétée pour obtenir une pièce circulaire ou hexagonale ; 3 – abrasion, volontaire ou liée à l'usage.

A l'exception des plaques de cuisson, le mobilier céramique est marqué par une homogénéité typologique certaine qui ne permet pas d'isoler les différents niveaux stratigraphiques. La distribution du mobilier décorée est plus fluctuante et l'on constate une répartition différentielle séparant plus ou moins les niveaux inférieurs des niveaux supérieurs. Il n'y a toutefois pas de rupture nette dans la production et toujours, en filigrane, un fond commun qui relie les différents niveaux entre eux.

En conclusion, le mobilier céramique issu de la fouille préventive de la Gare Maritime de Basse-Terre peut être attribué, selon les auteurs (Rouse, 1992 dans le premier cas et Chanlatte Baik et Narganes, 1990 dans le second), à la sous–série Saladoïde huecan ou à la série Huecoïde, dans laquelle s'accentue, des niveaux inférieurs vers les niveaux supérieurs, la composante décorative cedrosane.

Les outils

Les silex (plus de 900 éléments), non patinés et non ébréchés, présentent des états de surface assez exceptionnels permettant d'observer les traces d'utilisation. Leur origine est hexogène, ils proviennent très probablement de l'île d'Antigua, située immédiatement au nord de Grande Terre. Toutes les phases du débitage sont présentes sur le site, depuis le décorticage jusqu'à l'abandon des nucléus. Le débitage apparaît résolument tourné vers la production d'éclats, avec peu de supports retouchés. La nature de l'emploi des produits de débitage reste à déterminer en l'absence d'études tracéologiques. On peut évoquer une utilisation comme couteaux pour certains tranchants à lustré marqué, perçoirs pour les pointes retouchées, « burins » pour les pièces esquillées ou dents de râpes à manioc pour les plus petites pièces. On peut s'interroger quant au choix et à l'utilisation du silex par les amérindiens, choix qui ne peut se réduire à la seule production des dents de râpes à manioc, classiquement évoquée.

Sont présents des meules et polissoirs, parmi lesquels trois galets présentant une rainure selon leur grand axe, à relier probablement avec le polissage des perles. Les galets à cupules et les lissoirs à céramiques sont rares alors qu'ils sont relativement communs sur les autres sites contemporains des Antilles.

Neuf haches pétaloïdes en roche volcanique plus ou moins fragmentées, dont six en cherto-tuffite originaire de l'île de Saint Martin, ont été retrouvées dans les deux niveaux.

Les outils sur coquille sont tous fabriqués à partir de labres de strombes. L'intégralité de la chaîne opératoire est présente : les labres débités (8 pièces), les préformes (9 pièces) et les outils finis (19 pièces).

La parure

La parure sur pierre est représentée par un peu plus de 40 pièces abandonnées à différentes phases du façonnage. La matière première utilisée est le quartz pour les perles discoïdes, cylindriques et subsphériques ; l'améthyste pour les perles cylindriques ; la turquoise pour les perles discoïdes et cylindriques ; les « minéraux verts » (terme utilisé en attente d'identification plus précise) pour les perles discoïdes, subsphériques et figuratives. Ces dernières, aux formes complexes, représentent des animaux stylisés, peut-être des grenouilles. La présence des différentes phases de façonnage à partir de la matière première brute, indique qu'elles sont, pour certaines, fabriquées sur place à partir de matériaux importés, les roches et minéraux employés n'existant pas sur l'île. La question des techniques et des outils permettant de perforer des pièces en roche dure (quartz) sur plusieurs centimètres reste ouverte.

La parure sur coquille est représentée par des coquilles aménagées et des perles. La production de perles discoïdes est particulièrement bien représentée et inclut tous les stades de production. Quatre pièces au caractère exceptionnel par leur similitude et leur nouveauté sont les représentations reptiliennes. Il s'agit de petites baguettes centimétriques en strombe et spondyle, gravées pour leur donner l'apparence de reptiles. Elles proviennent du niveau de sable séparant les deux phases de rejet anthropique. La présence d'une perforation en arrière de la tête en fait des pendeloques. Une seule est complète. Ce type de représentation a aussi été retrouvé à la Hueca. Il est possible, au vu des pièces cassées, qui sont peut être des ratés, que ces éléments aient été produits sur place.

La distribution des matières premières dans la stratigraphie ne montre pas de variations significatives. De même, le plan technologique montre une bonne concordance. La production in situ peut être observée pour la majorité des pièces et une grande partie de la matière première est importée d'autres îles et peut être du continent sud-américain. Ce dernier point demande à être confirmé par des études pétrographiques.

La sépulture

Le site de la Gare Maritime a livré une seule sépulture, creusée dans le dépotoir. Elle est typique des inhumations amérindiennes jusqu'à présent reconnues dans les Petites Antilles. C'est une sépulture primaire simple d'un adulte de sexe masculin. Il reposait sur le dos, la tête orientée au nord-est, les membres inférieurs hyperfléchis au-dessus des membres supérieurs, parallèlement à l'axe du corps : le genou droit sur l'humérus droit et le gauche sur l'humérus gauche. La sépulture présentait des indices d'espaces non-colmatés et d'espaces colmatés, indiquant la présence probable d'un contenant en matière périssable (hamac?).

Un lambi (Strombus gigas) reposait sur la partie supérieure du thorax. Il n'a pas été possible de déterminer s'il a été déposé dans la sépulture ou si sa position est secondaire et liée aux effondrements occasionnés par la décomposition. L'absence de mobilier dans la sépulture ne permettait pas de rattacher cet individu à un segment chronologique particulier, seule la datation radiométrique obtenue sur un fragment de fémur a permis d'établir la contemporanéité du défunt avec la zone d'habitat amérindien fouillée.

Les datations

Sept échantillons de charbon et un os de la sépulture ont été datés par AMS. Ils proviennent des différents niveaux stratigraphiques et de la sépulture. Ils permettent de caler l'occupation des niveaux en place entre 240 et 540 après Jésus-Christ[1]. L'échantillon provenant du niveau le plus superficiel (410-540 ap. J.-C.) sort légèrement de l'intervalle obtenu par les six autres (240-450 ap. J.-C.). Ces résultats sont plus tardifs que ceux communément rapportés pour les occupations présentant du mobilier céramique de style La Hueca, données généralement entre 400 et 100 avant Jésus-Christ. Ils sont en revanche en total concordance avec les datations obtenues récemment pour les niveaux similaires de sites voisins : la Cathédrale de Basse-Terre et la sépulture 2 de la place Saint François[2].

---

1 Toutes les dates indiquées sont calibrées à deux sigmas à l'aide du logiciel OXCAL v3.9.

2 Il faut noter que ces trois séries de datation ont été réalisées dans trois laboratoires différents : Université de Kiel pour la Gare Maritime, l'Université de Nürnberg pour la Cathédrale et l'Université de Wien pour la Place St François.

Conclusion : Le complexe La Hueca aux Antilles

Dans la région Caraïbe, peu de sites ont livré du matériel identifié comme appartenant au style La Hueca. Ils sont tous localisés entre Porto Rico et la Guadeloupe. Le site éponyme, La Hueca, est situé sur la côte sud-est de l'île de Vieques, à l'est de Porto Rico. Il correspond à la moitié septentrionale d'un dépotoir dont la moitié méridionale, le site de Sorcé, est attribuée au Saladoïde cedrosan. Pour différents auteurs, le site de La Hueca montre une ségrégation huecan/cedrosan à la fois géographique (moitié nord du dépotoir) et chronologique (une date obtenue dans la partie nord est plus ancienne que celles obtenues pour la partie sud). Jusqu'à présent dans les Petites Antilles, seuls les sites de Hope Estate, au nord-est de l'île de Saint Martin, Trants, à l'est de l'île de Monserat, Morel, à l'est de la Grand Terre de Guadeloupe et de la Cathédrale de Basse-Terre, à l'ouest de la Basse-Terre de Guadeloupe, ont livré du mobilier céramique de style La Hueca. Le site de Gare Maritime vient donc s'y ajouter. Pour les trois premiers, les dates obtenues sont antérieures à celle de Porto Rico et Vieques, indiquant une possible migration depuis le Sud vers le Nord. Le plus souvent, le mobilier huecan est associé au mobilier cedrosan. Ceci est interprété soit comme étant lié aux processus post-dépositionnels soit comme le reflet d'une fonction sociale et/ou symbolique différente (Morel).

Le site de la Gare Maritime, avec celui de la Cathédrale de Basse-Terre, s'individualise par sa localisation sous le vent, sa chronologie plus tardive et des niveaux supérieurs présentant du mobilier de style cedrosan avec une composante huecan. Ce dernier point est interprété comme l'acquisition des composantes décoratives caractéristiques du Cedrosan sur du mobilier céramique appartenant au complexe la Hueca.

Les Antilles

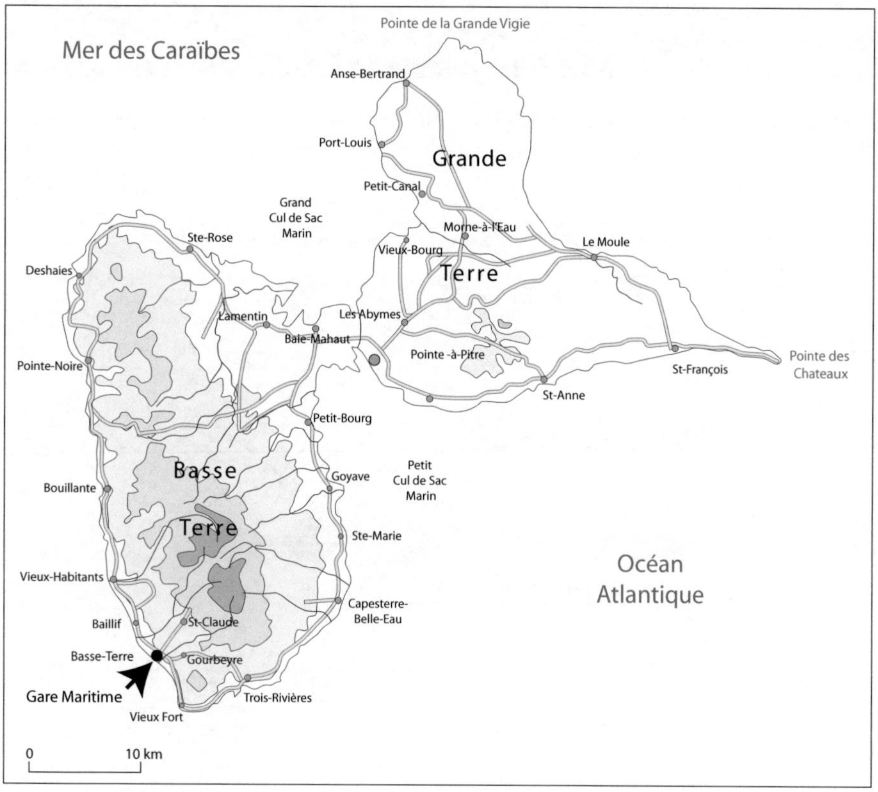

La Guadeloupe

Figure 1 : Localisation du chantier de la Gare Maritime de Basse-Terre (Guadeloupe).

Figure 2 : Vue générale du chantier depuis l'ouest, au premier plan le tamisage, en arrière la fouille manuelle du dépotoire.

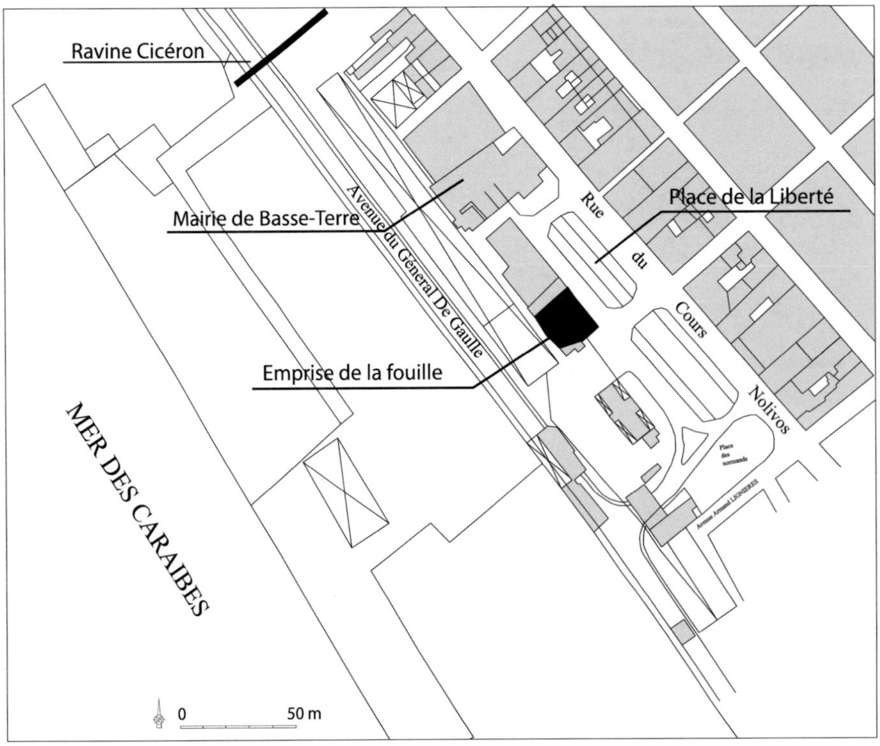

Figure 3 : Localisation du site sur le cadastre actuel de la ville de Basse-Terre.

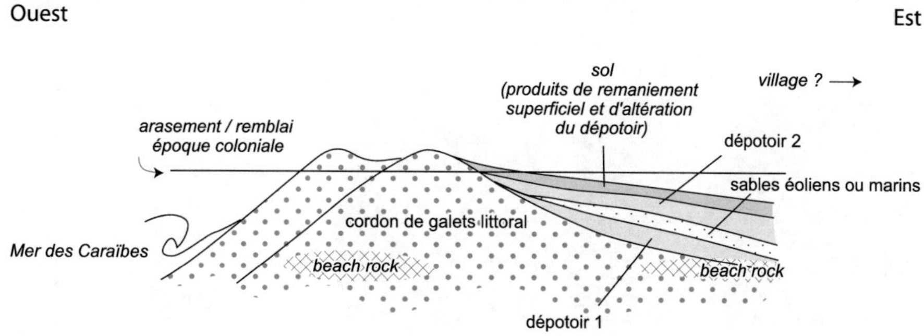

Figure 4 : Coupe stratigraphique interprétative (L'état représenté correspond à la période précoloniale). 2 niveaux dépotoirs séparés par par un niveau de sable se développent en arrière du cordon de galets littoral.

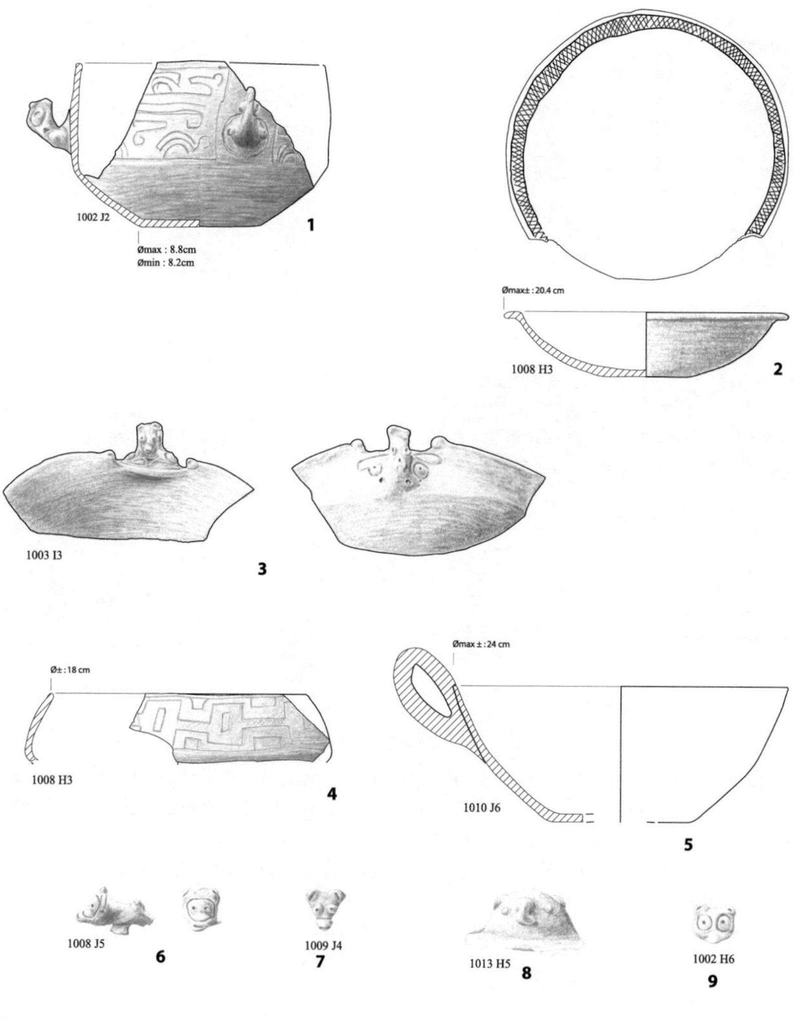

Figure 5 : Exemple de mobilier céramique. 1. Vase caréné à corps cylindrique et décor complexe composé de cannelures et d'applications figuratives modelées. 2. Ecuelle semi-sphérique avec bandeau décoratif incisé-zoné-croisilloné sur le méplat labial. 3. Vase à deux trous avec application figurative polymorphe. 4. Bord de vase convergent avec décor itératif cannelé et incisé-zoné. 5. Jatte hémisphérique simple à anse. 6. Application figurative modelée polymorphe. 7. – 8. - 9. applications figuratives modelées. Echelle : 0 5cm

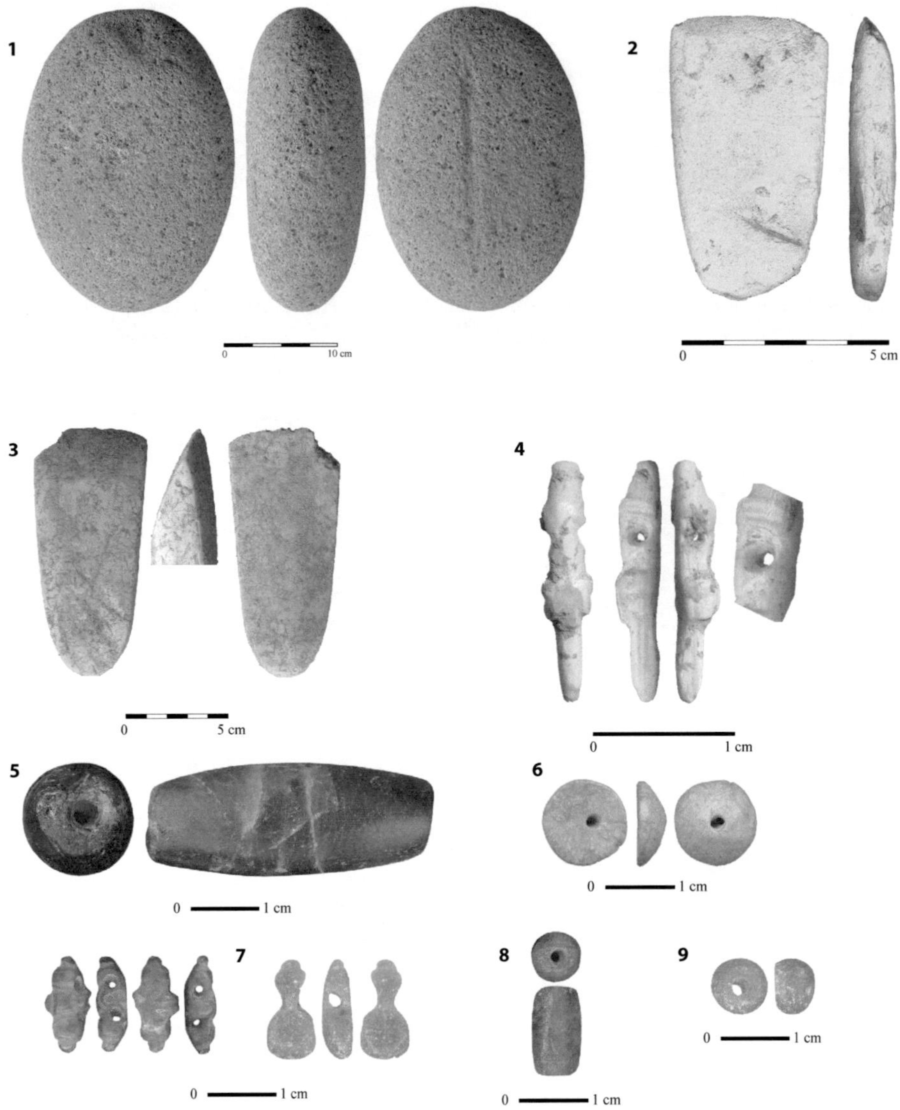

Figure 6 : Exemple d'outils et de parures. 1. Polissoir en galet d'andésite vacuolaire à rainure de polissage axiale. 2. Hache en cherto-tuffite caractéristique des productions de Saint Martin. 3. Labre de Srombus gigas aménagé. Outil de type "herminette". 4. Perle figurative (représentation reptiliène) sur strombre. 5. Perle à remflement en améthyste. 6. Cabochon conique aplati à perforation apicale en turquoise. 7. Perle figurative (grenouille ?) en minereaux verts (jadéïte, aventurine, turquoise...). 8. Perle cylindrique en améthyste. 9. Perle discoïde en minereaux verts (jadéïte, aventurine, turquoise...).

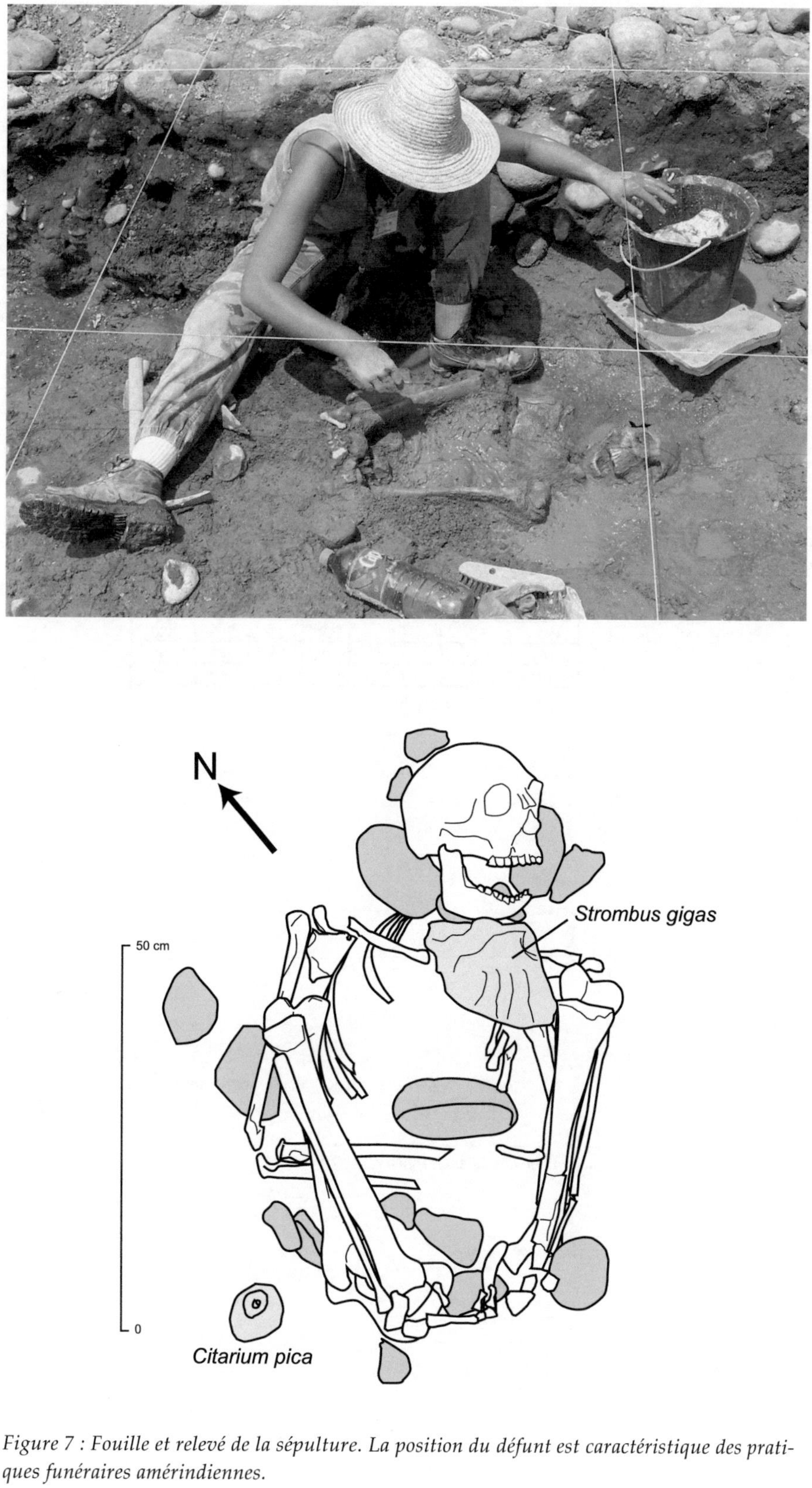

Figure 7 : Fouille et relevé de la sépulture. La position du défunt est caractéristique des pratiques funéraires amérindiennes.

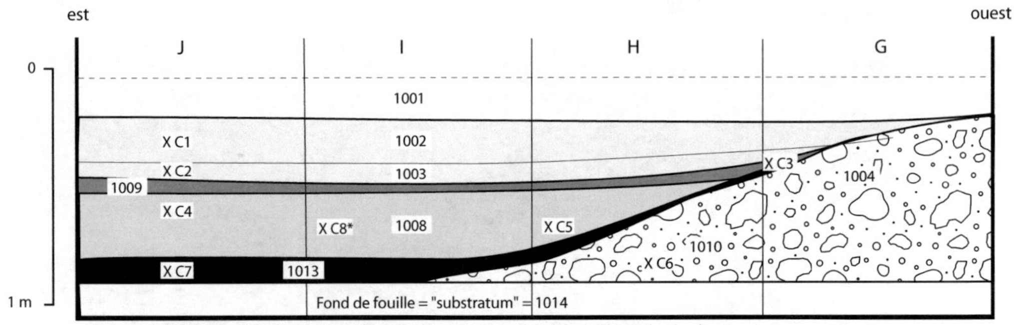

Coupe schématique de la ligne 6 vers le sud et localisation des échantillons de charbon

* C8 = sépulture 1 = US 1015

1010/1004 = cordon de galets (haut de plage)
1013/1008/1009/1003/1002 = dépotoir amérindien
1001 = aménagements d'époque coloniale

0 1 m

Résultats des datations

us	carré	échantillon	BP	+/-	cal inf	cal sup
us1002	J5	C1	1595	25	410	540
us1003	J4	C2	1705	20	250	410
us1009	G4	C3	1705	20	250	410
us1008	J2	C4	1710	40	240	420
us1008	H3	C5	1730	25	240	390
us1010	H3	C6	1685	25	260	430
us1013	J5	C7	1730	25	240	390
us 1015	I1	C8	1710	20	250	410

dates calibrées à 2 sigmas (logiciel OXCAL, v3.9)

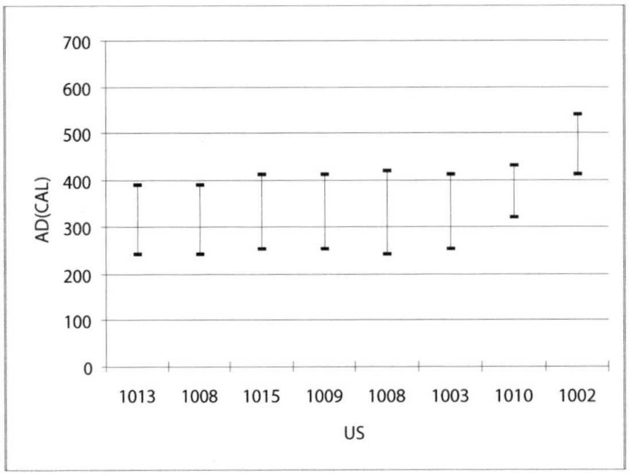

Répartition des dates en année calibrées

Figure 8 : Les datations radiométriques.

L'occupation saladoïde ancienne de la Dominique, vers une nouvelle définition des territoires culturels précolombiens

par Benoît Bérard

En guise de première conclusion à cet ouvrage, nous souhaitons vous présenter les premiers résultats des travaux que nous avons conduit entre 2004 et 2007 en Dominique. En effet, ce programme de recherche a été conçu dans la continuité directe du Projet Collectif de Recherche «Le Néolithique martiniquais dans le contexte Antillais». Par ailleurs, il s'inscrit dans cette perspective archipélique que nous avons souhaité développer dans cette troisième partie. La mission archéologique «Sud-Dominique» du Ministère des Affaires Etrangères avait pour objectif majeur d'étudier l'occupation céramique ancienne de l'île en portant une attention toute particulière aux relations ayant pu exister entre le nord de la Martinique et le sud de la Dominique. En effet, comme nous l'avons vu (cf. Partie 1, Chapitre 1), l'ensemble des occupations saladoïdes cedrosanes anciennes de Martinique sont localisées sur la côte nord-est de l'île face aux côtes sud de la Dominique où des sites contemporains avaient été préalablement identifiés (Petitjean Roget, 1978). Cela laissait supposer que des relations fortes avaient pu exister entre les deux bords du Canal de la Dominique durant cette phase.

1. Le programme de recherche

Lorsque que nous avons pris la décision d'y travailler, la Dominique était encore en grande partie une *terra incognita* dans le domaine de l'archéologie précolombienne (Honychurch, 1997 ; Bérard, 2008). Guidés par le Dr. L. Honychurch, nous avons donc, en 2004, fait un premier repérage des sites précolombiens connus dans le sud de l'île. A partir de là face à l'ampleur du travail à réaliser, une équipe internationale associant des chercheurs de l'*University of Vermont*, de *Florida University*, de l'*University of the West Indies*, du ministère de la culture et de l'Université des Antilles et de la Guyane a été mise en place.

Les objectifs que nous nous sommes fixés étaient de développer une étude complète de l'occupation céramique ancienne de l'île en nous basant sur les travaux qui avaient été réalisés auparavant par les membres de l'équipe en Martinique et à Monserrat. Il s'agissait d'obtenir une bonne caractérisation culturelle des sites liés à cette phase d'occupation de l'île afin de pouvoir établir des comparaisons sur des bases solides avec les autres îles de l'archipel antillais, en particulier la Martinique. Nous souhaitions ainsi analyser le mode de gestion de ces groupes de l'espace insulaire dominiquais, analyser le plus finement possible leur production artisanale (céramique et lithique) et évaluer leurs échanges avec les autres îles de l'archipel. Pour cela nous nous sommes basés sur un travail de terrain divisé entre trois axes :

- Tout d'abord, nous avons conduit des sondages archéologiques dans plusieurs sites céramiques anciens de l'île (Bérard et al., 2005 ; Bérard et al. 2006).
- Ensuite, nous avons réalisé une fouille plus étendue du site saladoïde cedrosan ancien de Soufrière.
- Enfin, nous avons fait une prospection systématique de l'ensemble de l'île afin de découvrir le maximum de gisements précolombiens. C'est sur les résultats de ce dernier travail que nous allons ici nous concentrer. Ce programme de prospection systématique a été mené avec deux objectifs :
- produire une carte archéologique de l'occupation précolombienne de l'île afin de mieux gérer et protéger ce patrimoine jusqu'alors mal connu,
- et, obtenir des données permettant de traiter de l'intensité de l'occupation précolombiennes de l'île et de l'évolution de la relation des populations amérindiennes à l'environnement dominiquais.

Cette dernière question présentait un intérêt tout particulier du fait du travail réalisé précédemment dans l'île par C. Evans (Evans, 1968). En effet, C. Evans a séjourné un mois en janvier 1966 en Dominique. Au cours de cette période, il a prospecté l'ensemble de l'île et n'a découvert qu'un nombre très limité de sites (10). Considérant qu'il avait ainsi obtenu une image fidèle de l'occupation précolombienne de l'île, il écrivit alors : «*By the end of a month of intense survey, we were sure that the sparse aboriginal settlement of Dominica could be explained by the ecological limitation of this island*...». Cette limitation écologique était pour lui essentiellement due à l'absence de mangrove. Il en conclut que les sites précolombiens de Dominique ne correspondaient qu'à quelques haltes temporaires, les habitats permanents étant situés sur les îles voisines Martinique et Guadeloupe. Encouragé par les résultats déjà obtenus par H. Petitjean Roget (Petitjean Roget, 1978), il nous est donc apparu particulièrement important de vérifier cette hypothèse qui nous semblait peu convaincante.

2. Paléo-géographie de l'occupation précolombienne de la Dominique

Les résultats que nous allons vous présenter ici s'appuient tout d'abord sur une synthèse des recherches archéologiques antérieures à notre travail dans l'île. Et, tout particulièrement sur la carte archéologique (figure 1) présentée par L. Honychurch dans son mémoire doctoral (Honychurch, 1997). Ainsi, lors de notre arrivée dans l'île, quarante et un gisements précolombiens avaient été identifiés par les quelques archéologues qui avaient travaillé en Dominique.

Notre programme de prospection s'est réparti sur trois saisons entre 2005 et 2007. Nos travaux ont concerné l'ensemble de l'île à l'exception du Carib Territory. Du fait du fort relief et de l'important couvert végétal qui caractérisent l'intérieur de l'île, nous nous sommes essentiellement concentré sur la bande côtière et seules les principales vallées ont été prospectées à l'intérieur des terres. Par ailleurs, notre travail a été enrichi par l'activité dans l'île d'autres chercheurs. En fait, au moment

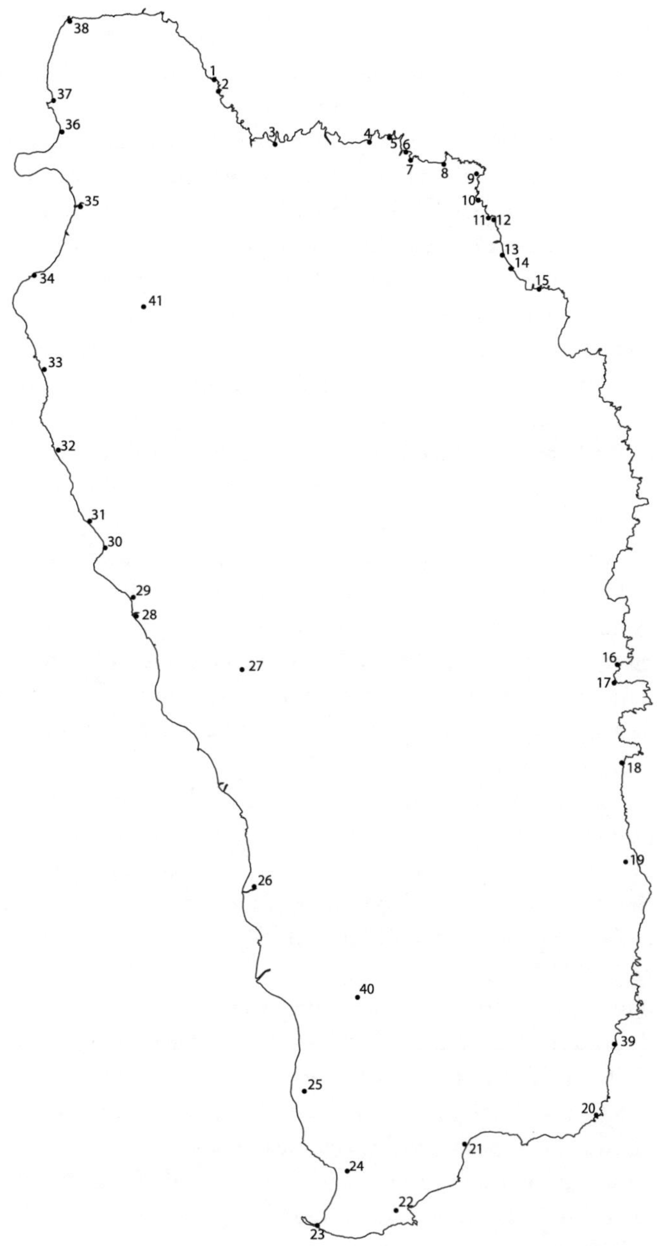

Figures 1 : Carte archéologique de la Dominique (d'après Honychurch, 1997).

où nous commencions nos travaux dans l'île S. Lenik avait entamé un programme de recherche sur les sites amérindiens de la période de contact (Lenick, 2010 et Lenick, 2012). De plus, deux archéologues de l'Université de Floride qui avaient participé à notre programme ont poursuivi leur activité en Dominique (Shearn et Toney, 2009).

Ainsi, la recherche archéologique sur l'occupation amérindienne de la Dominique a connu un fort développement depuis 2004. La conséquence de ces travaux est que l'image que nous vous présentons ici de cette occupation (figure 2) est bien différente de celle qui a été présentée par C. Evans en 1968. S'il n'avait identifié que 10 gisements lors de ses prospections, les sites aujourd'hui connus sont au nombre de 61. Il ne s'agit cependant pas de reproduire ici son erreur en croyant que ces 61 gisements correspondent à la réalité de l'occupation amérindienne de l'île. Avant toute exploitation de ces nouvelles données, une évaluation sérieuse de leur valeur est indispensable. Premièrement, les prospections archéologiques menées jusqu'à ce jour en Dominique ont faiblement concerné le *Carib Territory* et l'intérieur de l'île. Deuxièmement, l'importance du couvert végétal et du relief, dès que l'on quitte l'étroite bande côtière, rend particulièrement difficile la conduite de prospections systématiques. Troisièmement, l'intensité de l'activité archéologique en Dominique reste relativement faible par rapport à l'importance des travaux menés dans certaines autres îles de l'archipel. Enfin, la carte que nous présentons ici montre une occupation plus dense dans le nord-atlantique et le sud de l'île. S'agit-il d'une image fidèle d'une réalité précolombienne ? Rien n'est moins sûr, c'est en effet dans ces deux secteurs que les prospections menées par L. Honychurch et notre équipe ont été les plus intenses. Ainsi, la carte que nous présentons ici est loin de contenir tous les gisements archéologiques précolombiens de Dominique qui ne sont eux-mêmes qu'une image altérée de l'intensité de son occupation.

Cependant, le nombre de sites aujourd'hui connus apparaît suffisamment important pour pouvoir commencer à traiter de l'occupation précolombienne de l'île (ou du moins de sa bande côtière) sur des bases relativement solides. La densité des gisements en Dominique (0,081 sites/km^2) est d'ailleurs assez comparable à celle de la Martinique (0,087 sites/km^2, soit 65 sites ramené à la surface de la Dominique) qui est une des îles des Petites Antilles ayant fait l'objet d'une activité archéologique intense et ancienne. Ainsi, les données dont nous disposons nous paraissent suffisantes pour revenir sur l'hypothèse avancées par C. Evans d'une occupation précolombienne de l'île peu intense du fait de restrictions écologiques (absence de mangroves et de larges baies coralliennes). La densité des sites aujourd'hui connus semble à elle seule mettre à mal ce point de vue. Cependant, pour en revenir au travail de C. Evans, l'ensemble de ces gisements ne pourrait correspondre qu'à de courtes haltes. Il n'en est rien ! Le site de Soufrière, par exemple, correspond à une occupation saladoïde cedrosane ancienne importante, comparable à celles qui ont été fouillées dans les autres îles de l'archipel. L'importance des vestiges qui y ont été découverts ainsi que leur diversité, montrent bien qu'il s'agit d'un habitat permanent. De même, certains sites à occupations multiples ont été occupés de façon intense et sur de longues périodes de temps. Ainsi, le site de Woodford Hill a une stratigraphie présentant toutes les phases de l'occupation amérindienne de l'île du céramique ancien à la période de contact (Cayo, Boomert, 2011). Qu'en est-il, enfin, des supposées limitations écologiques au développement de l'occupation précolombienne de l'île ? Un élément ne facilite pas la résolution de ce problème. Il s'agit de l'extrême acidité des sédiments volcaniques qui constituent la grande majorité des sols de l'île et qui n'ont pas permis dans la plupart des cas la conservation des restes alimentaires dans les sites archéologiques. L'analyse des caractéristiques écologiques des lieux d'installations peut cependant nous permettre d'avancer quelques élé-

1. Au Trou (M)
2. Au Parc (M)
3. Anse du Mai (H)
4. Calibishie (P)
5. Pointe Baptite (P)
6. Hodges Bay (E)
7. L'Anse Noire (P)
8. Woodford Hill (E)
9. Eden 1 (E)
10. Eden 2 (E)
11. Sophia Bay (E)
12 Walkers Rest (E)
13. Melville Hall 1 (E)
14. Melville Hall 2 (P)
15. Middle Bay (H)
16. Good Hope (P)
17 Saint Sauveur (E)
18. Rosalie (P)
19. La Plaine (P)
20. Petite Savanne (H)
21. Geneva (H)
22. Petit Coulibri (H)
23. Cachacrou (P)
24. Soufrière (W)
24bis. Cocotiers (SD)
25. Pointe Michel 1(P)
26. Canefield (P)
27. Layou (H)
28. Macoucheri (P)
29. Salisbury (P)
30. Batali (P)
31. Coulibistrie (P)
32. Colihaut (P)
33. Dublanc (P)
34. Ti Baye (P)
35. Indian River (H)
36. Douglas Bay (P)
37. Toucari (P)
38. Capucine (H)
39. Pointe Mulatre (H)
40. Giraudel (H)
41. Syndicate (H)
42. Grand Bay (H)
43. Pointe Guignard (SD)
44. Bois Côtelette (SD).
45. Charlotte (SD)
46. Destouches (SD)
47. Grand Fond (L)
48. Pagua Bay (SD)
49. Holly's Point (SD)
50. Pointe Baptiste, moulin (SD)
51. Marigot (H)
52. Melville Hall 3 (SD)
53. Lahaut-Jaco Point (L)
54. Belfast Estate (SD)
55. Salybia (L)
56. Thibaud (SD)
57. Soufrière 2 (P)
58. Soufrière 3 (P)
59. Pointe Michel 2 (SD)
60. Olsen Baron (ST)
61. Batibou (ST)

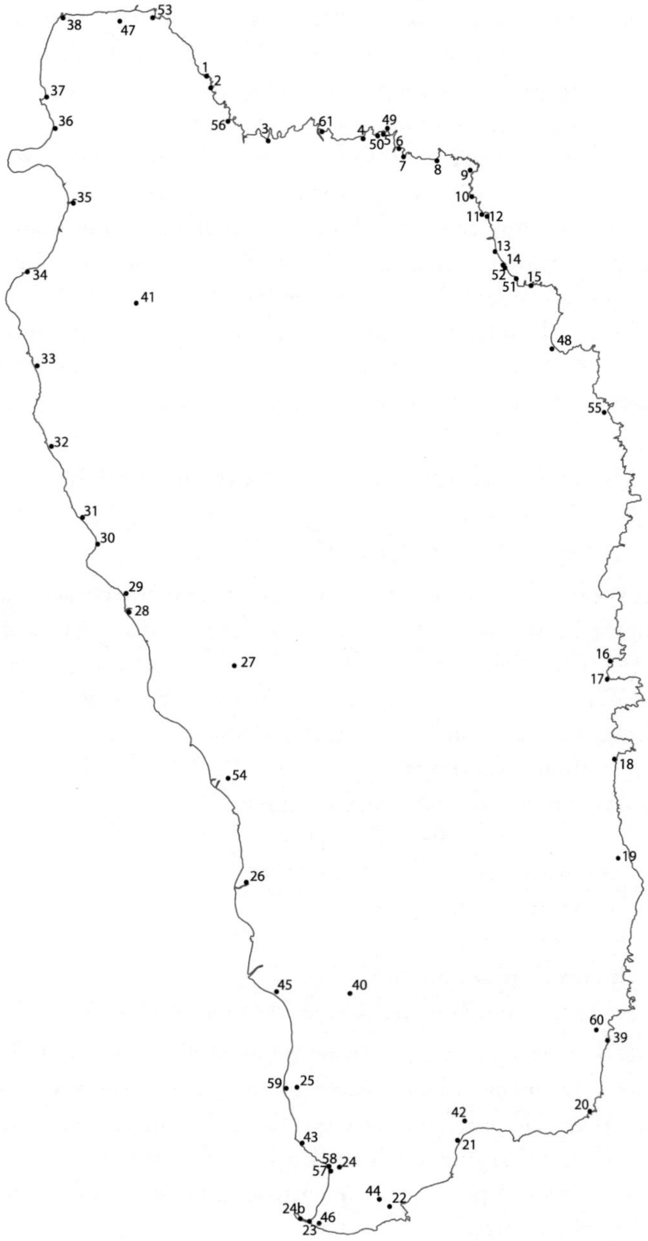

(E) - Clifford Evans, 1968
(H) - Lennox Honychurch, 1997
(L) - Stephan Lenik, in press (a) et (b)
(M) - Marshall McKusick, 1960
(P) - Henri Petitjean Roget, 1978
(SD) - Mission archéologique "Sud Dominique"
(ST) - Shearn & Toney, 2009
(W) - Carl Winston

Figure 2 : Carte archéologique de la Dominique.

ments concernant cette question[1]. Ainsi, nous pouvons déjà remarquer que les sites précolombiens sont localisés dans tous les types d'environnements qu'offre la bande côtière de Dominique : dans le fond des baies de la côte caraïbe et du nord atlantique, sur les plateaux dominant la mer (La plaine, Pointe Michel, ...), au débouché des principales vallées (Gran Bay, Geneva, Pagua, ...), tout comme à proximité de petites mangroves (Woodford Hill, Indian River, ...). De plus, bien que les prospections aient été peu poussées la présence de quelques sites (Layou, Petit Coulibri, ...) montre que l'intérieur de l'île a lui aussi été occupé. Ainsi, l'image qui se dégage semble témoigner de la capacité des groupes amérindiens à exploiter la diversité des écosystèmes présents dans l'île. Nous sommes bien loin de la vision, promue par C. Evans, de populations dont l'économie ne reposerait que sur l'exploitation d'un nombre extrêmement limité et stéréotypé de «filières» (mangroves, larges baies et récifs coralliens).

En conclusion, la Dominique apparaît, dans les grandes lignes, comparable aux autres îles importantes des Petites Antilles pour ce qui est de l'intensité et des caractéristiques de son occupation précolombienne.

3. L'occupation céramique ancienne de l'île

3.1 Analyse Paléo-géographique.

Dix sites archéologiques de Dominique peuvent être rattachés à l'occupation céramique ancienne des Antilles (figure 3). Ils se répartissent au sein de deux ensembles géographiques, un ensemble sud regroupant sept gisements et un ensemble nord-est regroupant trois gisements. Nous avons analysé l'environnement de ces différents sites en fonction de huit critères :

- La distance au rivage,
- l'environnement géomorphologique,
- l'environnement végétal supposé,
- les possibilités d'accès à l'eau douce,
- la distance à la mangrove,
- la valeur agricole des sols,
- le taux de pluviométrie
- et les possibilités d'atterrissage en canot (Tableau 1).

Tous les gisements se trouvent à proximité d'une source d'eau douce (rivière ou source). De même, ils sont associés à un couvert végétal correspondant à la zone d'interface entre la forêt côtière et la forêt sempervirente saisonnière tropicale qui couvrait l'essentiel de l'île avant la colonisation européenne. Par contre, une distinction nette peut-être faite entre les gisements de l'ensemble sud et ceux de l'ensemble nord-est.

Les sites de l'ensemble sud sont situés à proximité de la mer mais en retrait de 100 à 500 m par rapport au rivage. Ils sont de plus tous localisés sur des sols volcaniques jeunes qui correspondent aux meilleures terres agricoles de l'île. Enfin, ils

1 Nous ne présenterons ici qu'une analyse générale de la localisation des sites précolombiens de Dominique. Une étude plus fine basée sur le développement d'un Système d'Informations Géographiques est en cours.

Figure 3 : Carte des sites céramiques anciens de Dominique.

sont éloignés des quelques mangroves que compte l'île. Les gisements de l'ensemble nord-est sont eux localisés directement sur le rivage. Ils ont d'ailleurs en partie été détruits par le recul des côtes aux cours des derniers siècles. Ils sont associés à des latosols kaoliniques de moindre qualité. Enfin, ils sont ou étaient situés à proximité de petites mangroves.

Ainsi, ces deux ensembles sud et nord-est semblent correspondrent à deux types de filières économiques distincts. L'ensemble nord-est paraît marqué par une priorité accordée à l'exploitation des ressources de la mer et de la mangrove. L'ensemble sud semble lui correspondre à une filière plus axée sur la production

	Distance accès au rivage (en m)	Altitude (en m)	Géomorphologie	Environnement végétal	Distance à l'eau douce (en m)	Distance à la mangrove	Terres agricoles	Pluviométrie (en mm/an)	Possibilités d'atterris-sage
Soufrière	450	30-45	Fond de vallée	Côtier et fsst*	200	> 10 km	Protosol/sols jeunes	1270/2540	***
Grand Bay	400	15	Fond de vallée	Côtier et fsst	100	> 10 km	Protosol/sols jeunes	2540-3810	**
Canefield	500	10	fond de vallée	Côtier et fsst	0	> 10 km	Protosol/sols jeunes	1270/2540	***
Pointe Michel	350	30-45	Plateau	Côtier et fsst	50	> 10 km	Protosol/sols jeunes	1270/2540	***
Cachacrou	500	75	Flanc de morne	Côtier et fsst	300	> 10 km	Protosol/sols jeunes	1270/2540	***
La Plaine	100	15	Plateau côtier	Côtier et fsst	0	1200 m	Protosol/sols jeunes	2540-3810	**
Pointe Mulatre	100	45	Fond de vallée	Côtier et fsst	0	8500 m	Protosol/sols jeunes	2540-3810	*
Woodford Hill	1	1	embouchure	Côtier et fsst	0	0	latosols kaoliniques	1270/2540	**
Eden	1	1	Plateau côtier	Côtier et fsst	100	100	latosols kaoliniques	1270/2540	*
Melville Hall	1	1	embouchure	Côtier et fsst	100	100	latosols kaoliniques	1270/2540	**

Tableau 1 : Données bio-géographiques concernant les sites céramiques anciens de Dominique.
**fsst=Forêt sempervirente saisonnière tropicale.*

agricole. Malheureusement, en l'absence de conservation des restes alimentaires dans ces différents sites, il semble difficile de pousser plus loin l'analyse. Il est cependant important de noter que les caractéristiques environnementales des gisements de l'ensemble sud sont en tout point comparables à celles des gisements contemporains du nord de la Martinique.

3.2 Données chrono-culturelles

La plupart des sites céramiques anciens de Dominique ne sont connus que par des ramassages de surface. C'est sur la base de l'analyse de ces collections qu'a été effectuée leur caractérisation chrono-culturelle. Nous avons par contre réalisé des opérations de sondages des sites de Pointe Mulatre, Grand Bay et Canefield ainsi que différents sondages et une fouille plus étendue du site de Soufrière (Bérard et al. 2005 et 2006).

Les sites céramiques anciens de Dominique n'ont livré, pour l'instant, aucun élément permettant de les rattacher à la sous-série saladoïde huecane. Il faut cependant distinguer sur ce point le gisement d'Eden qui appartient à l'ensemble nord-est. Au cours des travaux qu'il y a mené en 2008 à la recherche de traces

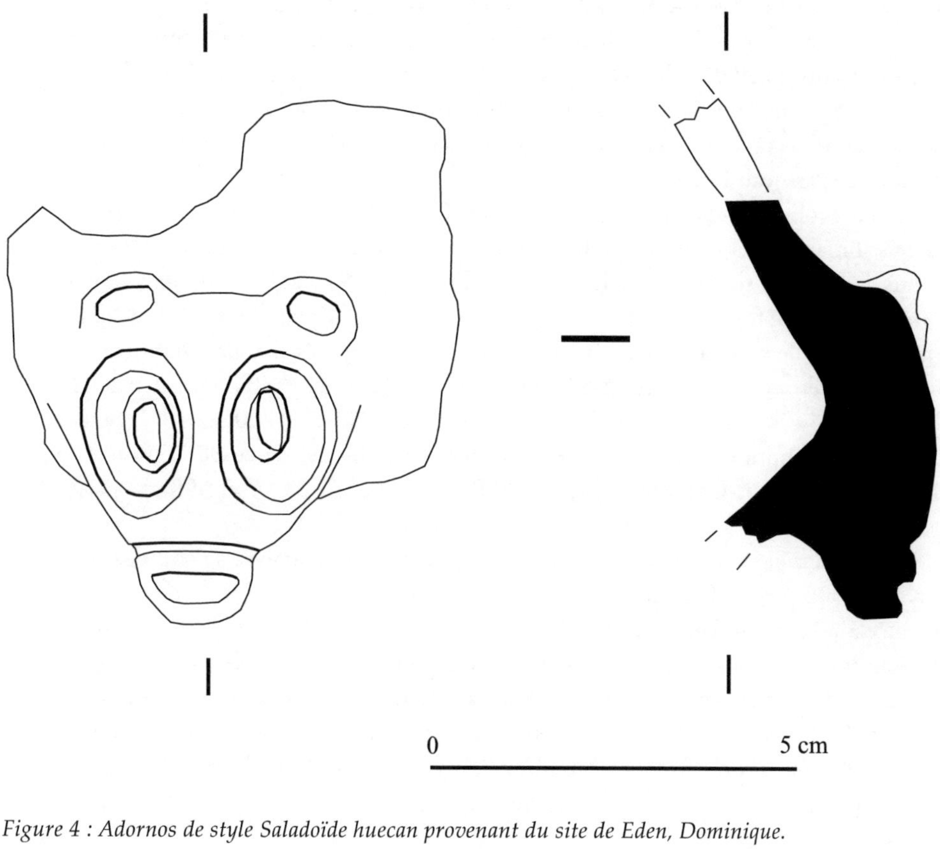

Figure 4 : Adornos de style Saladoïde huecan provenant du site de Eden, Dominique.

d'occupations de type Cayo, A. Boomert[2] y a découvert un adornos (figure 4). Cette pièce, par son style et surtout par sa position supposée sur le récipient dont elle faisait partie, se rapproche très fortement des adornos présents sur les vases dits «à deux trous» découverts en nombre lors de la fouille du site de La Hueca (Chanlatte-Baik et Narganes Stordes, 2005). Malheureusement, l'occupation céramique ancienne du site d'Eden, comme celle des deux autres gisements de l'ensemble nord-est a été très fortement altérée entre autres par le recul des côtes. Elles ne sont pour l'instant connues que par la présence de matériel erratique en surface.

L'ensemble sud a heureusement livré des données beaucoup plus riches. C'est tout particulièrement le cas du site de Soufrière. Le site de Soufrière est localisé dans le sud de la côte ouest de la Dominique (Figure 2). Dominant le niveau actuel de la rivière d'une dizaine de mètres, il se trouve sur le versant sud de la *Sulphur Spring Valley* près de son embouchure. La vallée étroite au niveau du site s'élargie vers l'est où elle constitue un cirque limité par les mornes Acouma, Plat Pays et Patates. L'eau de la Sulphur Spring River n'est pas potable mais une source d'eau douce se trouve à proximité du site au pied du versant nord de la vallée.

De nos jours, le site saladoïde cedrosan ancien de Soufrière est surmonté par le village actuel de Soufrière. Il a été découvert en 1976 par Karl Winston durant les travaux préparatoires à la construction d'un petit lotissement. Suite aux découvertes exceptionnelles de M. Winston, H. Petitjean Roget fut contacté et effectua la première fouille du site sous la forme d'un sondage de 3 m^2. Il mit ainsi au jour un niveau d'occupation saladoïde cedrosan ancien bien conservé sous une couche de ponce (Petitjean Roget, 1978).

Nous avons travaillé en 2005 et 2006 sur le site de Soufrière dans le cadre de la mission archéologique «Sud-Dominique» du Ministère des Affaires Etrangères. Nous avons ainsi sondé quatre loci au sein du village. Au total, le niveau céramique ancien a été fouillé sur une surface de 20 m^2. La stratigraphie du site se compose principalement de deux niveaux d'occupation séparés par une importante couche de retombées volcaniques. Nous avons daté la couche inférieure associée à l'occupation céramique ancienne du site de 1800±40 BP, 150-250 ap. J.-C (Beta-211896). L'éruption volcanique qui la surmonte a elle été datée de 1560 ± 40 B.P, 430-550 ap. J.-C. (Lynsay et al., 2005) et 1540 ± 40 B.P, 540-590 ap. J.-C. (Beta-226804).

La collection céramique qui a servi de support à notre analyse se compose de près de 2500 pièces. L'occupation céramique ancienne du site de Soufrière se rattache clairement au Saladoïde cedrosan ancien. Par ailleurs, les résultats de l'analyse morpho-décorative que nous avons menée comme ceux issus de l'analyse de la structure des décors conduite par M. Ecrabet (Ecrabet, 2009) démontrent la très grande similarité existant entre la céramique de Soufrière et celle des sites contemporains de Vivé, Fond Brûlé et Moulin l'Etang dans le nord de la Martinique. Il semble en être de même avec la céramique provenant du site de Canefield bien que

2 Nous tenons ici à remercier chaleureusement le Professeur A. Boomert pour nous avoir aimablement autorisé à intégrer dans notre étude le matériel céramique ancien issu des différentes opérations de prospection et de sondage qu'il a mené dans l'île en 2008 (Boomert, 2011).

le caractère plus limité de la collection ne permette pas une analyse aussi poussée que dans le cas de Soufrière.

Ainsi, alors qu'au sein de l'ensemble nord-est la céramique de site d'Eden paraît témoigner au moins d'une influence saladoïde huecane, la céramique des sites de l'ensemble sud est caractéristique du Saladoïde cedrosan ancien et présente un très fort degré de similarité avec celle provenant des sites du nord de la Martinique.

Conclusion

La pauvreté des données disponibles sur l'occupation amérindienne ancienne de la Dominique antérieurement à notre intervention n'avait rien avoir avec une quelconque limitation due à une supposée faiblesse des ressources naturelles. Elle était surtout la conséquence du caractère extrêmement marginal de l'intervention des archéologues dans l'île. Ainsi, les travaux que nous avons menés ont clairement montré que l'intensité et la nature de son occupation précolombienne étaient comparables à celles des îles voisines.

Concernant plus spécifiquement la phase céramique ancienne, un cadre général tend à se dégager. Il est marqué par les différences existant entre les gisements situés dans le nord-est de l'île et ceux situés dans le sud. Ces différences concernent tant caractéristiques environnementales de ces lieux d'habitat que la nature des vestiges de productions artisanales qui y ont été découverts. Ainsi, les sites de l'ensemble sud semblent plus proches de gisements contemporains localisés dans le nord de la Martinique que de ceux situés dans le nord-est de la Dominique. En nous dégageant d'une logique terrestre et insulaire nous pourrions être en train de cerner les limites d'un micro-territoire culturel saladoïde cedrosan ancien comprenant le nord de la Martinique, le canal reliant les deux îles et le sud de la Dominique. Cela nous amène tout naturellement à nous interroger sur la nécessité de revoir la notion de complexe telle qu' I. Rouse l'a appliquée dans les Petites Antilles. En effet, dans le modèle «rousien» chaque île des Petites Antilles est considérée comme un territoire précolombien stable caractérisé par une succession de complexes qui lui sont propres. Ce sont les termes de cette équation : île = territoire culturel qui nous semblent devoir être révisés dans façon souple dans une perspective plus maritime et archipélique. Nos travaux pour l'instant limités à la phase céramique ancienne de l'occupation amérindienne de la Martinique et de la Dominique ne font que souligner la nécessité qu'il y a aujourd'hui à mener cette réflexion. Un traitement satisfaisant de cette question ne peut, en effet, faire l'économie d'une approche géographique et chronologique large.

Conclusion

De l'archéologie précolombienne au patrimoine antillais

Par Benoît Bérard

Dans l'archéologie antillaise le temps des hommes seuls, pionniers isolés et omniscients est terminé. Il s'agit aujourd'hui d'une aventure collective tant sur le terrain que lors de la phase d'analyse. La diversité, la richesse des contributions qui constituent cet ouvrage en sont un témoignage, nous l'espérons, éloquent. Nul n'est maintenant capable de maîtriser la multitude des savoirs rendus nécessaires par la diversification des approches qui s'est développée au cours des dernières décennies et par la progression constante de nos connaissances sur les civilisations amérindiennes des Petites Antilles.

Au cœur de cet espace, la Martinique joue un rôle pionnier depuis les années 1930. Un des objectifs de ce volume était de la réinstaller comme une des têtes de pont de la recherche archéologique dans les Antilles. Le Projet Collectif de Recherche «Le Néolithique de la Martinique dans son contexte antillais» nous a permis de mettre en place la dynamique pluridisciplinaire nécessaire à l'accomplissement de ce but. Nous avons ainsi, mêlant synthèse des données anciennes à un apport important de connaissances inédites, pu vous présenter un panorama le plus complet possible sur l'occupation amérindienne de la Martinique.

La connaissance des chercheurs a énormément progressé au cours des dernières décennies. Cette progression a, entre autres, été marquée par une rupture avec les cadres interprétatifs traditionnels de l'histoire coloniale. Les récits des chroniqueurs européens retrouvent progressivement une place qu'ils n'auraient jamais dû quitter, celle de source historique sur les différentes phases du contact entre les Amérindiens, les Européens et les Africains.

En parallèle de cette progression des connaissances et de ce travail de construction d'un nouveau cadre interprétatif, nous avons assisté à une augmentation progressive de l'intérêt des populations antillaises pour le passé amérindien de l'archipel. Ce phénomène semble lié à un mouvement social plus profond que le développement d'une simple curiosité scientifique. Il est la conséquence d'un changement dans la pensée identitaire antillaise. La question même de l'existence d'une identité antillaise spécifique a été ignorée par le système colonial. Lorsque ce questionnement s'est développé (essentiellement au cours de la deuxième moitié du XXé siècle) les structures mentales forgées par ce même système favorisèrent alors un parallèle, plus ou moins explicite, entre patrimoine culturel et patrimoine génétique excluant de fait le passé amérindien de l'archipel de la liste des éléments constitutifs de l'identité antillaise. C'est la construction au cours des vingt dernières années d'une identité centrée sur les concepts d'antillanité et surtout de créolité qui a permis la reconnaissance de ce pan de l'histoire comme élément constitutif du patrimoine antillais. La Martinique est bien terre amérindienne et les martiniquais, comme la population des autres îles de l'archipel, sont les héritiers de ce patrimoine qui fut un terreau fertile au sein duquel ont germé les sociétés créoles.

Bibliographie

Abel T., 1998 - Complex Adaptive Systems, Evolutionism, and Ecology within Anthropology: Interdisciplinary Research for Understanding Cultural and Ecological Dynamics. *Georgia Journal of Ecological Anthropology* 2, 1998, pp. 6-29.

Adams W. H. (ed.), 1985 - *Aboriginal subsistence and settlement archaeology of the Kings Bay locality*. Vol. 2. Zooarchaeology. *Reports of Investigations, n° 2*. Gainesville: University of Florida, Departement of Anthropology, 1985, 112 p.

Alegría R. E., 1997 - An Introduction to Taíno Culture and History. In *Taíno Pre-Columbian Art and Culture from the Caribbean*, edited by F. Bercht, E. Brodsky, J. A. Farmer, D. Taylor, pp. 18-33. El Museo del Barrio and The Monacelli Press, Inc., New York, 1997.

Allaire L., 1973 - *Vers une préhistoire des Petites Antilles*. Sainte-Marie, Martinique, Centre de Recherches Caraïbes de l'Université de Montréal, 1973.

Allaire L., 1974 - Paquemar revisited. *Compte-rendu des Communications du Cinquième Congrès International d'Etudes des Civilisations Précolombiennes des Petites-Antilles*, Michael's Mount Hotel, Antigua, 1974, pp. 117-126.

Allaire L., 1977 - *Later Prehistory in Martinique and the Island Caribs : problems in ethnic identification*. Ph. D. dissertation, Yale University, Ann Arbor University Microfilms, 1977, 397 p.

Allaire L., 1981 - Macabou Excavations, Martinique 1972-1979. *Boletin del Museo del Hombre Dominicano* Año X, Num. 16, 1981, pp. 41-48.

Allaire L., 1984 - A Reconstruction or Early Historical Island Carib Pottery. *Southeastern Archaeology*, 3(2), Gainesville, 1984, pp. 121-33.

Allaire L., 1985 - L'Archéologie des Antilles *In* S. Flon, (ed.) *Le Grand Atlas de l'Archéologie*. Encyclopaedia Universalis, Paris, 1985, pp. 370-371.

Allaire L., 1989 - Volcanic Chronology and the Early Saladoid Occupation of Martinique. In *Early Ceramic Populations Lifeways and Adaptive Strategies in the Caribeean*, P.E. Siegel, (ed.), 10 fig., BAP International Series 506, Oxford, 1989, p. 147-168.

Allaire L., 1990 - Image and Interaction: prehistoric Taino interaction with the Lesser Antilles. Unpublished paper presented at the 55th Annual Meeting of the Society of American Archaeology. Las Vegas, 1990.

Allaire L., 1991 - Understanding Suazey. *In* Haviser J. and Ayubi E. N. (eds.), *Proceedings of the 13th International Congress for Caribbean Archaeology. Curaçao 1989*, Reports of the Archaeological-Anthropological Institute of the Netherlands Antilles, 9, Curaçao, 1991, pp. 715–728.

Allaire L., 1991 - Anse Trabaud and Suazoid ecology in Martinique. *In* E.N. Ayubi et J.B. Haviser (Eds.), *Proceedings of the 13th International Congress for Caribbean Archaeology. Curaçao 1989*, Reports of the Archaeological-Anthropological Institute of the Netherlands Antilles, 9, Curaçao, 1991.

Allaire L. 1997a - The Lesser Antilles before Columbus. *In* Wilson, S.M. (ed.), *The Indigenous People of the Caribbean*, University Press of Florida, Gainesville, 1997, pp. 20–28.

Allaire L., 1997b - The Caribs of the Lesser Antilles. *In* Wilson S.M. (ed.), *The Indigenous People of the Caribbean*, University Press of Florida, Gainesville, 1997, pp. 177–185.

Allaire L., 1997c - Anse Trabaud : rapport 1997. *In* Giraud J.-P. (ed.*), Le néolithique de la Martinique dans son contexte antillais.* Projet collectif de recherche. SRA Fort de France, Martinique, 1997, 6 p.

Allaire L. 1997d - Les grandes étapes de l'archéologie des Petites Antilles. *In L'Archéologie à la Martinique, 60 années de Passion et de Recherche,* Musée Départemental d'Archéologie précolombienne et de Préhistoire de la Martinique, Fort-de-France, 1997, p. 4-8.

Allaire L., 2001 - Anse Trabaud : Rapport Préliminaire de Recherches 2001. *In* Bérard B. (ed.*), Le néolithique de la Martinique dans son contexte antillais.* Projet collectif de recherche. SRA Fort de France, Martinique, 2001, 6 p.

Allaire L., 2003 - Agricultural societies in the Caribbean: the Lesser Antilles. *In* Sued-Badillo, J. (ed.), *General History of the Caribbean: Volume 1, Autochtonous Societies.* Unesco Publishing, 2033, pp. 195-227,

Allaire, L. & M Mattioni, 1983 - Boutbois et le Godinot : deux gisements acéramiques de la Martinique, *In Comptes rendus du neuvième congrès international d'études des civilisations précolombiennes des Petites Antilles, Santo Domingo, 2-8 août 1981*, Centre des recherches caraïbes, Université de Montréal, 1983, p. 27-38, 5 fig.

Alley R.B. 2000 - *Two-Mile Time Machine: Ice Cores, Abrupt Climate Change, and Our Future.* Princeton University Press, Princeton, New Jersey, 2000.

Andreieff P., P. Bouysse & D. Westercamp, 1983 - Révision géologique de l'île de Marie-Galante (Petites Antilles). *Bulletin de la Société Géologique de France* 25, 1983, pp. 805-810.

Archéologie Martinique, ouvrage rédigé par la conservation du Musée départemental d'archéologie préface de Louis Mézin, Conseil Général de la Martinique, Fort-de-France, 1991.

Baillie M.G.L. 1995 - *A Slice through Time: Dendrochronology and Precision Dating.* B.T. Batsford Ltd., London, 1995.

Baker, P.E. 1984 - Geochemical evolution of St. Kitts and Montserrat, Lesser Antilles. *Journal of the Geological Society of London* 141, 1984, pp.401-411.

Balfet H., M.F. Fauvet-Berthelot, S. Monzon, 1989 - *Lexique et typologie des poteries. Pour la normalisation de la description des poteries.* CNRS Editions, Paris, 1989, 146 p.

Béarez P., 1996 - *Comparaison des ichthyofaunes marines actuelles et Holocène et reconstitution de l'activité halieutique dans les civilisations précolombiennes de la côte du Manabi sud (Equateur).* Diplôme de Doctorat : Ichtyologie Générale et Appliquée, Muséum National d'Histoire Naturelle, Paris, 1996.

Beets C. J., Troelstra S. R., Grootes P. M., Van Der Borg K., De Jong A. F. M., Hofman C. L. et Hoogland M. L. P. 2006 - Climate and pre-Columbian settlement at Anse à la Gourde, Guadeloupe, northeastern Caribbean. *Geoarchaeology,* 21, 2006, pp. 271-280.

Behrensmeyer A. K. & D. Dechant Boaz, 1980 - The recent bones of Amboseli Park, Kenya, in relation to east african paleoecology. *In* Behrensmeyer A.K. & A. Hill (Eds.), *Fossils in the making,* Chicago and London: University of Chicago Press, 1980, pp. 72-93.

Bérard B. 1997 - Nature et Fonction de l'outillage de pierre taillée. In J.P. Giraud (ed.), *Le néolithique de la Martinique dans son contexte antillais.* (Projet collectif de recherche), SRA Fort de France, Martinique, 1997.

Bérard B. 2002a - Le Prêcheur, Anse Couleuvre. *In* : *Bilan Scientifique Martinique 2001.* Ministère de la Culture et de la Communication, Sous-direction de l'Archéologie, SRA-DRAC, Fort-de-France, 2002, p. 20-23.

Bérard B. 2002b - Le Néolithique de la Martinique dans son contexte antillais. *In : Bilan scientifique de la région Martinique 2000.* Ministère de la Culture et de la Communication, Sous-direction de l'Archéologie, SRA Martinique, 2000, p.13-15.

Bérard B. (dir.), 2003 - *Le Néolithique Martiniquais dans son contexte antillais.* Rapport de Programme collectif de recherche, SRA-DRAC Martinique, Fort-de-France, 2003.

Bérard B., 2004 - *Les premières occupations agricoles de l'arc antillais, migration et insularité : le cas de l'occupation saladoïde ancienne de la Martinique.* Oxford, British Archaeological Reports, IS 1299, Paris Monographs in American Archaeology, 15, 2004, 214 p.

Bérard B., 2006 – Sainte-Anne, Grande Anse des Salines. *In* : *Bilan Scientifique Régional Martinique 2003,* Direction Régionale des Affaires Culturelles, Service Régional de l'Archéologie, Ministère de la Culture et de la Communication, Fort-de-France, 2006, p. 17-19.

Bérard B., 2007 - Le phénomène pionnier agro-céramiste antillais : vers une vision archipélique. *Les Nouvelles de l'Archéologie,* N°108/109, Maison des Sciences de l'Homme, Paris, 2007. pp. 70-78.

Bérard B., 2008 - La mission archéologique française en Dominique. *Les Nouvelles de l'Archéologie,* N°111/112, Paris, Maison des Sciences de l'Homme, 2008. pp. 95-100.

Bérard B. & J.P. Giraud. 2001 - Le Néolithique martiniquais dans son contexte antillais. *In : Bilan scientifique de la région Martinique 1999.* Ministère de la Culture et de la Communication, Sous-direction de l'Archéologie, SRA Martinique, 2001. p.12.

Bérard B. (dir.) avec la collaboration de J.-P. Giraud et J. Petersen, 2005 - *La mission archéologique «Sud-Dominique» du Ministère des Affaires étrangères. Bilan Scientifique pour l'année 2005*, Direction des Sciences Sociales et de l'Archéologie, Ministère des Affaires des Affaires Etrangères, Paris, 2005.

Bérard B. (dir.) avec la collaboration de J.-P. Giraud et et J. TONEY, 2006 - *La mission archéologique «Sud-Dominique» du Ministère des Affaires étrangères. Bilan Scientifique pour l'année 2006*, Direction des Sciences Sociales et de l'Archéologie, Ministère des Affaires des Affaires Etrangères, Paris, 2006, 70p.

Bérard B., S. Grouard & N. Serrand. 2005 - L'occupation post-saladoïde du sud de la Martinique, une approche de l'idée de territoire. Communication présentée durant le *21st Congress of the International Association for Caribbean Archaeology*, Port of Spain, Trinidad, 24-30 juillet 2005.

Bérard B., G. Kieffer, J.-P. Raynal & G. Vernet, 2003 - Les éruptions volcaniques de la Montagne Pelée et le premier peuplement de la Martinique. *Actes du 19e congrès International d'Archéologie de la Caraïbe, Aruba 22-28 juillet 2001, AIAC*, Publication of the Museo Archeologico Aruba, Vol.9, The Government of Aruba, Volume II, 2003. pp. 70-87.

Bérard B. & G. Vernet, 1997 - *La Savane des Pétrifications, Sainte Anne. Opération de fouille programmée, AFAN.* (Document final de synthèse) Service Régional de l'Archéologie, Fort de France, Martinique, 1997.

Bérard B. & G. Vernet 1999. Nature et fonction de l'outillage de pierre taillée. *In* J.P. Giraud (ed.), *Le néolithique de la Martinique dans son contexte antillais.* (Projet collectif de recherche) SRA Fort de France, Martinique, 199, pp. 40-56

Bérard B., Vernet G., Kieffer G. et Raynal J.-P., 2002 - Les éruptions de la Montagne Pelée et le premier peuplement de la Martinique, *in* : Raynal J.-P., Albore-Livadie Cl., Piperno M. (dir.), *Hommes et Volcans, De l'éruption à l'objet*, Actes du symposium 15.2 du XIVe Congrès, UISPP, Liège, 2001, Les dossiers de l'Archéo-Logis n°2, 2002, p. 7-14.

Bérard B. & N. Vidal, 2003 - Essai de géographie amérindienne de la Martinique. *Actes du 19e congrès de l'association Internationale d'Archéologie de la Caraïbe, Aruba 22-28 juillet 2001*, AIAC, Publication of the Museo Archeologico Arube, Vol.9, The Government of Aruba, Volume I, 2003, pp. 22-35.

Berman M. J. and D.M. Pearsall, 2000 - Plants, People, and Culture in the Prehistoric Central Bahamas: A View from the Three Dog site, an Early Lucayan Settlement on San Salvador Island, Bahamas. *Latin American Antiquity,* 11(3), 2000, pp. 219-239.

Bertran P., Bonnissent D., Galop D., Imbert D., Lozouet P., Serrand N. et Stouvenot C., 2004 - Paléoclimat des Petites Antilles depuis 4000 ans BP : l'enregistrement de la lagune de Grand-Case à Saint-Martin. *Comptes Rendus Géoscience de l'Académie des Sciences,* 336, 2004, pp. 1501-1510.

Beuchat H., 1912 - *Manuel d'archéologie américaine (Amérique préhistorique--Civilisations disparues)*, Préface de H. Vignaud, Paris, A. Picard, XLI, 1912, 773 p.

Binford L. R., 1981 - *Bones. Ancient men and modern myths.* New York: Academic Press, 1981.

Bobrowski P.T. & B.F. Ball, 1989 - The theory and mechanics of ecological diversity in archaeology, *In* Leonard R.D. G.T. & Jones (eds), *Quantifying diversity in archaeology*, Cambridge University Press, Cambridge, 1989, pp. 4-12

Bonneton, J.R. & J.M. Vila, 1983 - Données géologiques à l'île de Saint-Martin (Petites Antilles). *Bulletin de la Société Géologique de France* 25, 1983, pp. 867-871.

Bonnissent D., 2010 - *Archéologie précolombienne de l'île de Saint-Martin, Petites Antilles.* Des campements des nomades des mers aux villages des agriculteurs-potiers (3300 BC-1600AD) : Editions Universitaires Europeennes

Bonnissent D., P. Bertran, A. Chancerel, S. Grouard, T. Romon, N. Serrand, C. Stouvenot et C. Tardy, 2002 - *Les sites de la Baie Orientale. Occupations précéramiques et post-saladoïde, Saint-Martin, Guadeloupe, Petites Antilles.* Document final de synthèse auprès du Service régional d'archéologie de Guadeloupe, Basse-Terre, 2002, 131 p.

Bonnissent D., P. Bertran, P. Fouere et N. Serrand, 2005 - *Cultures précolombiennes des Petites Antilles. Les occupations précéramiques de l'Etang Rouge 1. Baie Rouge, les Terres Basses, Ile de Saint-Martin, Région Guadeloupe.* Rapport final de fouilles 2005 auprès du service régional d'archéologie de Guadeloupe, Basse-Terre, 2005, 190 p.

Boomert A., 1986 - The Cayo Complex of St. Vincent: Ethnohistorical and Archaeological Aspects of the island Carib Problem. *Antropologica*, Vol. 66, 1986, pp.3-68.

Boomert A., 2011 - Searching for Cayo in Dominica. *In* Rebovich S. A. *(ed.) Proceedings of the XXIII Congress of the International Association for Caribbean Archaeology*, Nelson's Dockyard Museum, Antigua, 2001, pp. 655-677.

Boudon G. et Gourgaud A. (éds), 1989 - *Mount Pelée*, J. Volc. Geoth-Res., 38, 1989, 213 p.

Bouysse P., R. Schmidt-Effing & D. Westercamp 1983 - La Desirade Island (Lesser Antilles) revisted: Lower Cretaaceous radiolarian cherts and arguments against an ophiolitic origin for the basalt complex. *Geology* 11, 1983, pp. 244-247.

Bradford M. C., 2001 - Caribbean Perspectives on Settlement Patterrns: The Winward Island Study. Unpublished Ph.D. thesis, University of Iowa, 2001.

Brain C. K., 1967 - Bone weathering and the problem of bone pseudo-tools. *S. Afr. J. Sci.* 63, 1967, pp. 97-99.

Brain C. K., 1980 - Some criteria for the recognition of bone-collecting agencies in african caves,» *In* Behrensmeyer A.K. & A. Hill (Eds.), *Fossils in the making*, Chicago and London: University of Chicago Press, 1980, pp. 107-130.

Brasier M.D. & J.D. Mather, 1975 - The stratigraphy of Barbuda, West Indies. *Geological Magazine* 112, 1975, 271-282.

Brooks T. & M. Leonard Smith, 2001 - Caribbean Catastrophes. *Science* 294, 2011, pp. 1469-1471.

Brush S.B., 2004 - *Farmer's Bounty: Locating Crop Diversity in the Contemporary World.* Yale University Press, New Haven. 2004.

Burney D.A. and L.P. Burney, 1994 - Holocene Charcoal Stratigraphy from Laguna Tortuguero, Puerto Rico, and the Timing of Human Arrival on the Island. *Journal of Archaeological Science,* 21, 1994, pp. 273-281.

Brinkhuizen D.C. & A.T. Clason, 1986 - *Fish and archaeology. Study in osteometry, taphonomy, seasonality and fishing methods.* B.A.R. (International Series, 29). Tempus Reparatum, Oxford, 1986.

Cailleux A., 1982 - *Code des couleurs des sols.* Boubée, 1982.

Casteel R.W., 1974 - On the number and sizes of animals in archaeological faunal assemblages. *Archaeometry* 16, 1974, pp. 238-243.

Casteel R.W., 1978 - Faunal assemblages and the «Wiegemethods» or Weight method». *Journal of Field Archaeology* 5 (1), 1978, pp. 71-77.

Chagnon N.A. 1997 - *Yanomamö, Fifth Edition.* Stanford University Case Studies in Cultural Anthropology. Harcourt Brace and Company, Orlando, Florida, 1997.

Chanlatte Baik L. & Narganes Storde Y., 2005 - *Cultura La Hueca,* Museo de Historia, Anthropologia y Arte, Universidad de Puerto Rico, Recinto de Rio Piedras, 2005, 47 p.

Chaplin R.E., 1971 - *The study of animal bones from archaeological sites.* Seminar Press, London and New York, 1971.

Christman R.A., 1953. Geology of St. Bartholomew, St. Maarten and Anguilla. *Bulletin of the Geological Society of America* 64, 1953, pp. 65-96.

Clerc E., 1968 - Sites précolombiens de la côte nord-est de la Grande Terre de la Guadeloupe. *In Proceedings of the 2nd ICSPCLA,* pp. 47-60. Barbados, 1968.

Cody A.K. 1991 - *Prehistoric patterns of exchange in the Lesser Antilles: materials, models, preliminary observations.* (Unpublished Master's thesis) San Diego University, San Diego, 1991.

Chrétien S. et Brousse R., 1988. *La Montagne Pelée se réveille.* Boubée éd., 1988, 243 p.

Crock J.G. & J.B. Petersen, 1999 - *A long and rich cultural heritage: the Anguilla archaeological project, 1992-1998.* (Report prepared for the Anguilla Archaeological and Historical Society) The Valley, Anguilla, 1999.

Crock, J.G., 2000 - *Interisland interaction and the development of chiefdoms in the eastern Caribbean.* (Unpublished Ph.D. dissertation) University of Pittsburgh, Pittsburgh, 2000.

Curet A., 2005 – *Caribbean Paleodemography,* The University of Alabama Press, Tuscaloosa, 2005, 271 p.

d'Harcourt R., 1952 - Collections archéologiques martiniquaises du Musée de l'Homme, *Journal de la Société des Américanistes,* Nouvelle Série, T. 41, Paris, 1952, pp. 353-381.

Curtis, J.H., & D.A. Hodell, 1993 - An Isotopic and Trace Element Study of Ostracods from Lake Miragoane, Haiti: a 10,500-Year Record of Paleosalinity and Paleotemperature Changes in the Caribbean. *In* P.K. Swart, K.C. Lohmann, J.A. McKenzie, and S. Savin *(eds.) Climate Change in Continental Isotopic Records,* Geophysical Monograph 78, American Geophysical Union, Washington, D.C., 1993, pp. 135-152.

Curtis, J. H., M. Brenner & D.A. Hodell, 2001 - Climate Change in the Circum-Caribbean (Late Pleistocene to present) and Implications for Regional Biogeography. In C. A. Woods and F. E. Sergile (eds.) *Biogeography of the West Indies: Patterns and perspectives,* CRC Press LLC, Boca Raton, Florida, 2001, pp.35-54.

Curtis J.H., D.A. Hodell & M. Brenner, 1996 - Climate Variability on the Yucatan Peninsula (Mexico) During the Past 3500 Years and Implications for Maya Cultural Evolution. *Quaternary Research* 46, 1996, pp.37-47.

Dacal Moure R. & M. Rivero de la Calle, 1996 - *Art and Archaeology of Pre-Columbian Cuba.* The University of Pittsburgh Press, Pittsburgh, Pennsylvania, 1996.

Davis D.D. ,1988 - Coastal Biogeography and Human Subsistence: Examples from the West Indies. *Archaeology of Eastern North America* 16, 1988, pp.177-185.

Deagan K.D., 2004 - Reconsidering Taíno Social Dynamics after Spanish Conquest: Gender and Class in Culture Contact Studies. *American Antiquity* 69(4), 2004, pp. 597-626.

De Waal M., 2006 - *Pre-Columbian social organisation and interaction interpreted through the study of settlement patterns. An archaeological case-study of the Pointe des Châteaux, La Désirade and Les Îles de la Petite Terre micro-region, Guadeloupe, F.W.I.*. Ph.D. Dissertation, Leiden University, 2006.

DeFrance S.D., 1988 - *Zooarchaeological investigations of subsistence strategies at the Maisabel site, Puerto Rico.* Master of Arts Research Project. Department of Anthropology, University of Florida, Gainesville, 1988.

DeFrance S. D., W. F. Keegan & L.A. Newsom, 1996 - The archaeobotanical, bone isotope, and zooarchaeological records from Caribbean sites in comparative perspective. *In :* E. J. Reitz, L. A. Newsom & S. Scudder (eds.), *Case studies in environmental archaeology,* New York, Plenum Press, 1996, pp. 289-304.

Delawarde J.-B., 1937 - P*réhistoire Martiniquaise. Les gisements du Prêcheur et du Marigot,* Fort de France, 1937.

Delawarde J.-B. 1969 - *Préhistoire martiniquaise : 1937, 1946, 1969,* Centre d'études régionales Antilles-Guyane, Fort-deFrance, 1969.

Delhaye P. 1995 - Le Prêcheur, Anse Céron. In : *Bilan Scientifique Martinique 1994.* Ministère de la Culture et de la Communication, Sous-direction de l'Archéologie, SRA-DRAC, Fort-de-France, 1995, p. 16-17.

Delpuech A., 2001 - *Guadeloupe amérindienne.* Guides archéologiques de la France. Paris, Monum, Editions du patrimoine, 2001, 120p.

Delpuech A. & C. L. Hofman (eds.), 2004 - *Late Ceramic Age Societies in the Eastern Caribbean.* BAR International Series no. 1273, Paris Monographs in American Archaeology, 14, 2004, 329 p.

Desse J. & Desse-Berset N., 1996a - Archaeozoology of groupers (Epinephelinae). Identification, osteometry and keys to interpretation. *Archaeofauna* 5, 1996, pp. 121-127.

Desse J. & Desse-Berset N., 1996b - On the boundaries of osteometry applied to fish. *Archaeofauna* 5, 1996, pp. 171-179.

Desse J., N. Desse-Berset & M. Rocheteau, 1989 - Les profils rachidiens globaux. Reconstitution de la taille des poissons et appréciation du nombre minimal d'individus à partir des pièces rachidiennes. *Revue de Paléobiologie* 8 (1), 1989, pp. 89-94.

Diamond J., 2005 - *Collapse: How Societies Choose to Fail or Succeed.* Viking Penguin (Penguin Group USA Inc.), New York, 2005.

Dobkin de Rios M., 1984 - *Hallucinogens: Cross-Cultural Perspectives.* University of New Mexico Press, Albuquerque, 1984.

Dodson P. & D. Wexlar, 1979 - Taphonomic investigations of owl pellets. *Paleobiology* 5, 1979, pp. 275-284.

Dubois S., 1997 - *Quelques éléments de l'écologie des populations de crabes de terre Cardisoma guanhumi en Martinique.* Diplôme d'Etudes Supérieures Spécialisées, Université des Sciences et Technologies de Lille, 1997, 64 p.

Ducos P., 1975 - Analyse statistique des collections d'ossements d'animaux. *In*: Clason A. T. (ed.), *Archaeozoological Studies* North-Holland Publ. Co. and American Elsevier, Amsterdam, Oxford, New York, 1975, pp. 35-44.

Dunn O. & J.E. Kelley Jr., 1989 - *The Diario of Christopher Columbus's First Voyage to America, 1492-1493, Abstracted by Fray Bartolome de las Casas.* Transcribed and translated into English, with notes and a concordance of the Spanish. The University of Oklahoma Press, Norman, 1989.

Duprat J.P., 1974 – Les thèmes de décoration de la poterie Arawak, In *Proceedings of the Fifth International Congress for the Study of Pre-Columbian Cultures of the Lesser Antilles. Antigua, July 22-28, 1973. Antigua,* Antigua National Trust, Antigua Archaeological Society, 1974, *pp. 72-81.*

Ecrabet M., 2009 – *L'art précolombien des Petites Antilles Volume II, L'analyse structurale des sites de Fond-Brûlé, Moulin l'Etang et Vivé de la Martinique en comparaison avec le site de la Soufrière de la Dominique.* Mémoire de Master 2, Université de Paris I Panthéon-Sorbonne, 2009.

Escallon G., Gros Ph., Honoré F., Milland X., Weydert N., 2002 – *Fouille archéologique à l'emplacement du futur Centre de découverte de la terre. Saint-Pierre – Martinique,* Rapport. INRAP, 2002.

Evans C., 1968 - The Lack of Archeology on Dominica. *In Proceedings of the second International Congress for the study of pre-columbian Cultures in the Lesser Antilles, St. Ann's Garrison, Barbados, July 24-28 1967,* Barbados Museum, Barbade, 1968, p. 93-102, 2 fig., 1968.

Fischer W., 1978 - *FAO species identification sheet for fishery purpose, Western Central Atlantic (fishing area 31) : Vol. I-IV.* Marine Resources Service, Fishery Resources and Environment Division, FAO Fishery Department, Food and Organisation of the United Nations, Rome, 1978.

Fraser L.J., 1981 - The Analysis of the Vertebrate Fauna from the Macabou Site, Area F, Martinique. *Boletin del Museo del Hombre Dominicano* Año X, Num. 16, 1981, pp.41-48.

Giraud J.-P., 1997a - L'Archéologie à la Martinique des années 1930 à 1980. *In L'Archéologie à la Martinique, 60 années de Passion et de Recherche,* Musée Départemental d'Archéologie précolombienne et de Préhistoire de la Martinique, Fort-de-France, 1997, p. 25-29.

Giraud J.-P., 1997b - L'Archéologie à la Martinique durant les 10 dernières années. *In L'Archéologie à la Martinique, 60 années de Passion et de Recherche,* Musée Départemental d'Archéologie précolombienne et de Préhistoire de la Martinique, Fort-de-France, 1997, p. 9-13.

Granberry J., & G.S. Vescelius, 2004 - *Languages of the Pre-Columbian Antilles.* The University of Alabama Press, Tuscaloosa, 2004.

Grayson D.K., 1984 - *Quantitative zooarchaeology. Topics in the analysis of archaeological faunas.* Academic Press, Orlando, 1984, 202 p.

Grouard S., 1994 - *Première contribution à la détermination de l'origine des assemblages fossiles de* Prolagus sardus *(sur le massif Corso-Sarde). Exemple d'utilisation des statistiques en recherche taphonomique.* mémoire soutenu pour l'obtention d'un D.E.A. «Environnement et Archéologie», Université Nanterre - Paris X, juin 1994, 120 p.

Grouard S., 2001 - *Subsistance, systèmes techniques et gestion territoriale en milieu insulaire antillais précolombien - Exploitation des Vertébrés et des Crustacés aux époques Saladoïdes et Troumassoïdes de Guadeloupe (400 av. J.-C. à 1 500 ap. J.-C.).* mémoire soutenu pour l'obtention d'un Doctorat de Préhistoire, Université de Nanterre - Paris X., 2001, 1073 p.

Grouard S., 2003 - Pre-Columbian fishing strategies in Guadeloupe archipelago (FWI). *In Presencia de la arqueoictiología en México / Presence of the archaeoichthyology in Mexico, Libro de Memorias de la 12a reunión del Grupo de Trabajo en Restos de Peces del Consejo Internacional para la Arqueozoología / Proceedings of the 12th meeting of the Fish Remains Working Group of the International Council for Archaeozoology (ICAZ - FRWG),* Guadalajara, Jalisco, México - 4-12 Sept. 2003, pp. 53-64.

Grouard S., 2004 – La faune vertébrée et crustacée des sites précolombiens du Sud-Est de la Martinique : Anse Trabaud, Macabou, Paquemar et les Salines, *In* Bérard B., *PCR «Le néolithique de la Martinique dans son contexte antillais», Rapport de l'année 2004,* Ministère de la Culture, Direction du Patrimoine, Sous-Dir. de l'Archéologie de Martinique, Fort-de-France, 2004, 10 p., 5 Fig., 4 Tab.

Grouard, S., 2007. Reconstitution de la taille des poissons archéologiques de la Caraïbe par l'ostéométrie de huit familles de poissons (Acanthuridae, Carangidae, Haemulidae, Holocentridae, Lutjanidae, Serranidae, Scaridae, Scombridae). Paper presented at the XXVIIIe Rencontres Internationales d'Archéologie et d'Histoire d'Antibes - 14th Meeting ICAZ Fish Remains Working Group. Archéologie du poisson : Exploitations et impacts, transformations et usages, paléoenvironnements. 30 ans d'archéo-ichtyologie au CNRS : Hommage aux travaux de Jean Desse et Nathalie Desse-Berset, Antibes - Juan-les-Pins.

Grouard S., N. Serrand & B. Bérard, 2005 – *Le site précolombien de Macabou, sud-est de la Martinique, Rapport de fouilles programmées pour l'année 2005*, demande pour l'année 2006, Ministère de la Culture, Direction du Patrimoine, Sous-Dir. de l'Archéologie de Martinique, Fort-de-France, 2005, 129 p., 49 figures, 17 tableaux, 13 planches.

Grouard S., N. Serrand & B. Bérard, 2006 – *Le site précolombien de Macabou, sud-est de la Martinique, Rapport de fouilles programmées pour l'année 2006*, Ministère de la Culture, Direction du Patrimoine, Sous-Dir. de l'Archéologie de Martinique, Fort-de-France, 2006, 93 p., 29 figures, 6 tableaux, 9 planches.

Grouard S., N. Serrand & B. Bérard, 2007 – *Le site précolombien de Macabou, sud-est de la Martinique, Rapport de fouilles programmées pour l'année 2007*, Ministère de la Culture, Direction du Patrimoine, Sous-Dir. de l'Archéologie de Martinique, Fort-de-France , 2007, 100 p., 30 figures, 6 tableaux, 6 planches.

Haag W. G., 1964 - A Comparison of arawak sites in the Lesser Antilles, *Premier Congrès international d'études des civilisations précolombiennes des Petites Antilles, Fort-de-France, 3-7 juillet 1961*, Société d'histoire de la Martinique, Fort-de-France, 1964, fasc. II, p. 9-28, 11 fig.

Hales L.S.J. & Reitz E., 1992 - Historical changes in age and growth of Atlantic croaker, Micropogonias undulatus (Perciformes : Sciaenidae). *Journal of Archaeological Science* 19, 1992, pp. 73-99.

Hastorf C.A. 1988 - The Use of Paleoethnobotanical Data in Prehistoric Studies of Crop Production, Processing, and Consumption. In C.A. Hastorf & V.S. Popper (ed.), *Current Paleoethnobotany: Analytical Methods and Cultural Interpretations of Archaeological Plant Remains*, , pp. 119-144. The University of Chicago Press, Chicago, Illinois, 1988.

Hatzenberger F., 2001 - *Paysage et Végétation des Antilles*. Préface de Pierre Pluchon. Karthala, 508 p., Paris 2001.

Haviser, J.B., 1987 - *An Archaeological excavation at the Cupecoy Bay site (SM-001), St. Maarten, Netherlands Antilles.* (Report of the Archaeological and Anthropological Institute of the Netherlands Antilles No.6) Willemstad, Curaçao, 1987.

Harris P.O.B, 1998 - Ethnotypology : the basis for a new classification of Caribean pottery. *In Actes du Seizième Congrès de l'Association Internationale d'Archéologie de la Caraïbe. Basse Terre, Juillet 1995*. Volume n°1. Basse Terre, 1998.

Haug G.H., K.A. Hugen, D.M. Sigman, L.C. Peterson, & U. Rohl, 2001 - Southward Migration of the Intertropical Convergence Zone through the Holocene. *Science* 293, 2001, pp.1304-1308.

Haug G.H., Gunther D., L.C. Peterson, D.M. Sigman, K.A. Hughen, & B. Aeschlimann, 2003 - Climate and Collapse of Maya Civilization. *Science* 299, 2003, pp.1731-1735.

Hervé M. 2006 - *Etude d'une collection de céramiques, Habitation Céron. Martinique.* Mémoire de Maîtrise d'Archéologie, Université Paris I, 2006, 98 p.

Higuera-Gundy A, 1991 - *Antillean Vegetational History and Paleoclimate Reconstructed from the Paleolimnological Record of Lake Miragoane, Haiti.* Ph.D. dissertation, Botany Department, University of Florida, Gainesville, 1991.

Hodell D.A., M. Brenner, J.H. Curtis & T. Guilderson, 2001 - Solar Forcing of Drought Frequency in the Maya Lowlands. *Science* 292, 2001, pp.1367-1370.

Hodell D.A., M. Brenner, J.H. Curtis, R. Medina-Gonzalez, E. Ildefonso-Chan Can, A. Albornaz-Pat & T.P. Guilderson, 2005 - Climate Change on the Yucatan Peninsula during the Little Ice Age. *Quaternary Research* 63(2), 2005, pp.109-121.

Hodell D.A., J.H. Curtis & M. Brenner, 1995 - Possible Role of Climate in the Collapse of Classic Maya Civilization. *Nature* 375, 1995, pp.391-394.

Hofman C.L., 1993 - *In search of the native population of Pre-Columbian Saba, part one.* (Unpublished Ph.D. dissertation) Leiden University, Leiden, 1993.

Hofman C.L., 1999 - Two late prehistoric sites on la Désirade and les Saintes (Terre de Bas). *Proceedings of the Sixteenth Congress of the International Association for Caribbean Archaeology* , 1999, pp.156-167.

Hofman C.L. & M.L.P. Hoogland (eds.), 1999 - *Archaeological investigations on St. Martin (Lesser Antilles). The sites of Norman Estate, Anse des Pères, and Hope Estate. With a contribution to the 'La Hueca problem'.* Archaeological Studies Leiden University 4, 1999.

Honychurch L., 1995 - *The Dominica Story: A history of the island.* Macmillan, Basingstoke, 1995.

Honychurch, L., 1997 - *Carib to Creole: A History of Contact and Culture Exchange*, unpublished Ph-D thesis, Hugh College, University of Oxford.

Hulme P. & N.L. Whitehead, 1992 - *Wild Majesty: Encounters with Caribs from Columbus to the Present Day, An Anthology.* Clarendon Press, Oxford, 1992.

Jean R., 1995 - *Contribution à la connaissance des crabes de la Réserve Naturelle de la Caravelle. Cas particulier de la répartition du crabe de terre «Cardisoma guanhumi» en fonction des sentiers d'interprétation.* Maîtrise, Université Paris XII -Val-de-Marne, 1995, 20 p.

Jönsson-Marquet S., 2002 - *Les pétroglyphes des Petites Antilles Méridionales : contextes physique et culturel.* BAR International Series no. 1051, Paris Monographs in American Archaeology, 11, 2002, 372 p.

Kay, Q., 2001 - The Paraphernalia Associated with Intoxicant Use by Prehistoric Caribbean Islanders, with Particular Reference to Spouted Ceramic Bowls. *In Proceedings of the XVIIIth Congress of the International Association for Caribbean Archaeology*, edited by G. Richard, pp. 199-213. Basse Terre: Conseil Régional de la Guadeloupe, 2001.

Kayser O., 2003 - Le Prêcheur, Anse Céron. *In : Bilan Scientifique Martinique 2002.* Ministère de la Culture et de la Communication, Sous-direction de l'Archéologie, SRA-DRAC, Fort-de-France, 2003, p. 16.

Keegan W. F.,1994 - West Indian Archaeology. 1. Overview and Foragers. *Journal of Archaeological Research,* 2(3), 1994, pp. 255-284.

Keegan W. F.,1996 - West Indian Archaeology. 2. After Columbus. *Journal of Archaeological Research,* 4(4) 1996, pp. 265-294.

Keegan W. F.,1997 - "No Man [or Woman] is an Island": Elements of Taíno Social Organization. *In* Wilson S.M. (ed.), *The Indigenous People of the Caribbean,* University Press of Florida, Gainesville, 1997, pp. 111-117.

Keegan W. F., 2000 - West Indian Archaeology. 3. Ceramic Age. *Journal of Archaeological Research,* 8(2), 2000, pp.135-167.

Kimber C.T., 1988 - *Martinique Revisited: The Changing Plant Geographies of a West Indian Island.* Texas A&M University Press, College Station, 1988.

Kjellmark E., 1996 - Late Holocene Climate Change and Human Disturbance on Andros Island, Bahamas. *Journal of Paleoclimatology* 15, 1996, pp.133-146.

Knippenberg S., 2001 - Lithic procurement during the Saladoid period within the northern Lesser Antilles. *Proceedings of the Eighteenth Congress of the International Association for Caribbean Archaeology* (1), St Georges University Campus, Grenada, 2001, pp. 262-271.

Knippenberg S., 2006 - *Stone artefact production and exchange among the Northern Lesser Antilles,* PhD thesis, Department of Caribbean Archaeology, Faculty of Archaeology, Leiden University, Utrecht, 2006, 382 p.

Knippenberg, S., 2011. Much to choose from. The use and distribution of siliceous Stone in the Lesser Antilles. In: C.L. Hofman & A. van Duijvenbode (eds.), *Communities in Contact. Essays in archaeology, ethnohistory & ethnography of the Amerindian circum-Caribbean,* Sidestone Press, Leiden, 171-185.

Knippenberg S., Brokke A., Hamburg T., Nokkert M., 1993 – *Norman Estate and Friar's Bay, two precolumbian sites on St. Martin, French West Indies,* Interim report, 1993.

Korth W.W., 1979 - Taphonomy of microvertebrate fossil assemblages. *Annals of Carnegie Museum* 48, 1979, pp. 235-285.

Krieger H.W., 1930 - *The Aborigines of the Ancient Island of Hispaniola.* In Annual Report of the Board of Regents of the Smithsonian Institution for 1929, Government Printing Office, Washington, D.C., 1930, pp. 473-506.

Lafleur G., 1992 - *Les Caraïbes des Petites Antilles.* Paris, Karthala, 1992, 270 p..

Lammers-Keijsers Y.M.J., 2007 - *Tracing traces from present to past: a functional analysis of Pre-Columbian shell and stone artefacts from Anse à la Gourde and Morel, Guadeloupe.* Ph.D. Dissertation, Leiden University, 2007.

Lammers-Keijzers Y., 2008 - *Tracing traces from present to past. A functional analysis of pre-Columbian shell and stone artefacts from Anse à la Gourde et Morel, Gudeloupe F.W.I.* Archaeological Studies Leiden University 15, Leiden, Leiden University Press, 2008, 181 p.

Las Casas, B. de., 1971 [1527-1565] - *History of the Indies*. Translated and Edited by Andree Collard. Harper and Row Publishers, New York, 1971.

Lasserre G., 1975 - *Atlas des Départements Français d'Outre-Mer. Tome 3: La Guadeloupe*. Centre d'Etudes de Géographie Tropicale du C.N.R.S., Bordeaux-Talence, 1975.

Lavallée D., 2005 - Néolithisations en Amérique, des prédateurs semi-nomades aux sociétés complexes, *In Annales HSS*, septembre-octobre 2005, n°5, 2005, p. 1035-1067.

Layfield J., 1995 [1598] - Relación del Viaje a Puerto Rico de la Expedición de Sir George Clifford, Tercer Conde de Cumberland, Escrita por el Reverendo Doctor John Layfield, Capellán de la Expedición. (Fragmentos) Año 1598. *In* E. Fernandez Mendez (ed.) *Cronicas de Puerto Rico: desde la Conquista Hasta Nuestros Días (1493-1955)*, Editorial Universitaria, San Juan, Puerto Rico, 1995, pp. 135-156..

Leach B.F. & A. Boocock, 1995 - Estimating live fish catches from archaeological bone fragments of snapper, *Pagrus auratus*. Tuhinga, *In Records of the Museum of New Zealand Te Papa Tongarewa* 3, 1995, pp. 1-28.

Leach B.F., J. Davidson & J.S. Athens, 1996 - Mass harvesting of fish in the waterways of Nan Madol, Pohnpei, Micronesia. *In* Davidson J.M., Irwin G., Leach B.F., Pawley A. & Brown D. (eds.), Oceanic Culture History : essays in honour of Roger Green. *New Zealand Journal of Archaeology Special Publication*, 1996, pp. 319-341.

Lenick S., 2010 - Examining Refugee Peoples Living on Dominica during the Pre-Colonial Period: A Preliminary Report In Gray D. (ed.), *Proceedings of the XXII Congress of the International Association for Caribbean Archaeology, July 23-39, 2007, Kingston, Jamaica*, Jamaica National Heritage Trust, Kingston, Jamaica, 2010, pp. 456-472.

Lenick S., 2012 - Carib as a Colonial Category: Comparing Ethnohistorical and Archaeological Evidence From Dominica, West Indies, *Ethnohistory*, 59(1), 2012, pp. 79-107.

Leonard R.D. & G.T. Jones, 1989 - *Quantifying diversity in Archaeology*, Cambridge University Press, Cambridge, 1989, 160 p.

Lepofsky D., & K. Lertzman, 2005 - More on Sampling for Richness and Diversity in Archaeobiological Assemblages. *Journal of Ethnobiology* 25(2), 2005, pp. 175-188.

Levin D.A. 2001 - The Recurrent Origin of Plant Races and Species. *Systematic Botany* 26(2), 2001, pp.197-204.

Lyman L.R., 1994 - Quantitative units and terminology in zooarchaeology. *American Antiquity* 59 (1), 1994, pp. 36 71.

Lindsay J.M., Smith A.L., Roobol M.J & Stasiuk M.V., 2005 - Dominica. In Lindsay J.M., Robertson R.E.A., Shepherd J.B. & Ali S. (eds), 2005 - *Volcanic Hazard Atlas of the Lesser Antilles*. Seismic Research Unit, The University of the West Indies, Trinidad and Tobago, W.I. pp. 1-48.

Martin-Kaye P.H.A., 1959 - *Reports on the geology of the Leeward and the British Virgin Islands*. Voice Publishing Co., Ltd., St. Lucia, W.I., 1959.

Mattioni M., 1968 - Symbolisme de la décoration des poteries Arawaks. *In Actes du deuxiéme congrés pour l'étude des civilisations précolombiennes des Petites Antilles, St. Ann's Garrison, Barbados*, 1968, pp. 69-80.

Mattioni M., 1979 - *Salvage excavations at the Vivé site, Martinique, final report*, traduction et préface Allaire L., University of Manitoba Anthropology Papers, 26, Winipeg, août 1979, 55 p., 21 fig., 1979.

Mattioni M., 1980 - Salvage excavations at the Fond-Brûlé site (northeast coast of Martinique). *In* S. M. Lewenstein (ed.), *Proceedings of the eighth international congress for the study of the pre-columbian cultures of the Lesser Antilles, 30 juillet-3 août 1979, St. Kitts, West Indies*, Arizona State University, Anthropology Research Papers, 22, Tempe, Arizona, p. 553-566, 15 fig., 1980.

Mattioni M., 1982 - *Salvage excavations at the Fond-Brûlé site, Martinique : final report*, traduction de Allaire L., University of Manitoba Anthropology Papers, 27, Winipeg, mai 1982, 25 p., 34 fig., 1982.

Mattioni M., 1990 - Objets de parure issus de la fouille de sondage sur le site de l'Anse Trabaud (Martinique). *In* A. G. Pantel Tekakis, I. Vargas Arenas, M. Sanoja Obediente (ed.) *Actas del Undecimo Congreso de la Asociacion Internacional de Arqueologia del Caribe, San Juan de Puerto Rico, Julio y Agosto de 1985*, , Fundación Arqueológica, Antropológica, e Histórica de Puerto Rico, Universidad de Puerto Rico, Recinto de Rio Piedras, 1990, pp. 108-111.

Mattioni M. & Bullen R. P., 1970 - A Chronological chart for the Lesser Antilles. *In Proceedings of the third International Congress for the study of pre-columbian Cultures of the Lesser Antilles, St. George's, Grenada, July 7-11 1969*. Grenada National Museum, Grenada, 1970, pp. 1-3, 1 pl.

Mattioni M. & Nicolas M., 1972 - *Art précolombien de la Martinique*, Musée départemental de la Martinique, Fort de France, 1972, 35 p., 84 fig.

Mauss M., 1990 - *The Gift. The form and reason for exchange in archaic societies*. (translated by W.D. Halls) W.W. Norton, London & New York, 1990.

McKee J.K., 2003 - *Sparing Nature: the Conflict Between Human Population Growth and Earth's Biodiversity*. Rutgers University Press, New Brunswick, New Jersey, 2003.

McKusick M., 1960 - *The Distribution of Ceramic Styles in the Lesser Antilles*. Ph. D. Dissertation, Yale University. University Microfilms, Ann Arbor, 1960.

Minnis P.E. & W.J. Elisens (eds), 2000 - *Biodiversity and Native America*. The University of Oklahoma Press, Norman, 2000.

Montbrun Ch., 1985 - Fond-Brûlé : un site archéologique précolombien en Martinique. *Revue du CERC*, 2, Caracoli, Pointe-à-Pitre, 1985, p. 143-164.

Multer, H.G., M.P. Weiss & D.V. Nicholson, 1986. *Antigua: Reefs, rocks & highroads of history*. Leeward Islands Science Associates no.1. Antigua.

Nalin A.-Ch., 2007 - *Petit-Bourg «Roujol»* - Rapport de diagnostic, INRAP, 2007, 15 p.

Narganes Storde Y. M., 1995 - La lapidaria de la Hueca, Vieques, Puerto Rico. *In Actas del XV Congreso Internacional de Arqueologia del Caribe, Teatro Tapia, San Juan de Puerto Rico, 25 al 31 de julio 1993*, publication du Centro de Estudios Avanzados de Puerto Rico y el Caribe, San Juan de Puerto Rico, p. 141-151, 3 fig., 1995.

Narganes Storde Y. M., 1998 - La lapidaria de Sorce, Vieques, y Tecla, Guyaanilla, Puerto Rico. *In Actes du XVI° Congrès International d'Archéologie de la Caraïbe, Basse Terre, 24-28 juillet, 1995*. Conseil Régional de la Guadeloupe, Mission Archéologique et du Patrimoine, Basse Terre, p.17-26, 1998.

Newsom L. A., 1987 -Analysis of Botanical Remains from Hontoon Island (8Vo202), Florida: 1980-1985 excavations. *Florida Anthropologist* 40, 1987, pp. 47-84.

Newsom L. A., 1993 - *Native West Indian Plant Use*. Ph.D. dissertation. Department of Anthropology, University of Florida. University Microfilms, Ann Arbor, Michigan, 1993.

Newsom L. A., 1996 - *Early Historic Plant Remains from Archaeological Deposits at the Bastion de San Justo del Muelle, San Juan, Puerto Rico*. Report submitted to Louis Berger & Assoc., Inc., for the U.S. General Services Administration, Region 2, 1996.

Newsom L. A., 2002 - The Paleoethnobotany of the Archaic Mortuary Pond. In G.H. Doran (ed.), *Windover: Multidisciplinary Investigations of an Early Archaic Florida Cemetery*, University Press of Florida, Gainesville, 2002, pp. 191-210.

Newsom L. A., 2006 - Caribbean Maize: First Farmers to Columbus. *In* R. Blake, J. Staller & R. Tikot (eds.), *Histories of Maize*, Academic Press, New York, 2006, pp. 325-335.

Newsom L.A., R. Brown & W. Natt, (in press) - From the Forests: Wood and Fiber Industries at Pineland, Florida. In K.J. Walker & W. Marquardt (eds.),*The Archaeology of Pineland: a Coastal Southwest Florida Village Complex, A.D. 100-1600*, Institute of Archaeology and Paleoenvironmental Studies, Monograph 3, The University of Florida, Gainesville (in press).

Newsom L.A. & K.A. Deagan, 1994 - *Zea mays* in the West Indies: the Archaeological and Early Historic Record. In S. Johannessen & C.A. Hastorf (eds.), *Corn and Culture in the Prehistoric New World*, Westview Press, Boulder, Colorado, 1994, pp. 203-217.

Newsom L.A. & D.M. Pearsall, 2003 - Trends in Caribbean Island Archaeobotany. In P.E. Minnis (ed.), *People and Plants in Ancient Eastern North America*, Smithsonian Institution Press, Washington, D.C., 2003, pp. 347-412.

Newsom L.A., & C.M. Scarry, (in press) - Homegardens and Mangrove Swamps: Pineland Archaeobotanical Research. In K.J. Walker & W. Marquardt (eds.),*The Archaeology of Pineland: a Coastal Southwest Florida Village Complex, A.D. 100-1600*, Institute of Archaeology and Paleoenvironmental Studies, Monograph 3, The University of Florida, Gainesville (in press).

Newsom L.A. & E.S. Wing, 2004 - *On land and sea. Native American uses of biological resources in the West Indies.* The University of Alabama Press, Tuscaloosa/London, 2004, 323 p.

Nieves-Rivera A.M., J. Muñoz-Vasquez, J. & C. Betancourt-López, 1995 - Hallucinogens Used by the Taíno Indians in the West Indies. *Atenea: Facultad de Artes y Ciencias* (Universidad de Puerto Rico, Mayagüez) 15(1-2), 1995, pp.125-139.

Nyberg J., A. Kuijpers, B.A. Malmgren & H. Kunzendorf, 2001 - Late Holocene Changes in Precipitation and Hydrography Recorded in Marine Sediments from the Northeastern Caribbean Sea. *Quaternary Research* 56, 2001, pp. 87-102.

Oliver J., J.A. Rivera Fontán & L.A. Newsom, 1999 - Arqueología del Barrio Caguana: Resultados Preliminares de las Temporadas 1996-1997. In J. A. Rivera Fontán (ed.), *Trabajos de investigación arqueológica en Puerto Rico*, Publicación ocasional de la División de Arqueologia, Instituto de Cultura Puertorriqueña, San Juan, Puerto Rico, 1999, pp. 7-26.

Olsen F., 1974 - *On the Trail of the Arawaks.* The University of Oklahoma Press, Norman, 1974.

Ortega E. & J. Guerrero, 1981 - *Cuatro Nuevos Sitios Paleoarchaicos en las Isla de Santo Domingo.* Ediciones Museo del Hombre Dominicano, Santo Domingo, Dominican Republic, 1981.

Ortíz Agilú J. J., J. Rivera Meléndez, A. Principe Jácome, M. Mélendez Maiz, & M. Lavergne Colberg, 1991 - Intensive Agriculture in Pre-Columbian West Indies: the Case for Terraces. In A. Cummins & P. King (ed.), *Proceedings of the XIVth Congress of the International Association for Caribbean Archaeology*, Barbados Museum and Historical Society, St. Ann's Garrison, 1991, pp. 278-285.

Oviedo y Valdes, G.F. de. 1959 [1526] - *Natural History of the West Indies (1526).* Translated and edited by S.A. Stoudemire. University of North Carolina Studies in the Romance Languages and Literature, No. 32. The University of North Carolina Press, Chapel Hill, 1959.

Oviedo y Valdes, G.F. de, 1851-55 [1535] - *Historia General y Natural de las Indias y Tierra Ferme de Mar Oceano, 4 volumes*, edited by J. Amador de los Rios. Biblioteca de Autores Espanoles, Madrid, 1851-55.

Oviedo y Valdes G.F. de, 1996 - *Sumario de la Natural Historia de Las Indias.* Fondo de Cultura Económica, Mexico, 1996.

Pagán-Jiménez J., 2002 - Agricultura Precolombina de las Antillas: Retrospeccion y Analysis. *Anales de Antropologia* IIA (Universidad Nacional Autonoma de Mexico) 36, 2002, pp. 43-91.

Pagán-Jiménez J., 2003 - *Reporte de Progreso: Estudio de Almidones en Artefactos Líticos de los Sitios Arqueológicos SR-1 y Utuado-27, Proyecto Utuado-Caguana, Puerto Rico.* Report submitted to J. Oliver, L. Newsom, & J. Rivera, principal investigators Proyecto Arqueológico Utuado-Caguana (Institute of Archaeology, UC-London, Department of Anthropology, Penn State University), 2003.

Pagán-Jiménez J., 2005 - *Estudio Interpretativo de la Cultura Botanica de dos Comunidades Precolombinas Antillanas: La Hueca y Punta Candelero, Puerto Rico.* Ph.D. dissertation, Instituto de Investigaciones Antropologicas, Universidad Nacional Autonoma de Mexico, 2005.

Pagán-Jiménez J., M. Rodríguez López, L.A. Chanlatte Baik & Y. Narganes Storde, 2005 - La Temprana Introducción y Uso de Algunas Plantas Domésticas, Silvestres, y Cultivos en Las Antillas Precolombinas. Una Primera Revaloración desde la Perspectiva del "Arcaico" de Vieques y Puerto Rico. *Diálogo Antropológico* 3(10), 2005, pp. 7-33.

Pané F. R. 2001 [1505] - *Relacion Acerca de las Antigüedades de los Indios* (Nueva Versión con Estudio Preliminar, Notas y Apéndices por José Juan Arrom). Siglo Veintiuno Editores, America Nuestra, Mexico, 2001.

Pearsall D. M., 1985 - Analysis of Soil Phytoliths and Botanical Macroremains from El Bronce Archaeological site, Ponce, Puerto Rico. Apppendix *In Archaeological Data Recovery at El Bronce, Puerto Rico, Final Report Phase 2.* Report submitted to the United States Army Corps of Engineers, Jacksonville District. U.S. Government Printing Office, Washington, D.C, 1985.

Pearsall D. M., 1989 - Plant Utilization at the Krum Bay Site, St. Thomas U.S.V.I. Appendix C in *Preceramic procurement patterns at Krum Bay, Virgin Islands*, by E. R. Lundberg (Ph.D. dissertation, University of Illinois, Urbana). Ann Arbor: University Microfilms.

Pearsall D. M., 2002a - Analysis of charred botanical remains from the Tutu Site, U.S. Virgin Islands. In E. Righter (ed.), *The Tutu Archaeological Village Site: A Multidisciplinary Case Study in Human Adaptation*, Routledge, New York, 2002a pp 109-134.

Pearsall D. M., 2002b - *Paleoethnobotany: A Handbook of Procedures. Second Edition.* Academic Press, New York, 2002.

Pendergast D.M., E. Graham, R. Jorge Calvera & M.J. Jardines, 2002 - The Houses in Which they Dwelt: the Excavation and Dating of Taíno Wooden Structures at Los Buchillones, Cuba. *Journal of Wetland Archaeology* 2, 2002, pp. 61-75.

Petersen J.B., 1997 - Taino, Island Carib, and prehistoric amerindian economics in the West Indies: tropical forest adaptations to island environments. *In* S. M. Wilson (ed.), *The Indigenous People of the Caribbean*, Gainesville, University Press of Florida, 1997, p. 118-130.

Petersen J.B., R.N. Bartone & D.R. Watters, 1998 - Pyroclastic, Storm Surge, and Saladoid Villager Deposits: the Archaeological and Geological Stratigraphy of the Trants Site, Montserrat. In *Proceedings of the XVIth Congress of the International association for Caribbean Archaeology,* Conseil Regional de la Guadeloupe, Basse-Terre, 1998, vol.2, pp. 40-51.

Peterson L.C. & G.H. Haug, 2005 - Climate and the Collapse of Maya Civilization: a Series of Multi-Year Droughts Helped to Doom an Ancient Culture. *American Scientist* 93, 2005, pp. 322-329.

Petitjean Roget H., 1975 - *Contribution à l'étude de la préhistoire des Petites Antilles,* Thèse de doctorat de 3° cycle, Ecole Pratique des Hautes Etudes, Paris, 1975, vol. 1, 328 p., vol. 2, XI p., 105 pl.

Petitjean Roget H., 1976 -Notes de prospection manuscrites. SRA Martinique, 1976.

Petitjean Roget H., 1978 - Reconnaissance archéologique de l'île de la Dominique *in Actes du septième congrès international d'étude des civilisations précolombiennes des Petites Antilles.* Centre de recherches caraïbes, Montréal, 1978.

Petitjean Roget H., 2003 - Contributions à l'étude du Troumassoide et du Suazoide: une hypothèse sur les causes de la régression du Saladoide aux Petites Antilles. *Actes du 19e congrès de l'association Internationale d'Archéologie de la Caraïbe, Aruba 22-28 juillet 2001, AIAC,* Publication of the Museo Archeologico Aruba, Vol.9, The Government of Aruba, 2003

Petitjean Roget J., 1968a - Méthodes suivies pour la différentiation des niveaux au Diamant : quelques mots sur la typologie. *In Proceedings of the 2nd International Congress for the Study of Pre-Columbian Cultures in the Lesser Antilles. St. Ann's Garrison, Barbados, July 24-28 1967,* Barbados Museum, Barbade, 1968, p. 1-8.

Petitjean Roget J., 1968b - Etude d'un horizon arawak et proto-arawak à la Martinique à partir du niveau II du Diamant, *In Proceedings of the second International Congress for the study of pre-columbian Cultures in the Lesser Antilles, St. Ann's Garrison, Barbados, July 24-28 1967,* Barbados Museum, Barbade, 1968, p. 61-68, 2 fig.

Petitjean Roget J., 1968c - Etude d'un horizon caraïbe à la Martinique à partir du niveau III du Diamant, *In Proceedings of the second International Congress for the study of pre-columbian Cultures in the Lesser Antilles, St. Ann's Garrison, Barbados, July 24-28 1967,* Barbados Museum, Barbade, 1968, p. 125-133, 4 fig.

Petitjean Roget J., 1970 - Etude des ensembles reconstitués de la Martinique, *In Proceedings of the third International Congress for the study of pre-columbian Cultures of the Lesser Antilles, St. George's, Grenada, July 7-11 1969.* Grenada National Museum, Grenada, 1970, p. 15-26 4 tabl.

Pickersgill B., 1984 - Migrations of Chili Peppers, *Capsicum* spp., in the Americas. In D. Stone (ed.), *Pre-Columbian Plant Migrations,* Papers of the Peabody Museum of Archaeology and Ethnology Volume 76. Harvard University Press, Cambridge, Mass, 1984, pp. 106-123.

Pierpont Morgan Library, 1996 - *Histoire Naturelle des Indes. The Drake Manuscript.* Preface by C.E. Pierce, Jr., forward by P. O'Brian, introduction by V. Klinkenborg, translations by R.S. Kraemer. W.W. Norton and Company, Inc., New York, 1996.

Pinchon Robert, 1952 - Introduction à l'Archéologie Martiniquaise, *Journal de la Société des Américanistes,* Nouvelle Série, XLI, 1952, p. 305-352, pl. XXVII-XXX.

Poplin F., 1976 - Remarques théoriques et pratiques sur les unités utilisées dans les études d'ostéologie quantitative, particulièrement en archéologie préhistorique. *Union Internationale des Sciences Préhistoriques et Protohistoriques, IXè Congrès, Thèmes spécialisés A : Classification automatique des industries préhistoriques,* Nice, 1976, pp. 124-141.

Poplin F., 1977 - Problèmes d'ostéologie quantitative relatifs à l'étude de l'écologie des hommes fossiles. *Approche écologique de l'Homme fossile* 47, 1977, pp. 63-68.

Poplin F., 1980 - Un problème d'ostéologie quantitative : calcul d'effectif initial d'après appariements. Généralisations aux autres types de remontages et à d'autres matériels archéologiques. *Revue d'Archéométrie. Actes du XX Symposium Internationl d'Archéométrie, Paris, 26-29 mars 1980, volume II. Bulletin de liaison du groupe des méthodes physiques et chimiques de l'archéologie* 5, 1980, pp. 159-165.

Rea W.J. & P.E. Baker, 1980 - The geochemical characteristics and conditions of petrogenesis of the volcanic rock of the northern Lesser Antilles: a review. *Bulletin of Volcanology* 43, 1980, pp. 325-336.

Redman C.L., 1999 - *Human Impact on Ancient Environments.* The University of Arizona Press, Tucson, 1999.

Reichlen H. & P. Barret, 1940 - Contribution à l'archéologie de la Martinique : le gisement de l'Anse Belleville. *Journal de la Société des Américaniste de Paris,* t. 32, 1940, pp. 227-274.

Reichlen H. & P. Barret, 1941 - Contribution à l'archéologie de la Martinique, le gisement du Paquemar. *Journal de la Société des Américanistes,* Nouvelle Série, t. 33, 1941, p. 91-117, pl. I-II.

Reitz E.J. & D. Cordier, 1983 - Use of allometry in zooarchaeological analysis. *In* Grigson C. & J. Clutton-Brock (eds.), *Animals and Archaeology: 2. Shell Middens, Fishes and Birds,* B.A.R., Oxford, 1983, pp. 237-252.

Reitz E.J. & E.S. Wing, 1999 - *Zooarchaeology.* Cambridge University Press, Cambridge, 1999, 455 p.

Reitz E.J., I.R. Quitmyer, H.S. Hale, S.J. Scudder & E.S. Wing, 1987 - Application of allometry to zooarchaeology. *American Antiquity* 52 (2), 1987, pp. 304-317.

Revert E., 1949 - *La Martinique, Etude géographique et humaine*, Nouvelles éditions Latines, Paris, 1949.

Revert E., 1952. Rapport de M.E. Revert sur ses fouilles à Sainte-Marie, Martinique en 1940. *Journal de la Société des Américanistes,* 41, 2, Paris, 1952, p. 373-382.

Ricklefs R.E. & E. Bermingham, 2001 - Nonequilibrium Diversity Dynamics of the Lesser Antillean Avifauna. *Science* 294, 2001, pp.1522-1524.

Rodríguez López M. 1997 - Maruca, Ponce. In *Ocho Trabajos de Investigación Arqueológica en Puerto Rico: Secundo Encuentro de Investigadores.* Publicación Ocasional de la División de Arqueología, Instituto de Cultura Puertorriqueña, San Juan, Puerto Rico, 1997, pp. 17-30.

Rodriguez-Loubet F., 1992 - Pour une approche spécifique de l'archéologie des Antilles dans le cadre de la zone caribéenne, *Caribena,* 2, 1992, p. 105-125, 5 fig.

Rodríguez Ramos R., 2008 - From the Guanahatabey to the "Archaic" of Puerto Rico: The Non-Evident Evidence. *Ethnohistory* 55(3), 2008, pp. 393-415.

Romon Th., 2006 - *Saint-Claude Bélost.* Rapport de diagnostic archéologique, INRAP 2006, 18 p.

Roobol J. M., Petitjean Roget H., Smith A. L., 1976 - Mt. Pelée and the island population of Martinique. *In* Ripley P. Bullen éd., *Proceedings of the sixth international congress for the study of pre-columbien cultures of the Lesser Antilles, Pointe-à-Pitre, Guadeloupe, july 6-12 1975.* Florida State Museum, University of Florida, Gainesville Floride, p. 46-53, 2 fig., 1976.

Roobol J. M. & Smith A. L., 1976 - Mount Pelée, Martinique : A pattern of alternating eruptive styles. *Geology*, 4, 1976, p. 521-524.

Rouse I., 1972 - *Introduction to Prehistory: A Systematic Approach.* McGraw-Hill, New York, 1972.

Rouse I., 1992 - *The Taïnos : rise and decline of the people who greeted Columbus.* New Haven, Yale University Press, 1992, 211 p.

Rouse I. & L. Allaire, 1978 - Caribbean. *In* R. E. Taylor & C. W. Meighan (eds.), *Chronologies in New World Archaeology,* Academic Press, New York, 1978, pp. 431-481.

Rouse I., Allaire L. & Boomert A., 1985 - Eastern Venezuela, the Guianas and the West Indies, manuscrit préparé pour un ouvrage non publié *Chronologies in South American Archaeology*, Meighan Clement. W. (ed.) Department of Anthropology, Yale University, New Haven.

Rouse I. & J. M. Cruxent, 1963 - *Venezuela Archaeology.* Yale University Press, New Haven, 1963.

Sainton J-P. (dir.), 2004 - *Histoire et civilisation de la Caraïbe: Guadeloupe, Martinique, petites Antilles : la construction des sociétés antillaises des origines au temps présent, structures et dynamiques, T I le temps des Genèses, des origines à 1685.* Paris, Maisonneuve & Larose, 2004, 414 p.

Sassaman K.E., 2003 - New AMS Dates on Orange Fiber-Tempered Pottery from the Middle St. Johns Valley and Their Implications for Culture History in Northeast Florida. *The Florida Anthropologist* 56(1), 2003, pp. 5-13.

Sauer C.O., 1966 - *The Early Spanish Main.* The University of California Press, Berkeley, 1966.

Scarry C.M. & E.J. Reitz, 2005 - Changes in Foodways at the Parkin Site, Arkansas. *Southeastern Archaeology* 24(2), 2005, pp.107-120.

Schoener T.W., D.A. Spiller & J.B. Losos, 2001 - Natural Restoration of the Species-Area Relation for a Lizard after a Hurricane. *Science* 294, 2001, pp. 1525-1528.

Schweingruber F.H., 1988 - *Tree Rings: Basics and Applications of Dendrochronology.* Kluwer Academic Publishers, London, 1988.

Schweingruber F.H., 1996 - *Tree Rings and Environment. Dendroecology*. Swiss Federal Institute for Forest, Snow, and Landscape Research, Birmensdorf. Paul Haupt Publishers, Berne, 1996.

Serrand N., 2001 - Occurrence of exogenous freshwater Bivalves (Unionoida) in the Lesser Antilles during the first millenium A.D. : example from the Hope Estate Saladoid site (St Martin, French Lesser Antilles). *In Proceedings of the 18th International Congress of the Association for Caribbean Archaeology*, Grenada 1999. Association Internationale d'Archéologie de la Caraïbe, Région Guadeloupe, Mission Archéologique, St George, Grenada, 2001, pp. 136-152.

Serrand N., 2002 - *Exploitation des invertébrés marins et terrestres par les populations Saladoïdes et Post-Saladoïdes du Nord des Petites Antilles (500 B.C.-1200 A.D.). Étude de cas et comparaisons*. Thèse de doctorat de l'Université Paris I, Préhistoire-Ethnologie-Anthropologie, Paris, 2002, 1318 p.

Serrand N., 2004 - *Les restes de mollusques du site de Trabaud, Martinique*. Rapport au Service Régional de l'Archéologie de Martinique et à l'Association Ouacabou, Martinique, 2004.

Serrand, N., 2005a - Exploitation des mollusques et crustacés sur le site précéramique d'Etang Rouge, Saint-Martin, Guadeloupe. *In* D. Bonnissent *et al.*, *Cultures précolombiennes des Petites Antilles. Les occupations précéramiques de l'Etang Rouge 1. Baie Rouge, les Terres Basses, Ile de Saint-Martin*. Région Guadeloupe, rapport final de fouilles 2005 auprès du service régional d'archéologie de Guadeloupe, Basse-Terre, 2005, pp. 106-132.

Serrand N., 2005b - Les restes de mollusques du site Saladoïde moyen-tardif du Diamant à Dizac, Martinique (450-700 ap. J.C.) : une exploitation entre mer et mangrove. Résultats préliminaires. *In* C. Tavárez María & M. A. García Arévalo (eds.), *Proceedings of the 20th International Congress of the Association for Caribbean Archaeology*, République Dominicaine 2003. International Association for Caribbean Archaeology, Museo del Hombre Dominicano, Fundación García Arévalo, République Dominicaine, 2005, p. 159-168.

Serrand N., 2005c - *Les restes de mollusques du site des Salines, Martinique*. Rapport au Service Régional de l'Archéologie de Martinique et à l'Association Ouacabou, Martinique, 2005.

Serrand N., 2007 - *Rapport d'opération de sondage programmé 2006 sur le site précolombien de l'Anse Céron, Commune du Prêcheur, côte Nord Caraïbe, Martinique*. Rapport auprès du Service Régional d'Archéologie, DRAC, Ministère de la Culture, 2007, 71 p.

Serrand N., 2007b - L'économie des sociétés précolombiennes des Petites Antilles : contribution des données sur l'exploitation des invertébrés marins et terrestres. *Les Nouvelles de l'Archéologie*, N°108/109, Maison des Sciences de l'Homme, Paris, 2007.

Serrand N., 2007c - L'exploitation des invertébrés durant l'occupation Céramique tardive du Sud de la Martinique : aperçu diachronique au travers des sites de Dizac, Salines, Trabaud et Macabou. *In Proceedings of the 21st International Congress of the Association for Caribbean Archaeology*, Port of Spain, Trinidad, 24-30 juillet 2005, International Association for Caribbean Archaeology, 2007.

Serrand N. & D. Bonnissent, 2005 - Pre-columbian Preceramic shellfish consumption and shell tool production: shell remains from Orient Bay, Saint-Martin, Northern Lesser Antilles. *In* D.E. Bar-Yosef (ed.), *Archaeomalacology : molluscs in former environment of human behaviour. Proceedings of the 9th ICAZ Conference*, Durham 2002, Oxbow Books, Durham, 2005, pp. 29-39.

Shearn I. & Torney J., 2009 - *End of Field Letter for Preliminary Archaeological Research Conducted in the Summer of 2009*, unpublished document, 2009

Sheets P., 2006 - *The Ceren Site: An Ancient Village Buried by Volcanic Ash in Central America, Second Edition.* Case Studies in Archaeology. Thomson Wadsworth, Belmont, California, 2006.

Smith B.D., 2001 - Low-level Food Production. *Journal of Archaeological Research,* 9(1), 2001, pp. 1-43.

Smith B.D., 2006 - Eastern North America as an Independent Center of Plant Domestication. *PNAS*, 2006.

Smith A.L., M.J. Roobol & B.M. Gunn, 1980 - The Lesser Antilles. A discussion of the island arc magmatism. *Bulletin of Volcanology* 43, 1980, pp. 285-302.

Stouvenot C., 2007 - *Lotissement Hope Estate II. L'Espérance – Saint-Martin.* Rapport de diagnostic archéologique. INRAP, 2007

Street-Perrott F.A., P.E. Hales, R.A. Perrott, J.C. Fontes, V.R. Switzsur & A. Pearson, 1993 - Late Quarternary Paleolimnology of a Tropical Marl Lake: Wallywash Great Pond, Jamaica. *Journal of Paleolimnology* 9, 1993, pp. 3-22.

Sturtevant W.C. ,1961- Taíno Agriculture. In J. Wilbert (ed.), *The Evolution of Horticultural Systems in Native South America: Causes and Consequences*, Anthropologica Supplement 2, 1961, pp.68-73.

Ten Brink U.S., E.L. Geist & B.D. Andrews, 2006 - Size Distribution of Submarine Landslides and its Implication to Tsunami Hazard in Puerto Rico. *Geophysical Research Letters* 33, L11307, 13 June, 2006.

Tomblin J., 1981 - Earthquakes, Volcanoes and Hurricanes: A Review of Natural Hazards and Vulnerability in the West Indies. *Ambio* 10(6), 1981, pp. 340-345.

Traineau H., Westercamp D., Bardintzeff J.-M., Miskovsky J.-L., 1989 - The recent pumice eruptions of Mt. Pelée volcano. Part I : Depositional sequences, description of pumiceous deposits. In Boudon G. et Gourgaud A. (eds). *Mount Pelée*, J. Volc. Geoth-Res., 38, 1989, pp. 17-33.

Van Del Bel M., 2006 - *Gourbeyre, lotissement Yuiketi, Bisdary.* Rapport de diagnostic. INRAP, 2006.

Van de Noort R. & A. O'Sullivan, 2006 - *Rethinking Wetland Archaeology*. Duckworth Debates in Archaeology Series. Gerald Duckworth and Co. Ltd., London, 2006.

Vidal N., 1998 - Le site précolombien de la Plage Dizac au Diamant, Martinique. *In : Proceedings of the 16th International Congress for Caribbean Archaeology*. Basse-Terre, Guadeloupe 1995, Conseil Régional de la Guadeloupe, Mission Archéologique et du Patrimoine, Guadeloupe, 1998, p. 7-16.

Vidal N., 2001 - Le site de l'Anse Céron. In Bérard B. (Dir.), *Le Néolithique de la Martinique dans son contexte antillais*. Rapport de Programme collectif de recherche, SRA-DRAC, Fort-de-France, 2001.

Vidal N. 2002a - Le Prêcheur, Anse Céron. *In Bilan Scientifique Martinique 2001*. Ministère de la Culture et de la Communication, Sous-direction de l'Archéologie, SRA-DRAC, Fort-de-France, 2002, p. 19-20.

Vidal N., 2002b - Le site précolombien de la plage Dizac au Diamant, Martinique. *In* Delpuech A., J.-P. Giraud et A. Hesse (eds.), *Archéologie précolombienne et coloniale des Caraïbes - Actes des Congrès Nationaux des Sociétés Historiques et Scientifiques, 123ème, Antilles-Guyane* (Fort-de-France-Schoelcher, 4-11 avril 1998, Guadeloupe 11-17 avril 1998), 2002, pp. 111-126.

Vidal N., B. Berard & O. Kayser, 2004 - En vue de l'étude de l'occupation post-saladoïde de la Martinique. *In* A. Delpuech & C. Hofman (dir.), *Late Ceramic Societies in Easter Caribbean*, British Archaeological Reports, Series 1273, Monographs in American Archaeology 14, E. Taladoire (ed.), Archaeopress, 2004, p. 195-204.

Volpato G., R. Marcucci, N. Tornadore, & M.G. Paoletti, 2004 - Domestication Process of the Two *Solanum* Section *Lasiocarpa* Species among Amerindians in the Upper Orinoco, Venezuela, with Special Focus on Piaroa Indians. *Economic Botany* 58(2), 2004, pp.184-194.

Wadge G. 1994 - The Lesser Antilles. In S.K. Donovan & T.A. Jackson (eds.), *Caribbean Geology. An introduction*. U.W.I. Publishers' Association, Kingston, 1994, pp. 167-178.

Walker J.B., 1980 - *Analysis and replication of the lithic artifacts from the Sugar Factory Pier site, St. Kitts, West Indies*. (Unpublished Master's thesis) Washington State University, Pullman, 1980.

Watters D.R. & R. Scaglion, 1994 - Beads and pendants from Trants, Montserrat: implications for the prehistoric lapidary industry of the Caribbean. *Annals of the Carnegie Museum* 63, 1994, pp. 215-237.

Weiss M.P., 1994 - Oligocene Limestones of Antigua, West Indies: Neptune succeeds Vulcan. *Caribbean Journal of Science* 30, 1994, pp. 1-29.

Westercamp D., 1972 - *Contribution à l'étude du volcanisme en Martinique*, Thèse de 3ème cycle. Paris Sud, 1972.

Westercamp D. & Tazieff H., 1980 - *Martinique, Guadeloupe, Saint-Martin, la Désirade*. Guides Régionaux. Masson éd., 1980, 135 p.

Westercamp D. & Traineau H., 1983 - *Carte géologique de la Montagne Pelée au 1/20.000*. B.R.G.M., 1983.

Westercamp D. & Traineau H., 1983a - The past 5000 years of volcanic activity at Mont Pelée, Martinique (FWI), implications for assessement of volcanic hazard. *Journal of Volcanical and geothermal research*, 17, p. 159-182, 1983.

Wheeler A. & A.K.G. Jones, 1989 - *Fishes*. Cambridge University Press. Cambridge, 1989, 210 p.

Wilson, S.M., 1990 - *Hispaniola: Caribbean chiefdoms in the age of Columbus*. The University of Alabama Press, Tuscaloosa & London, 1990.

Wilson S. M., 2004 - Linking prehistory and history in the Caribbean. *In* A. Delpuech & C. Hofman (dir.), *Late Ceramic Societies in Easter Caribbean*, British Archaeological Reports, Series 1273, Monographs in American Archaeology 14, E. Taladoire (ed.), Archaeopress, 2004, p. 269-272.

Wing E.S. & Scudder S.J., 1983 - Animal exploitation by prehistoric people living on a tropical marine edge. *In*: Grigson C. & J. Clutton-Brock (eds.), *Animals and archaeology : 2. Shell middens, fishes, and birds, BAR International Series 183*, B.A.R., Oxford, 1983, pp. 197-210.

Wing E.S. & S.R. Wing, 1995 - Prehistoric ceramic age adaptation to varying diversity of animal resources along the west indian archipelago. *Journal of Ethnobiology* 15 (1), 1995, pp. 119-148.

Zaldivar M.E., O.J. Rocha, G. Aguilar, L. Castro, E. Castro & R. Barrantes, 2004 - Genetic Variation of Cassava (*Manihot esculenta* Cranz) Cultivated by Chibucan Amerindians of Costa Rica. *Economic Botany* 58(2), 2004, pp. 204-213.

Présentation des auteurs

Après une Maitrise ès Arts (MA) en Anthropologie de l'Université de Montréal (1970), **Louis ALLAIRE** poursuit des études de doctorat avec Irving Rouse à l'Université de Yale menant à une thèse de Ph.D. (1977) basée sur des recherches conduites en Martinique entre 1971 et 1974, notamment sur les sites de Paquemar et de Macabou (Le Vauclin). Professeur d'Archéologie au Département d'Anthropologie de l'Université du Manitoba (Winnipeg, Canada) entre 1975 et 2003, il reprend son travail de terrain en Martinique avec les fouilles de Macabou (Le Vauclin) et des sondages à l'Anse Trabaud (avec Mario Mattioni). Plus récemment il conduit des prospections et des sondages à Saint-Vincent, tout en poursuivant des recherches sur l'ethnohistoire, les traditions orales et les arts préhistoriques. Retraité depuis 2003, Louis Allaire poursuit la rédaction de rapports sur les fouilles de Macabou (Le Vauclin) et de l'Anse Trabaud (Ste Anne).

Benoît BERARD est Docteur en Anthropologie, Ethnologie et Préhistoire (diplômé de l'Université de Paris I Panthéon-Sorbonne) et Maître de Conférence en Archéologie Précolombienne à l'Université des Antilles et de la Guyane. Il est, par ailleurs, chercheur à l'EA 929 « Archéologie Industrielle, Histoire et Patrimoine dans la Caraïbe » et chercheur associé à l'UMR 8096 « Archéologie des Amériques » au CNRS. Il fut entre 2000 et 2005 le coordonnateur du Projet Collectif de Recherche du Ministère de la Culture « Le néolithique martiniquais dans son contexte antillais ». Il a assuré avec J.-P. Giraud et Nathalie Vidal la direction de la fouille programmée du site précolombien de Vivé (Le Lorrain, Martinique). Enfin, il a assuré entre 2005 et 2007 la direction de la Mission Archéologique « Sud-Dominique » du Ministère des Affaires Etrangères.

Agnès BERTHE prépare un Master I à l'Université de Paris I Panthéon-Sorbonne sur l'étude des collections céramiques du site de Vivé (Fouilles Mario Mattioni). Elle est salariée de l'association « Ouacabou » où elle a été chargée de différentes missions (sondage du site de l'Anse Figuier, Bilan sur la carte archéologique précolombienne de la Martinique) et tout particulièrement de l'étude de la série céramique du site de Dizac (Fouilles Nathalie Vidal).

Pierrick FOUERE : Ingénieur de recherche INRAP, Docteur en Préhistoire et Géologie du Quaternaire de l'Université de Bordeaux. Chercheur à l'U.M.R. 5608 TRACES de l'Université de Toulouse-le Mirail, Spécialiste du Néolithique (métropolitain) et des industries lithiques.

Jean-Pierre GIRAUD est actuellement inspecteur à la Sous direction de l'archéologie, de l'ethnologie, de l'inventaire et du système d'information du Ministère de la Culture, après avoir été Conservateur Régional de l'Archéologie de la Martinique de 1994 à 1999. Il a également été responsable, à partir de 1996, de la fouille du site de Vivé (Le Lorrain, Martinique), en collaboration avec Nathalie Vidal et

Benoît Bérard et coordonnateur du Projet Collectif de Recherche du Ministère de la Culture sur «le Néolithique de la Martinique dans son contexte antillais» entre 1995 et 1999. Il est aussi co-responsable de la Mission Archéologique « Sud-Dominique » du Ministère des Affaires Etrangères et membre de l'UMR 5140 « Archéologie des sociétés méditerranéennes ».

Sandrine GROUARD est Maître de Conférence au Muséum National d'Histoire Naturelle de Paris (UMR 5197 « Archéozoologie, histoire des sociétés humaines et des peuplements animaux »). Elle travaille sur les identités culturelles caraïbes pré-colombiennes (Interactions entre sociétés amérindiennes et animaux en milieux insulaires et côtiers de la Caraïbe).

Au cours de différentes missions de fouilles ou d'analyse de matériel sur différentes îles de la Caraïbe (et plus particulièrement Saint-Martin, Guadeloupe et Martinique), elle a pu étudier une trentaine de sites amérindiens, en collaboration avec plusieurs institutions et musées des Antilles et de la Guyane, le Florida Museum of Natural History (USA), le CNRS de Valbonne et le Muséum National d'Histoire Naturelle de Paris.

Entre 2000 et 2007, dans le cadre du Projet Collectif de Recherche « Le néolithique martiniquais dans son contexte antillais », elle a étudié les restes de vertébrés et de crustacés des sites de Dizac, des Salines, de l'Anse Trabaud, de Macabou et de Paquemar.

Depuis avril 2005, en collaboration avec Nathalie Serrand et Benoît Bérard, elle a repris la direction du chantier archéologique post-saladoïde tardif de Macabou (le Vauclin, Martinique).

Marjorie HERVE est titulaire d'un Master I en Archéologie Précolombienne obtenue à l'Université de Paris I Panthéon-Sorbonne. Elle a participé à de nombreuses campagnes de fouille, notamment en Martinique sur les sites de Vivé (Le Lorrain), du Carbet, de l'Anse Céron (Le Prêcheur) et de Macabou (Le Vauclin). Elle a été stagiaire puis salariée au Musée Départemental d'Archéologie Précolombienne et de Préhistoire de la Martinique ainsi qu'à l'association OUACABOU (sondage du site de Tête de Singe (Diamant)).

Matthieu HILDEBRAND est spécialiste de l'étude des restes céramiques en particulier précolombiens. Il travaille pour l'INRAP en Guyane.

Guy KIEFFER est Docteur en Géographie (diplômé de l'Université de Clermont-Ferrand II) et Docteur d'Etat en Sciences Naturelles (Géologie Volcanologie). Spécialiste du volcanisme basaltique, il a travaillé à l'Etna (Sicile), à l'Ile de la Réunion, aux Iles Canaris... Sa formation de volcanologue a été complétée par un stage à Hawaii et des missions en Afar, Amérique Centrale, Chili ... Il s'est consacré, en Auvergne, à des recherches sur l'évolution morphologique des reliefs volcaniques, en particulier la prismation, l'altération et l'érosion des formations éruptives. Il est aujourd'hui retraité après avoir été Chercheur au Laboratoire de Géographie Physique « GÉOLAB », UMR 6042 du CNRS.

Sebastiann KNIPPENBERG est actuellement employé par Archol BV (société d'archéologie préventive de l'Université de Leiden aux Pays-Bas). Spécialiste de l'archéologie antillaise, il a réalisé des fouilles précolombiennes dans les îles de Saba, Saint-Martin et de la Guadeloupe.

Il a soutenu en 2006 une thèse de doctorat « Stone artifact production and exchange among the northern Lesser Antilles » consacrée à l'utilisation et l'échange des matières premières lithiques par les Amérindiens des Antilles durant la période céramique. Dans le cadre de cette recherche, il est venu en Martinique en 2000 pour étudier les collections provenant de trois sites amérindiens de l'île.

Lee NEWSOM est Associate Professor (Maître de Conférence) à la Pennsylvania State University (USA). Diplômée de l'University of Florida (USA) et titulaire de la Bourse Macarthur, cette archéologue, paléoethnobotaniste et anatomiste du bois est spécialiste de l'étude des macro restes végétaux. Elle travaille à la reconstitution et à l'étude de l'évolution des environnements anciens et tout particulièrement à l'étude de l'utilisation des ressources végétales par les hommes (cueillette, déforestation, développement de l'agriculture...). Ces recherches concernent principalement la Caraïbe, mais elle participe aussi à des programmes de recherche en Amazonie (Brésil).

Jean-Paul RAYNAL est Chargé de Recherche CR1, à l'UMR 5199 : « De la Préhistoire à l'Actuel : Cultures, Environnements, Anthropologie » à l'Institut de Préhistoire et de Géologie du Quaternaire du CNRS. Spécialisé en géo-archéologie, il axe ses recherches sur cinq thèmes principaux : les premiers peuplements eurafricains ; les hommes et les volcans avant l'Histoire ; la sédimentologie et la stratigraphie ; le processus de formation des sites préhistoriques ; et la litho stratigraphie des sites préhistoriques (Sud-Ouest de la France, Maroc).

Thomas ROMON est diplômé en Anthropologie et Préhistoire à l'Université de Bordeaux (DEA en 1995 : « Recrutement et organisation de la nécropole des VIe et VIIe siècles de Venerque (Haute Garonne) »).

VAT au SRA Guadeloupe (1996), Technicien puis Responsable d'Opération à l'AFAN puis à l'INRAP depuis 2000, il est spécialisé dans l'archéologie funéraire amérindienne et d'époque coloniale des Petites Antilles.

Il est par ailleurs rattaché au Laboratoire d'Anthropologie des Populations du Passé (LAPP) de l'Université de Bordeaux I.

Nathalie SERRAND est Docteur en Anthropologie, Ethnologie et Préhistoire (diplômée de l'Université de Paris I Panthéon-Sorbonne). Elle travaille à l'INRAP de Guadeloupe et est rattachée l'UMR 5197 Archéozoologie, Histoire des Sociétés Humaines et des Peuplements Animaux (CNRS / Muséum National d'Histoire Naturelle) à Paris. Ses recherches sont axées sur l'exploitation des invertébrés marins et terrestres dans divers domaines (subsistance, industrie, support symbolique...) et les systèmes socio-économiques des sociétés précolombiennes antillaises et prénéolithiques et néolithiques méditerranéennes insulaires (Corse, Chypre). Depuis 1995, elle a participé à de nombreux travaux de fouilles et d'étude de malacofaunes et à des programmes de recherche en France et à l'étranger en collaboration avec le Muséum national d'Histoire naturelle, l'Université des Antilles-Guyane, l'INRAP, le CNRS, les Services Régionaux d'Archéologie de Guadeloupe et de Martinique et les muséums d'histoire naturelle de Floride et du Carnegie.

Christian STOUVENOT est Ingénieur d'Etudes au Service Régional de l'Archéologie de la DRAC Guadeloupe. Géologue de formation, il découvre en 1990 un important ensemble de plusieurs grottes préhistoriques dans les Alpes de Haute Provence. Après une forte activité dans le domaine associatif, il réalise avec l'AFAN plusieurs opérations de sondages et fouilles archéologiques dans les Alpes de Haute Provence et en Aquitaine. Il participe depuis 1995 à la fouille du site archéologique de Hope Estate dont il relève une cartographie précise, montrant clairement la situation des dépotoirs en périphérie de l'habitat. Depuis cette date, il travaille régulièrement aux Antilles, puis définitivement depuis 2001 en qualité d'Ingénieur d'Etudes à la DRAC Guadeloupe où il met en place le Système d'Information Géographique et les différentes bases de données du service puis réalise la mise en place et le suivi scientifique de nombreux diagnostics et fouilles préventives, et plus particulièrement pour la période précolombienne. Il réalise lui-même plusieurs opérations préventives dont le diagnostic préliminaire de la déviation de Capesterre qui débouchera sur 4 fouilles préventives. Il initie et coordonne plusieurs activités de recherche archéologique guadeloupéenne dans plusieurs domaines comme : les matières premières, les cavités et leur occupation préhistorique, l'occupation des îlets, les recherches relatives à la période précéramique sur l'île de la Guadeloupe.

Gérard VERNET est Docteur en Géologie du Quaternaire et titulaire d'une thèse de l'Université de Bordeaux I portant sur l'étude des téphras distaux de la Chaîne des Puys. Actuellement Ingénieur Chargé de Recherche à l'Institut National de Recherches Archéologiques Préventives, il a dirigé de nombreuses opérations d'archéologie préventive en Auvergne et intervient en tant que spécialiste en géo archéologie. Depuis 2002, il remplit la fonction d'Adjoint Scientifique et Technique en charge de la région Auvergne au près du Directeur Inter Régional. Il poursuit ses recherches sur la caractérisation des produits volcaniques en milieu archéologique et sur les relations Homme-Volcan en France et en Italie. Il est Chercheur au Laboratoire de Géographie Physique « GEOLAB », UMR 6042 du CNRS.